비즈니스 워

비 즈 니 스 승 부 사 (史) 의 결 정 적 순 간

THE ART OF
BUSINESS
WARS

비즈니스 워

데이비드 브라운 지음 | 김태훈 옮김

한국경제신문

우리의 충성스러운 팟캐스트 청취자들과
이 이야기에 나오는 모든 창업자, 경영인, 회사원 들에게
이 책을 바칩니다.
그들은 진정한 비즈니스 전사입니다.

서문

이득이 없으면 기동하지 않고, 소득이 없으면 용병하지 않고,
위태롭지 않으면 싸우지 않는다.
손자, 《손자병법》

비즈니스는 전투다. 어떻게 이익을 올리든 간에 같은 일을 당신보다 더 빨리, 더 저렴하게, 또는 더 잘하려는 다른 누군가가 있다. 당신의 상대는 굶주려 있고, 결의에 차 있으며, 엄청나게 호전적이다. 어떻게 그들을 물리칠 것인가?

이 싸움에는 많은 대가가 걸려 있다. 물론 비즈니스 경쟁 관계는 전쟁과 달리 문명화돼 있다. 적어도 이론적으로는 그렇다. 그러나 거기에는 여전히 목숨이 걸려 있다. 당신과 당신의 직원들, 그리고 당신의 가족들은 먹고살아야 한다. 사업이 망하면 당신들 모두는 어떻게 월세를 낼 것인가? 당신이 비즈니스 전쟁에서 진 뒤에도 당신의 나라는 계속 유지된다. 하지만 정부의 구제를 받아야 할 입장이 되면 당신은 여전히 사상자다. 적자생존은 전선만큼이나 이사회 회의실 또는 공동 사무실에서도 진리다. 생계가 걸려 있다면 이

비즈니스
워

전쟁은 '당신'에게 매우 실질적인 것이다. 이기고 싶은가, 이기고 싶지 않은가?

2,000여 년 동안 우위를 얻으려는 전사들은 중국의 장군인 손자 (孫子)의 군사적 조언과 철학을 담은 얇은 책에 의존했다. 손자는 끝없이 무자비한 분쟁이 벌어진 시대인 전국시대에 살았다. 이보다 지난 세기의 미국 기업계와 비슷한 환경이 있을까?

손자의 책《손자병법》은 영어로 번역돼《아트 오브 워(The Art of War)》라는 제목으로 출간됐다. 그러나 손자는 주로 전투를 '피하는' 일을 다뤘다. 백전노장인 그는 전쟁이 비용이 많이 들고, 많은 물자가 낭비되며, 말도 안 되게 위험이 크다는 사실을 절실하게 깨달았다. 무엇보다 이 마지막 이유로 전쟁은 언제나 최후의 수단이었다. 손자는 "싸울 때와 싸우지 말아야 할 때를 아는 자가 승리한다"라고 썼다. 대신 그는 회피, 연합, 협박, 기만 같은 대안에 초점을 맞췄다. 오직 다른 모든 전략이 실패한 뒤에야 칼을 휘두르는 것이 타당하다. 그때에도 상황이 유리해져서 확실한 승리를 장담할 수 있을 때까지 기다려야 한다. 손자에게 교착 상태보다 귀중한 자원을 낭비하는 것은 없었다.

《손자병법》은 말이 끄는 전차 활용법에 대한 설명이 나올 정도로 다소 오래된 책이다. 그러나 대부분의 내용은 2,500년 전에 그랬던 만큼 지금도 여전히 시의적절하고 유의미하게 느껴진다. 이 책에 담긴 많은 조언은 큰 대가가 걸린 모든 분쟁에 적용된다. 손자는 인내심을 기르는 일에 대해 쓰든, 미리 계획하는 일에 대해 쓰든, 또는 적의 약점을 활용하는 일에 대해 쓰든 평균적인 맥킨지 컨설턴트들이나 하버드 경영대학원 교수들에게 결코 뒤지지 않는다. 우리가 전 세계에서 가장 인기 있는 팟캐스트 중 하나인 〈비즈니스 워(Business Wars)〉에 기반한 책을 쓰기로 결정했을 때 이 불멸의 고전에서 영감을 구한 이유가 거기에 있다.

우리 팟캐스트의 장치는 단순하다. 각 시리즈는 우버 vs. 리프트, 페덱스 vs. UPS, 스타벅스 vs. 던킨도너츠처럼 두 상징적인 기업의 격전을 다룬다. 우리는 지난 기업 간 전투를 자세히 살핌으로써 그 전투를 치른 리더들의 머릿속을 들여다보고, 이기는 데 필요한 것이 무엇인지 더 잘 이해하기를 원한다. 손자가 알았던 것처럼 경험은 가장 뛰어난 스승이다. 우리는 우리 자신의 경험을 활용할 수 없을 때 역사에서 교훈을 얻을 수 있다. 처칠이 말한 대로 "오래 과거를 돌아볼수록 더 멀리 내다볼 수 있다". 이 책을 통해 우리가 이루려는 목표는 일련의 특별한 이야기를 들려줄 뿐 아니라 팟캐스트라는 형식이 허용하는 수준보다 더 깊이 파고들어서 모든 분쟁의 핵심에 이르는 것이다. 그래서 거기서 찾을 수 있는 모든 가치있는 교훈을 발굴하는 것이다.

▲ ▲ ▲

기업 성패의 이야기는 당사자뿐 아니라 해당 기업이 하는 일에 영향을 받는 사람들에게도 개인적인 의미를 지닌다. 이 책에 나오는 브랜드들은 우리 삶의 초석이다. 개인적으로 나는 휴식을 취할 때 나의 레스폴(Les Paul) 기타를 즐긴다. 그러면 내가 깁슨(Gibson) 팬이라는 사실에서 즉각적인 편안함을 느낄 수 있다[물론 펜더(Fender) 기타도 나름의 입지를 갖고 있다]. 또한 나는 가족들과 저녁 식사 자리에서 '피시(PC)'파가 아니라 '맥(Mac)'파가 되는 데 따른 이점을 두고 논쟁을 벌일 것이다. 할리(Harley)를 타고 요란스럽게 내 트라이엄프(Triumph)를 스쳐지나는 사람들은 바이크를 타는 사람들끼리 나누는 손인사도 거부할 것이다.

그래도 괜찮다. 우리 모두에게는 각자 충성할 대상이 있다.

나는 코카콜라(Coca-Cola)가 왕이고 펩시(Pepsi)를 따는 것은 거의 불충한 일로 취급받는 남부 소도시에서 자랐다. 어린 시절에 처음 피자헛(Pizza Hut)을 보고 약간 이국적이라고 생각했던 기억이 난다. (그때는 세상이 지금보다 작았다.) 나는 저널리스트로서 조지아주 의사당에서 선거 결과가 나오던 날 밤에 도미노피자(Domino's)를 주문했다. 기자들이 자정에 의사당 홀에서 먹을 수 있는 음식이 그것뿐이었다. 지금은 도미노피자 간판을 지나칠 때마다 아주 짧은 시간에 얼마나 많은 것이 바뀌었는지 생각하지 않을 수 없다. 그리고 우리 중에서 처음 우버(Uber)를 타고 가면서 낯선 도시에서 여행하는 일이 영원히 달라질 것이라 생각하지 않은 사람이 있을까?

비즈니스의 세계는 사회구조와 너무나 긴밀히 엮여 있어서 거의 보이지 않는다. 그래서 나의 호기심을 자극한다. 그것은 우리 일상 생활의 모든 측면에 특별한 영향을 끼치는 숨겨진 세계. 나는 저널리스트로서 호기심에 살고 죽는다. 나는 이 숨겨진 세계를 이해하고 싶었다. 그래서 나는 〈비즈니스 워〉를 진행하기 전에 공영 라디오방송의 비즈니스 프로그램인 〈마켓플레이스(Marketplace)〉의

앵커가 됐다.

나는 비즈니스 저널리스트가 되기 전부터 비즈니스에 지속적으로 관심을 가졌다. 어렸을 때 《차일드크라프트(Childcraft)》 백과사전을 책장에서 꺼내 나 같은 어린 독자를 대상으로 한 로고와 기업을 짝짓는 문제가 나오는 페이지로 넘겼던 기억이 아직도 생생하다. 형은 올스테이트(Allstate)와 웨스팅하우스(Westinghouse)를 구분할 수 있다고 자랑하는 나를 미쳤다고 생각했다. 하지만 내게 이 아이콘들은 사실 이야기 속으로 뛰어드는 도약대일 뿐이었다. 나는 어렸을 적에도 텔레비전 방송국이나 부동산 개발 회사에서 보낸 온갖 홍보물이나 시어스(Sears) 카탈로그를 읽으며 기꺼이 몇 시간을 보냈다. 그것들은 이야기 이면의 이야기, 나의 유년기를 둘러싼 광고투성이에 브랜드로 점철된 미국식 풍경을 설명하는 지도였다.

결국 비즈니스 전투는 냉혹하고 무자비한 유혈극이 아니다. 그것은 아이디어를 가진 사람들에 대한 인간적이고 흡입력 있는 이야기다. 그들의 아이디어는 때로 세상을 바꿀 잠재력을 지닌다. 이 책에서 되짚은 각각의 전쟁은 새로운 것에 대한 반발을 제압하고, 신흥 세력을 막아내고, 통제력을 확보하고, 맞받아치고, 거대한 변화를 이루고, 종종 감당하기 힘든 시도를 하는 것에 대한 교훈을 제공한다. 그것은 갑작스러운 역전극과 셰익스피어식 비극이 빚어낸 승리와 패배에 대한 교훈이다. 《비즈니스 워》에서는 온갖 유형의 리더들이 상반되는 결과를 좇아 자신들의 의지를 겨룬다. 그들은 전략을 고안하고 자원을 동원한다. 성공은 아주 사소한 세부 사항에 의해 좌우된다. 단 한 번의 전술적 실수가 제국을 무너뜨릴 수 있다. 승자와 패자는 모두 가치 있는 교훈을 얻는다. 이제 독자들도 파산이나 대외적 수치의 위험을 전혀 지지 않고 같은 일을 할 수 있다.

책이라는 건 정말 대단하지 않은가?

▲ ▲ ▲

오늘날 우리의 관심을 놓고 벌어지는 엄청난 경쟁을 고려할 때 한 달에 400만 명이 우리 팟캐스트를 다운로드한다는 사실은 나를 겸허하게 만든다. 팟캐스트의 세계에서 더욱 놀라운 사실은 우리 청취자 중 95퍼센트가 각 에피소드를 끝까지 듣는다는 것이다. 전 세계의 리더, 경영자, 비즈니스 학자, 창업자 들을 비롯한 그 모든 사람들은 왜 〈비즈니스 워〉를 들을까? 그들은 수 세대의 리더들이 손자에게서 도움을 구한 것과 같은 이유로 우리 팟캐스트에서 도움을 얻는다. 어떤 교훈은 시대를 초월한다.

나는 우리 팟캐스트에서 비즈니스 전쟁을 이야기하는 것을 좋아한다. 그런데 이 책을 통해 우리는 그 이야기를 더 깊이 파고들 기회를 얻었다. 우리가 다룬 일부 기업은 팟캐스트에도 나온다. 그러나 다수는 전적으로 새로 다뤄지며, 모든 내용은 신선한 관점을 제시한다. 우리는 처음으로 여러 이야기 사이에, 그리고 여러 산업과 시대에 걸쳐 유사성과 연관성을 파악할 수 있었다.

이 책의 각 장에서 다룬 주제는 《손자병법》의 각 장에서 영감을 얻었다. 이를테면 손자가 첩자와 첩보를 활용하는 법을 조언한 부분과 관련해 이 책의 한 장은 비즈니스에서의 오도와 거짓, 심지어 사보타주 같은 계략을 활용하는 문제를 다룬다. 다만《손자병법》과 이 책이 완벽하게 호응하는 것은 아니다. 우리 책《비즈니스 워》는 9장,《손자병법》은 13장으로 구성돼 있다. 그래도 우리는 이 시대를 초월한 고전이 제공한 영감에 고마움을 느낀다.

흥미로운 비즈니스 전쟁은 사례연구라기보다 하나의 모험, 용감한 주인공이 역경을 이겨내는, 또는 분노나 오만 같은 비극적인 결함에 무너지는 서사적인 내러티브에 가깝다. 처음에는 팟캐스트로, 지금은 책으로 이런 이야기를 나누는 것은 내게는 귀중한 일생일대의 모험이었다.

전장 진입

1

전투에서 이기는 장수는 싸우기 전에 머릿속으로 많은 계산을 한다.

손자, 《손자병법》

모든 위대한 기업은 같은 곳, 바로 백지에서 시작한다. 어떤 아이디어에 대한 스케치, '가능성'에 대한 비전 이상의 것은 없다. 그것이 청사진에 그려졌든, 칵테일 냅킨에 휘갈겨졌든, 일부 경우에 경쟁자가 영감을 줬든 관계없다. 갑작스러운 통찰로 촉발되거나, 오랜 연구 끝에 개발된 새로운 사업에 대한 아이디어는 그저 하나의 목표, 지도에 표시된 'X' 자일 뿐이다. 그 영역을 확보하려면 여전히 싸워서 이겨야 한다. 창업자가 아이디어의 씨앗을 취해 현실로 만들 때 전쟁이 시작된다. 시장에서는 어떤 영역도 기꺼이 주어지지 않는다. 아무리 탁월한 혁신을 일으킨다고 해도 현상(現狀)을 뒤엎고 그 위에 편하게 앉아 있는 경쟁자들을 쓰러뜨리지 않고는 어떤 기업도 승리할 수 없다.

신화를 만드는 유명한 창업자의 자서전을 읽을 때는 의심하는 태도를 지녀야 한다. 당신 자신의 기원담을 회고할 때는 운과 타이밍의 역할을 과소평가하기 쉽다. 보편적 진실을 파악하려면 역사에 걸쳐 여러 사례를 비교, 대조하는 편이 낫다. 여러 번에 걸쳐 다시 나타나는 성공적인 창업의 공통된 요소는 무엇인가? 타이밍이 나아지거나, 보다 뛰어난 창업자가 전장 속으로 끌고 가기 전까지 자리 잡지 못했던 뛰어난 아이디어에 대한 교훈도 마찬가지로 중요하다.

새로운 것으로 돌파구를 열기 위한 고난은 사실 새로운 것이 아니다. 심지어 활력을 안기는 영약인 커피도 초기에는 어려움을 겪었다. 베네치아의 식물학자 프로스페로 알피니(Prospero Alpini)가 이집트를 다녀온 뒤 커피 활용법을 유럽에 소개했을 때 교황청은 커피가 사악한 기운을 지녔다며 금지했다. 교황 클레멘트 8세(Clement Ⅷ)가 이 이국의 음료를 맛보고 마음에 들어서 축복을 내리기 전까지는 말이다. (결국 이탈리아인은 커피의 열렬한 팬이 됐다.)

당신이 과감한 아이디어와 그것을 실현하려는 불타는 욕구를 가졌다면 결코 따스한 환대를 기대하지 마라. 어떤 종류든 변화는 기성 체제를 위협한다. 변화가 클수록 저항도 거세진다. 그러니 미리 생각하라. 누가 핵심 플레이어인가? 당신이 이득을 볼 때 누가 손해를 보는가? 신제품의 영향은 예측하기 어렵다. 그래서 예상치 못한 광범위한 결과로 이어질 수 있다. 한 발짝을 떼기 전에 꼼꼼하게 전장의 지도를 그려라. 당신이 시작하려는 전투의 규모를 제대로 파악하라.

헨리 포드의 큰 그림
모델 T

때는 1896년 6월 4일, 새벽 1시 30분. 헨리 포드는 하품을 하면서 자기 앞에 놓인 발명품에서 물러앉아 뻐근한 목을 푼다. 그는 작업실로 쓰고 있는 작은 벽돌 오두막을 둘러보면서 작업을 '마쳤다'는 사실에 만족스러워 한다. 2년 동안 수정과 실험을 계속한 끝에 그는 마침내 목표한 작업을 완료했다. 그것도 그의 어머니가 항상 주장한 대로 최선을 다해서 말이다. 포드는 딱히 피로감을 느끼지 않는다. 하지만 분명 그는 지쳤어야 마땅하다. 그는 에디슨조명회사(Edison Illuminating Company)에서 엔지니어로 긴 시간을 일하고 나서 또다시 저녁 내내 새로운 발명품을 마무리하는 데 매달렸다. 포드의 아내인 클라라(Clara)와 그들의 아들인 에드셀(Edsel)은 지금 자고 있을 것이다. 그들이 밤 인사를 하러 왔던가? 기억나지 않는다. 이 프로젝트를 도운 제임스 비숍(James Bishop)도 포드만큼 지친 게 분명하다. 비숍은 근처 의자에 앉아 졸고 있다. 기나긴 밤이었다.

조용한 오두막 안, 포드 앞에는 그가 4륜 자전거(Quadricycle)라 부르기로 결정한 약 227킬로그램짜리 기계장치가 놓여 있다. 자전거 타이어가 4개 달려 있으니 적절한 이름이었다. 또한 모든 것이 마땅히 그래야 하듯이 어떤 장식도 없이 오로지 기능적인 요소뿐이었다. 그래서 수리와 재현이 용이했다.

포드는 2실린더 내연기관의 기계적 복잡성에도 불구하고 자기 앞에 있는 2인용 차량을 단순한 물건이라 여긴다. 즉, 제품이라기보다 시제품에 가까운 것이다. 새로운 아이디어를 구현하려 시도할 때는 모든 요소를 최대한 단순화하는 것이 타당하다. 그는 어린 시절에 증기 엔진이 농부의 수레를 끌고 가는 모습을 처음 본 이후 이 특정한 아이디어를 구현하려고 애썼다. '말 없는 마차'. 이제 그는 직접 그것을 만들었다. 어느 정도는.

포드의 친구 찰스 킹(Charles King)은 근래에 자신의 목제 4실린

더 엔진 차량을 타고 디트로이트 근교를 돌아다녔다. 속도는 최대 시속 8킬로미터까지 나왔다. 4륜 자전거가 그 속도를 넘어설 수 있을까? 디트로이트에서는 다른 비슷한 프로젝트들이 진행되고 있다. 포드는 유럽에서 들려오는 흥미로운 소음을 들었다. 누구도 이 기계들의 최종 형태가 어떨지, 또는 정확히 어떻게 일상생활에 쓰일지 예측하지 못했다. 이 기계들은 지금으로서는 엄격하게 취미의 영역에 남아 있다.

그러나 포드는 이 기계들이 그 상태로 오래 머물지 않을 것임을 육감적으로 안다. 지금은 제작자들 사이에 형제애가 존재한다. 킹은 포드가 4륜 자전거를 만드는 일을 도와주기까지 했다. 그러나 이런 개방적이고 협력적인 분위기는 오래가지 않을 것이다. 그들에겐 해야 할 사업이 있다. 4륜 자전거가 말이 *끄*는 마차를 대체하지는 않을 것이다. 그러나 미래의 개선품은 그럴 것이며, '그' 모델을 만드는 창업자는 세상을 바꿀 것이다. 그리고 한 세대의 경쟁자들이 그 여파 속에 허우적거리게 될 것이다.

포드는 오두막 주변을 둘러본다. 꽤 늦은 시간이다. 이 기계는 엄청나게 시*끄*러울 것이다. 그래도 그는 시험 주행을 해야만 한다.

▲ ▲ ▲

헨리 포드는 1863년 7월 30일에 태어났다. 그의 아버지인 윌리엄(William)은 싼 농지를 찾아서 아일랜드에서 이민을 왔다. 윌리엄과 그의 아내 메리(Mary)는 디트로이트 외곽에서 약 40만 5,000제곱미터가 넘는 땅을 찾았다. 헨리와 일곱 명의 동생들은 어릴 때부터 농장 일을 도왔다. 그러나 헨리는 농사에 관심이 없었다. 또한 그는 수학 문제는 수월하게 풀었지만 공부를 잘하지는 못했다. 어린 시절부터 기계장치가 헨리의 관심을 사로잡았다. 그는 여동생의 태엽식 장난감을 분해하고 손에 들어오는 모든 기계의 작동 방식을 살피면서 계속 물건들을 주물럭거렸다.

포드 가족은 토요일마다 디트로이트로 가서 주간 쇼핑을 했다. 헨리는 강을 지나는 외륜선과 시내에서 갈수록 자주 눈에 띄는 다른 증기 엔진 신문물에 매료됐다. 이미 혁신의 중심지가 된 디트로이트에는 변화의 분위기가 감돌았다. 부모가 쇼핑을 끝내면 가족들은 모두 농장으로 돌아왔다. 헨리에게 이는 먼 과거로 돌아가는 일종의 시간 여행처럼 느껴졌을 것이다.

헨리가 기계장치에 관심이 많다는 사실을 아는 가족의 지인이 그에게 고장 난 낡은 시계를 장난감으로 주었다. 헨리는 쇠못을 갈아 임시방편으로 드라이버를 만들었다. 그리고 각 부품이 작동하는 양상을 이해하려고 시계를 분해한 다음 다시 작동하도록 조립했다. 이 대단한 성과는 이웃의 이목을 끌었다. 그들은 고장 난 시계를 포드네로 가져와 고쳐달라고 요청하기 시작했다. 헨리는 뜨개바늘과 다른 가정용품으로 직접 모든 연장을 만들어 시계 수리로 가외 소득을 올렸다. 어쩌면 그는 그것으로 지루한 농장 일을 피할 수 있었을지도 몰랐다.

기계장치에 대한 포드의 집착은 갈수록 깊어졌다. 그가 13세 때 "타고난 기계공"이라며 언제나 헨리를 자랑스러워하던 엄마가 출산 얼마 뒤에 죽고 말았다. 메리 포드는 언제나 헨리에게 잘하는 일을 찾고 그 일에 최선을 다하라고 격려했다. 포드는 엄마가 세상을 떠난 뒤 이를 일생의 사명으로 삼았다. 이 무렵 헨리는 한 농부가 증기 엔진으로 디트로이트까지 수레를 끌고 가는 모습을 처음으로 목격했다. 석탄을 태우는 이 시끄러운 장치는 말이 끄는 마차 말고는 그가 처음 본 차량이었다. 증기는 이미 농기구를 가동하는 데 활용되고 있었다. 그러나 엔진이 끄는 수레는 속도나 거리의 근본적인 제한 없이 한곳에서 다른 곳으로 쉼 없이 이동할 수 있는 가능성을 시사했다. 이는 헨리의 상상력을 사로잡았다. 그는 나중에 "나를 자동차로 이끈 것은 그 엔진이었다"라고 말했다. 그 농부는 친절하게도 헨리가 질문을 하고 엔진을 살펴볼 수 있도록 해주었다. 물론 그 자리에서 분해하는 것은 애초에 불가능했지만 말이다.

포드는 16세 때 시내로 가서 기계공 일자리를 찾았다. 그는 철공소에서 일자리를 구하고, 저녁에는 시계를 고쳐서 적은 수입을 보충했다. 그로부터 1년이 채 지나지 않아 그는 철공소를 그만두고 조선소 수습공이 됐다. 거기서 그는 다양한 엔진을 만져볼 기회를 얻었다. 포드는 3년 동안 거의 모든 순간 엔진과 다른 기계를 다루며 생활했다. 그러다가 결국에는 가족의 농장으로 돌아갔다. 그는 이웃에게 고용돼 옥수수를 자르거나, 나무를 베거나, 다른 노동 집약적인 농장 일을 하는 증기 엔진을 돌렸다. 그 무렵 웨스팅하우스 엔진 컴퍼니(Westinghouse Engine Company)는 포드가 엔진을 잘 만진다는 사실을 알게 됐다. 그래서 이 19세의 기계공을 채용해 미시간주 남부에서 제품을 고치는 일을 맡겼다.

1891년에 이제 결혼해 정착할 준비가 된 포드와 그의 아내 클라라는 디트로이트의 한 아파트로 이사를 갔다. 그는 조지 웨스팅하우스(George Westinghouse)의 라이벌인 토머스 에디슨의 에디슨조명회사에서 엔지니어로 일했다. 그리고 1893년에 아들 에드셀이 태어난 직후 수석 엔지니어로 승진했다. 포드는 직장과 집에서 여러 의무에 짓눌리면서도 밤늦도록 자신의 프로젝트에 계속 매달리는 열의를 잃지 않았다. 그는 랜섬 올즈(Ransom Olds), 데이비드 던바 뷰익(David Dunbar Buick), 존 닷지(John Dodge)와 호레이스 닷지(Horace Dodge) 형제를 비롯한 여러 동시대 사람들처럼 내연기관을 이용해 스스로 움직이는 마차, 대규모로 제작할 수 있는 마차를 만들고 싶어 했다.

4륜 자전거는 포드가 처음 내연기관으로 구동한 차량이었다. 그는 새벽 4시에 시험 주행에 성공했다. 그의 조수인 비숍은 앞서 자전거를 타고 가면서 새벽 일찍 나온 행인들에게 조심하라고 알렸다. 포드는 조잡한 기계를 몰고 무려 시속 32킬로미터로 달렸다. 그 직후에 그는 두 번째 모델을 만들기로 마음먹었다. 더 크고 튼튼한 이 차량은 미시간주 폰티액(Pontiac)까지 시속 48킬로미터로 무사히 왕복했다. 이 시험 주행은 포드에게 제조 회사를 차릴 자금을 확보해줬다. 그러나 이 회사는 1900년에 망하고 말았다. 그는 두 번째 회사를 시작했지만 투자자들과 다툰 뒤 회사를 떠나야 했다. [투자자들은 엔진 설계와 공장 등 남은 자산을 챙겨서 디트로이트를 세운 프랑스인의 이름을 따 캐딜락(Cadillac)을 만들었다.] 마침내 포드는 1903년 6월

16일에 포드자동차(Ford Motor Company)를 세웠다.

1903년에는 도로를 다니는 차가 8,000대가 채 되지 않았다. 자동차는 여전히 부자의 취미였다. 값비싸고 다루기 힘든 초기의 자동차는 모두 손으로 제작됐다. 사실 포드의 공장은 부품도 만들지 않았다. 12명의 직원은 엔진을 비롯해 도시 주변의 다른 제작자들에게서 구매한 부품을 조립하기만 했다. 수리의 경우 일관성이 없었기 때문에 부품을 교체하려면 종종 그 목적으로 새 부품을 만들어야 했다. 포드는 자동차가 거의 모든 사람에게 필수품이 되리라고 믿었다. 다만 그러려면 자동차를 신속하고 일관성 있게 만들 수 있어야 했다. 이 일을 처음으로 해내는 창업자는 대단한, 아마도 난공불락의 우위를 누릴 수 있을 터였다. 포드에게는 비전이 있었다. 그러나 그러려면 마차 산업 및 다른 초기 자동차 제조사 모두와 맞서야 했다. 그 대가는 미국 도로의 미래였다.

포드가 만든 새로운 회사의 핵심 후원자였던 석탄 거래상 알렉산더 맬콤슨(Alexander Malcomson)은 자동차를 말 없는 마차로 보는 인식에 갇혀 있었다. 맬콤슨은 자동차가 부자를 위한 호화롭고 값비싼 탈것으로서 마차를 대체할 것으로 믿었다. 하지만 포드는 생각이 달랐다. 그는 경쟁자들이 상상하는 수준을 넘어서 생산 규모를 키우고 싶어 했다. 그는 거의 모두가 살 수 있는 가볍고 안정적인 자동차를 머릿속에 그렸다. 당시 이는 충격적인 생각이었다. '모두'가 차를 가진다고? 놀랍게도 1906년 포드는 큰 진전을 이뤘다. 그해에 그는 모델 N을 생산했다. 가격은 600달러. 모델 N은 더 비싼 자동차보다 가볍고 튼튼했다. 내구성 강하고 가공하기 쉬운 바나듐강(vanadium steel)을 쓰고 단순한 설계를 고집한 덕분이었다. 그래서 딱 필요한 기능 말고는 아무것도 넣지 않았다. 포드는 언론 인터뷰에서 "저렴할 뿐 아니라 자동차를 단순하게 제조하는 문제까지 해결했다"라고 말했다.

그러나 포드가 비전을 실현하는 일에 더 가까이 다가가는 가운데 맬콤슨은 계속 회사를 다른 방향으로 이끌려고 시도했다. 또한 부품을 다른 제작자에게 의지하는 한 성공을 기대할 수 없었다. 1905년에 포드는 두 문제를 동시에 해결할 새로운 전략을 썼다. 바로 수직 통합이었다. 자동차 제조 부문을 장악하려면 단호하고 단독적으로 행동할 수 있어야 했다. 그래서 제조의 모든 측면에 대해 전면적인 통제권을 쥐어야 했다. 그는 이 목표를 위해 별도 회사인 포드 매뉴팩처링 컴퍼니(Ford Manufacturing Company)를 만들어서 자체 엔진을 제작했다. 이 조치는 포드 모델 N으로 올린 수익이 맬콤슨에게 가지 않도록 돌리는 소득도 안겨주었다. 덕분에 포드는 맬콤슨에게서 회사의 지분을 사들일 수 있었다. 회사의 완전한 통제권을 확보한 포드는 엔진 제조 회사를 흡수한 뒤 제철소를 인수했다. 그 후 차축과 크랭크 케이스 같은 다른 주요 부품을 만들어내기 시작했다. 이 조치는 신의 한 수였다. 이제 포드는 자동차에 들어가는 모든 부품을 정확한 규격대로, 그가 원하는 방식대로 만들 수 있었다.

▲ ▲ ▲

조립라인의 개념은 돌이켜보면 명백해 보인다. 대부분의 뛰어난 혁신도 시간이 지나고 나서 보면 그렇다. 그러나 전장에 들어설 때 리더는 엄청나게 복잡하고 미묘한 상황을 접한다. 그래서 이른바 명백한 해결책도 파악하기 쉽지 않다. 모든 경쟁자가 무엇을 하는지 살피고, 결함을 파악하고, 더 나은 방향으로 나아가려면 대단히 민첩한 두뇌가 필요하다.

포드가 직면한 문제는 복잡함 그 자체였다. 자동차 회사들은 노동자들이 전체 차량을 만들도록 훈련하는 데 엄청난 노력을 기울였다. 차 한 대를 조립하려면 수백 개의 부품을 손으로 맞춰야 했다. 이 작업은 기계를 다루는 상당한 소질을 요구했다. 그래서 잘하는 노동자도 있었지만 그런 노동자를 찾기 어려웠다. 대다수는 애를 먹었고, 그에 따라 조립 속도가 느리고 일관성이 없었다. 너트를 조이는 정도를 오판하는 것처럼 아주 사소한 실수도 고장으로, 심지어 사고로 이어질 수 있었다. 이와 관련해 제조사들이 할 수 있는 일은 문제 해결에 더 많은 인력을 투입하거나, 더 열심히 일하라고 모두를 다그치는 것뿐이었다.

포드는 자동차를 조립하는 방식과 관련해 근본적인 변화가 필요하다는 사실을 깨달았다. 하지만 구체적으로 어떤 변화가 필요할까? 포드는 발명가들이 새로운 패러다임을 추구할 때 종종 그러하듯이 비슷한 대상으로 눈길을 돌렸다. 기계식 시계는 엄청나게 복잡하지만 놀랍도록 효율적으로 작동한다. 수백 개의 작은 부품들은 특정한 방식으로 원활하게 맞물리면서 단일한 결과, 즉 1초에 해당하는 째깍거림을 거의 완벽한 정도로 꾸준하게 만들어낸다. 포드는 이런 의문을 가졌다. 자동차 공장을 시계처럼 가동하면 어떨까? 제조 공정의 각 단계를 일련의 맞물린 톱니바퀴처럼 다음 단계로 이어지도록 만들면 어떨까?

공장을 시계처럼 구성하면 노동자는 제조 공정의 한 가지 단계만 맡을 수 있다. 그래서 최소한의 훈련으로 누구라도 단일한 동작을 익힌 다음 같은 방식으로 거듭 실행할 수 있다. 제조 공정의 한 단계를 변경해야 하는 경우(거의 모든 단계는 시간이 지나면 조정해야 한다), 전체 인력이 아니라 한 명만 다시 훈련하면 된다. 시계처럼 설계된 공장은 정확하고, 일관되고, 빠를 것이다. 잠재적으로는 '매우' 빠를 것이다. 공정이 '자동화'되면 가속하기가 더 쉬울 것이다. 마치 자동차처럼.

나중에 '통합식 이동 조립라인'이라고 부르게 될 이 시스템을 만들려는 포드의 노력은 단선적이지 않았다. 그는 청사진에서 시작하지 않았다. 완벽한 것을 구상하기까지 기다렸다면 아예 출발도 하지 못했을 것이다. 대신 그는 생산 라인을 분석하고, 원자재를 온전히 작동하는 포드자동차로 바꾸는 과정에서 1초라도 줄이는 방안을 모색하는 관행을 만들었다. 이 '시간 동작(time-and-motion) 연구'는 생산 흐름을 최적화하는 데 도움이 됐다. 그래도 포드는 여전히 공간적 한계에 봉착해 있었다.

세부적인 측면에 대한 포드의 집착은 직원들에게 짜증을 안겼다. 그러나 그런 일이 처음은 아니었다. 포드는 한밤중에 시내를 돌며 4륜 자전거를 시험 주행하기 전부터 이웃들에게 기계만 주무르는 정신 나간 사람으로 무시당했다. 포드는 누구도 자신의 공장에서 이루려는 것을 칭찬하기는커녕 이해하지 못할 것이라는 사실을 수긍했다. 그는 자신이 이전에 존재한 적이 없는 것을 창조하고 있음을 알았다. 1세기 뒤 제프 베이조스(Jeff Bezos)는 아마존이 "기꺼이 오랫동안 오해받을 용의가 있다"라는 유명한 말을 했다. 헨리 포드도 같은 용의를 갖고 있었다.

1908년 10월 1일, 포드는 성공적인 모델 N의 후속작인 모델 T를 발표했다. 모델 T는 미국인 수백만 명이 살 수 있는 가격에 제공돼 교통의 양상을 영원히 바꿔놓았다. 또한 모델 T는 자동차를 효율적이고 안정적으로 설계하는 데 있어서 포드가 이룬 큰 진전을 대표했다. 그러나 포드는 자동차 자체를 만든 것만큼이나 제조 과정을 만든 것에서 탁월한 성취를 이뤘다. 포드가 조립라인을 지속적으로 개선한 덕분에 모델 T의 가격은 오늘날의 2만 4,000달러 이하에서 출발해 생산 기간 동안 꾸준히 떨어졌다. 심지어 1927년 단종될 무렵에는 오늘날의 4,000달러 이하 수준까지 이르렀다. 가격을 떨어뜨릴 때마다 더 많은 사람이 구매할 수 있었다. 그 결과 무려 1,500만 대가 판매되면서 모델 T는 미국 도로 어디에서나 보이는 차가 됐다.

1910년에 포드는 하일랜드파크(Highland Park)에 25만 제곱미터 넓이의 제조 공장을 열었다. 이제 그는 효율을 극대화하기 위해 처음부터 공정을 설계할 수 있는 자유를 얻었다. 우리가 아는 현대식 대량생산은 하일랜드 공장에서 구체화됐다. 다만 이 접근법은 오랫동안 그냥 포드주의로만 알려졌다. 포드주의가 진화함에 따라 차 한 대를 생산하는 데 걸리는 시간이 12시간 이상에서 93분으로 줄었다. 게다가 필요한 인력도 줄었다.

포드는 한 공장 방문자에게 "부품을 갖다놓는 사람은 그것을 고정할 필요가 없어요. 볼트를 넣는 사람은 너트를 올리지 않아요. 너트를 올리는 사람은 조이지 않습니다. 공장의 모든 작업이 계속 움직이면서 이뤄집니다"라고 설명했다. 마침내 시계가 째깍거리기 시작했다. 실제로 1912년에 상시 구동 컨베이어벨트를 추가하면서 포드의 공장은 정말 시계처럼 '돌아갔다'. 조립라인에 대한 포드의 수많은 사소한 개선은 모두 일종의 복리(複利)가 됐다. 1초를 아낀 가치는 새로운 차가 공장 문을 나설 때마다 늘어났다. 작은 개선은 장기적으로 거대한 이익으로 이어졌다. 생산 용량은 포드의 경쟁자들처럼 단선적으로 늘어난 것이 아니라 거의 기하급수적으로 늘어났다. 1914년 무렵 포드는 나머지 모든 제조사를 합친 것보다 많은 차를 생산했다.

포드의 직원들에게 작업은 숙련된 조립에 비해 거의 견디기 힘든 지경으로 단조로웠다. 이를 견딜 수 있도록 그들은 산업 노동자의 현행 임금보다 2배나 많은 임금을 받았다. 또한 그들은 업계를 선도하는 일련의 다른 복지 혜택을 누렸으며, 다른 노동자들보다 하루 두 시간을 덜 일했다. 포드는 대량생산이 "노동자가 생각해야 할 필요를 줄이고, 생각을 최소한으로 줄인다"라는 사실을 알았다. 그것이 핵심이었다. 어떤 의미에서 포드의 공장은 그 자신의 아이디어와 그 자신의 손으로 규모를 크게 키운 도구였다. 달리 어떻게 그가 의도한 방식으로, 그의 비전이 요구하는 방대한 수량만큼의 차를 만들 수 있을까?

헨리 포드에게 승리를 안긴 것은 실제로 그가 살아가는 세상과 아주 다른 세상을 상상하고, 그 비전을 성공적인 실행과 짝짓는 능력이었다. 그것이 그의 진정한, 그리고 드문 천재성이었다. 도로를 다니는 차가 8,000대이던 시절에 오직 포드만이 연간 최대 100만 대를 파는 것이 '가능하다'고 생각했다. 그만큼 많이 만들 수만 있다면 말이다. 1922년에 포드는 다른 제조사들처럼 새로운 디자인으로 계속 가지를 치는 것이 아니라 같은 차를 더 빠르고 효율적으로 만드는 방식을 통해 그 이정표에 이르렀다. 단일한 전술, 비전, 초점보다 많은 요소가 위대한 리더와 뛰어난 리더를 구분한다.

드림 하우스 만들기
바비와 마텔

때는 1956년의 따사로운 여름날이다. 핸들러(Handler) 가족은 스위스에서 휴가를 즐기고 있다. 핸들러 부부의 아이들인 바버라(Barbara)와 켄(Ken)은 어쨌든 나름대로 즐거운 시간을 보내는 것 같다. 하지만 그들의 엄마인 루스 핸들러(Ruth Handler)는 다른 것에 정신이 팔려 있다. 그녀는 여느 때처럼 회사 생각을 하고 있다. 그 회사의 이름은 마텔. 그녀와 그녀의 남편인 엘리엇(Elliot)은 오래전에 이 여행을 계획했다. 그러나 지금 그녀는 10대 자녀 둘과 함께하는 유럽 여행이 반드시 느긋하리라 생각했던 이유를 떠올릴 수 없다.

분명 그녀와 엘리엇은 휴식을 취할 자격이 있었다. 마텔은 몇몇 인기 상품 덕분에 지난 몇 년간 아주 좋은 실적을 올렸다. 그러나 장난감 사업은 쉴 틈이 전혀 없다. 언제나 다음 시즌을 내다봐야 하기 때문이다. 루스의 머리는 바삐 돌아갔다. '연말 준비는 어떻게 해야 할까? 왜 직원들은 여름휴가를 조금 더 '일찍' 가지 않는 거지? 이를테면 1월쯤에 가면 좋잖아?'

루스는 가족과 함께 매력적인 유럽의 거리를 걸으면서 이런 걱정에 휩싸인다. 그녀는 작은 가게를 흘긋 들여다보다가 그 자리에 멈춰 선다. 가게 진열창에는 작은 플라스틱 인형들이 줄지어 있다. 모두 멋있는 스키복을 입은 아름다운 금발 여성 인형이다.

루스의 딸 바버라는 어린 시절에 아기 인형을 갖고 노는 데 그다지 관심이 없었다. 그녀는 언제나 어른 인형을 갖고 노는 것을 선호했다. 화려하고 즐거운 파티나 엄마가 언제나 사무실에서 하는 회의 같은 어른스러운 상황을 상상하면서 말이다. 장난감 제조사들은 어른 인형을 만들지 않았다. 그래서 바버라는 〈굿 하우스키핑(Good Housekeeping)〉이나 〈맥콜스(McCall's)〉 같은 잡지에 종종 나오는 종이 인형을 오려냈다. 이 인형은 마찬가지로 오려낼 수 있는 드레스와 함께 아름다운 색상으로 인쇄됐다.

오랫동안 루스는 마텔의 다른 임원들에게 여자아이들이 엄마인 것처럼 꾸미는 데만 관심이 있는 게 아니라 성인 여성 인형에 대한 시장이 있을지 모른다고 설득하려 애썼다. 종이 인형은 예쁘지만 잘 찢어졌다. 드레스도 쉽게 벗겨졌다. 그러나 그녀는 다른 임원들을 설득하는 데 실패했다. 그들이 아는 한 여자아이들은 엄마놀이를 좋아했다. 어쨌든 루스가 보기에 그들은 플라스틱 여성의 함의를 스스로 인정하기보다 불편하게 여기는 것이 분명했다. 이제는 유럽인들이 그 시장에 뛰어든 것처럼 보인다. 아니, 정말 그런가? 그 가게는 장난감 가게로 '보이지' 않는다.

루스는 아직 몰랐지만 진열창에 있는 것은 릴리(Lilli) 인형이었다. 릴리는 음란한 만화 캐릭터로, 서독 신문인 〈빌트(Bild)〉지에 나오는 더 선정적인 베티 붑(Betty Boop: 1930년대에 미국 애니메이션과 만화에 등장한 여성 캐릭터-옮긴이)이다. 진열창에 놓인 인형은 사실 릴리의 수많은 '추종자들', 즉 〈빌트〉지의 남성 독자들을 위한 장난스러운 선물이었다. 그럼에도 독일 여자아이들은 바버라가 집에서 성인 종이 인형을 갖고 놀기를 좋아한 것처럼 릴리 인형을 갖고 놀았다. 루스는 거기에 기회가 있음을 알았다. 이제 그녀는 마텔의 의구심 많은 남성들에게 보여줄 성공적인 사례를 얻었다.

루스는 가게로 들어가 릴리 인형을 세 개 산다. 이제 사례를 얻었으니 이름만 있으면 된다. 어쩌면 바버라가 좋은 이름을 제안할지도 모른다.

▲ ▲ ▲

장난감 제조사들은 그저 살아남기 위해 새로운 각 세대의 소비자들을 끌어들여야 한다. 지난 시즌에 반드시 가져야 하는 크리스마스 선물로 선풍적인 인기를 끈 장난감이 다음 해 가을에는 진열장에서 외면당한다. 이런 빠른 변화 속도에도 장난감 회사는 다른 제조사들만큼 혁신에 저항할 수 있다. 아동에게 놀라움과 기쁨을 안기는 장난감은 성공한다. 그러나 장난감을 디자인하고 마케팅하는 성인은 종종 보다 실용적인 다른 산업에서 같은 일을 하는 사람들만큼 안전하게 행동한다.

장난감 사업은 아동에게 어필한다. 그러나 언제나 경쟁이 가혹하며, 심지어 살벌하다. 제조사들은 연말 장사에서 이기기 위해 필요한 모든 수단을 활용한다. 거기에는 뻔뻔한 모방과 가차 없는 사보타주도 포함된다. 아마도 그 이유는 시장이 새로움을 너무나 극적으로, 그리고 너무나 예측할 수 없는 방식으로 보상하기 때문일 것이다. '잇(it)'한 장난감은 해일처럼 전국을 휩쓸면서 절박한 부모들이 발레하듯 전술적인 구매를 하게 만든다. 소비자들은 마지막으로 남은 그해의 기즈모(gizmo)를 손에 넣기 위해 진열대를 훑는다(지금은 브라우저를 끝없이 새로고침한다). 그래서 장난감 사업은 수많은 아이디어와 두 개의 날카로운 팔꿈치, 그리고 선견지명을 가진 창업자들에게 언제나 특별한 매력을 지닌다.

실로 새로운 아이디어로 전장에 들어서는 일은 언제나 반발을 부른다. 대다수 사람들은 그것을 이겨내지 못한다. 장난감 시장이나 다른 시장의 신참자가 더 많은 경험을 가진 사람들의 저항을 버텨내려면 담력이 필요하다. 경쟁자뿐 아니라 회의적인 우군도 의구심을 드러낸다. 아이러니하게도 장난감 사업에서 베테랑들의 눈을 가리는 것은 그들의 경험이다. 업계와 아이들이 노는 방식을 영원히 바꿔놓을 새로운 장난감의 잠재력을 보려면 신선한 시각이 필요하다.

루스 핸들러는 1916년 11월 4일에 루스 모스코(Ruth Mosko)라는 이름으로 콜로라도주 덴버에서 태어났다. 그녀는 폴란드에서 반유

대주의를 피해 도망쳐 온 유대계 이민자 부부의 열째 아이였다. 그녀의 엄마는 건강이 나빴다. 그래서 루스는 맏언니 부부의 보살핌을 받으며 어린 시절의 대부분을 보냈다. 또한 종종 맏언니 부부가 운영하는 약국에서 일을 도우며 장사의 기본을 익혔다. 루스는 10대 때 한 무도회에서 엘리엇 핸들러(Elliot Handler)를 만났다. 두 사람은 사랑에 빠졌다. 루스는 19세에 로스앤젤레스로 가기로 결심했다. 엘리엇도 그녀를 따라갔다. 루스는 패러마운트영화사에서 속기사로 일했고, 엘리엇은 아트 센터 칼리지 오브 디자인(Art Center College of Design)에 다니기 시작했다. 두 사람은 1938년에 결혼했다.

형편이 넉넉지 않았기에 엘리엇은 루사이트(Lucite) 같은 새로 나온 플라스틱을 이용해 작은 아파트에 필요한 조명이나 다른 장식품을 만들기 시작했다. 엘리엇은 루스의 격려를 받아 이 취미를 사업으로 끌어올렸다. 그녀는 점심시간에 남편이 만든 물건을 로스앤젤레스의 고급 매장에 팔았다. 그녀는 나중에 이렇게 회고했다. "내가 물건을 파는 일에 도전하는 걸 좋아한다는 사실을 알았어요. 샘플을 들고 매장에 들어갔다가 주문을 받고 나올 때마다 온몸에서 아드레날린이 분비됐어요." 나중에 루스는 더글러스 에어크래프트(Douglas Aircraft)로부터 기업 선물용으로 비행기 모형을 제작하는 대형 계약을 따내 엘리엇에게 안겼다.

엘리엇은 일손을 도울 사람으로 또 다른 산업 디자이너인 해럴드 '매트' 맷슨(Harold 'Matt' Matson)을 채용했다. 이후 루스는 두 사람에게 사진 액자를 만들어보라고 제안했다. 그리고 곧 사진 매장들로부터 연이어 주문을 받았다. 그러나 제2차 세계대전이 발발하면서 플라스틱 사용이 군사적 용도로만 제한됐다. 그래서 나무로 액자를 만들었더니 주문이 2배로 늘었다. 1942년에 그들은 새로운 회사를 마텔(Mattel)이라고 부르기로 결정했다. '매트(Matt)'와 '엘리엇(Elliot)'를 합친 이름이었다. 그들은 루스의 이름을 넣을 생각은 하지도 않았다.

마텔은 인형 집 가구로 영역을 넓혔다. 엘리엇은 사진 액자를 만들고 남은 자투리 플라스틱을 가구 제작에 썼다. 가구의 성공은 결국 다른 장난감으로 이어졌다. 마텔의 첫 인기 제품은 작은 우쿨렐레인 우크 에이 두들(Uke-A-Doodle)이었다. 당시 맷슨의 건강이 나빠지는 바람에 그의 지분을 핸들러 부부가 인수했다. 1951년 무렵 마텔은 600명의 직원을 둔 회사로 성장해 수동 오르골 수백만 개를 판매했다. 마텔이 번성한 주된 이유는 루스가 마케팅과 운영을 담당하는 수석 부사장으로서 능숙하게 비즈니스 측면을 관리한 덕분이었다. 미국의 남성들이 전선에서 고국으로 돌아오고, 여성들도 주저하긴 했지만 가정으로 복귀하던 시기에 루스는 특이한 존재였다. 그녀는 남성들이 지배하는 공격적인 장난감 사업에서 성공한 추진력 강한 경영자였다.

그렇다고 해서 그녀가 현상(現狀)을 그대로 받아들인 것은 아니었다. 루스 핸들러는 언제나 포용을 지지했다. 그녀의 전기인 《바비와 루스(Barbie and Ruth)》를 쓴 로빈 거버(Robin Gerber)는 "그녀와 엘리엇은 개방적인 고용정책을 취했습니다. 그녀는 재능을 보고 사람을 뽑았습니다"라고 말했다. 마텔의 공장은 평균보다 많은 여성 및 유색인종을 채용했다. 그래서 1951년에 고용 관행으로 어번 리그상(Urban League Award)을 받았다.

1955년에 루스는 〈미키 마우스 클럽(The Mickey Mouse Club)〉을 후원하면서 마텔을 빅 리그로 밀어 올렸다. 당시 장난감은 주로 〈룩(Look)〉, 〈라이프(Life)〉, 〈새터데이 이브닝 포스트(Saturday Evening Post)〉 같은 잡지에 싣는 광고를 통해 오직 부모를 마케팅 대상으로 삼았다. 장난감 매장에 가서 자녀에게 적당한 장난감을 사는 것은 어른들이었다. 루스는 이 중개인을 없애고 바로 아이들에게 어필하기로 결정했다. 마텔은 12개월 동안 디즈니의 새로운 텔레비전 프로그램을 후원하는 혁신적인 결정과 함께 아동 대상 텔레비전 광고를 내보내는 최초의 회사가 됐다.

50만 달러(마텔의 전체 자산 규모와 맞먹는 금액)를 들여서 〈미키 마우스 클럽〉을 후원한다는 루스의 위험한 결정은 보상을 안겨줬다. 마텔의 버프 건(Burp Gun)은 그해에 반드시 가져야 하는 크리스마스 장난감이 됐다. 이 캠페인의 성공은 마텔뿐 아니라 전체 장난감 산업에 중대한 전환점을 찍었다. 이후 아이들은 부모가 어떤 장난감을 사줄지에 대해 결정적인 발언권을 갖게 됐다. 장난감 회사들은 장난감을 대신 사주는 부모가 아니라 장난감을 원하는 아이들처럼 생각을 시작해야 했다.

포커 판에서 줄담배를 피우며 여가를 보내는 상습 도박꾼이기도 했던 루스는 위험을 감내할 배짱이 있었다. 게다가 비전도 있었다. 이는 기업가에게 결정적인 조합이었다. 엘리엇이 회사의 최대 주주이기는 했지만 시대를 정의하는 통찰로 마텔을 바꿔놓은 사람은 루스였다. 업계를 지배하고 있던 남성들이 여자아이들은 엄마

놀이에만 관심이 있을 거라고 가정하는 동안 루스는 전형적인 소비자의 통점(pain point)을 파악했다. 그녀의 딸 바버라 같은 수많은 여자아이들은 '미래를 꿈꾸며' 어른놀이를 할 수 있는 현실적인 모방 대상을 구하기 위해 가위와 종이 인형에 기대야 했다. 왜 새로운 플라스틱 제조 방식을 활용해 다양한 자세를 취할 수 있고, 실제 같은 어른 인형을 만들지 않는 걸까?

여자아이들은 아기를 요람에 누이거나 우유병으로 우유를 먹이는 척하는 대신 여성에게 다양한 옷을 입히고 자신이 상상한 미래의 상황에 따라 역할극을 할 수 있었다. 그것이 화려한 파티에 가는 것이든, 이국적인 지역으로 여행하는 것이든, 결코 그런 적이 없음에도 자신이 여자아이들을 더 잘 이해한다고 생각하는 회의적인 남성 임원들을 회의실에서 제압하는 것이든 말이다.

루스는 엘리엇이나 마텔의 다른 남성 임원들에게 자신의 아이디어가 지닌 잠재력을 설득하는 데 실패했다. 그들은 실제와 비슷한 여성 인형은 제작 비용이 너무 많이 든다고 말했다. 그러나 나중에 그녀는 그들의 저항이 "대부분 인형에 가슴이 생긴다는 사실에서 기인한다"라고 의심했다고 썼다. 그녀의 짐작은 틀리지 않았다. 몇 년 뒤 마텔의 광고대행사 임원은 한 다큐멘터리에서 이렇게 말했다. "누구도 아이들을 위한 성인 장난감을 가진 적이 없었습니다. 그건 옳게 보이지 않았어요. 긴 다리와 가슴, 아름다운 여자라는 전체 콘셉트가 그랬어요. 그건 아이들이 가지고 놀 인형이 아니었습니다."

결코 주눅 드는 법이 없던 루스는 자신의 구상이 성공할 수 있음을 어떻게 동료들에게 설득해야 할지 몰랐다. 스위스의 한 가게 진열창에서 릴리를 발견하기 전까지는. 이제 그녀는 여자아이들이 실제로 갖고 노는 성인 인형의 확실한 사례를 얻었다. 사실 그 인형은 어른들을 대상으로 한 것이었지만 말이다. 실제 릴리 인형을 손에 넣은 루스는 자신의 아이디어를 시험해보도록 리더 팀의 나머지 인원을 설득할 수 있었다. 그녀는 자신의 비전을 실현하는 일에 나섰다. 그녀는 마텔의 거대한 연구 개발 부서를 이끌어서 스위스 인형을 미국 여자아이들에게 맞도록 수정했다. 피부용 플라스틱은 더 부드러워야 했다. 머리카락은 더 튼튼해야 했다. 얼굴은 예쁘되 너무 이국적이지 않아야 했다.

현재의 관점으로 이런 배양기를 돌이켜보면 성공을 향한 직선 궤도를 달린 것처럼 보기 쉽다. 그러나 실제로는 전투가 막 시작됐을 뿐이었다. 여자아이 대상 성인 인형이라는 콘셉트는 새로운 것이었지만 여자아이들의 상상 놀이라는 영역은 전통적인 아기와 아이 인형을 만드는 제조사들이 확고하게 장악하고 있었다. 루스는 아이디어에서 실현에 이르는 여정의 모든 단계를 지나면서 처음에는 내부에서, 그다음에는 외부에서 완강한 저항에 직면했다. 오직 열정과 헌신으로 그녀는 자신의 아이디어를 끝까지 밀어붙였다.

마텔은 새로운 종류의 장난감에 대한 부모들의 우려를 예측하는 데 공을 들였다. 실제로 시장조사를 통해 엄마들이 성인 같은 체형의 인형을 꺼린다는 사실이 드러났다. 마텔은 장난감 업계의 거의 모든 사람들(거의 남성)이 충격적으로 받아들인 가슴이 있는 인형이 성장기의 여자아이들에게 유익한 교육적 모델을 제공할 것이라고 엄마들을 안심시키기 위해 심리학자를 영입했다. 실제로 이 심리학자는 시제품을 보여주며 여자아이와 엄마 들을 인터뷰한 이후 인형의 가슴을 더 크게 만들라고 요청했다. 결국 처음에는 인형의 최대 문제로 여겨졌던 것이 최대의 강점이자 셀링 포인트(selling point)가 됐다. 여성적인 형태는 여자아이들이 어른으로서의 상황을 상상하게 해주었다.

루스는 3년에 걸친 개발을 마치고 딸의 이름을 딴 바비(Barbie) 인형을 뉴욕시에서 열리는 장난감 박람회(Toy Fair)에 선보였다. 이 박람회는 장난감 업계에서 한 해의 가장 중요한 행사였다. 이 무렵 마텔은 본래의 릴리 디자인을 혁신했다. 심지어 관절 구동 부위까지 추가해 약 29센티미터 길이의 플라스틱 인형이 매혹적인 자세를 취할 수 있게 만들었다. 품질과 현실성은 루스에게 대단히 중요했다. 그녀는 여자아이들이 언젠가 그렇게 살리라고 상상한 매혹적이고 흥미로운 삶을 충분히 모방할 수 있기를 바랐다. 바비의 머리카락은 손으로 한 올 한 올 심었으며, 손톱 역시 손으로 칠했다. 마텔은 심지어 화려한 의상을 만들 디자이너까지 채용했다. (처음에 바비는 10대 패션모델로 홍보됐다.) 비즈니스 측면에서는 일본에서 인형을 제작해 미국에서 제작하는 경우보다 비용을 크게 줄였다. 또한 최대한 많은 아이들이 가질 수 있도록 소매가격을 3달러로 책정했다. 파리에서 나온 최신 디자인을 토대로 한 추가 런웨이 패션은 1달러 정도에 구매할 수 있었다.

그러나 이 모든 노력과 가능한 최대한의 사전 대비에도 불구하고 1959년 3월 9일에 이뤄진 바비의 데뷔는 순전한 재난이었다.

뉴욕시 플랫아이언 지구(Flatiron District)에 있는 국제장난감센터 (International Toy Center)에는 희망에 찬 투자자들이 세운 부스들이 줄지어 늘어섰다. 마텔의 부스에 앉아 있던 루스는 유통업체들이 바비를 원하지 않는다는 사실이 명백해지면서 점차 낙심했다. 모두 남성인 바이어들은 부스를 힐끔 쳐다보고는 그냥 지나쳐 갔다. 그들은 바비의 매력을 전혀 이해하지 못했다. 여자아이들은 엄마 놀이를 하고 싶어 할 뿐이었다. 게다가 마텔의 부스에 있는 패션모델 인형은 그들을 불편하게 만들었다. 그런 굴곡을 가진 인형은 건전해보이지 않았다. 여자아이들은 패션쇼장의 런웨이를 걷는 것이 아니라 엄마들처럼 집 안을 관리하는 삶을 준비해야 했다.

장난감 박람회의 최대 업체인 시어스(Sears)가 바비 인형을 매입하지 않겠다고 단호하게 거절하자 루스는 거의 절망했다. 일본 공장은 거대한 수요에 대비해 1주일에 2만 개씩 바비 인형을 만들고 있었다. 그런데 모든 주요 업체들이 바비에게 등을 돌리고 있었다. 루스에게는 다른 방도가 없었다. 판매업체들이 바비를 매입하지 않겠다면 아이들이 바비를 요구하게 만들어야 했다. 버프 건 때 그랬던 것처럼 말이다.

마텔은 바비를 최대한 많은 방식으로 여자아이들에게 직접 선보이는 일로 주의를 돌렸다. 이를테면 바비 인형의 사진이 담긴 홍보용 뷰 마스터(View-Master) 장난감(얼굴에 대고 렌즈로 확대 사진을 볼 수 있게 해주는 장난감-옮긴이)을 장난감 매장에 보냈다. 장난감 박람회 이후 몇 주 만에 방송된 첫 텔레비전 광고를 통해 바비가 지닌 매력의 핵심을 알렸다.

"나도 언젠가 너처럼 될 거야. 그때까지 내가 뭘 할 건지 알아. 바비, 예쁜 바비. 나는 내가 너라고 믿을 거야."

루스는 여자아이들이 바비를 보기만 하면 바로 그 매력을 이해할 거라고 느꼈다. 여자아이들의 선호를 파악하는 일을 하면서 고액의 연봉을 받는 경험 많은 전문가들은 이해하지 못했지만 말이다. 다시금 그녀의 직감이 들어맞았다. 텔레비전이 바비를 미국의 여자아이들에게 직접 선보이자 바비의 인기가 치솟았다. 크리스마스 무렵 일본 공장은 수요를 따라잡지 못했다. 마텔은 제조 첫해에 바비 인형 35만 개를 판매했으며, 수요를 따라잡는 데 꼬박 3년이 걸렸다. 루스는 나중에 "바비는 카운터에 놓이는 순간 바로 걸어 나갔어요"라고 말했다. 대다수 장난감과 달리 바비의 인기는 계속 높아지기만 했다. 잠깐 흥미를 자극하는 버프 건 같은 장난감과는 달랐다. 바비 라인은 한없이 유연한 세상을 열어주었다. 소녀, 소년들은 그 안에서 놀면서 거의 모든 종류의 삶을 안전하게 상상할 수 있었다.

바비가 데뷔한 지 1년 만인 1960년에 핸들러 부부는 마텔을 상장해 1,000만 달러의 가치를 인정받았다. 이후에도 마텔은 〈포천〉 500대 기업을 향해 계속 성장했다. 또한 1963년에는 전 세계에서 바비를 마케팅하기 시작했다. 바비는 독일 태생임에도 곧 미국의 아이콘이 됐다. 1960년대 말에는 매출이 2억 달러를 넘어섰다. 바비는 일본 공장에서 일하는 수천 명의 노동자와 캘리포니아에서 마케팅과 유통을 담당하는 수백 명의 직원에 더해 매주 도착하는 2만 통의 팬레터에 답장을 하는 비서까지 거느렸다. 1968년에는 바비 팬클럽의 회원이 미국에서만 150만 명에 이르렀다.

바비의 성인 체형이 여자아이들에게 어필하는 최대의 자산이라면 남자 인형이 어른스러운 삶의 면모를 완성하는 데 도움이 되는 보완재가 될 것이 분명했다. 1961년에 마텔은 바비의 남자 친구인 켄(Ken)을 선보였다. 켄은 핸들러 부부의 아들 이름이었다. 수년에 걸쳐 더 많은 인형이 그 뒤를 이었다. 거기에는 1968년에 나온 유색인종을 대표하는 인형들을 비롯한 친구들부터 조종사, 의사, 운동선수, 정치인 등 수많은 역할로 변신한 바비 자신까지 다양한 인형들이 포함됐다. 1980년에는 흑인 바비가 등장했다. 중요한 사실은 루스가 이렇게 다양한 파생 상품을 출시하면서도 바비가 키울 자녀를 만들지 않았다는 것이다. 아이를 키우는 일과 가장 밀접한 장난감은 바비의 베이비시터놀이 세트였다.

나중에 바비는 페미니스트들이 우려하고, 심지어 질책하는 대상이 됐다. 무엇보다 바비는 일각에서 젊은 여성의 비현실적인 몸매에 대한 이미지를 은연중에 조장한다고 여겨졌다. 그러나 처음부터 루스의 의도는 여자아이들에게 다른 어느 곳에서 찾을 수 없는 실제 여성의 체형에 훨씬 더 가까운 인형을 제공하는 것이었다. 바비를 비난하는 사람도 많았지만 그보다 훨씬 많은 사람들이 바비를 갖고 놀았던 시절을 회상하며 고마움을 느꼈다. 루스는 나중에 한 기자에게 이렇게 말했다. "여성분들에게 거듭 듣는 말이 있어요. 바비는 그들에게 인형 이상의 존재예요. 바비는 그들의 일부입니다."

루스는 1970년에 유방암 진단을 받았다. 마텔이 막 불황과 공장

화재, 그리고 부두 노동자의 파업을 이겨내던 무렵이었다. 이는 모든 리더에게 극복하기 어려운 조합이었다. 유방 절제술을 받고 회복하는 일은 말할 것도 없었다. 마텔이 주가를 지켜내려고 불법적인 회계 관행에 기댄 것도 이 무렵이었다. 1972년에 마텔의 주주들은 회사를 고소했고, 루스와 엘리엇은 자리에서 물러나야 했다. 루스의 전기 작가에게 엘리엇이 한 말에 따르면, 루스는 야심에 발목이 잡혔다. 그녀는 도저히 "멈출 수가 없었다". 1978년에 루스는 연방 법원에서 공모 혐의로 유죄 선고를 받았다. 그녀는 항소하지 않았으며, 벌금과 사회봉사 명령에 처해졌다. 그녀는 사회봉사 명령을 이행하기 위해 불우한 청년들에게 직업훈련을 시키는 재단을 설립했다.

쉽게 굴하지 않는 성격의 루스는 새로운 회사로 주의를 돌렸다. 이 회사는 편안하고 진짜 같은 가슴 보형물을 제작했다. 이번에도 그녀는 자신의 삶에서 소비자의 통점을 발견하고 그것을 해소하는 제품을 만들었다. 루스는 10년 넘게 이 회사를 운영하다가 매각했다. 그동안 그녀는 유방암 자체가 금기시된 주제이던 시절에 유방암 조기 검진을 위한 지지자가 됐다. 그녀는 당시 유방 절제술을 받은 영부인인 베티 포드(Betty Ford)에게 보형물을 맞춰주기도 했다.

1989년에 루스와 엘리엇은 장난감 산업 명예의 전당에 헌액됐다. 루스는 2002년에 로스앤젤레스에서 사망했으며, 엘리엇은 그로부터 9년 뒤인 2011년에 사망했다. 오늘날 바비는 문화 아이콘이자 비즈니스의 전설이 됐으며, 1959년 이래 전 세계에서 10억 개 이상 팔렸다. 마텔은 대부분 바비와 그녀의 친구들 덕분에 덴마크의 레고에 이어 세계 2위의 장난감 회사가 됐다. 마텔은 전 세계 거의 모든 나라에서 매출을 올리고 있으며, 총 매출은 연 40억 달러 이상이다.

루스는 자서전에 이렇게 썼다. "바비에 대한 나의 모든 철학은 그 인형을 통해 여자아이들이 무엇이든 원하는 존재가 될 수 있도록 한다는 것이었다. 바비는 언제나 여성에게도 선택지가 있다는 사실을 대변했다." 다행스럽게도 마텔의 루스는 완고한, 그리고 심히 불편해하는 남성들에게 성인 여성을 대표하는 인형이 시장에서 성공할 수 있다고 설득하는 데 필요한 기개를 지니고 있었다. 종종 어떤 아이디어의 잠재력은 기성세력에 직면하는 저항의 양에 비례한다.

연쇄 창업가들은 저항을 격려의 신호로 보는 법을 배운다. 아이디어에 맞서는 투쟁이 심할수록 그 잠재력은 크다. 새로운 것이 불꽃을 튀기지 않는다면 어떻게 불길을 일으킬 것인가?

연체료
블록버스터 vs. 넷플릭스

때는 1997년의 어느 화사한 여름날 아침이다. 리드 헤이스팅스(Reed Hastings)와 마크 랜돌프(Marc Randolph)는 몇 달에 걸쳐 평일마다 그랬듯이, 그들의 고향인 캘리포니아 산타크루즈(Santa Cruz)와 인접한 스콧츠밸리(Scotts Valley)에 있는 주차장에서 만난다. 그들은 17번 고속도로를 타고 실리콘밸리까지 가기 위해 날마다 카풀을 한다. 당시는 기술업계에 엄청난 흥분과 기회가 넘치던 시기였다. 그들이 아는 모두가 사실상의 골드러시인 닷컴 열풍에 편승하고 싶어 했다. 실리콘밸리는 산타크루스와 샌프란시스코 사이의 해안에 걸쳐 있다. 그 사이에 정상급 창업 투자사들이 모여 있는 샌드힐로드(Sand Hill Road)가 끼어 있다. 그러나 기술에 정통한 이 얼리 어댑터들은 여전히 실로 해묵은 일을 한다. 바로 우편물을 여는 것이다.

랜돌프는 퓨어아트리아(Pure Atria)의 서니베일(Sunnyvale) 본사에서 일했다. 퓨어아트리아는 헤이스팅스가 만든 소프트웨어 개발사로서 지난해에 랜돌프가 세운 스타트업을 인수했다. 헤이스팅스는 퓨어아트리아와 다른 회사 사이에서 이뤄질 실리콘밸리 역사상 최대의 합병을 마무리하는 중이었다. 그와 랜돌프는 모두 새로 합병된 회사에서 잉여 인력이 될 것이었다. 그래서 두 사람은 출근길에 새로운 사업을 궁리했다. 처음에 그들은 한 가지만 우선적으로 합의했다. 바로 아직 열풍이 부는 동안 닷컴 열풍에 합류한다는 것이었다. 그러나 실제로 무엇을 만들지 정하는 일은 쉽지 않았다. 헤이스팅스나 랜돌프는 잠재력이 한정된 아이디어에 심혈을 기울이고 싶지 않았다.

헤이스팅스는 "뭔가…… 아마존닷컴 같은 걸 만들어야 해"라고 말했다. 랜돌프는 매일 아침 차 안에서 가정배달 샴푸, 맞춤식 개사료, 맞춤식 서핑 보드 등 최근에 떠올린 웹 사이트에 대한 아이디어를 제시했다. 그때마다 헤이스팅스는 "그건 절대 성공 못 해"라고 대꾸했다. 그러면 랜돌프는 다시 구상에 들어갔다.

이런 식으로 수백 가지 가능성을 훑은 다음 랜돌프는 헤이스팅스에게 유망한 아이디어를 제안했다. 바로 우편으로 영화를 빌려주는 사업이었다. 헤이스팅스는 흥미를 느꼈지만 이에 대한 조사를 해본 뒤 퇴짜를 놓았다. 양방향 배송과 처리는 비디오테이프를 우편으로 보내는 비용을 감당할 수 없게 만들었다. 그러다가 그들은 일본에서 들려오는 요란한 소식을 접했다. 집에서 영화를 보는 새로운 첨단 형태로서 디지털 비디오디스크(Digital Video Disc, DVD)가 개발됐다는 소식이었다. DVD는 CD 크기지만 영화 전체를 고해상도로 담을 수 있었다. 그래서 VHS와 레이저디스크를 대체해 표준 가정용 영화 감상 형태로 자리 잡을 가능성이 컸다.

DVD가 성공하면 사람들은 약 110그램짜리 플라스틱 디스크를 반납하러 계속 귀찮게 블록버스터까지 갈까? 이론상으로는 쉽고 편하게 우편으로 보낼 수 있었다. 더 이상 수많은 매장을 임대할 필요도 없었다. 배송은 우편 시스템에 맡기면 됐다. 대형 창고 몇 개만 있으면 모든 재고를 보관하기에 충분할 것이다. 아마존이 그랬던 것처럼 말이다. 그리고 아마존처럼 판매 데이터를 활용해 고객이 앞으로 원할 만한 상품을 파악할 수 있었다.

헤이스팅스는 흥분했지만 랜돌프는 회의적이었다. 그는 약 13센티미터 크기의 디스크가 물류 과정에서 멀쩡하리라고 믿지 않았다. 그는 20년 동안 다이렉트 마케팅 분야에서 일하면서 수백만 통의 우편물을 보냈다. 또한 그는 새너제이 중앙 우체국의 우편물 처리실을 직접 확인하기도 했다. 그는 "편지들이 무려 시속 26킬로미터의 속도로 분류 기계를 지나갑니다. 코너에서 구부러지기도 하면서 말입니다"라고 지적했다. DVD는 조각 난 상태로 도착할 것이었다. 그렇지 않은가? 확인해보는 방법은 하나뿐이었다.

랜돌프와 헤이스팅스는 DVD를 손에 넣지 못했다. DVD는 여전히 미국 전역에서 소수의 시험 시장에서만 구할 수 있었다. 그래도 그들은 DVD가 CD와 물리적으로 같다는 사실을 알았다. 며칠 전 그들은 헤이스팅스의 집에서 두어 구역 떨어진 퍼시픽애비뉴(Pacific Avenue)의 로고스 북스 앤드 레코즈(Logos Books & Records)에 가서 팻시 클라인(Patsy Cline)의 히트곡 모음 CD를 샀다. 그들은 케이스에서 CD를 꺼내 헤이스팅스의 집 주소가 적힌 봉투에 집어넣고 32센트짜리 우표를 붙인 다음 근처 우체통에 넣었다.

이날 아침 헤이스팅스는 우체국 소인이 찍힌 봉투를 들고 출근 장소에 도착했다. 그들은 잔뜩 기대에 부푼 채 봉투를 찢고 디스크에 흠이 났는지부터 살폈다. 그런데 랜돌프에게는 놀랍게도, 그리고 두 사람에게는 기쁘게도 디스크는 멀쩡했다. 깔끔한 상태였다. 헤이스팅스와 랜돌프는 주차장에 서서 서로를 바라보았다. 일이 너무 쉽게 풀렸다. 하지만 최신 출시 영화를 보려는 고객들이 DVD를 받기까지 하루 이상을 기다려줄까? 그것은 그들이 블록버스터까지 가는 것을 얼마나 싫어하는지에 달린 문제였다.

▲ ▲ ▲

현대의 가장 두드러지고 치열한 비즈니스 전쟁 중 하나로 미국의 소파에서 벌어지는 전투는 지금도 계속된다. 현재 애플, 넷플릭스,

디즈니 같은 대기업들은 스트리밍의 미래를 놓고 엄청난 돈을 걸고 있다. 그들은 그 과정에서 오락 산업의 모든 측면을 바꿔놓고 있다. 미래가 흐릿할 때 기민한 리더는 과거에서 유용한 비교 대상을 찾는다.

과거에는 일반적인 인터넷 연결 속도가 우표 크기의 30초짜리 동영상을 전달하기에도 벅찼다. 금요일 밤이 되면 사람들은 전 세계에 흩어진, 파란색과 노란색으로 꾸며진 수천 개의 블록버스터 비디오 매장으로 차를 몰았다. 그들은 오랫동안 진열대 사이를 돌아다니며 자신에게 딱 맞는 영화를 찾았다. 지금 남아 있는 블록버스터 매장은 단 한 곳뿐이다. 오리건주 벤드(Bend)에 있는 이 매장은 한때 비디오 대여 시장을 지배했지만 지금은 망한 기업과 아무 관련이 없다.

전성기 때 블록버스터는 양판점식 전술을 활용해 지역의 소형 경쟁업체들을 몰아냈다. 영세 비디오 대여점들은 페이스북과 레딧이 나오기 이전에 영화 커뮤니티의 중심축 역할을 했다. 영화광인 직원들은 위키피디아와 인터넷 무비 데이터베이스(Internet Movie Database)가 나오기 이전에 영화 지식의 원천이었다. 그러나 그들은 사업적 측면에서는 블록버스터의 효율성과 일관성을 당해내지 못했다.

파란색과 노란색이 섞인 셔츠를 입은 블록버스터 직원들은 마틴 스코세이지(Martin Scorsese)에 대해 잘 알지 못할지도 모른다. 생기 없고 형광등 조명이 켜진 매장은 손님들끼리 어울리는 분위기와 거리가 멀지도 모른다. 그러나 이 새로운 대여점 체인은 여러 명민한 혁신 덕분에 시장을 지배할 수 있었다. 블록버스터의 창업자 데이비드 쿡(David Cook)은 정교한 컴퓨터 데이터베이스를 토대로 모든 매장에 걸쳐 인기 비디오의 적절한 재고를 확보했다. 또한 블록버스터는 컴퓨터를 활용해 지역별 취향에 맞게 개별 매장에 비디오를 구비했다. 그리고 틈새 영화까지 다루는 두꺼운 카탈로그와 함께 대여점의 필수품인 포르노를 없애는 대신 최신 인기 비디오로 진열대를 채움으로써 가족 친화적인 환경을 만들었다. 그래서 거의 모든 조합의 사람들이 좋아하지는 않더라도 모두가 동의하는 비디오를 골라서 집으로 돌아갈 수 있었다.

블록버스터가 재정적으로 성공할 수 있었던 요인 중 많은 부분은 인간의 본성을 요령껏 활용한 데 있다. 블록버스터는 대여비를 낮춰서 경쟁자들에게서 고객들을 유인했다. 대신 고객이 영화를 다 보려면 불가피하게 하루나 이틀이 더 필요한 경우 무거운 연체료를 물렸다. 이 영악한 전략은 성공했다. 블록버스터는 빠르게 성장하면서 나중에는 전 세계에 매장을 열었다. 사업 확장의 절정기인 2004년에는 무려 8만 4,300명을 고용했다. 미국에서만 해도 9,000개 이상의 매장에서 5만 8,500명의 직원이 일했다. 그러나 이 무렵 이미 불길한 징조가 나타나기 시작했다. 블록버스터는 자신보다 더 혁신적인 경쟁자와 전쟁을 벌였다. 그 상대는 블록버스터의 압도적인 시장 지배력을 절단 낼 수 있을 만큼 날카롭고, 반짝이는 금속제 디스크로 무장하고 있었다.

1997년 8월 29일, 헤이스팅스와 랜돌프는 넷플릭스를 공동 창업했다. 처음에는 회사의 성공을 이끌 사업 모델이 아직 확정되지 않은 상태였다. 이듬해 4월에 사이트가 열렸을 때 고객들은 DVD를 구매하거나 블록버스터에서 하듯이 대여료를 내고 한 번에 하나씩 대여할 수 있었다. 주된 차이점은 물리적 매장의 한계에 얽매이지 않는 넷플릭스의 구비 목록이었다. 그러나 DVD가 빠르게 수용되는 데 비해 넷플릭스 사이트는 인기를 끄는 데 실패했다. 그때 랜돌프는 홍보를 위해 약간의 모험을 감행했다. 그것은 모니카 르윈스키 스캔들과 관련된 빌 클린턴의 대배심 증언을 담은 DVD를 단 2센트에 제공하는 것이었다. 이 모험 덕분에 넷플릭스는 절실하던 언론의 주목을 받을 수 있었다. 그 결과 그들의 서비스를 이용해보려는 사람들이 늘어났다. 그러나 사업 모델은 여전히 손질이 필요했다.

1999년의 어느 날 밤, 랜돌프는 새너제이 창고에서 수십만 개의 DVD에 둘러싸여 있었다. 그는 헤이스팅스에게 "왜 이 많은 걸 다 여기에 보관해야 하지?"라고 큰 목소리로 물었다. 헤이스팅스는 "고객들이 DVD를 원하는 만큼 갖고 있게 하자. 하나를 다 보면 우리가 다른 걸 보내주는 거야"라고 대답했다.

더 이상 연체료는 없었다. 이것이 바로 셀링 포인트였다. 이 혁신은 곧 두 가지 추가 혁신으로 보완됐다. 그것은 월 정액으로 요금제에 따라 한 번에 한 개 이상의 DVD를 무제한 대여할 수 있는 서비스와 고객이 다음에 볼 영화를 지정해두면 이전 영화를 반납하는 순간 바로 보내주는 편리한 예약 서비스였다.

넷플릭스는 아직 작은 회사였지만 블록버스터에 심각한 위협을 가하기 시작했다. 물론 고객들은 영화가 도착할 때까지 하루나 이

틀을 기다려야 했다. 그러나 그 대가로 일반 대여점보다 훨씬 방대한 목록에서 보고 싶은 영화를 고를 수 있었다. 게다가 원하는 만큼 오래 영화를 보유하고 있으면서 각자의 속도에 맞게 보고 또 볼수 있었다. 영화를 보고 나면 그냥 같은 봉투에 넣어서 돌려보내기만 하면 됐다. 그러면 저렴한 월 요금에 다른 영화를 받을 수 있었다. 더 이상 연체료를 걱정하거나 한 번에 영화를 다 보려고 밤늦도록 깨어 있을 필요가 없었다. 또한 온 가족이 블록버스터까지 차를 타고 가서 한 시간 동안 무슨 영화를 볼지 말다툼을 벌일 필요도 없었다. 넷플릭스는 쏠쏠한 연체료를 포기하는 대신 월 요금이 제공하는 안정적이고 예측 가능한 매출을 누렸다. 그것도 비용이 많이 드는 대형 매장 없이 말이다. 넷플릭스에 필요한 것은 비용이 적게 들면서도 전략적으로 자리 잡은 몇 개의 창고뿐이었다.

2000년에 넷플릭스 사이트는 시청자가 영화를 보고 매긴 평점을 토대로 맞춤형 추천 서비스를 제공하기 시작했다. 이는 영화에 대한 지식이 해박한 영세 대여점 직원들이 하던 일이었다. 새로운 서비스는 블록버스터 고객들이 겪는 경험의 또 다른 거대한 통점을 해소했다. 그것은 볼 만한 영화를 찾아 진열대 사이를 끝없이 헤매는 것이었다. 그러나 넷플릭스는 이 무렵 블록버스터와 아무 관계 없는 난관에 부딪혔다. 바로 닷컴 버블의 붕괴였다. 이름에 '닷컴'이 들어간 모든 기업이 천정부지의 금액에 인수되거나 주식시장을 떠들썩하게 만들며 상장되던 시절이 갑자기 끝나버렸다.

블록버스터는 랜돌프, 헤이스팅스와 만나는 데 동의했다. 실로 다윗과 골리앗이 만나는 순간이었다. 넷플릭스는 매출 500만 달러 달성을 앞두고 있었다. 그해에 블록버스터의 매출은 60억 달러였다. 불행하게도 두 창업자는 전날 밤에 한바탕 요란한 회식을 가졌다. 그들은 약간의 숙취에 시달리며 급히 잡힌 회동 자리에 모습을 드러냈다. 랜돌프는 물 빠진 셔츠에 반바지, 슬리퍼 차림이었다. 당시는 업계를 지배하는 회사에 인수되는 것이 기적처럼 느껴지던 때였다. 그러나 후줄근한 두 창업자가 블록버스터 측에 '겨우' 5,000만 달러에 넷플릭스를 인수하라고 제안했을 때 CEO인 존 안티오코(John Antioco)는 웃음을 참느라 애썼다. 창피를 당한 헤이스팅스와 랜돌프는 자리를 떠났다. 두 사람은 자력으로 난국에서 살아남는 일에 다시 집중했다. 결과적으로 그때 블록버스터가 5,000만 달러에 넷플릭스를 인수했다면 비즈니스 역사상 최고의 헐값 거래가 됐을 것이다.

하버드 경영대학원 교수 클레이튼 크리스텐슨(Clayton Christensen)이 이제는 고전이 된 《혁신 기업의 딜레마(The Innovator's Dilemma)》에서 설명한 대로 파괴적 혁신은 하나 이상의 핵심 영역에서 현재의 제공물을 뛰어넘음으로써 기존 범주를 뒤흔든다. 대개 기성 업체들은 처음에는 이 혁신을 무시한다. 일부 측면에서 뒤떨어지기 때문이다. 이미지 품질이 나쁘다고 디지털카메라를 무시하던 카메라 및 필름 제조사들을 생각해보라. 기성 업체들은 스타트업과 달리 신기술을 추구함으로써 기존 사업이 잠식당할 가능성에 직면한다. 그들은 이 딜레마에 갇힌 채 갈수록 혁신이 큰 위협을 가하는 것을 지켜보기만 하게 된다. 블록버스터의 경우 연체료 없이 DVD를 우편으로 보내고, 고객이 인터넷으로 다음에 볼 영화를 고르게 해준다는 아이디어가 그런 혁신이었다. 결국 새로운 사업 모델이나 기술의 성공은 기성 기업이 과거와 같은 방식으로 계속 사업을 하지 못하게 만든다. 그러나 그때가 되면 종종 적응하기에는 이미 너무 늦다.

블록버스터는 이제 기존 방식대로 사업을 이어가면서 여전히 수익이 나는 사업 모델을 최대한 붙잡고 최선의 결과를 바라거나, 지금까지 쌓아 올린 모든 것을 걸고 새로운 경기장에서 경쟁하려고 시도할 수 있었다. 넷플릭스의 서비스와 경쟁하기 위해 자체적으로 DVD 발송 서비스를 제공하는 것은 블록버스터를 매우 불리한 입장에 놓이게 할 것이었다. 블록버스터는 전 세계에 걸쳐 수십만 제곱미터의 비싼 매장 공간을 장기로 임대하고 있었다. 또한 물리적 소매 환경에서 일하도록 훈련받은 직원을 수만 명씩 두고 있었다. 수익성 좋은 연체료를 안기는 오프라인 모델로부터 기존 고객들을 이동시키기 위해 마케팅 비용을 들이는 것은 넷플릭스가 실적에 입히는 피해를 더 커지게 할 뿐이었다. 넷플릭스가 이미 앞서가는 새로운 범주에서 시장 지배력을 확보하기 전에 블록버스터가 결국 일부 또는 전체 매장을 닫으면서 성공적으로 사업 모델 사이의 간극을 메꿀 시간이 있을까?

손자는 블록버스터가 직면한 바로 그 문제를 일찍이 기원전 6세기에 이해했다. 넷플릭스는 자신의 영역에서 블록버스터를 공격했다. 손자는 《손자병법》에서 "적을 약탈하라. 군량 한 수레를 약탈하면 20수레의 군량을 얻는 것과 같다"라고 조언한다. 본국에서 군량한 수레를 수송하려 해도 엄청난 자원이 소모된다. 마찬가지로 우월한 제공물로 기존 고객을 뺏어 오는 것이 새로운 제품이나 서비스로 신규 고객을 끌어들이는 것보다 훨씬 쉽다.

넷플릭스는 바로 적 진영을 약탈하는 일을 했다. 블록버스터는 거의 20년 동안 미국인들이 영화를 빌려 보는 습관을 들이도록 공을 들였다. 랜돌프와 헤이스팅스는 거의 모든 측면에서 더 나은 전반적인 경험을 제공하는 모델로 바꾸도록 사람들을 설득하기만 했다. 이 접근법으로 넷플릭스는 실질적인 위험부담을 전혀 지지 않은 채 갈수록 시장점유율을 늘렸다.

반면 블록버스터는 훨씬 큰 난관에 직면했다. 고객들을 새로운 모델로 바꾸는 것은 어떤 의미에서 자신을 약탈하고, 기존 사업을 굶주리게 만드는 일이었다. 이는 손자가 절대 해서는 안 된다고 경고했지만 혁신을 이루려는 모든 기성 기업이 불가피하게 직면하는 문제였다. 리더들은 거대한 변화에 적응하기 위해 거듭 기성 사업을 잠식해야 했다. 또한 그렇게 하기를 거듭 주저하는 모습을 보였다. 블록버스터의 경영진이 이 전략적 실수를 깨달았을 때 5,000만 달러에 넷플릭스를 인수할 기회는 이미 사라진 지 오래였다. 2002년에 60만 명의 유료 회원을 확보한 랜돌프와 헤이스팅스는 넷플릭스를 상장시켰다. 넷플릭스는 곧 S&P 500에서 최고의 상승률을 기록하는 종목 중 하나가 됐다.

CEO 존 안티오코와 나머지 경영진이 기회를 놓쳤다고 비난하기는 쉽다. 그러나 그들은 당시 모회사인 비아콤(Viacom)에 손발이 묶여 있었다. 비아콤은 온라인 대여 사업에 대한 모든 실험에 강하게 반발했다. 그러다가 2004년에 블록버스터를 분사하기로 결정했다. 이제 블록버스터는 자체 DVD 구독 서비스를 자유롭게 출시할 수 있었다. 그러나 그때는 이미 타격을 입은 뒤였다. 넷플릭스는 충분한 자금을 확보한 상장사로서 200만 명의 구독자와 시장에 자리 잡은 브랜드 및 서비스를 갖추고 있었다. 따라잡을 여지는 없었다.

그럼에도 블록버스터는 처음부터 독자적인 제공물을 구축하기 위해 5,000만 달러보다 훨씬 많은 돈을 들일 것이었다. 그들은 넷플릭스의 제공물을 모방할 수 있었다. 그러나 넷플릭스가 오랫동안 인내심 있게 영입한 기술 부문 인재들 없이 사업을 운영해야 했다. 특히 DVD를 배송하고 고객의 선호를 예측하는 데 쓰이는 '백엔드(back-end)' 소프트웨어 전문가가 부족했다. 수세에 몰린 블록버스터는 실수에 실수를 거듭했다. 거기에는 넷플릭스를 겨냥한 "더 이상 연체료는 없습니다(No More Late Fees)" 캠페인도 포함됐다. 이 캠페인은 40개 주에서 거짓 광고 소송을 초래했다. [연체료는 면제됐다. 그러나 블록버스터는 8일 뒤에도 영화를 반납하지 않는 고객에게 조용히 정가(full price)를 청구했다.]

블록버스터는 연달아 실수를 저질렀지만 이 전투에서 상당히 유리한 입장이었다. 실제로 헤이스팅스는 경기장이 평평했다면 블록버스터의 토털 액세스(Total Access) 요금제가 넷플릭스를 물리쳤을지도 모른다고 인정했다. 이 요금제는 구독자에게 매장뿐 아니라 우편을 통해 더 많은 영화를 무제한으로 대여해줬다. 문제는 경기장이 평평하지 않다는 것이었다. 블록버스터는 이 무렵 10억 달러의 부채를 안고 있었다. 헤이스팅스는 2009년에 한 저널리스트에게 "그 부채가 아니었다면 그들이 우리를 죽였을 겁니다"라고 말했다. 부채보다 더 큰 문제는 블록버스터가 미래를 위한 비전을 시기적절하게 창출하는 데 실패했다는 점이었다. 이는 경영진의 용서받지 못할 과오였다.

2007년에 존 안티오코는 급여 문제로 이사진과 분쟁을 벌인 뒤 회사를 떠났다. 그를 대신해 키를 잡은 사람은 세븐일레븐의 회장 겸 CEO로서 5년 동안 성공적인 임기를 막 마친 짐 키즈(Jim Keyes)였다. 그는 토털 액세스가 내부에서 올바른 방향으로 나아가는 단계로 인정받았음에도 이를 백지화하기로 결정했다. 대신 그는 스트리밍 비디오 스타트업인 무비링크(MovieLink)를 인수했다. 당시 애플은 다운로드한 영화를 텔레비전으로 보게 해주는 애플 TV를 막 출시했다. 월마트도 인수할 동영상 스트리밍 서비스를 물색하고 있었다. 스트리밍이 미래였다. 키즈는 일찌감치 스트리밍 서비스에 진입하고 싶어 했다. 당시 넷플릭스는 키오스크 기반 경쟁자인 레드박스(Redbox)와 마찬가지로 여전히 우편을 통한 DVD 대여업에 집중하고 있었다. 키즈는 "레드박스나 넷플릭스는 경쟁 상대로 간주되지 않았습니다. 그들보다는 월마트와 애플이 더 경쟁 상대였습니다"라고 말했다. 그러나 블록버스터의 엄청난 부채는 2008년의 금융시장 붕괴에 직면해 명백히 선견지명을 담은 키즈의 구상을 추진하지 못하게 만들었다.

생존하려면 하나의 상대를 물리치는 일보다 더 많은 것이 필요했다. 결국 블록버스터는 비디오 대여점이 과거의 것이 됐을 때 어떤 역할을 하고 싶은지 결정하지 못했다. 자신의 영향력이 약화되고 있다는 부정할 수 없는 사실을 그들이 받아들이기까지 너무나 오랜 시간이 걸렸다. 상황을 반전시키려는 그들의 노력은 성급했고 수동적이었다. 블록버스터의 몰락은 오랜 기간에 걸쳐 일어났지만(2010년이 돼서야 뉴욕 증권거래소에서 상장폐지됐다), 동시에 불가피한 것이기도 했다.

넷플릭스는 우편 DVD 대여 서비스로 블록버스터를 쓰러뜨린 뒤 그 자신이 혁신 기업의 딜레마에 직면했다. 짐 키즈가 예견한 대로 온라인 스트리밍 서비스는 고객에게 즉시 영화를 제공함으로써 넷플릭스의 사업을 위협했다. 이 위협을 무시하기는 쉬웠다. 낮은 화질, 대역폭의 한계, 한정된 영화 목록이 1~2일 정도 지체된다는 점을 제외하면 DVD와 더 새로운 블루레이를 우월한 선택지로 만들었다. 그러나 경험 많은 기술인들이었던 헤이스팅스와 랜돌프는 스트리밍의 발목을 잡는 각각의 요소가 조용하고도 점진적으로, 동등한 수준에 이른 뒤 '갑자기' 그들의 사업 모델을 전복시킬 수 있다는 사실을 알았다. 그것은 시간문제일 뿐이었다.

헤이스팅스는 유튜브가 출범한 해인 2005년에 〈인크(Inc.)〉지와 가진 인터뷰에서 이렇게 말했다. "인터넷으로 영화를 보는 시대가 다가오고 있으며, 때가 되면 거대한 사업이 될 것입니다. 우리는 해마다 매출의 1~2퍼센트를 다운로드 서비스에 투자하기 시작했습니다. 나는 이 서비스가 엄청나게 흥미롭다고 생각합니다. 우편 발송 비용을 근본적으로 낮춰주니까요. 우리는 주문형 비디오 사업이 가능해질 때를 대비하고 싶습니다. 우리 회사의 이름이 우편 DVD가 아니라 넷플릭스(Netflix)인 이유가 거기에 있습니다."

넷플릭스는 키즈가 디지털 서비스 부문의 위협이 아니라고 그들을 무시한 직후에 혁신의 캐즘(chasm: 초기 시장에서 주류 시장으로 넘어가는 과도기에 일시적으로 수요가 정체되거나 후퇴하는 단절 현상-옮긴이)을 뛰어넘는 드문 도약을 이뤘다. 그래서 고객에게 본래의 DVD 구독 서비스를 계속 제공하는 한편 새로운 전장에서 지배적인 입지를 차지했다. 넷플릭스는 기술 혁신에 적극적으로 대응함으로써 혁신 기업의 딜레마가 극복 불가능한 것이 아님을 증명했다. 그 일은 그저 어려울 뿐이다. 그 일에는 보다 민첩한 신생 기업이 기회를 앗아 가기 전에 일찍이 필요한 위험을 감수할 선견지명을 갖춘 리더십과 의지가 필요하다.

▲ ▲ ▲

헨리 포드는 지난 세기의 전환기에 경쟁자들을 따돌렸다. 루스 핸들러는 수십 년 전에 플라스틱으로 하나의 아이콘을 만들었다. 헤이스팅스와 랜돌프는 이번 세기의 전환기에 파란색, 노란색 옷을 입은 거인을 쓰러뜨렸으며, 이미 다음 전투에 임하고 있다. 각각의 사례에서 전투의 핵심에 있는 파괴적 기술은 너무나 다르다. 그러나 성공을 거둔 전략은 놀랍도록 비슷하다. 이 리더들은 각자 전쟁의 혼란 속에서 비싼 차, 쉽게 망가지는 종이 인형, 한정된 영화 목록과 연체료 같은 명확한 약점을 골라냈다. 그들은 저마다 더 나은 것으로 그 약점을 공략할 비전을 가졌다. 또한 그들은 저마다 아무리 잠재력이 명백하더라도 언제나 현상을 위협하는 새로운 아이디어에 반발하는 엄청난 저항을 극복했다.

전장에 들어서는 일에 있어서 가장 중요한 것은 과감한 비전을 구상하고 고수하는 것이다. 위대한 리더들은 다른 사람들보다 더 큰 꿈을 품는다. 그리고 포기하라는 말을 아무리 크게, 또는 자주 들어도 쉼 없이 외부 환경을 자신의 의지대로 바꿔가면서 그 꿈을 꽉 붙든다. 그들은 지도에서 하나의 지역을 확보한 뒤에도 만족하지 않는다. 오히려 영역을 확장하기 위해 2배의 노력을 기울인다. 손자가《손자병법》에 쓴 대로 "기회는 잡는 만큼 늘어난다".

물론 전장에 들어서는 일은 전쟁의 시작일 뿐이다. 새로운 아이디어로 경쟁자를 흔들었다고 해서 승리가 보장되는 것은 아니다. 결정적인 승리를 거두려면 리더는 새로운 영역을 지키면서 확장의 토대로 삼아야 한다.

다음 장에서는 모든 비즈니스 전쟁의 다음 단계, 즉 장기적으로 새로운 사업을 타당하게 만드는 일을 살필 것이다. 이는 모든 리더에게 가장 어려운 전환이다. 종종 성공적인 창업자를 만드는 속성들이 성공적인 기업의 CEO를 무너뜨린다. 주주들과 수백만 명의 고객을 둔 기성 기업들은 한 사람의 육감을 토대로 계속 갑작스러운 방향 전환을 할 수 없다. 기성 기업들은 좀 더 신중하게 움직여야 한다. 기업의 리더들은 합의를 모으고, 연합을 중개하고, 수많은 사람을 하나의 전반적인 목표 아래 집결해야 한다. 첫 번째 일에서 두 번째 일로 나아가려면 상당한 변신이 요구된다. 모든 창업자가 거기에 성공하는 것은 아니다.

2

전쟁 수행

전쟁에서는 긴 전투가 아니라 승리를 최대의 목표로 삼아야 한다.

손자, 《손자병법》

비즈니스에서 느리고 꾸준한 방식으로는 경주에서 이길 수 없다. 시장은 과감함과 적극성에 보상을 안긴다. 20세기를 지배한 많은 자동차 제조사들은 포드, 랜섬 올즈, 닷지 형제 같은 초기 혁신가들에 의해 설립됐다. 그들은 빠르게 진입하고 확고하게 영역을 지켜냈다. 루스 핸들러는 스위스의 한 가게 진열창에서 릴리를 봤을 때 인형 세 개를 여행 가방에 담기를 주저하지 않았다. 헤이스팅스와 랜돌프는 이면의 아이디어를 구상하고 시험한 지 몇 달 만에 넷플릭스를 출범했다. 그러나 '회사'는 과감할 수 없다. 리더만이 그럴 수 있다. 리더는 기회를 포착하고, 과감한 전략을 구상하고, 다른 사람들을 전투에 끌어들이는 사람이다.

'선점 효과(first-mover advantage)'라는 개념은 단순하다. 새롭고 가치 있는 것을 먼저 제공하는 기업은 엄청난 우위를 확보할 수 있다. 당신이 최초이면 당신의 브랜드는 그 제품과 동의어가 된다. 심지어 대안으로 바꾸는 일을 어렵게 만들어서 고객을 고착시킬 수도 있다. 선점 효과가 제공하는 이점은 분명 매력적이다. 그러나 거기에는 큰 위험이 따른다. 많은 기업들은 경쟁자에게 치명타를 입히려고 제품 출시를 서두르다가 큰 대가를 치른 뒤에야 아직 준비가 미흡하다는 사실을 깨닫는다.

북 스택스 언리미티드(Book Stacks Unlimited)의 예를 보라. 당신은 이 이름을 들어본 적도 없을 것이다. 그들은 최초의 진정한 온라인 서점이었다. 북 스택스 언리미티드는 제프 베이조스가 아마존닷컴을 선보이기 3년 전인 1992년에 문을 열었다. 그러나 시기가 너무 빨랐다. 임계치의 잠재 고객을 확보하기에는 인터넷을 편하게 활용하는 사람이 충분치 않았다. 반면 베이조스가 아마존을 창업했을 때에는 시장이 훨씬 커져 있었다. 그래서 해당 사업 모델이 마침내 통했다. 오늘날 사람들은 아마존이 온라인 소매 부문에서 선점 효과를 누렸기 때문에 성공했다고 말한다. 그러나 실제 사정은 좀 더 복잡하다. 언제나 그렇다.

이 장에서는 세 개의 주요 제품 혁신의 이면에 있는 이야기를 살필 것이다. 그 제품들은 솔리드 보디(solid-body) 전기기타, 데이트 앱, 상용 컴퓨터다. 첫 번째 기업이 언제나 신기술을 성공적으로 활용하는 것은 아니다. 기회를 최대한 활용할 수 있는 순간, 1초도 늦지 않고 바로 그 '올바른' 순간에 진격하는 기업이 그 일을 해낸다. 비즈니스 전쟁의 역사는 '이른 동시에 탁월한' 실행이 승리를 안긴다는 사실을 알려준다.

속도가 전부는 아니다.

피드백 고리
깁슨 vs. 펜더

레스 폴(Les Paul)은 자신의 눈을, 아니 귀를 믿을 수 없었다. 그의 손에 들린 윤기 나는 전기기타는 꿈결처럼 연주됐으며, 꿈결 같은 멋진 곡선을 갖고 있었다. 듣고도 믿기 힘들 정도였다.

위스콘신주 워케샤(Waukesha)에서 자란 폴은 어렸을 때부터 직업적으로 기타를 쳤다. 그는 많은 시간 기타 소리를 키우려고 애썼다. 최대한 기타를 잘 치려고 연습했으니 크게 들려주고 싶은 게 당연했다. 그는 오랫동안 기타 소리를 증폭시키기 위해 임시변통으로 여러 가지 방법을 시도했다. 10대 시절에는 기타에 단 전축 바늘과 라디오 스피커 사이에 전선을 연결해보기도 했다. 다행히 이 무모한 조합이 감전을 초래하지는 않았다. ('또 다른' 실패한 실험에서 그는 감전당하는 데 성공했다.) 그러나 이 방식은 피드백과 왜곡 사이에서 기타 소리를 좋게 만들어주지 않았다. 1951년에도 대형 제조사들은 괜찮은 전기기타를 만들지 못했다. 적어도 폴은 그렇게 생각했다. 테드 맥카티(Ted McCarty)가 그날 저녁 그의 집에 나타나기 전까지는 말이다.

깁슨기타(Gibson Guitars)의 대표인 맥카티는 자신이 가져온 시제품을 폴이 만져보는 동안 근처에 서 있었다. 이 무렵 레스 폴은 차트를 정복하는 유명한 재즈, 블루스, 컨트리 기타리스트였다. 맥카티는 이미 인기를 얻은 펜더(Fender)의 모델에 맞서기 위해 폴 깁슨의 첫 솔리드 보디 전기기타를 보여주려고 그를 찾아온 것이다.

'어떻게 생각할까?' 맥카티는 폴이 기타 치는 모습을 지켜보며 궁금해한다. 폴은 변덕스럽다. 그는 오랫동안 솔리드 보디 기타를 지지했다. 그러나 그렇다고 해서 이 기타를 좋아하리라는 보장은 없다. 폴은 소리뿐 아니라 미적인 측면도 엄청나게 강조한다. '디자인을 제대로 한 걸까?' 이번 시험 연주에 많은 것이 걸려 있다. 더 이상 기다리지 못한 맥카티는 결정적인 질문을 던진다. "폴, 당신이 이 기타를 홍보해줄래요?"

폴은 잠시 생각하고서 동의한다. 다만 두 가지 조건을 단다. 하나는 깁슨이 기타 디자인에 그가 '기여'했음을 밝혀야 한다는 것이다. 어쨌든 이 기타의 솔리드 보디 구조는 그가 몇 년 전에 보여줬던 디자인을 토대로 삼은 것이었다. 또한 연주자 겸 악기 제조자로서 그의 명성은 연주자들 사이에서 더 많은 영향력을 발휘할 것이었다.

맥가티는 전혀 문제될 게 없다고 말한다.

폴은 대꾸한다. "좋아요. 두 번째는 이거 황금색으로 만들 수 있어요?"

▲ ▲ ▲

음악가들은 전기가 발명된 이후부터 전기적으로 소리를 증폭하는 방법을 실험했다. 1930년대에 최초의 상업용 전기기타가 등장했다. 당시 미국 가구의 70퍼센트만 전기를 쓸 수 있었다. 수요는 혁신을 추동한다. 전기기타에 대한 수요는 처음부터 높았다. 당시의 대형 밴드들은 갈수록 더 크고 시끄러워졌다. 그래서 기타 소리가 점차 묻히고 말았다. 증폭의 잠재력은 악기 제조사들이 무시하고 넘기기에는 너무 컸다. 적응하든지 죽든지 선택해야 했다.

그러나 전기적 증폭에는 해결하기 어려운 문제가 있었다. 바로 피드백이었다. 기타의 픽업이 자체의 증폭된 음향을 다시 증폭하면 피드백 고리가 형성돼 귀를 찢는 소음이 발생했다. 앰프의 소리가 커지면서 피드백 문제는 더 심각해졌다.

창업자에게 올바른 아이디어에 대한 잘못된 실행을 파악하는 것은 이상적인 사업 기회를 말해준다. 다른 사람이 당신에게 앞으로 나아가는 길을 보여준 다음 그 길을 걷다가 넘어지면 (보다 신중하게 걸음을 옮기면서) 그들을 뒤따를 놀라운 기회가 생긴다. 전기적 증폭이라는 근본적인 혁신은 이미 이뤄졌다. 잠재적 시장도 검증됐다. 이제는 그저 혁신이 적절하게 작동하도록 만드는 문제만 남았다.

그러나 중요한 사실은 피드백 문제를 해결하는 첫 번째 회사가 포상을 누리지 못한다는 것이다. 전장에 들어가 획득한 영역을 지키려면 승자는 그 통점을 해결하는 '동시에' 다른 측면에서도 탁월한 제품을 제공해야 한다. 대규모 청중 앞에서 무대에 서는 프로 음악가가 쓸 수 있는 제품 말이다. 청중들은 기타를 들을 '뿐 아니라' 보기도 한다. 기능과 형태가 모두 중요하다. 그러려면 공학 이상의 요소가 필요하다. 이 전쟁에서 이기려면 악기뿐 아니라 연주자와 청중 사이에도 전기가 통하게 만들어야 한다.

이 대목에서 레스 폴이 등장한다. 그는 피드백 문제를 해결할 가장 중요한 음악가 중 한 명이다. 기타리스트이자 재능 있는 현악기 제작자인 그는 종종 자신이 만든 기타를 갖고 전기적 증폭 방법을 실험했다. 그는 청중이 자신의 연주를 잘 들을 수 있기를 원했다. 다만 귀에 거슬리는 잡음이 생기지 말아야 했다. 폴은 음향학을 잘 알았기에 기타 보디의 진동이 문제를 일으킨다는 사실을 깨달았다. 기타에 전기 픽업을 달면 사실 보디에 빈 공간을 만들 필요가 없었다. 그래서 그는 애초에 빈 공간이 없는 전기기타를 만들려고 노력했다. 그는 1940년에 단단해 보이는 외양을 참고해 '로그(the Log: 통나무)'라고 이름 붙인 기타를 만들었다. 기본적으로 나뭇조각에 기타 줄을 붙인 로그는 피드백 없이 크고 명확한 소리를 냈다.

그러나 폴이 로그를 깁슨에 가져갔을 때 경영진은 비웃으며 그를 돌려보냈다. 로그는 피드백 문제를 해결하기는 했지만 대중적인 매력을 지니기에는 너무 '이상'했다. 깁슨은 겨우 3년 전에 전기기타를 팔기 시작했다. 솔리드 보디의 로그는 그저 너무 앞서 있었다. 깁슨의 리더들은 전혀 기타 같지 않은 이 기타를 고객들이 살 것이라고 상상할 수 없었다. 한 임원은 로그를 줄 달린 빗자루에 비유했다.

사람들은 폴이 만든 로그를 최초의 솔리드 보디 전기기타로 기억한다. 그러나 다른 제품들이 더 일찍 등장했다(그리고 사라졌다). 예를 들어 깁슨의 전직 디자이너가 공동 창업한 비보톤(Vivo-Tone)은 1934년에 솔리드 보디 기타를 선보였다. 이 기타도 실패했다. 초기 솔리드 보디 모델들이 직면한 난관 중 하나는 낯선 외양이었다. 폴의 로그는 빗자루같이 생겼다. 비보톤의 기타는 합판으로 만든 노 같았다. 그러나 외양이 반드시 장애물이 될 이유는 없었다.

'스큐어모프(skeuomorph)'란 앞선 제품이 흔적으로 남긴 디자인 요소를 말한다. 우리는 항상 스큐어모프를 본다. 디지털 화면에 있는 '버튼'은 누르면 '딸깍' 소리를 낸다. 전기 차는 공기의 흐름을 통해 엔진을 식힐 필요가 없는데도 프런트 그릴을 달고 있다. 청바지의 리벳은 바느질만으로는 충분한 내구성을 확보할 수 없었던 시대의 유물이다. 스큐어모프의 익숙한 모습은 고객들이 낯선 신기술에 적응하도록 돕는다. 비보톤이 일반 기타와 비슷한 솔리드 보디 기타를 만들었다면 시장을 손에 넣었을지도 모른다. 심지어 구멍이 있던 자리만이라도 검게 칠했어도 연주자들이 변화를 받아들이는 데 도움이 됐을 것이다. 폴도 로그를 깁슨에 가져갔을 때 같은 문제에 직면했다. 결국 로그는 예상했던 모습과 맞지 않았다.

신기술을 대중 시장용 제품에 통합하려면 시간과 노력이 필요하다. 결점을 다듬기 위해서는 시제품, 테스트, 사용자 피드백을 거치는 개선 작업이 필수다. 컴퓨터 소프트웨어 같은 분야에서는 최소 기능 제품(minimum viable product, MVP), 즉 MVP를 선보이기가 비교적 쉽다. 최소 기능 제품은 실제 소비자가 사용하는 동안에도 개선할 수 있다. 그러나 제조업이라는 비교적 느리고 비용이 많이 드는 세계에서는 대개 첫인상을 만들 기회를 두 번 갖지 못한다. 그래서 전략적으로 전장에 진입해야 한다. 시장에 나온 첫 제품이 종종 가장 빠른 이유는 제조사들이 개선 과정을 거치기에는 너무 인내심이 부족하기 때문이다. 그래서 그들이 획득한 영역은 인내심을 갖고 세부적인 측면을 공들여 다듬은 경쟁자에게 쉽게 빼앗긴다. 마찬가지로 고객들이 정말로 당신이 제공하는 제품을 받아들일 준비가 되기 전에 시장으로 진격하는 것은 당신을 취약하게 만든다. 현명한, 또는 운 좋은 리더는 시장이 준비됐을 때 주요한 신제품을 내세워 전장에 진입한다.

폴은 깁슨에게 퇴짜를 맞은 뒤에도 계속 개발에 매달렸다. 그러다가 제2차 세계대전이 일어나 깁슨의 생산 용량이 군수품 생산으로 돌려졌고, 폴은 육군 라디오방송(Armed Forces Radio Service)으로 파견됐다. 혁신은 다음 기회를 기다려야 했다. 전쟁이 끝난 뒤 폴은 로스앤젤레스에 다시 정착했다. 시민으로서의 삶이 재개되면서 음악가이자 악기 혁신가로서 그의 별은 계속 높이 떠올랐다. 그는 밤이면 차고를 개조한 스튜디오에서 합주회를 열었다. 당시로서는 특이했던 이 아이디어는 도시 전역의 음악가들을 끌어들였다. 폴은 이 합주회 때 클래런스 '레오' 펜더(Clarence 'Leo' Fender)를 만났다. 펜더는 라디오 수리점을 운영하면서 부업으로 전기기타를 제작하고 수리했다. 펜더는 폴이 만든 로그를 보고 솔리드 보디 디자인의 잠재력에 눈을 떴다.

펜더와 폴은 친구가 돼 스튜디오에서 작업 이야기를 하며 많은 시간을 보냈다. 폴 빅스비(Paul Bigsby) 같은 또 다른 초기 전기기타 개발자들도 대화에 동참했다. 펜더는 빅스비가 음악가인 멀 트래비스(Merle Travis)를 위해 맞춤식 솔리드 보디 기타를 만들어줬다는 이야기를 듣고 트래비스의 연주를 보러 갔다. 빅스비의 디자인이 만들어내는, 피드백의 기미조차 없는 명료한 소리는 펜더를 놀라게 했다. 트래비스의 연주가 끝난 뒤 펜더는 대담하게 기타를 빌려달라고 부탁했고, 트래비스는 친절하게도 부탁을 들어줬다. 펜더는 빅스비의 디자인을 역설계하는 작업에 들어갔다.

1949년 무렵 전기기타는 피드백 문제에도 불구하고 그 어느 때보다 많이 팔렸다. 기타리스트들은 일단 기타 소리가 들리기를 원했다. 누구도 록앤드롤의 부상(浮上)을 예측하지 못했지만 펜더 같은 명민한 창업자들은 앞날에 놓인 성장 기회를 포착했다. 그 주된 이유는 경험 많고 활발한 현악기 제작자로서 음악가들 사이에서 많은 시간을 보냈기 때문이었다. 앞으로 거듭 확인하겠지만 '전문 영역 지식(domain knowledge)'은 창업자에게 가장 가치 있는 자원이다. 혁신을 이루려면 자신이 속한 범주를 속속들이 알아야 한다.

이는 기타 산업에 있어서 결정적인 순간이었다. 신기술은 의자 뺏기 놀이와 같다. 신기술로 번성할 수 있는 회사의 수는 한정돼 있다. 펜더는 자신도 의자에 앉고 싶어 했다. 그는 빅스비의 디자인을 모방하는 동시에 대량생산할 수 있도록 더 단순하고 저렴하게 만드는 일에 나섰다. 최종적으로 펜더가 만든 개량 모델인 에스콰이어(Esquire)는 그저 에나멜을 바른 널빤지에 볼트로 네크(neck)를 고정한 형태였다. 그래도 펜더의 대표 악기인 하와이안 스틸 기타의 명료하고 날카로운 소리를 냈다. 서둘러야 한다는 것을 직감한 그는 자신이 만든 솔리드 보디 기타를 대중에게 선보일 준비가 됐다고 판단했다.

펜더는 최초의 양산형 솔리드 보디 전기기타인 에스콰이어를 악기 박람회에 데뷔시켰다. 업계 내부자들은 폴이 로그를 깁슨 경영진에게 보여준 지 꼬박 10년이 지난 뒤에도 대부분 아직 준비가 돼 있지 않았다. 그러나 에스콰이어의 특이한 외양에 거부감을 느끼지 않은 한 사람이 박람회에 와 있었다. 바로 깁슨의 새 대표인 테드 맥카티였다. 맥카티는 경쟁자들보다 유리한 입장이었다. 그는 기타에 그다지 친숙하지 않았다. 깁슨 대표로 부임하기 전에는 오르간과 자동 피아노를 만드는 월리처(Wurlitzer)에서 일했다. 그는 전기기타가 어떤 모양이어야 하는지에 대한 개념을 갖고 있지 않은 대형 기타 제조사의 수장이었다. 그가 펜더의 에스콰이어에서 본 것은 피드백 문제에 대한 잠재적인 해결책이었다. 깁슨의 고객들은 맥카티에게 피드백이 가장 큰 통점이라고 말했다. 펜더의 디자인은 이상했지만 개선하면 전체 범주를 획득할 수 있었다.

맥카티는 깁슨의 연구 개발 부서에 자체적인 솔리드 보디 디자인을 개발하도록 했다. 그동안 펜더는 신제품에 대한 여러 사용자의 불만에 직면했다. 그는 비용을 줄이려고 에스콰이어에 보강용 지지대를 붙이지 않았다. 그 결과 네크가 잘 휘었다. 이번에도 창업자가 시장 진입을 서두르는 바람에 유망한 새로운 아이디어가 실패하고 말았다. 펜더는 서둘러 내구성을 강화한 모델인 브로드캐스터(Broadcaster)를 출시했다. 이 이름이 경쟁사의 상표권을 침해한다는 사실을 알게 된 뒤 펜더는 텔레캐스터(Telecaster)로 제품의 이름을 바꾸었다. (당시 '텔레비전'은 최첨단과 동의어였다.)

펜더의 텔레캐스터는 1951년에 출시돼 인기를 끌기 시작했다. 그러나 출시 과정이 매끄럽지 않아서 깁슨에게 기회의 창이 열렸다. 깁슨은 또 다른 운 좋은 이점도 누렸다. 펜더는 오랜 친구인 폴에게 텔레캐스터에 그의 이름을 붙이게 해달라고 요청했다가 거절당했다. 폴은 이미 대중 앞에 설 때마다 깁슨의 홀로 보디(hollow-body: 통기타처럼 속이 빈 몸체-옮긴이) 전기기타를 연주하면서 홍보 대사 역할을 하고 있었다. 그는 텔레캐스터 같은 실용적인 모델로 바꿀 생각이 없었다. 폴과 그의 아내인 메리 포드(Mary Ford)는 대단한 2인조였다. 그들은 전국의 재즈 바와 콘서트홀에서 공연했다. 텔레캐스터의 외양은 그런 장소에 어울리지 않았다. 폴은 깁슨의 화려한 디자인과 텔레캐스터의 솔리드 보디 구조를 합친 기타를 원했다.

그때 테드 맥카티가 폴의 집으로 찾아와 깁슨의 우아한 솔리드 보디 시제품을 소개했다. 맥카티가 디자인에 대한 폴의 기여를 인정하고 황금색으로 마감한 버전을 만드는 데 동의하면서 깁슨 레스폴(Gibson Les Paul)이 탄생했다. 매혹적인 새로운 기타는 이듬해에 열린 박람회에서 펜더의 기타를 압도했다. 그렇게 해서 깁슨과 펜더 사이에 비즈니스 전쟁이 본격적으로 시작됐다.

이제는 전설이 된 깁슨 레스폴을 통해 깁슨이 얻은 것으로 여겨지는 '선점 효과'는 사실 오랜 기간에 걸쳐 형성됐다. 그보다 앞서 시장에 진입한 회사들이 많았다. 시장이 준비돼야 하는 것은 맞다. 그러나 기술과 디자인 측면에서 탁월한 실행 능력이 없었다면 깁슨 레스폴도 실패했을 가능성이 크다. 솔리드 보디 기타가 성공하기 위해서는 소리가 좋아야 할 뿐 아니라 보기도 좋아야 했다.

영역을 지키는 일은 목적지가 아니라 과정이다. 1957년에 버디 홀리(Buddy Holly)가 깁슨 레스폴에 대한 펜더의 대응책인 스트라토캐스터(Stratocaster)를 〈에드 설리번 쇼(The Ed Sullivan Show)〉에서 연주했다. 덕분에 펜더는 깁슨으로부터 지배자의 자리를 빼앗았다. 홀리는 록앤드롤이라는 새로운 조류의 선두 주자였다. 빅 밴드 시대에는 어울리지 않는 스트라토캐스터의 미래적인 외양은 새로운 사운드에 더 알맞았다. 실제로 맥카티가 시장조사를 한 결과, 일부 스트라토캐스터 구매자들은 척 베리(Chuck Berry)가 스트라토캐스터를 연주했다고 알고 있다는 사실이 드러났다. 하지만 베리가 연주한 것은 깁슨이었다. 그만큼 스트라토캐스터는 록앤드롤과 잘 맞았다.

깁슨의 우위가 사라지고 있음을 감지한 맥카티는 펜더와 같은 함정에 빠지고 말았다. 버스를 놓칠까 두려웠던 그는 폴의 직접적인 참여 없이 레스폴 기타의 새로운 디자인을 급히 출시했다. 시대정신을 포착하려던 최후의 시도는 실패로 돌아갔다. 게다가 개발 과정에서 소외된 폴은 보증을 취소해버렸다. 결국 깁슨 레스폴 라인의 제작이 중단됐다.

뒤이어 1960년대에 키스 리처즈(Keith Richards), 에릭 클랩튼(Eric Clapton), 지미 페이지(Jimmy Page) 같은 음악가들이 새 펜더보다 오래된 레스폴을 더 좋아하기 시작했다. 그 이유는 레오 펜더가 공격의 여지를 허용했기 때문이다. 리더의 역할을 불편해하는 내성적인 사람인 펜더는 이제 상당한 규모가 된 회사를 운영하기보다 혼자 기타를 매만지는 데 너무 많은 시간을 보냈다. 그 결과, 제품의 품질이 떨어지고 말았다. 레스폴 중고시장이 폭발적으로 성장하는 모습을 지켜본 맥카티는 기회를 움켜쥐었다. 그는 다시 폴의 허락을 받아 깁슨 레스폴 라인의 생산을 재개했다.

결국 깁슨과 펜더는 모두 록앤드롤의 부상에 결정적인 역할을 했다. 지금까지도 기타 연주자들은 이 두 상징적인 브랜드 중 하나로 기운다. 밝은 귀를 가진 청중들 또한 둘 중 하나의 소리에 이끌린다. 그러나 어느 시점에 어떤 제작사가 우세했는지와 무관하게 깁슨과 펜더 사이에 벌어진 수십 년 동안의 전쟁은 선점 효과를 노려야 한다는 생각을 반증한다. 영역을 유지하려면 리더는 한 번이 아니라 몇 번이고 제품을 위한 타이밍과 실행을 '모두' 제대로 해야 한다. 매번 두 라이벌 중 하나는 고객이 원하는 것을 원하는 때에 제공해 우위를 점했다.

고객들은 문제를 해결해주는 기업에 보상을 안긴다. 간단한 문제다. 그들은 비슷한 일을 누가 먼저 했는지, 어떻게 하는지 신경쓰지 않는다. 당신이 선발 주자보다 고객을 더 잘 이해하면 고객은 당신의 제품으로 바꿀 것이다. 그들의 문제를 계속 경쟁자들보다 잘 해결하면 그들은 당신 곁에 머물 것이다. 고객처럼 생각하고, 그들이 원하는 것을 제대로 이해하면 시장에서 당신의 지분을 획득할 수 있다. 성공적인 데이트 앱 회사를 공동으로 창업했다가 나중에는 가장 두려운 라이벌을 만든 창업자에게 물어보라.

오른쪽으로 밀기
범블 vs. 틴더

휘트니 울프(Whitney Wolfe)는 귀를 의심했다. 그녀는 온라인 데이트의 양상을 바꾼 앱인 틴더(Tinder)를 대학생과 20대 젊은이에게 홍보하기 위해 2년 동안 힘들게 전국을 돌아다녔다. 이제 틴더는 가장 인기 있는 스타트업 중 하나가 됐다. 그런데 동료들은 그녀에게 더 이상 공동 창업자라는 명칭을 쓰지 말라고 말한다.

대부분의 결별은 깔끔하지 않다. 그러나 기술 스타트업의 고압, 밀집 환경에서 이뤄지는 결별은 엄청난 사태로 번질 수 있다. 공동 창업자 소동의 이면에는 울프의 공동 창업자인 저스틴 마틴(Justin

Mateen)이 그녀의 전 남자 친구이기도 하다는 사실이 있다. 나중에 그녀가 소송에서 주장한 바에 따르면, 마틴은 24세의 여성 공동 창업자인 울프가 "회사를 농담거리로 만들며, 가치를 떨어뜨린다"라고 말했다. 반면 28세라는 성숙한 나이인 마틴의 공동 창업자 지위는 회사의 운영에 정통성을 더한다는 논리였다. 또한 마틴은 울프에게 "페이스북과 스냅챗에는 여성 창업자가 없으며, 여성 창업자가 있다는 사실은 틴더를 별난 사례인 것처럼 보이게 만든다"라고 말했다. (울프는 더없이 극적인 방식으로 이 특이한 가능성을 반증한다.)

저스틴 마틴과 휘트니 울프는 아주 짧은 기간 사귀었다. 그러나 결별 후 틴더의 역사를 다시 쓰려는 마틴의 시도는 감정적으로 변했다. 뒤이은 소송에서 울프가 고발한 내용에 따르면 마틴은 울프에게 성차별적이고, 인종차별적이며, 독설이 담긴 말과 문자메시지를 날렸다. 심지어 그는 틴더의 CEO인 션 래드(Sean Rad)를 비롯한 다른 직원들 앞에서 그녀에게 욕설을 퍼부었다.

그럴 때면 래드는 실리콘밸리의 많은 기술 스타트업에 존재하는 '브로(bro)' 문화에 따른 전형적인 반응을 보였다. 울프의 말에 따르면 래드는 그녀에게 잊어버리라고 말했다. 그녀가 "과하게 반응하고, 짜증스럽다"면서 말이다. 래드가 보기에 마틴에 대한 모든 대응은 회사의 브랜드를 손상하며 투자자들을 놀라게 만들 뿐이다.

공식 채널을 소진한 울프는 퇴직금과 지분을 받는 대가로 사직하겠다고 제안한다. 그에 대한 대응으로 래드는 그녀를 해고한다. 마틴의 행동을 허용하고 오히려 희생자를 처벌한 그의 결정은 개인적으로, 그리고 자신이 경영하는 회사에 엄청난 전략적 실수를 안겼다.

몇 달 뒤 울프는 오스틴에 있는 새 남자 친구의 집에 머문다. 로스앤젤레스에서 벌어진 개인적·법적 소란에서 멀리 떨어져 생각할 시간을 얻는 그녀는 회사에서 자신이 겪은 경험과 틴더의 여성 사용자들이 겪는 경험이 비슷하다는 사실을 깨닫는다. 틴더 앱을 사용하는 많은 여성은 요청하지 않은 성적 메시지부터 원치 않는 누드 사진까지 남성들의 해로운 행동을 견뎌야 했다. [2017년에 퓨(Pew)가 조사한 바에 따르면, 53퍼센트의 여성이 온라인으로 동의하지 않은 성적 이미지를 받았다.] 울프는 기업가로서 진정한 통점을 파악했다. 그녀는 "이 만연한 어둠의 문화가 전 세계 여성들의 정신 건강과 자존감을 파괴할 것"이라고 생각했다.

그녀는 새로운 회사를 세워서 이 기회에 대응하기로 결심한다. 그녀가 만들려는 것은 다른 소셜 미디어 플랫폼들이 조장하는 것처럼 보이는 서로에 대한 공격이 아니라, 오직 서로를 칭찬하고 도와주는 여성들을 위한 소셜 미디어 네트워크였다. 뒤이어 한 잠재적 투자자가 약간의 변화를 제안한다. 여성을 우선시하는 새롭고 긍정적인 '데이트' 사이트를 만들면 어떻겠냐는 것이었다. 울프는 신제품으로 이 범주의 여성 혐오에 대응할 적임자였다. 새로운 벤처인 범블(Bumble)은 단지 틴더의 경쟁자가 아니라 그 해독제가 될 것이었다.

울프는 이 아이디어를 실행해보기로 동의한다. 그녀는 나중에 "현실적인 문제를 해결하려고 노력했을"뿐 복수가 주된 동기는 아니었다고 주장한다. 그러나 그것이 그녀가 실제로는 기여하지 않은 사업에 대한 공로를 주장했다는 언론의 보도 내용을 반박할 기회가 될 것임은 부정할 수 없었다. 그녀는 이후에 〈엘르(Elle)〉지와 가진 인터뷰에서 이렇게 말했다. "내가 틴더를 떠난 뒤에 내가 아무것도 모른다고 말하는 기사들이 많이 나왔어요. 그 말이 틀렸다는 걸 증명하는 데 그 일을 다시 해내는 것보다 나은 방법이 있을까요?"

▲　▲　▲

틴더와 범블 같은 앱이 나오기 전부터 수많은 사람들이 짝을 찾기 위해 데이트 사이트를 이용했다. 그러나 이 사이트들은 언제나 오명을 안고 있었다. 처음부터 대다수 이용자들은 친구들이나 가족들에게 데이트 사이트를 이용한다는 사실조차 밝히기를 꺼렸다. 데이트를 하려고 인터넷 사이트를 이용하는 것은 절박하고 사회성이 부족한 사람들이나 하는 짓으로 여겨졌다. 그러나 데이트 앱이 등장하고 신세대 사용자들에게 폭발적인 인기를 끌자 이 오명은 거의 사라졌다. 지금은 데이트 상대를 찾거나 가벼운 만남을 위해 '오른쪽으로 미는' 것이 사회적으로 용인되며, 심지어 필요하기도 하다.

컴퓨터를 이용한 짝짓기는 거의 컴퓨터 자체만큼이나 오래됐다. 컴퓨터가 냉장고만큼 컸던 때에도 싱글인 사람들의 명단을 토대로 그들 사이에 낭만적인 관계가 맺어질 가능성을 예측하는 소프트웨어 알고리즘이 제작됐다. 이를테면 1959년에 스탠퍼드대학교 학생

두 명은 해피 패밀리 플래닝 서비스(Happy Families Planning Services)를 만들었다. 이 프로그램은 49명의 남성과 여성이 작성한 설문지의 답변 내용을 이용해 그들의 선호와 관심사를 토대로 짝을 지어줬다. 이는 놀라운 일이 아니었다. 단말기 앞에서 외롭게 일하는 젊은 프로그래머들이 '생각하는 기계를 통해 인간적 교류의 복잡한 문제를 해결할 수 있지 않을까?'라고 생각하는 데 얼마나 오래 걸리겠는가? 컴퓨터가 달 착륙 로켓의 궤도를 계산할 수 있다면 방대한 선택지를 빠르게 훑어서 '이상적인' 짝이 누구인지 계산할 수 있어야 마땅했다.

외로운 스탠퍼드 학생들만 컴퓨터를 활용한 짝짓기의 잠재력을 간파한 것이 아니었다. 전 세계의 다른 프로그래머들도 사랑과 행복, 그리고 충만감을 찾기 위해 최적화된 알고리즘을 만들고 있었다. 그러나 컴퓨터를 통해 데이트 상대를 찾아주는 것은 월드와이드웹이 등장하기 전까지 틈새 사업으로 남았다. 웹은 매우 중요한 사진을 비롯해 필요한 데이터를 확보하고 공유하며, 뒤이어 맞는 상대들이 서로 소통하도록 돕는 일에 완벽하게 적합한 매체였다.

최초의 데이트 웹 사이트인 키스닷컴(Kiss.com)은 웹이 도입된 지 불과 1년 뒤인 1994년에 등장했다. 그로부터 1년 뒤에는 연쇄 창업가 게리 크레멘(Gary Kremen)이 지금도 유력한 사이트인 매치닷컴(Match.com)을 만들었다. 곧 여러 데이트 사이트들이 종종 특정한 틈새나 집단에 어필하는 방식으로 차별화를 시도하면서 우후죽순으로 생겨났다. 그들은 같은 종교를 믿는 사람들을 대상으로 한 사이트[제이데이트(JDate), 1997년]부터 불륜 관계를 전문으로 다루는 사이트[애슐리 매디슨(Ashley Madison), 2002년]까지 다양했다.

초기에 사용된 냉장고 크기의 컴퓨터와 천공카드 이후로 기술은 엄청난 발전을 이뤘다. 무엇보다 지금은 사용자의 사진을 볼 수 있다. 그러나 컴퓨터를 활용한 데이트라는 경험은 1960년대와 근본적으로 달라진 것이 없다. 사용자가 설문지를 작성하면 소프트웨어가 비슷하게 답변한 해당 지역의 다른 싱글을 찍지어준다. 여러 사이트 사이의 유일한 실질적인 차이점은 그들이 묻는 질문의 내용과 답변을 활용해 짝을 지어주는 방식에 있다.

그러다가 틴더가 온라인 데이트 부분이 오랫동안 안고 있던 단순한 취약점을 공략했다. 우리는 데이트 상대를 찾기 위해 첨단 기술에 의존하지만 여전히 가장 인간적인 습관을 따른다. 그것은 바로 첫인상에 따라 상대를 판단하는 습관이다.

▲　▲　▲

휘트니 울프는 전형적인 연쇄 창업가다. 그녀는 댈러스에 있는 서던메소디스트대학교(Southern Methodist University)에서 국제학을 전공할 때 첫 번째 사업을 시작했다. 그녀는 2010년에 발생한 딥워터 호라이즌(Deepwater Horizon) 원유 유출 사고의 피해자들을 도울 기금을 마련하기 위해 친구와 같이 대나무로 만든 헬프 어스(Help Us) 가방을 팔았다. 곧 케이트 보스워스(Kate Bosworth), 레이첼 조(Rachel Zoe), 니콜 리치(Nicole Richie) 같은 패션 아이콘들이 헬프 어스 가방을 들고 다니는 모습이 포착됐다. 덕분에 헬프 어스 프로젝트는 전국적인 관심을 끌었다. 이 사업의 성공은 두 번째 사업인 텐더 하트(Tender Heart)로 이어졌다. 텐더 하트는 인신매매에 대한 인식을 끌어올리기 위해 홀치기 염색법으로 제작한 의류를 판매하는 사업이었다. 울프는 대학을 졸업한 뒤 동남아시아 등지의 고아원에서 자원봉사를 하고 미국으로 돌아왔다.

울프는 자선 활동을 통해 고귀한 목적을 위한 사업의 힘을 확인했다. 그녀는 기술 산업이 긍정적인 사회적 영향력을 키울 수 있는 최고의 잠재력을 제공한다고 판단했다. 그래서 매치닷컴의 모회사인 IAC가 보유한 로스앤젤레스 소재 기술 인큐베이터인 해치 랩스(Hatch Labs)에서 마케팅 일자리를 얻었다. 울프는 거기서 카디파이(Cardify)라는 중소기업 대상 고객 보상 프로그램을 담당했다. 그녀의 업무는 새로운 서비스를 사용해보도록 점주들을 설득하는 것이었다. 이 프로젝트는 2012년에 실패로 끝났다. 그러나 그동안 울프는 새로운 사람들을 만나 관계를 맺는 데 소질을 보였다. 이는 기술 부문에서는 드문 소질이었다. 해당 팀장인 션 래드는 울프에게 현재 진행 중인 다른 프로젝트를 도와달라고 요청했다. 온라인 데이트 사업에 대한 새로운 접근법을 개발하는 프로젝트였다.

초기 데이트 사이트의 창립자들과 달리 래드와 그 협력자들은 소셜 미디어 시대에 데이트를 하면서 자란 세대에 속했다. 그들은 문자로 '썸'을 타고 셀피를 잘 찍는 법을 알았다. 그들은 전문 영역 지식을 갖고 있었다. 레스 폴이 기타를 알듯이 새로운 데이트 앱을 만드는 래드와 다른 팀원들은 21세기의 데이트와 만남 문화를 이해하는 밀레니엄 세대였다. 그들은 이 지식을 토대로 온라인 데이트 모델의 취약점은 컴퓨터 자체라는 사실을 깨달았다.

데이트할 후보를 보면 관심 여부를 바로 알 수 있는데, 사람의 선호를 추측할 컴퓨터 프로그램을 만들 필요가 있을까? 그냥 사진만 있으면 된다. 사람들이 알고 싶어 하는 것은 누가 잘생겼는지, '그리고' 사귈 수 있는지 여부다. 또한 그들이 나한테 관심이 있는지 여부다. 처음에는 게이 남성 전용으로 먼저 나온 앱인 그라인더(Grindr)를 참고한 새로운 앱은 사용자들이 근처에 있는 싱글의 사진을 빠르게 살펴볼 수 있도록 해줬다. 이 인터페이스는 이제 전세계에 걸쳐 수많은 데이트 앱 사용자들에게 잘 알려져 있다. 사용자들은 잠재적 짝의 사진을 보고 관심이 있으면 오른쪽, 없으면 왼쪽으로 민다. 두 사람이 서로의 사진을 보고 오른쪽으로 밀면 서로에게 메시지를 보낼 수 있다. 이처럼 즉각적인 만족을 주고 관심없는 사람에게 접근했다가 창피를 당할 일이 없게 해주는 데이트 앱은 전문 영역 지식의 힘을 통해 통점에 대응하는 성공적인 제품의 또 다른 사례다.

〈블룸버그 뉴스〉에 따르면 팀의 초기 목표는 "밀레니엄 세대가 나중에 IAC의 수익성 높은 데이트 서비스인 매치닷컴에서 돈을 쓰도록 끌어들일 유인책"으로서 청년 친화적인 무료 데이트 앱을 만드는 것이었다. 울프가 초기에 기여한 일 중 하나는 '틴더'라는 이름을 지은 것이었다. 그녀는 "수많은 단어를 고려했어요. 틴더는 불꽃을 일으키는 불쏘시개예요"라고 말했다. 울프는 이 이름으로 틴더가 내건 약속을 드러냈다. 그것은 바로 사람들 사이에 불을 지피겠다는 약속이었다. 그녀는 정식으로 마케팅을 한 경험이 없었다. 그러나 이전에 성공적으로 여러 제품을 출시했고, 주저하는 자영업자들이 카디파이를 수용하도록 설득함으로써 패기를 증명했다. 래드는 그녀에게 틴더의 사용자 기반을 늘리는 일을 맡겼다.

울프는 마케팅 부사장으로서 대학 캠퍼스를 돌아다니며 틴더의 복음을 전파했다. 그녀는 젊은 여성의 수용률을 크게 늘리기 위해 전국적인 여학생 모임의 인맥을 활용했다. 그녀는 당시에 대해 이렇게 말했다. "모교를 방문했고, 전국의 여학생 모임도 방문했어요. 무작정 찾아가서 사실상 모두가 (틴더를) 다운로드하도록 강요하면서 무조건 일이 되게 만들었습니다." 울프는 카디파이 때처럼 적극적으로 홍보 활동을 펼쳤다. 그녀는 그녀 '자신'이 시장이었기 때문에 시장을 이해했다. 틴더 같은 이미지 중심 앱에는 젊고 아름다운 사람들을 끌어들이는 것이 핵심이었다. 한 저널리스트는 〈지큐 (GQ)〉에 실은 글에서 이렇게 썼다. "울프는 남학생 동아리방의 탁자 위에 올라서서 섹시한 여학생 200명이 앱에 가입해 남자들을 기다리고 있다고 말했다. 그러고는 여학생 동아리방으로 달려가서 반대로 말했다. 그들은 캠퍼스에 있는 인기 바와 가장 들어가기 힘든 나이트클럽에 셀 수 없이 많은 스티커를 붙였다."

무료에, 사용하기 쉽고, 즉각적인 만족을 제공하는 틴더는 들불처럼 번져나갔다. '오른쪽으로 밀기'는 문화적 구호가 됐다. 그러나 이전에 데이트 주선 기술이 도약했던 때와 마찬가지로 일부 사용자들은 서비스를 남용했다. 거의 출시하자마자 우려가 제기되기 시작했다. 〈텔레그래프(Telegraph)〉는 이렇게 썼다. "비판론자들은 이 앱이 사랑할 대상을 찾는 행위를 표피적인 비디오게임으로 만들었다고 주장했다. 여성 사용자들은 접속할 때마다 받는 무수한 누드 이미지와 공격적이고 거친 메시지에 점차 경시당했다." 그러나 이런 부작용에도 불구하고 틴더는 대성공을 거뒀다.

2013년 4월, 틴더는 해치 랩스 인큐베이터를 졸업하고 소수 팀원들끼리 지분을 나눈 상태로 법인을 세웠다. 그 무렵 울프와 직속 상사인 저스틴 마틴의 짧은 연애가 안 좋게 끝났다. 그녀의 말에 따르면 이후 마틴은 심지어 6개월 동안 다른 남자를 만나지 말라고 강요하면서 자신을 통제하고 괴롭히려 들었다. [울프는 마틴의 요구를 따를 생각이 없었다. 그녀는 곧 지금의 남편인 석유 가스 기업의 후계자 마이클 허드(Michael Herd)를 만났다.]

2014년 7월에 래드는 울프를 해고했다. 울프는 틴더와 모회사를 상대로 성희롱 소송을 제기했다. 그녀는 마틴과 래드가 "끔찍할 정도로 성차별적이고, 인종차별적이며, 부적절한 발언과 이메일, 문자메시지"를 자신에게 퍼부었다고 주장했다. 〈월스트리트저널〉은 소송에서 드러난 내용을 다음과 같이 정리했다.

— 저스틴 마틴은 (울프를) 거듭 "창녀"라고 불렀으며, 그녀가 "어린 여자"라서 "공동 창립자"라는 타이틀을 빼앗았다고 말했다. 고소장에 따르면 틴더는 "남학생 동아리 같은" 분위기였고, 그래서 남자 임원들이 인종차별적이고 성차별적인 단어를 쓰는 일이 흔했다. 또한 틴더의 CEO인 션 래드도 그런 단어를 썼으며, 그녀의 항의를 무시했다.

틴더의 모회사는 내부 감찰에 앞서 마틴에게 직무 정지 처분을 내렸다. 감찰 결과 마틴이 다른 잘못과 더불어 "울프에게 부적절한 내용을 담은 사적인 메시지를 보냈다"라는 사실이 드러났다. (이후 마틴은 사임했으며, 직후에 래드도 자리에서 물러나라는 통보를 받았다.) 울프는 2014년 9월에 합의를 통해 100만 달러에 더해 회사의 지분을 받은 것으로 알려졌다. 그녀는 〈가디언〉지와 가진 인터뷰에서 이렇게 말했다. "돈 때문에 소송을 한 게 아닙니다. 나는 돈에 이끌리지 않고 돈에서 보람을 느끼지 않아요. 다만 내가 틴더에서 중요한 역할을 했다고 믿어요. 그런데도 그들은 나를 회사의 역사에서 지우려 했습니다. 나는 내가 기여한 부분을 인정받고 싶었어요."

자신이 노력해서 엄청나게 커지도록 도운 회사를 떠나는 것은 울프에게 대단히 힘든 일이었다. 그녀는 한 기자에게 이렇게 털어놓았다. "2년 동안 온종일 일한 시간, 꺼지지 않는 열정, 일에 대한 스트레스와 흥분, 그 모든 것이 더 이상 내 곁에 없었습니다. 그게 정말 힘들었어요." 한편 울프는 성차별적인 행동에 맞서서 목소리를 높인 기술 부문의 다른 두드러진 여성들처럼 언론 내외부에서 감시와 비판의 대상이 됐다. 그녀의 인성과 신뢰성이 공격받았다. 상황을 잘 모르는 많은 사람들이 틴더의 성공에 기여한 그녀의 역할을 무시했다. 울프는 또한 온라인에서 살해 위협을 비롯한 괴롭힘을 당했다. 울프는 "전혀 모르는 사람들에게 너무나 끔찍한 말을 들었어요. 그들은 저를 두고 엄청난 논쟁을 벌였습니다. 나는 공직에 출마한 게 아니었어요. 리얼리티 프로그램에 나가려는 것도 아니었고요. 나는 그저 어떤 회사를 떠난 여자일 뿐이었습니다"라고 말했다.

울프는 긍정적인 새로운 소셜 네트워크 콘셉트인 메르시(Merci)를 개발하던 중 런던 기반 창업자인 안드레이 안드리프(Andrey Andreev)를 만났다. 그녀는 틴더에서 일할 때 그를 처음 소개받았다. 그는 나중에 "휘트니의 열정과 에너지에 바로 매료됐다"라고 말했다. 안드리프는 데이트에 초점을 둔 소셜 네트워크로서 전 세계에 걸쳐 2억 5,000만 명의 사용자를 확보한 바두(Badoo)의 공동 창업자였다. 그는 울프를 처음 만난 이후 그녀의 행로를 관심 깊게 지켜보았다. 그는 이제 자유계약 신분이 된 그녀를 바두의 최고 마케팅 책임자(CMO)로 영입하고 싶어 했다. 그러나 울프는 안드리프의 제안을 거절하고 대신 메르시를 홍보했다. 안드리프는 절충안을 제시했다. 바로 메르시를 여성 중심 데이트 앱으로 전환하자는 것이었다. 울프가 보기에 타당한 절충안이었다. 그녀는 틴더의 많은 여성 회원들이 틴더에서 겪는 경험에 만족하지 못하거나 심지어 불쾌함을 느낀다는 사실을 알았다. 그렇다면 그들을 우선시하는 데이트 앱을 만들지 못할 이유가 있을까?

2014년 12월에 울프는 범블을 만들었다. 안드리프는 79퍼센트의 지분을 갖는 조건으로 1,000만 달러를 투자했다. 범블은 또한 바두의 인프라와 기술적 노하우에 접근할 수 있었다. 울프는 창립자이자 CEO, 공동 소유주로서 이제 자유롭게 다른 종류의 회사를 만들 수 있었다. 그녀가 만들려는 회사는 조직 내부와 사용자들 사이에 더 건강하고 긍정적인 문화를 심는 회사였다.

주요 기술 기업은 대개 남성 70퍼센트, 여성 30퍼센트라는 한쪽으로 치우친 성비를 보인다. 울프는 틴더에서의 경험을 통해 이런 불균형이 해로운 직장 문화를 형성할 수 있음을 알았다. 그래서 여성을 최대한 많이 뽑는 데 중점을 뒀다. 울프는 기술업계가 성적(性的) 불평등과 싸우기 위해 모든 노력을 기울이고 있다고 주장함에도 불구하고 실제로 찾아보니 여성 인재들이 넘쳐 난다는 사실을 확인했다. 또한 그녀는 틴더 앱 자체에 대해서는 그 결점을 분석했다. 틴더 앱은 주요 혁신을 일찍 이룬 덕분에 지배적인 위치를 차지하고 있었다. 그러나 그녀는 틴더 앱이 사용자들을 계속 잡아두는 데 필요한 노력을 충분히 기울이지 않고 있다는 것을 알았다.

울프는 "틴더 같은 플랫폼에서는 50명과 매치가 돼도 아무 일도 일어나지 않습니다. 그들은 그냥 거기 있을 뿐이에요. 일부의 경우에는 받고 싶지 않고, 감정을 상하게 하고, 의욕을 잃게 만들고, 어쩌면 지나치게 설득하려 들거나, 공격적이거나, 전혀 호응할 수 없는 거북한 메시지들을 받아요"라고 말했다. 그녀는 범블을 통해 처음부터 다른 분위기를 만들려고 애썼다. 틴더를 사용하는 경험과 사용자들 사이의 행동은 (대부분 남성인) 개발자들이 앱을 설계할 때 했던 선택에 이끌렸다. 사용자들의 행동을 더 나은 방향으로 바꾸려면 더 나은 규칙을 만들어야 했다. 울프는 안드리프에게 이렇게 말했다. "난 항상 남자들이 내 번호를 알기 전에 내가 그의 번호를 아는 상황을 원했어요. 여성이 먼저 나서서 첫 메시지를 보내게 하면 어떨까요? 메시지를 보내지 않으면 《신데렐라》에 나오는 호박 마차처럼 24시간 뒤에 매치 결과가 사라지게 하면 어때요?" (물론 이러한 제약은 이성을 찾는 사람들에게만 적용될 것이었다.) 온라인 데이트의 개념에 대한 이 같은 변화는 많은 여성 사용자들이 틴더를 꺼리게 했던 문제의 핵심을 건드렸다.

울프는 "나는 강하고 독립적인 여자예요. 하지만 데이트는 내가 원하는 것을 좇을 수 없는 유일한 삶의 측면이었어요"라고 말했다. 울프는 자신이 표적 인구 집단에 속했기 때문에 이 기회를 포착했다. 그녀는 오른쪽으로 미는 콘셉트를 처음으로 고안하지 않았다. 그러나 그녀의 전문 영역 지식은 수많은 싱글 여성에게 우월한 것으로 드러난 서비스를 만드는 데 도움을 주었다. 그리고 결과적으로 새로운 서비스는 수많은 이성애자 남성에게도 더 나은 것이었다. 울프는 "규칙을 바꾸거나, 매치 결과에 차단벽을 세우거나, 제한 시간을 통해 일시적인 느낌을 만들면 더 나은 사람과 교류하게 됩니다. 여성이 먼저 말을 걸게 만들면 남성도 부담을 덜 수 있어서 좋아하죠"라고 말했다. 여성이 먼저 말을 걸게 만드는 방식은 틴더와 다른 데이트 사이트들에서 만연했던 남성 사용자들이 일방적으로 성적인 사진을 보내는 문제도 방지할 수 있었다.

산업 컨설턴트인 데이브 에반스(Dave Evans)에 따르면 "여성들은 새로운 서비스를 받아들일 준비가 돼 있었다. 여성들은 오래전부터 겁을 먹었다. 이는 아주 오래된 일이다". 한편 〈에스콰이어〉지가 실시한 설문 결과를 보면 자신들이 먼저 말을 걸어야 마땅하다고 생각하는 남성의 비율은 4퍼센트에 지나지 않았다. 울프는 "남성들도 범블을 좋아했습니다. 처음으로 여성을 쫓아가는 게 아니라 정반대 입장이 됐거든요. 물론 여성들도 메시지 폭탄을 받지 않게 돼 좋아했고요"라고 말했다.

범블은 로켓처럼 날아올랐다. 페미니즘에 기반해 틴더의 대안으로 포지셔닝한 것이 적지 않은 도움이 됐다. 이 점은 울프에 대한 틴더의 부당한 처사를 고발하는 언론 보도와 호응했다. 범블은 첫 달에 10만 번이나 다운로드되면서 틴더의 초기 부상 속도를 앞질렀다. 또한 운영 첫해 말에 300만 명의 사용자를 끌어모았으며, 8,000만 번의 매치를 이뤄냈다.

범블은 지속적으로 규칙을 보완해 남녀 모두를 위해 더 안전하고 친근한 환경을 조성한다. 이를테면 틴더의 여성 사용자들이 너무나 흔히 접하는 사진이자 전체적으로 가장 많이 왼쪽으로 밀리는 유형의 사진인 상반신 노출 거울 셀피를 금지했다. 또한 사진 검증 제도를 도입해 이른바 '낚시질'을 방지하고 모든 사진에 사용자의 이름을 워터마크로 넣어서 원치 않는 성적 사진을 보내지 못하게 추가 조치를 취했다. 울프는 "다른 데이트 앱의 경우는 새벽 2시에 나이트클럽에 있는 것 같은 느낌을 줍니다. 그래서 남자들이 성적으로 공격적인 태도를 보일 거라고 예상하게 만들죠. 하지만 범블은 덜 약탈적이에요"라고 말했다.

2016년에 범블은 여성이 매치 상대와 대화를 시작할지 여부를 결정할 시간을 늘려주는 것을 비롯한 프리미엄 옵션을 통해 수익화에 착수했다. 2017년에 누적 1억 달러의 매출을 올린 울프는 4억 5,000만 달러에 인수하겠다는 매치그룹(Match Group)의 제안을 거절한 것에 만족감을 느꼈을 것이다. 매치그룹은 매치닷컴과 오케이큐피드(OkCupid), 그리고 다른 많은 데이트 사이트뿐 아니라 틴더도 산하에 두고 있는 IAC의 사업부다. IAC는 인수 시도가 실패하자 영업 기밀을 도둑질했다며 소송을 제기했다. 범블도 맞고 소에 나섰다.

울프에게 이런 소송전은 전혀 감정적인 것이 아니다. 그녀는 〈포브스〉지와 가진 인터뷰에서 "나는 어느 것, 어느 곳, 어느 사람에게도 앙심을 품지 않습니다. 그러기엔 내가 너무 바쁘거든요"라고 말했다. 그녀는 틴더의 우위를 따라잡느라 바빴다. 틴더의 사용자는 4,600만 명이고, 범블의 사용자는 2,200만 명이었다. 그러나 연간 성장률을 보면 틴더는 10퍼센트인 반면, 범블은 70퍼센트였다. 그녀는 아주 잘나가고 있었다. (그녀는 바쁜 와중에도 2017년에 남자 친구인 마이클 허드와 결혼했다.)

2019년에 범블은 150개국에 걸쳐 7,500만 명의 사용자를 확보했다. 또한 친구 찾기와 직업적 네트워킹 같은 특별한 모드도 추가했다. 그해 11월에 범블의 모회사로서 바두도 보유하고 있는 매직랩(MagicLab)이 사모 펀드에 매각됐다. 안드리프는 전체 지분을 양도했고, 울프는 매직랩의 CEO로 임명되면서 30억 달러짜리 회사의 지분 19퍼센트를 받았다. 같은 시기에 그녀는 아들을 낳았다.

울프는 자신의 성공을 범블의 긍정적인 문화 덕으로 돌린다. 그녀는 "1주일에 한 번씩 누군가가 내게 강인해지라고, 더 날카로워지라고 말해요. 나는 그렇게 일하지 않아요"라고 말했다. 그녀는 창업자로서 수많은 상을 받았다. 또한 〈포브스〉 '30 언더(under 30)'와 〈타임〉 '100인' 명단에도 이름을 올렸다. 〈포브스〉에 따르면 그녀는 "가장 부유한 자수성가 여성" 80인 중 72위에 올랐다.

틴더는 여전히 1위 데이트 앱이다. 이는 어떤 일에서는 선점 효과가 중요하다는 증거다. 그러나 틴더는 해마다 영역을 잃어가고 있다. 바로 뒤를 쫓으면서 꾸준히 성장하고 있는 데이트 앱은 무엇일까? 바로 범블이다.

게다가 틴더와 범블은 모두 매치와 오케이큐피드 같은 이전 세대의 데이트 사이트보다 앞서 있다. 이 사이트들은 설문 기반 매칭 알고리즘이 쓸모없어졌다는 사실을 너무 늦게 깨달았다. 자신이 무의미한 존재임을 받아들였을 무렵, 그들은 어쩔 수 없이 후발 주자가 돼야 했다. 뒤에 나올 상업용 컴퓨터를 둘러싼 전투가 보여주듯이, 새로운 영역을 확보하기 위해서는 기존에 차지한 영역을 포기할 때를 아는 것이 매우 중요하다.

전자두뇌
IBM vs. 유니백

"여러분, 안녕하십니까. 저는 뉴욕시의 CBS 텔레비전 선거 본부에서 인사드리는 월터 크롱카이트(Walter Cronkite)입니다." 1952년 11월 4일, 전설적인 뉴스 앵커인 크롱카이트가 붐비는 뉴스 룸 한복판에 있는 책상 앞에 앉아 있었다. 존경받는 전쟁 영웅인 드와이트 아이젠하워(Dwight Eisenhower)가 당시 공화당 대선 후보였고, 일리노이주 주지사 애들레이 스티븐슨(Adlai Stevenson)이 그의 상대인 민주당 대선 후보였다. 논평가들과 여론조사 전문가들은 자신들이 아는 한 이 선거가 접전이 되리라 예측한다.

크롱카이트는 인사를 하고서 대다수 시청자들이 이전까지 한 번

도 본 적 없고 엄밀하게는 여전히 보지 못한 기술적 경이를 소개한
다. 그는 그 장치를 "현대의 기적, 전자두뇌 유니백(UNIVAC)"이라
고 일컫는다. 카메라가 깜박이는 조명으로 덮인 대형 패널 앞에 앉
아 있는 기자 찰스 콜링우드(Charles Collingwood)에게로 넘어간다.
패널 위에는 '유니백 전자 연산기(Univac Electronic Computer)'라는
표지판이 있다. 사실 실제 유니백은 수백 킬로미터 떨어진 레밍턴
랜드(Remington Rand)사의 필라델피아 본사에 있다. 이 무대장치는
스튜디오를 위해 만들어진 것이다. 거기에는 무작위로 깜박이는
크리스마스 조명들이 줄지어 붙어 있다. 유니백을 실제로 뉴스 룸
으로 가져왔다면 다른 장비들을 놓을 공간이 없었을 것이다. 그렇
다. "미국에서 가장 신뢰받는 사람"이 미국의 대중을 속이고 있다.

무대장치는 가짜였지만 뒤이은 시연은 진짜다. 콜링우드는 "집
계 현황이 들어오는 대로 유니백이 최대한 빨리 승자를 예측해줄
겁니다"라고 설명한다. 그는 집에서 텔레비전을 보는 사람들에게
한 가지를 명확하게 해두고 싶어 한다. "이것은 장난이나 속임수가
아니라 실험입니다. 우리는 이 실험이 성공할 것으로 생각합니다.
아직은 모릅니다. 다만 성공하기를 바랍니다." 이 말 역시 허울이
다. 적어도 크롱카이트와 프로듀서는 전체 아이디어가 허튼소리라
고 생각한다. 그래도 그들은 컴퓨터가 흔한 선거 결과 방송을 흥미
롭게 만들어주리라 짐작한다.

유니백은 특이한 임무를 맡았다. 초기 집계 결과를 토대로 대선
결과를 예측하는 것이다. 필라델피아에서는 유니백의 수석 프로그
래머 그레이스 호퍼(Grace Hopper)가 예측 내용을 뉴스 룸, 그리고

나아가 미국 전체에 전달하는 팀을 이끌고 있다. 그녀는 마땅한 걱정을 하고 있다. CBS의 방송이 나가기 직전에 유니백은 5퍼센트의 표만 집계된 상황에서 아이젠하워의 대승을 예측했다. 구체적으로는 438개 선거구에서 이기는 것으로 나왔다. 반면 스티븐슨이 이기는 선거구는 93개에 불과했다. 호퍼는 팀원들에게 급히 수치를 다시 계산해보라고 말한다. 알고리즘이 뭔가 잘못된 게 분명했다.

한편 콜링우드는 마이크에 대고 유니백에 예측 결과를 물어보는 척한다. 그러나 카메라가 비추지 않는 곳에 있는 스태프에게서 레밍턴 랜드가 첫 번째 결과를 집에 있는 수많은 시청자들과 공유하기를 꺼린다는 사실을 전달받는다. 콜링우드는 긴 침묵 뒤에 이렇게 말한다. "글쎄요. 유니백은 정직한 기계인 것 같습니다. 아직은 우리에게 말할 만큼 충분히 알지 못한다고 생각하면서도 말하는 수많은 논평가들보다는 훨씬 정직합니다. 잠시 뒤에 다시 유니백과 함께 돌아오겠습니다."

유니백은 약간의 조정 후 아이젠하워가 보다 작은 차이로 승리한다는 예측 결과를 제시한다. 마침내 결과가 발표된다. 그러나 밤이 깊어가면서 아이젠하워가 실제로 역사적인 대승을 향해 가는 것이 분명해진다. 실제 결과는 442 대 89로, 유니백이 처음에 소수의 표만 집계한 결과를 토대로 예측한 결과와 간발의 차다. 인간의 두뇌가 전자두뇌를 잘못 의심한 것이다.

자정 이후 레밍턴 랜드의 대변인이 방송에 나와서 유니백의 초기 예측 결과를 발표하지 않은 것을 개인적으로 사과한다. "더 많은 집계 결과가 들어오면서 승산이 다시 바뀌었습니다. 명백히 우리는 과감하게 유니백을 처음부터 믿어야 했습니다." 마치 그는 시청자가 아니라 유니백에 사과하는 것처럼 보인다. "유니백이 옳았고, 우리는 틀렸습니다. 내년에는 유니백을 믿겠습니다."

일부 시청자들은 '전자두뇌'가 선거 결과를 예측하는 것 말고 무슨 일을 할 수 있는지 잘 몰랐다. 그러나 한 사람은 그날 밤 무슨 일이 일어났는지, 그리고 자신이 경영하는 회사의 라이벌인 레밍턴 랜드가 얼마나 강력한 주먹을 날렸는지 정확하게 알았다. 그는 바로 기계식 집계기 제조 부문의 선두 기업인 IBM의 회장 겸 CEO 토머스 왓슨 시니어(Thomas Watson Sr.)였다. 왓슨은 오랫동안 전자식 연산기가 종이 '천공카드'를 활용해 기계적으로 데이터를 저장하고 가공하는 IBM의 핵심 비즈니스와 연관성이 있다는 사실을 무시해왔다. 근래에야 아들인 토머스 왓슨 주니어(Thomas Watson Jr.)가 마침내 불가피한 변화를 받아들여야 한다고 그를 설득했고, 뒤늦게 IBM은 유니백에 대항할 IBM 701을 열심히 만드는 중이었다. 그러나 이 전자식 연산기는 다음 달이 돼서야 생산되기 시작할 것이다. 그사이 유니백은 하룻밤 만에 거의 전 국민이 보는 생방송에서 탁월한 능력을 선보이는 천재일우의 홍보 효과를 거뒀다. 아침이 되면 '유니백'은 미국인의 머릿속에 '컴퓨터'와 동의어로 자리 잡을 것이다.

레밍턴 랜드는 먼저 나아갔다. 왓슨은 IBM이 따라잡을 수 있을지 고민할 수밖에 없었다.

컴퓨터의 시대는 70여 년 전 펜실베이니아대학교에서 본격적으로 시작됐다. 거기서 교수인 존 모클리(John Mauchly)와 존 프레스퍼 에커트(John Presper Eckert)는 진공관을 전자식 스위치로 활용할 수 있다는 사실을 깨달았다. 진공관은 스위치로서 당시 집계기에서 데이터를 처리할 때 쓰던 전기기계식 스위치보다 훨씬 빨리 다시 켜고 끌 수 있었다. 이는 수천 배나 빠른 계산이 가능함을 뜻했다. 그들은 자신들이 만들던 연산기를 '일렉트로닉 뉴메리컬 인티그레이터 앤드 컴퓨터(Electronic Numerical Integrator and Computer)', 줄여서 에니악(ENIAC)이라 불렀다. 1945년에 이 30톤짜리 전자식 연산기가 선보였을 때 〈타임〉지는 에니악의 '민첩한 전자들'이 모든 기존 기술의 역량을 넘어서는 탁월한 계산 성과를 이룰 수 있도록 해줄 것이라고 말했다.

당시 인터내셔널 비즈니스 머신 코퍼레이션(International Business Machines Corporation), 즉 IBM은 연산 부문을 지배하는 기업이었다. IBM의 기계식 장치는 수많은 주요 비즈니스 기능을 사람보다 훨씬 빨리 수행했다. 거기에는 종이 천공카드에 뚫린 구멍 형태로 저장된 데이터를 집계하는 일도 포함됐다. IBM의 집계기는 천공카드를 통해 비교적 많은 양의 정보를 빠르게 처리하고 분류할 수 있었다. 당시 다른 조직들은 거대한 전기기계식 계산기를 만들었다. 그중 하나인 하버드의 마크 I(Mark I)은 특정한 수학적 과제를 사람보다 훨씬 빨리 수행할 수 있었다. 그러나 이런 기계들의 잠재력은 작동 부위의 한계로 제한됐다. 너트, 기어, 볼트로 구성돼 직사각형 판지를 빨아들이고 뱉어내는 기계는 능력과 속도에 한계가 있었다. 에니악의 진공관은 예열하는 데 시간이 오래 걸리고, 고장이 잘 나며, 정비를 자주 해야 했다. 그래도 에니악은 포탄이 표적에 닿기 전에 그 궤도를 계산할 수 있었다. 게다가 에니악은 첫 개발작일 뿐이었다. 결함을 바로잡으면 무한한 가능성이 있었다.

토머스 왓슨 주니어는 에니악이 IBM의 비즈니스를 완전히 단절시킬 잠재력을 지녔음을 파악했다. 그는 자서전에 에니악에 대해 "진공관 안에서 광속에 가깝게 날아다니는 전자들을 제외하면 작동 부위가 없다"라고 썼다. 기계적 제약에서 자유로운 에니악의 잠재력은 가늠하기 어려운 정도였다.

— 이 모든 회로들이 하는 일은 사실 1에 1을 더하는 것이었다. 그러나 그것만으로 충분했다. 과학과 비즈니스의 가장 복잡한 문제들은 종종 더하기, 빼기, 비교하기, 목록 만들기 같은 산술적이고 논리적인 단순한 단계들로 나뉜다. 그러나 의미 있는 결과를 내려면 이 단계들을 수백만 번씩 되풀이해야 한다. 컴퓨터가 나오기 전에는 어떤 기계도 충분히 빠르지 못했다. 우리의 천공카드 기계에서 가장 빠른 릴레이 메커니즘은 초당 네 번의 더하기밖에 하지 못한다. 반면 에니악의 가장 기초적인 전자회로도 초당 5,000번을 할 수 있다.

안타깝게도 왓슨의 보수적인 아버지는 그의 관점에 동의하지 않았다. 토머스 왓슨 시니어가 보기에 IBM의 천공카드 기계들은 전자식 컴퓨터와 완전히 분리된 범주에 속했다. 에니악류의 컴퓨터는 과학 분야에서는 유용할지 몰라도 일반 기업들은 회계장부나 재고를 관리하기 위해 언제나 IBM에 기댈 것이었다.

이 점에서 왓슨 시니어는 많은 리더들이 몰락하기 전에 저지르는 전형적인 실수를 저질렀다. 그는 자신의 접근법이 IBM을 지배적인 기업으로 만들었기 때문에 같은 접근법이 정상의 자리를 지키도록 해줄 것이라는 착각에 빠졌다. 그러나 새로운 지형에는 새로운 전술이 필요하다. 왓슨 주니어는 나중에 이렇게 썼다. "IBM은 성공 때문에 좁은 시야를 갖게 된 회사의 전형적인 입장에 있었다. 같은 시기에 영화 산업은 텔레비전의 가치를 보지 못했다. 자신들이 오락 산업이 아니라 영화 산업에 속한다고 생각했기 때문이다. 또한 철도 산업은 트럭과 항공 운송의 가치를 보지 못했다. 자신들이 운송 산업이 아니라 철도 산업에 속한다고 생각했기 때문이다. 우리의 비즈니스는 천공카드만이 아니라 데이터를 처리하는 것이었다. 그러나 IBM에서는 누구도 그 사실을 파악할 만큼 명민하지 못했다."

왓슨 시니어는 전자식 컴퓨터를 완전히 무시하지는 않았다. 단지 IBM의 핵심 비즈니스인 회계 및 기타 행정 업무와 완전히 다른 영역에 속한다고 오판했을 뿐이다. 그는 1947년에 하버드에서 마크 I을 만든 엔지니어들을 영입해 '실렉티브 시퀀스 일렉트로닉 캘큐레이터(Selective Sequence Electronic Calculator, SSEC)'라는 과학용 컴퓨터를 만들게 했다. 이 컴퓨터는 과학용으로 제작됐기에 원하면 성가신 진공관도 쓸 수 있었다. 다만 결국은 IBM에서 만들었기 때문에 천공카드로 구동해야 했다.

100만 달러를 들여 제작된, 약 37미터 길이에 절반은 진정한 전자식 컴퓨터이고 절반은 기계식 천공카드 기계인 거대한 SSEC는 왓슨 주니어의 표현에 따르면 "기술적 공룡"으로 탄생했다. 그래도 온갖 콘솔과 패널, 그리고 깜박이는 조명을 갖춘 외양은 분명 미래적이었다. 왓슨 시니어는 맨해튼 57번가에 있는 IBM 본사 1층에 인도에서 훤히 보이도록 SSEC를 설치하도록 했다. 또한 '순수한 과학적' 용도로 누구나 무료로 쓸 수 있도록 제공했다. SSEC는 전시에 미국이 독일 잠수함에 대항하기 위해 항해표를 계산하는 데 성공적으로 활용됐다. 그러나 전자식과 기계식이 합쳐진 성격 때문에 젊은 전자공학자들은 IBM이 시대에 뒤떨어졌다고 폄하했다. IBM은 빠르게 유물이 돼가고 있었다.

전후 에커트와 모클리는 펜실베이니아대학교을 떠나 필라델피아의 한 매장에서 컴퓨터 사업을 시작했다. 왓슨 시니어는 그들의 사업을 회의적인 시각으로 바라봤다. 그러다가 그들이 IBM의 최대 고객인 통계청(Census Bureau)과 푸르덴셜보험(Prudential Insurance)을 설득해 후원을 얻어내자 크게 분노했다. 그 이유는 두 젊은 학자들이 IBM의 고객을 효과적으로 빼앗았을 뿐 아니라 그들이 제안한 제품인 '유니버설 오토매틱 컴퓨터(Universal Automatic Computer)' 또는 유니백(UNIVAC)이 천공카드가 아니라 자기테이프로 데이터를 저장할 것이기 때문이었다.

왓슨 시니어가 보기에 천공카드는 IBM의 정체성을 말해주는 핵심이었다. 자기테이프가 천공카드를 대체할 수 있다는 생각은 끔찍했다. 그렇기는 해도 자기테이프를 지지하는 주장을 물리치기는 어려웠다. 자기테이프는 천공카드보다 훨씬 빨리 데이터를 입출력할 수 있었다. 또한 자기테이프 한 통에 천공카드 1만 장과 같은 양의 데이터를 담을 수 있었다. 그러나 왓슨 시니어는 천공카드가 쓸모없어지면 IBM도 마찬가지가 될 것으로 생각했다.

그 결과 자기테이프에 대한 왓슨 시니어의 불신은 더욱 깊어졌다. 왓슨 주니어가 나중에 쓴 대로 왓슨 시니어가 보기에 천공카드는 "영구적인 정보의 조각"이었다. 그래서 "눈으로 보고 손으로 들 수 있었다. 보험사가 방대한 파일들을 보관해도 서기가 언제든 샘플을 골라내 손으로 점검할 수 있었다. 반면 자기테이프의 경우 데이터를 지우고 다시 쓸 수 있도록 만들어진 매체에 보이지 않게 데이터가 저장됐다". 왓슨 시니어는 현재의 패러다임 너머를 보지 못했다. 그는 전자식 컴퓨터를 자체 개발해 에커트와 모클리를 몰아내는 방법을 고려했다. 그러나 그러려면 자기테이프를 써야 한다고 생각하니 너무나 혐오스러웠다.

왓슨 시니어가 주저하는 동안에도 왓슨 주니어는 전자 혁명이 다가오는 소리를 점점 더 뚜렷하게 들었다. 1948년에 그는 한 친구에게 전국에서 최소한 19개의 주요 전자식 컴퓨터 프로젝트가 진행되고 있으며, 대다수는 자기테이프를 쓴다는 이야기를 들었다. 한편 고객들은 계속 쌓여가는 방대한 천공카드 뭉치를 보관하고 관리하는 것을 갈수록 귀찮게 여겼다. 자기테이프는 여러 결함에도 불구하고 거부하기에는 너무 매력적인 대안이 돼가고 있었다.

타임(Time)사의 회장은 왓슨 주니어를 찾아와 저장 매체를 자기테이프로 바꿔달라고 요청했다. IBM의 기계로 〈타임〉지와 〈라이프〉지의 우편 발송 목록을 관리하려면 구독자 한 명당 세 장의 천공카드가 필요했다. 수백만 명의 구독자가 있고, 매달 수천 명이 더 구독하는 상황에서 IBM의 기계와 그것이 차지하는 공간은 한계치에 이르러 있었다. 그는 "건물 전체를 당신 회사의 기계가 차지하고 있어요. 더 이상 감당이 안 됩니다. 새로운 기계로 바꾸겠다고 약속할 수 없다면 다른 방법을 찾아볼 겁니다"라고 말했다. 우편 발송 목록을 관리하는 일은 왓슨 시니어가 전자식 컴퓨터의 자연스러운 영역이라고 보았던 과학적 기능과 거리가 멀었다. 오히려 IBM의 가치 제안의 핵심에 있는 비즈니스 운영 업무였다.

왓슨 주니어는 이 일만으로는 천공카드가 구시대의 물건이라는 사실을 아버지에게 설득할 수 없다는 사실을 알았다. 그래서 1949년에 자기테이프 문제를 분석할 태스크포스를 만들었다. 그로서는 화나게도 태스크포스는 천공카드가 계속 쓰일 것이라고 결론을 내렸다. IBM의 영업 조직도 왓슨 주니어에게 보수적이고 CEO에게 아첨하는 동일한 답변을 제시했다. 왓슨 주니어는 이에 대해 이렇게 썼다. "나는 변화를 이뤄야 할 때는 설령 최고의 성과를 내는 사람들이라고 해도 절대 대다수에게 물어서는 안 된다는 사실을 깨닫기 시작했다. 세상에서 일어나는 변화를 느낀 다음에는 스스로 변화를 일으켜야 한다. 이는 순전히 직관에 따른 것이다. 나는 아직 강하게 주장할 만큼 나 자신을 신뢰하지 않았다. 그러나 컴퓨터와 자기테이프를 채택해야 한다는 사실은 직관적으로 알았다."

IBM의 엔지니어링 문화는 위에서 아래까지 기계적 방식을 따랐다. IBM은 천공카드부터 타자기까지 모든 것을 만들었다. 직원들은 완전히 새로운 패러다임으로 넘어가는 데 관심이 없었다. 왓슨 주니어는 "IBM은 전자 컴퓨터를 탐구하기에는 내부에 자리 잡은 저항이 너무 강했다. 차라리 에커트와 모클리의 회사를 인수하는 편이 나았을지도 모른다"라고 결론지었다.

그때 IBM에 기회가 생겼다. IBM의 최고 인재들이 왓슨 주니어에게 천공카드가 미래라고 주장하고 있을 때, 유니백의 제작자들은 주요 후원자가 비행기 사고로 죽는 바람에 갑자기 자금을 마련해야 했다. 두 사람은 절박한 나머지 IBM에 지원을 요청했다. 하지만 불행하게도 모클리는 깔끔하고 매우 관습적인 동업자와 달리 반골 기질이 강했다. 후줄근한 차림으로 회동 자리에 나타난 그는 왓슨 시니어의 커피 탁자에 두 발을 올렸다. 애초에 그는 깐깐하기로 유명한 대기업 회장에게 잘 보이려고 공손하게 행동할 생각이 없었다. 설령 회사를 살리기 위해서라고 해도 말이다. 영업 사원들에게 양말 가터(garter)까지 차도록 엄격하고 균일한 드레스 코드를 강요한 왓슨 시니어는 젊은 혁신가들에게 바로 반감을 느꼈다. 그는 반독점법에 걸릴 수 있다는 핑계로 투자 기회를 거절했다. 그러나 유니백 개발자들을 빈손으로 돌려보낸 데는 그의 개인적 감정이 명백히 작용했다.

몇 달 뒤 에커트와 모클리의 회사는 IBM의 경쟁사인 레밍턴 랜드에 인수됐다. CEO인 제임스 랜드 주니어(James Rand Jr.)는 유니백으로 도박을 걸면서 비즈니스 기기 시장의 오랜 거인인 IBM을 따라잡을 실질적인 기회를 엿보았다. 왓슨 시니어가 주저한 덕분에 이제 레밍턴 랜드는 현대적인 컴퓨터 시대를 향해 앞서 출발할 수 있게 됐다. 여기에는 단지 비즈니스만 걸려 있는 게 아니었다. 이 비즈니스 전쟁은 다른 많은 경우처럼 감정이 섞여 있었다. 짐 랜드는 IBM의 독점적인 영향력을 직접 경험했다. 몇 년 전에 왓슨 시니어는 회사의 시장 지배력과 특허권을 활용해 랜드의 회사 중 하나를 무너뜨렸다. 그래서 유니백은 미래를 위한 타당한 투자인 동시에 복수의 기회였다. 랜드는 기계식 집계 부문에서 IBM의 확고한 우위를 추격하기보다 아예 뛰어넘을 작정이었다.

한편 재난을 막으려 애쓰던 왓슨 주니어에게 마침내 행운의 돌파구가 열렸다. 재무부 조사 결과 IBM이 RCA나 제너럴 일렉트릭 같은 비슷한 기업들보다 연구 개발에 훨씬 적은 돈을 쓰고 있다는 사실이 드러났다. 이 거슬리는 조사 결과는 왓슨 시니어의 경쟁심을 자극했다. 그는 연구 개발을 대규모로 확충하라고 지시했다. 이는 유례없는 수준의 전자화로 이어질 것이었다. 실제로 이후 6년 동안 IBM은 엔지니어의 수를 500명에서 4,000명 이상으로 늘렸다. 이 전환은 시기적절했던 것으로 드러났다.

1950년 6월에 한국전쟁이 일어났고, 정부는 IBM에 국방용 다목적 전자 컴퓨터를 개발해달라고 요청했다. 디펜스 캘큐레이터(Defense Calculator)는 IBM 역사상 단위가 달라질 만큼 가장 많은 비용이 투입될 프로젝트였다. 이 프로젝트는 IBM의 컴퓨터 개발을 촉진하는 데 도움을 줬다. 왓슨 주니어가 컴퓨터를 전국의 국방 연구소에 판매해 비용을 상쇄할 수 있다고 말하자 왓슨 시니어는 프로젝트를 추진하는 데 동의했다. 왓슨 주니어는 "디펜스 캘큐레이터는 아버지께서 내가 임원으로서 큰 위험을 지도록 처음 허락한 프로젝트였다"라고 썼다.

뒤이어 두 번째 행운의 돌파구가 이번에는 불운으로 위장한 채 찾아왔다. 1952년 1월 21일, 법무부는 IBM을 반독점 혐의로 기소했다. 정부가 보기에 IBM이 90퍼센트의 시장점유율로 사실상 천공카드 집계기 시장을 독점한 것은 반경쟁적이었다. 당시 네이비블루 정장을 걸치고 윙팁(wingtip) 구두를 신은 전설적인 IBM 영업군단은 어디에나 있었다. 전 세계의 모든 사무실과 정부 건물에서 그들을 볼 수 있었다. 왓슨 시니어에게 정부의 조치는 엄청난 타격이었다. 그는 1915년에 사장 자리에 오른 뒤 IBM을 지배적인 기업으로 만들기 위해 수십 년 동안 노력했다. 그토록 힘들게 오른 자리에서 밀려난다는 생각은 그를 좌절케 했다.

그에게 IBM은 '말 그대로' 천공카드 기업이었다. 그러나 왓슨주니어가 보기에 반독점 소송은 아버지에게 전자식 컴퓨터에 대한 투자를 늘리는 것 외에 다른 선택지를 남기지 않는 호재였다. 혁신을 통해 새로운 부문에서 승리하지 않으면 마차 제조사의 길을 걸어가는 수밖에 없었다. 먼저 움직이는 데 따른 유리함은 과장됐을지 모르지만 움직이지 않는 데 따른 불리함은 부정할 수 없었다.

왓슨 시니어는 보수적이었지만 눈이 먼 것은 아니었다. 이제는 방향을 바꿀 때였다. 1952년 4월, 그는 IBM이 SSEC보다 25배 빠른 상업용 전자 컴퓨터를 개발했다고 발표했다. 디펜스 캘큐레이터는 IBM 701로 이름을 바꾸고 IBM 표준 제품 라인의 일부가 됐다. 그래서 다른 모든 IBM 기기처럼 임대하고 보수를 받을 수 있었다.

701 개발 발표는 커다란 진전이었다. 그러나 1880년대에 처음 천공카드를 썼던 통계청은 그사이에 자체 유니백을 보유한 상태였다. IBM 내부에서는 파티에 너무 늦게 도착했으며, 선발 주자를 따라잡을 만큼 빠르게 나아가지 않고 있다는 여론이 점차 강해졌다. IBM은 제작비를 토대로 701의 가격을 절반이나 싸게 책정했다는 사실을 깨달았다. 놀랍게도 모든 고객은 2배 가격에도 주문을 유지했다. 전자 컴퓨터에 대한 수요는 천정부지로 치솟았다. 그러나 IBM은 아직 제품을 출시하지 못하고 있었다.

유니백은 일반 행정용으로 설계된 최초의 컴퓨터였다. 유니백은 데이터를 천공카드가 아니라 자기테이프에 저장했다. 그래서 어떤 IBM 기기보다 훨씬 빠르게 데이터를 입력하고, 전자적으로 계산하고, 답을 출력할 수 있었다. 심지어 여전히 데이터를 천공카드에서 뽑아내는 신제품 701보다 처리 속도가 빨랐다. 그래도 문제는 남아 있었다. 특히 이제 701이 출시되는 상황에서 레밍턴 랜드는 IBM의 주류 비즈니스 고객들에게 어떻게 유니백을 홍보해야 할까? 전자식 컴퓨터는 추상적인 개념이었다. 그렇다면 어떻게 그 잠재적 편익을 미국의 비즈니스 리더들에게 알릴 수 있을까? 이런 이유로 레밍턴 랜드는 1952년 11월에 대선 개표 방송을 위해 CBS 뉴스와 제휴한 것이었다.

그해 여름, 레밍턴 랜드는 CBS 뉴스의 수장인 시그 미컬슨(Sig Mickelson)을 찾아가 유니백이 예측한 대선 결과를 방송하느냐의 문제를 두고 논의했다. 미컬슨과 앵커인 월터 크롱카이트는 누가 미국의 차기 대통령이 될지는 말할 것도 없고, 무엇이라도 기계가 예측할 수 있다는 것에 매우 회의적이었다. 그래도 그들은 방송용으로 써먹기에는 좋겠다고 생각했다. 이제 필요한 것은 초기 개표 데이터를 이전 대선들의 투표 패턴과 결합해 승자를 추정하는 알고리즘이었다. 그러나 이 무렵 모클리는 공산주의자로 블랙리스트에 올라 있었으며, 더 이상 레밍턴 랜드의 사무실에 들어갈 수 없었다. 레밍턴 랜드는 펜실베이니아대학교의 통계학자 맥스 우드버리(Max Woodbury)를 고용했다. 우드버리는 몰래 모클리의 집으로 가서 그와 함께 예측 알고리즘을 만들었다.

유니백은 모클리와 우드버리가 만든 알고리즘을 활용해 생방송에서 실시간으로 승자를 예측할 것이었다. 이는 엄청나게 위험하기는 해도 명민한 홍보였다. 도약의 성공은 착지에 좌우된다. 랜드는 1952년 대선 날에 모든 것을 걸었다. 예측이 틀려도 전자식 컴퓨터 혁명이 탈선할 일은 없었다. 그러나 홍보 대상인 기업계에서 결코 명성을 회복할 수는 없을 것이었다. 방송이 끝나갈 무렵 유니백의 첫 예측은 몇 퍼센트포인트 차이로 정확한 것으로 드러났다. 콜링우드는 시청자들에게 정확했던 첫 번째 예측 내용을 완화했다고 인정했다. 또한 레밍턴 랜드의 대변인이 방송에서 컴퓨터에 사과하면서 역사적인 홍보는 성공으로 끝을 맺었다. '유니백'은 하룻밤 사이에 '컴퓨터'와 동의어가 됐다.

전 국민 앞에서 생방송으로 시연하는 모험은 유례없는 홍보 효과를 안겼다. 레밍턴 랜드는 단번에 낯선 신기술을 소개하면서 적어도 그 탁월한 잠재력 중 일부를 알기 쉽게 전달했다. 선점 효과가 실재한다면 유니백 로고는 지금쯤 모든 노트북과 스마트폰에 붙어 있을 것이다. 그러나 이 밀물은 모든 배를 띄웠다. 레밍턴 랜드의 시연 덕분에 '모든' 제조사가 전자식 컴퓨터가 할 수 있는 일을 쉽게 알릴 수 있었다. 12월에 마침내 생산되기 시작한 IBM 701은 언론에 의해 곧 'IBM판 유니백'으로 개명됐다. IBM에는 수치스러운 일이었지만 고객들은 701의 잠재력을 즉시 이해했다.

701은 유니백보다 빠른 계산 능력을 발휘했다. 그러나 왓슨 시니어가 자기테이프 대신 천공카드를 써야 한다고 고집하는 바람에 데이터를 입출력하는 데 계산 과정에서 아낀 시간뿐 아니라 약간의 추가 시간이 소요됐다. 이처럼 뒤늦게 출발했고, 시대에 뒤처진 천공카드에 발목이 잡혔어도 701은 경쟁력이 있었다. IBM은 누구보다 고객을 잘 알았다. 전자식 컴퓨터는 엄청난 도약이었지만 고객과 그들의 문제는 바뀌지 않았다. IBM은 틴더와 범블에 우위를 제공한 것과 같은 필수적인 전문 영역 지식을 갖추고 있었다. IBM은 이 우위를 활용해 자신이 너무나 잘 아는 시장에 맞춰서 제품을 개선했다.

현대의 근무 환경을 제대로 모르는 학자들이 설계한 유니백은 기술적 정교함에도 불구하고 비즈니스 용도로 쓰기에는 엄청나게 비실용적이었다. 무엇보다 여러 구성 부위로 배송돼 1주일 넘게 고객의 사무실에서 대단히 조심스럽게 조립해야 했다. 반면 701은 사무실의 현실을 염두에 두고 설계됐다. 그래서 화물 엘리베이터에 쉽게 실을 수 있는 냉장고 크기의 개별적인 모듈로 제작됐다. 엔지니어들이 이 모듈을 상자에서 꺼내 연결하기만 하면 고객은 며칠 만에 701을 작동할 수 있었다.

1953년 7월에 IBM은 보다 작은 650을 출시했다. 왓슨 주니어가 기록한 것에 따르면 기업들이 기존 운영 절차에 통합하기 더 쉽게 만들어진 650은 "IBM의 이미지를 'IBM 유니백'의 제조사에서 업계 리더로 바꿔놓았다". 뒤이어 9월에는 701의 또 다른 상업용 파생 제품인 702가 발표됐고, 8개월 만에 무려 50대의 주문이 들어왔다. 유니백의 자기테이프는 여전히 IBM의 기기보다 기술적 우위를 제공했다. 그러나 특정 목적에 맞춰 한 번에 한 대씩 컴퓨터를 만드는 접근법은 시대에 뒤처진 것이 됐다. 이런 방식으로는 규모를 키울 수 없었다. IBM은 더 나은 전문 영역 지식, 고객 친화적인 접근법, 우월한 대규모 영업 조직을 통해 빠른 출발로 앞서 나간 레밍턴 랜드를 따라잡고 확실한 우위를 확보했다.

IBM은 먼저 뛰어들지 않았다. 수영장에 들어갈 때도 요란한 물보라를 일으키지 않았다. 그러나 IBM은 자신의 영역을 잘 알았고, 고객의 필요에 계속 초점을 맞췄다. 결국 그 덕분에 승리를 거머쥐었다. 기회를 놓친 레밍턴 랜드는 1955년에 다른 기업에 인수됐다. 한편 1956년부터 왓슨 주니어가 이끈 IBM은 비즈니스, 공공 행정, 과학 연구 목적의 전자식 컴퓨터 부문에서 천공카드 기기 부문에서 그랬던 것보다 더 지배적인 기업이 됐다. 〈포천〉은 나중에 선견지명을 가진 왓슨 주니어를 "역사상 최고의 자본가"라 칭했다.

▲ ▲ ▲

신기술의 도입은 하나의 패턴을 따른다. 먼저 취미로 즐기는 사람들이 새로운 아이디어를 기존 문제에 적용하면서 실험한다. 뒤이어 기업가들이 잠재력을 간파하고 서둘러 규모를 키워서 대중 시장에 제공한다. 일부는 경쟁에 직면하기 전에 선점 효과를 통해 해당 영역을 획득하려 시도한다. 종종 그렇듯이 이 시도가 실패로 돌아가면 군비경쟁이 뒤따른다. 많은 경우 고객을 가장 잘 이해하는 기업이 우위에 선다. 뒤이어 더 새로운 기술이 등장하고, 같은 주기가 다시 시작된다.

손자는 거듭 먼저 행동하라고 말한다. 그는 "설령 이기고 있더라도 오래 전쟁을 지속하면 군대가 둔해지고 날이 무뎌진다"라고 썼다. 각각의 기회를 적극적으로 추구하되 정말로 그 기회를 잡을 준비가 될 때까지 기다려라. 준비되기 전에 섣불리 나섰다가는 기회를 잃고 만다.

다음 장에서는 확실하게 우위를 잡은 뒤 올바른 전략으로 우위를 유지한 기업들을 살필 것이다.

3

승리의 전략

백 번 싸워 백 번 이기는 것이 최선이 아니다.
싸우지 않고 적을 굴복시키는 것이 최선이다.

손자, 《손자병법》

군대의 성공은 어떤 전략을 따르느냐에 좌우된다. 아무리 명민하더라도 하나의 단일한 전술에 성공이 좌우되는 것은 아니다. 때로 좋은 소리가 나는 전기기타나 중독성 강한 새로운 데이트 앱 같은 뛰어난 아이디어는 전장을 급습할 비즈니스 기회를 만든다. 그러나 그 우위를 유지하고, 심지어 활용하려면 일관된 장기적인 전략이 있어야 한다.

손자는 다른 어떤 요소보다 소박한 병참을 우선시한다. 그는 군대의 힘은 칼과 활을 다루는 기술보다 병참선(兵站線: 병참 기지에서 작전 지역까지 작전에 필요한 인원이나 물자를 지원, 수송하는 길-옮긴이)에 좌우된다고 믿었다. 사기를 돋우는 연설이나 강력한 공성 무기는 일시적인 이점을 제공할 수 있다. 그러나 장기적으로 전투력을 유지하려면 식량, 물, 의료품, 그리고 가장 중요하게는 합리적인 계획이 필요하다. 리더가 군대를 이끌려면 비전이 있어야 한다. 기업들은 무턱대고 나아가다가 승리와 마주치는 것이 아니다.

뒤엉킨 웹 엮어내기 I
모자이크 만들기

1994년의 어느 일요일, 22세의 컴퓨터 프로그래머인 마크 안드레센(Marc Andreessen)은 아침 7시에 깨어 있었다. 완전히 깨어 있지는 않지만 말이다. 이 시간에도 깨어 있는 것은 그에게 드문 일이 아니다. 그는 자주 코딩을 하면서 밤을 새운다. 그러나 오늘은 실리콘밸리 중심부에 있는 인기 레스토랑 팔로 알토의 일 포르나이오(Il Fornaio)에서 조찬 미팅을 하며 하루를 시작할 것이다. 안드레센은 며칠 연속으로 점차 자는 시간을 앞당겨서 매우 중요한 이 미팅 겸 면접을 미리 준비했다.

얼마 전에 대학을 졸업한 안드레센의 맞은편에 앉은 사람은 49세의 짐 클라크(Jim Clark)다. 그는 기술 부문의 전설적인 리더로서 얼마 전에 자신이 창업한 실리콘 그래픽스(Silicon Graphics)를 떠났다. 클라크는 자신이 떠난 아주 성공적인 회사보다 더 큰 새 회사를 만들고 싶어 했다. 그가 여기서 안드레센을 만나는 이유가 거기에 있다.

안드레센은 강력한 추천을 받았다. 그는 대학 시절에 친구와 함께 혁신적인 '브라우저'를 만들었다. 브라우저는 급성장하는 월드 와이드웹에 접속하게 해주는 새로운 종류의 소프트웨어였다. 그는 전에 일하던 전미 슈퍼컴퓨팅애플리케이션연구소(National Center for Supercomputing Applications, NCSA)가 모자이크(Mosaic)로 알려진 브라우저를 만든 자신의 공로를 인정하지 않자 그냥 나와버렸다. 그래서 이 두 사람은 새 출발을 위해 서로 마주 보고 앉아 어색한 첫 만남을 갖게 됐다.

클라크는 단도직입적으로 웹 브라우저에 상업적 잠재력이 있는지 묻는다. 안드레센이 보기에는 그렇지 않다. 자신이 만든 소프트웨어에 대한 통제력을 잃은 데 여전히 분개하던 안드레센은 월드와이드웹과 관련된 일은 하기 싫다고 선언한다. 클라크가 회사를 만들고 싶다면 비디오게임을 만들어야 한다. 사람들은 비디오게임을 좋아한다.

그러나 클라크는 NCSA가 학술 기관이라고 주장한다. 그래서 대중 시장에 대한 감이 없다. 그들은 최고의 브라우저를 가졌지만 그 기회를 날리고 말 것이다. 안드레센은 아마 그럴 거라고 인정하면서도 그 기회를 잡는 데 관심이 없다. 클라크는 퉁명하고 똑똑한 청년이 마음에 든다. 두 사람은 같이 뭔가를 해보기로 결정한다. 그러나 그날은 무엇을 할지 정하지 않은 채 레스토랑을 나온다.

그래도 클라크가 안드레센의 머릿속에 심어준 생각은 그대로 남는다. 안드레센은 월드와이드웹이 어떤 모습과 느낌일지 전략적으로 다시 상상하면서 이 흥미롭지만 아직은 탄생 초기인 매체에 생명력을 불어넣는다. 그런 다음에도 자신의 창조물이 지닌 가망성을 충족할 기회를 정말로 포기할 수 있을까? NCSA는 관료들로 가득하다. 그들은 자신들이 무엇을 가졌는지 이해하지 못한다. 안드레센이 짐 클라크 같은 사람과 손을 잡는다면 그들이야말로 월드와이드웹을 대중에게 안겨줄 적임자다.

▲ ▲ ▲

기술에 집착하는 경제 속에서 살아가는 우리는 차고에서 '넥스트 빅 싱(Next Big Thing)'을 만드는 젊고 똑똑한 발명가를 이상적으로 그린다. 그러나 현실적으로 개인 발명가는 현금이 풍부하고 양심은 없는 대기업에 종종 당하고 만다. 인터넷 브라우저를 시장에 선보이기 위한 안드레센의 노력은 실로 비즈니스 부문의 다윗과 골리앗 같은 이야기로 이어진다. 이 이야기에서 안드레센은 기술 부문에서 가장 힘 있고 무자비한 사람들과 맞선다. 많은 경우 비즈니스 전쟁에서 승리하는 쪽은 법률과 규정을 도덕적 계명이 아니라 이기기 위해 왜곡하거나 심지어 어길 수도 있는 게임의 규칙으로 여기는 리더들이다. 물론 그들은 규제 당국에 처벌을 받을 수도 있다. 그러나 승리의 혜택은 종종 미지근한 처벌을 당할 가치를 지닌다. 미국 정부는 국내 기업이 잘되는 이야기를 망치는 것을 싫어한다.

1971년에 아이오와주에서 태어나 위스콘신주에서 자란 마크 안드레센은 열 살 때 도서관에 있는 책을 보고 프로그래밍을 독학했다. 그는 수학 숙제를 하는 데 활용하려고 학교에 있는 컴퓨터로 계산기 프로그램을 만들었다. 그러나 청소원이 갑자기 컴퓨터의 전원을 내리는 바람에 프로그램을 날리고 말았다. 이 가슴 아픈 일을 겪은 뒤 그의 부모는 코모도어 64(Commodore 64) 컴퓨터를 사주기로 했다. 안드레센은 일리노이대학교 어바나-샴페인캠퍼스(University of Illinois Urbana-Champaign)에서 컴퓨터공학을 전공했다. 거기서 그는 학내 컴퓨터 연구소인 전미 슈퍼컴퓨팅애플리케이션

연구소를 위해 컴퓨터 그래픽을 디자인하는 아르바이트를 했다.

당시는 전미 슈퍼컴퓨팅애플리케이션연구소에서 일하기에 좋은 때였다. 컴퓨팅의 새로운 시대가 막 시작되고 있었다. 인터넷은 부분적으로 1960년대에 핵 공격 이후에도 군사 통신을 유지하기 위해 설치된 컴퓨터 네트워크 '아르파넷(ARPANET)'을 기원에 두고 빠르게 진화하고 있었다. 시간이 지나면서 이 네트워크는 군사적 용도를 넘어 학계로, 거기서 다시 일반 대중의 소규모 하위 집단으로 확대됐다. 이 집단은 주로 파일을 공유하고 전자메일로 소통하는 학자와 과학자 들로 구성됐다. 1980년대 말에 얼리 어댑터들은 컴퓨터 모뎀을 활용해 프로디지(Prodigy)나 컴퓨서브(CompuServe) 같은 폐쇄적인 사설 네트워크이지만 사용자 친화적인 온라인 서비스에 직접 접속했다. 이 '정보 포털'들은 일기예보나 주가 같은 기본 정보를 제공했으며, 이메일을 보내거나 게시판에서 성향이 비슷한 사람들끼리 이야기를 나눌 수 있도록 해주었다. 개방형 인터넷은 접속에 필요한 기술적 지식을 가진 사람들에게는 흥미로운 대상이었다. 그러나 일반인이 사용하기에는 여전히 너무 거추장스럽고 기술적이었다.

1990년에 유럽 입자물리연구소(European Organization for Nuclear Research, CERN)의 연구원 팀 버너스 리(Tim Berners-Lee)는 월드와이드웹이라고 이름 붙인 네트워크를 위한 소프트웨어와 일련의 표준을 만들었다. 버너스 리의 하이퍼텍스트 마크업 언어(Hypertext Markup Language) 또는 HTML을 활용하면 인터넷에 '하이퍼링크'를 단 문서를 만들 수 있었다. 하이퍼링크는 인터넷의 다른 곳에 있는 문서나 다른 파일로 사용자를 연결해줬다. 이런 방식을 쓰면 컴퓨터 전문가가 아니라도 인터넷에 있는 자원에 접근할 수 있었다. 웹은 인터넷에 접속할 수 있는 모두에게 무료로 개방되도록 설계됐다. 그래서 무엇이든 거의 모든 디지털 정보를 공유하는 데 활용할 수 있었다. 수수료도, 라이선스도, 사용자와 인터넷 사이에 끼어드는 중개인도 없었다. 가능성은 무한했다. 당시에 그 가능성을 상상할 수 있었던 사람은 소수였지만 말이다.

안드레센은 그 소수 중 한 명이었다. 그는 버너스 리가 월드와이드웹의 기본 도구와 프로토콜을 선보였을 때 21세였다. 안드레센은 즉시 웹의 엄청난 잠재력을 간파했다. 다만 버너스 리와 소수의 다른 사람들이 만든 매우 기본적인 브라우저보다 사용자 친화적인 탐색 도구를 누군가가 만들어야 했다. 안드레센은 웹이 AOL이나 프로디지 같은 유료 사설 포털을 대체할지도 모른다고 생각했다. HTML은 간단한 일련의 공통 규칙으로서 누구나 배워서 웹 사이트를 만드는 데 활용할 수 있었다. 1세기 전에 표준 무게와 척도는 산업화의 부상에 필수 역할을 했다. 마찬가지로 안드레센은 기업의 통제권을 벗어난 표준화된 '정보 프로토콜'이 인터넷을 전환점까지 이끌 수 있다고 생각했다. 어쩌면 이 프로토콜이 정보 시대를 불러들일지도 몰랐다.

안드레센은 NCSA의 정규 프로그래머이자 친구인 에릭 비나(Eric Bina)를 찾아가 월드와이드웹 브라우저 개발에 대한 아이디어를 설명했다. 흥미를 느낀 비나는 협력하는 데 동의했다. 안드레센은 사용자 인터페이스 설계, 비나는 이면의 기능 프로그래밍을 맡았다.

앨 고어(Al Gore) 상원 의원이 추진한 법안을 통해(익히 알려진 대로 고어가 자신이 "인터넷을 만드는 데 앞장섰다"라고 말하는 이유이기도 하다) 자금 지원을 받은 대학은 이 프로젝트를 승인했다.

안드레센과 비나는 하나의 포괄적인 목표를 토대로 브라우저 프로젝트에 접근했다. 그것은 웹을 사용자와 개발자 모두가 사용하기 쉽게 만든다는 것이었다. (물론 사용자가 콘텐츠를 만드는 웹에서는 그 경계가 실로 모호하다.) 그들의 브라우저는 키보드뿐 아니라 마우스로도 탐색할 수 있을 것이다. 또한 사용자가 한 번에 하나씩 이미지를 선택하고 여는 것이 아니라 잡지처럼 텍스트 옆에 이미지를 배치할 수 있을 것이다. 가장 중요하면서도 종종 간과되는 점은 오류가 있는 웹 페이지도 띄우도록 허용했다는 것이다.

전통적으로 컴퓨터는 오류가 생기면 프로그램의 구동을 중단했다. 그러나 안드레센과 비나는 HTML로 작성된 웹 페이지는 코딩된 것처럼 보이기는 하지만 실제로는 프로그램이 아님을 알았다. 그것은 사실 구조와 형식을 맞추기 위해 소수의 추가 '태그'로 텍스트를 둘러싸서 사람이 읽을 수 있도록 만든 문서에 지나지 않았다. 안드레센과 비나는 오자가 있어도 책을 읽을 수 있듯이 웹 페이지를 만들 때 실수를 해도 작동하기를 원했다. 이 전략적 결정은 새로운 퍼블리싱(publishing) 형태를 수용하는 과정에서 중대한 병목 구간을 제거했다. 그들의 전반적인 전략은 월드와이드웹을 보기 좋고 클릭할 수 있는 텍스트, 이미지, 아이콘의 조합으로 만들었다. 그 기원에 대한 이야기는 조금씩 다르지만 아마도 이런 이유로 두 사람은 '모자이크'라는 이름을 붙였을 것이다.

두 사람은 몇 주 동안 석유화학 연구동 지하에 틀어박혔다. 그들은 페퍼리지 팜(Pepperidge Farm) 쿠키와 우유(안드레센) 또는 마운틴 듀(Mountain Dew)와 스키틀스(Skittles)(비나)로 연명하면서 코딩에 몰두했다. 1993년 1월에 최초의 유닉스 컴퓨터용 모자이크가 완성됐다. 두 사람은 무료 다운로드가 가능하도록 만든 다음, 소수의 온라인 게시판에 그 사실을 알렸다. 사람들은 모자이크를 다운로드해 써보기 시작했다.

모자이크의 매력은 처음부터 명확했다. 그해 말에 존 마코프(John Markoff)는 〈뉴욕타임스〉에 실은 글에 이렇게 썼다. "모자이크가 나오기 전에는 전 세계에 흩어진 컴퓨터 데이터베이스에서 정보를 찾으려면 'Telnet(텔넷) 192.100.81.100.' 같은 알 수 없는 주소와 명령어를 알고 정확하게 입력해야 했다. 반면 모자이크가 나온 뒤에는 사용자들이 컴퓨터 화면에 나온 단어나 이미지를 마우스로 클릭하기만 하면 됐다. 모자이크와 연동되도록 설정된 인터넷의 수많은 데이터베이스에서 텍스트, 사운드, 이미지를 불러올 수 있다." 물론 어느 것도 "모자이크와 연동되도록 설정된" 것은 아니었다. 모자이크는 팀 버너스 리가 만든 개방된 무료 생태계를 활용했다. 이처럼 처음에는 기술 전문 저널리스트조차 개념을 제대로 이해하지 못했다.

모자이크의 다운로드 횟수는 눈덩이처럼 불어나기 시작했다. 피드백이 쏟아지면서 안드레센과 비나는 맹렬한 기세로 버그를 고치고 기능을 추가했다. 사용자의 필요에 대한 성실한 대응은 충성심을 얻었고, 더 폭넓은 수용으로 이어졌다. 곧 매달 수천 명이 모자이크를 다운로드했다. 안드레센과 비나는 NCSA의 지원을 받아 별도의 팀을 꾸렸다. 그들은 곧 윈도(Windows)와 맥(Macs) 버전의 모자이크를 제공할 수 있었다. 대다수 사람들이 집에서 쓰는 컴퓨터에서 돌아가게 되자 모자이크의 사용자 수는 폭발적으로 증가했다.

이 대목에서 '네트워크 효과'라는 긍정적인 피드백 고리가 갓 탄생한 웹에 작용했다. 더 많은 사람들이 네트워크에 들어오면서 각각의 사용자에 대해 네트워크가 지니는 가치가 커졌다. 더 많은 사람들이 전화를 갖게 되자 전화의 가치가 기하급수적으로 커진 것처럼(전화가 가치를 지니려면 전화를 걸 사람들이 필요하다) 모자이크로 웹 사이트를 만들 수 있는 사람들이 늘어나면서 다른 모자이크 사용자들이 찾을 수 있는 웹 사이트도 늘어났다. 모자이크가 성장을 이끄는 가운데 월드와이드웹은 인터넷으로 정보를 공유하기 위해 이미 만들어진 고퍼(Gopher) 같은 대안 프로토콜을 밀어내기 시작했다. 버너스 리의 표준이 '공식' 표준이 되는 길로 향하고 있었다.

안드레센은 아직 대학을 졸업하지 않았지만 그의 브라우저는 〈뉴욕타임스〉에 따르면 "인터넷에서 데이터 교통 정체를 일으키고" 있었다. 돌이켜보면 1993년 12월에 비즈니스 섹션 1면에 실린 이 기사는 겨우 몇 달 만에 "정보 시대의 보물들이 묻힌 곳을 알려주는 지도"가 된 도구를 다음과 같이 탁월하게 묘사했다.

━━ 마우스를 클릭하자 태평양 상공의 위성에서 찍은 나사의 날씨 동영상이 나온다. 몇 번 더 클릭하면 미주리대학교(University of Missouri)에 디지털 데이터로 저장된 클린턴 대통령의 연설문

을 읽을 수 있다. 다시 클릭하면 MTV가 모아놓은 디지털 음악 샘플을 들을 수 있다. 또다시 클릭하면 영국 케임브리지대학교 (Cambridge University) 컴퓨터공학과 연구실의 한 커피 주전자가 비었는지 가득 찼는지 보여주는 작은 디지털 사진이 나온다.

모자이크로 검색 가능한 다른 데이터베이스로는 의회 도서관 및 수백 개의 미국 및 해외 대학 도서관의 도서 카드 목록, 연방 정부 기록물 보관소, 다양한 나사 컴퓨터 및 캘리포니아대학교 버클리캠퍼스의 고생물학박물관이 있다.

다만 모자이크를 극찬하는 이 기사에는 한 가지 문제가 있었다. 바로 NCSA의 소장인 래리 스마(Larry Smarr)의 말만 인용했을 뿐 안드레센과 비나는 언급조차 되지 않았다는 것이다.

안드레센은 화를 내며 스마에게 기사에서 자신들이 배제된 것을 따졌다. 그때 그는 NCSA가 개발자들에게 로열티를 지불하지 않고 모자이크의 라이선스를 상업용으로 판매할 계획임을 알게 됐다. 스마는 안드레센을 달래기 위해 졸업 후 NCSA의 관리직을 맡으라고 제안했다. 그러나 이상하게도 그 자리는 모자이크를 다루는 일과 관련이 없었다. 분개한 안드레센은 바로 일을 그만두고 일리노이대학교를 떠났다. 그는 졸업장도 챙기지 않고 샌프란시스코의 베이 에어리어(Bay Area)로 향했다.

그로부터 얼마 지나지 않은 일요일 아침, 안드레센은 실리콘밸리의 한 이탈리안 레스토랑에서 짐 클라크와 만났다. 여전히 NCSA에서 당한 일에 분노가 식지 않은 안드레센은 클라크에게 월드

와이드웹에 대한 일은 하지 않겠다고 말했다. 그러나 몇 달 뒤인 1994년 3월에는 그의 마음이 바뀌었다. 그는 클라크에게 갈수록 불만이 깊어가는 NCSA의 초창기 모자이크 팀을 데려와서 자체 브라우저를 만들어야 한다고 말했다.

클라크는 바로 동의하고 캘리포니아주 마운틴뷰에 모자이크 커뮤니케이션(Mosaic Communications)이라는 법인을 세웠다. 그는 새로운 벤처에 300만 달러를 투자했다. 여름 내내 윈도, 맥, 유닉스(UNIX)를 담당하는 세 팀이 각자의 '모자이크 킬러'를 만들기 위해 각축을 벌였다. 가을 무렵, 그들은 성공을 거두었다. 테스트 결과 새로운 브라우저는 모자이크보다 안정적이었고, 웹 페이지를 만드는 기능이 뛰어났으며, 가장 중요하게는 10배나 빨랐다. 심지어 온라인 구매를 위해 신용카드 정보를 암호화할 수도 있었다. 누가 알겠는가? 언젠가는 누군가가 인터넷에서 물건을 팔고 싶어 할지.

판매 이야기가 나온 김에 말하자면 그들은 판매가를 얼마로 할지 결정해야 했다. 버너스 리는 학자여서 HTML을 세상에 그냥 내줄 수 있었다. 그러나 모자이크 커뮤니케이션은 이윤을 추구하는 기업이었다. 마케팅 책임자는 99달러를 제안했다. 가격을 정하는 것은 폭넓은 수용을 촉진하려는 안드레센의 전략과 어긋났다. 그러나 기업에는 사업 모델이 필요했다. 안드레센은 더 이상 학교에 있지 않았다. 그는 타협안으로 "무료이지만 무료가 아닌" 가격 구조를 제안했다. 그 제안에 따르면 학생과 교사에게는 무료로 제공하고, 다른 소비자에게는 39달러를 받되 90일로 정한 시범 사용 기간이 끝나도 유료 전환을 강제하지 않았다. 따라서 기업만 실제로 돈을 지불하게 될 것이었다. 하지만 그걸로 충분할까?

1994년 10월 13일 베타버전이 배포됐다. 모든 면에서 모자이크보다 우월한 새 브라우저는 몇 시간 만에 1만 회의 다운로드를 기록했다. 뒤이어 다운로드 횟수는 폭증했다. 곧 NCSA는 안드레센이 지식재산을 도용했다며 다운로드 1회당 50센트의 로열티를 요구했다. 대다수 사람들이 무료로 사용하는 상황에서 이런 조건은 유지될 수 없었다. 그래서 클라크는 포렌식 소프트웨어 전문가를 고용해 기능은 비슷하지만 새 소프트웨어의 코드는 완전히 새로운 것임을 확인했다. 여기에 고무된 그는 회사 이름을 모자이크에서 다른 것으로 바꾸고 300만 달러의 현금이나 새 회사의 주식 5만 주를 주겠다고 제안했다. NCSA는 현금을 선택했다. 돌이켜보면 엄청나게 불운한 결정이었다.

클라크와 안드레센의 회사는 넷스케이프 커뮤니케이션 코퍼레이션(Netscape Communications Corporation)으로 이름을 바꾸었다. 브라우저도 넷스케이프 내비게이터(Netscape Navigator)가 됐다. 1995년 3월 무렵 내비게이터는 600만 사용자를 확보하고 700만 달러의 매출을 올렸다. 이는 광고나 마케팅을 전혀 하지 않고, 대다수 사용자는 가격을 지불하지 않는 가운데 이룬 성과였다.

북쪽으로 약 1,290킬로미터 떨어진 워싱턴주 시애틀에서는 야심과 선견지명을 겸비한 또 다른 기술 부문의 기업인이 내비게이터의 부상을 두려운 마음으로 지켜보고 있었다. 그는 바로 마이크로소프트의 공동 창업자이자 CEO로서 이미 억만장자 대열에 오른 빌 게이츠(Bill Gates)였다. 1년 안에 세계 최고의 부자가 될 그 역시 웹의 잠재력을 간파했다. 그 잠재력은 마이크로소프트에 타격을 입힐 수 있었다. 내비게이터를 즐겨 사용하는 수백만 명은 마이크로소프트의 사용자 기반 중 일부에 지나지 않았다. 그러나 그는 내비게이터의 기능과 성능이 계속 개선되면 마이크로소프트 워드 같은 데스크톱 소프트웨어를 대체할지 모른다고 걱정했다. 실제로 워드와 관련해서는 언젠가 웹이 전통적인 문서의 필요성을 아예 제거해버릴지도 몰랐다.

게이츠는 〈인터넷의 조류(The Internet Tidal Wave)〉라는 내부 서신을 돌렸다. 그는 이 서신에서 마이크로소프트가 20년 동안 "컴퓨터 성능의 기하급수적인 개선"을 활용하는 소프트웨어를 만드는 데 성공했지만 이제는 게임의 양상이 바뀌었다고 말했다. 그는 "향후 20년 안에 컴퓨터 성능의 개선은 커뮤니케이션 네트워크의 기하급수적 개선에 따라잡힐 것"이라고 썼다. 이는 마이크로소프트의 전략이 바뀌어야 함을 뜻했다. 그는 서신에서 "웹을 살펴보면 마이크로소프트의 파일 형식을 거의 찾을 수 없습니다. 10시간 동안 살폈지만 하나도 보지 못했습니다"라고 했다. 이것이 그가 보는 문제의 핵심이었다.

웹은 마이크로소프트에 위협이었지만 동시에 기회이기도 했다. 마운틴뷰에 있는 안드레센의 팀이 넷스케이프 내비게이터를 만드는 동안 NCSA는 모자이크를 수익화하기 위한 단계를 밟아나갔다. 그들은 모자이크의 코드를 상업용으로 배포하기 위해 스파이글래스(Spyglass)라는 기업과 계약을 맺었다. 그에 따라 스파이글래스는 새로운 코드로 자체적인 버전의 모자이크를 만들고 그 라이선스를

비즈니스 워

마이크로소프트에 판매했다. 마이크로소프트는 이 코드를 활용해 자체 브라우저인 인터넷 익스플로러의 개발 속도를 앞당겼다.

뒤엉킨 웹 엮어내기 II
넷스케이프 vs. 마이크로소프트

새로운 전장은 새로운 교전 수칙을 뜻한다. 게이츠는 〈인터넷의 조류〉 서신에서 "인터넷에서 '탄생한'" 특정 브라우저와의 경쟁이 가장 우려스럽다고 말했다.

— 넷스케이프 내비게이터는 70퍼센트의 사용자 점유율을 확보한 지배적인 브라우저로서 어떤 네트워크 확장 기능이 인기를 얻을지 좌우할 수 있습니다. …… 인터넷 팬들이 논의 중인 한 가지 두려운 가능성은 그들이 힘을 모아서 PC보다 훨씬 저렴하면서도 웹 브라우징을 하기에는 충분한 뭔가를 만드는 겁니다.

게이츠는 단지 인터넷을 놓치는 것만 걱정하지 않았다. 그는 이 초기의 신기술이 언젠가는 마이크로소프트의 주요 제품들, 심지어 윈도 운영체제까지 대체할 가능성을 내다봤다. 넷스케이프를 물리치려면 인터넷 익스플로러에 우선순위를 둘 필요가 있었다. 게이츠는 "그들의 제품에 필적하고 결국에는 그것을 물리쳐야 합니다"라고 말했다. 이는 쉬운 일이 아니었다.

1995년 여름 무렵 넷스케이프는 웹 브라우징과 동의어가 됐다.

사용자 수는 전 세계 인터넷 사용자 다섯 명 중 한 명 이상에 해당하는 1,000만 명에 이르렀다. 당시는 월드와이드웹에 대해 들어본 적이 있는 미국인이 절반이 안 되던 때였다. 게이츠는 웹이 보편화됐을 때 넷스케이프의 사용자가 얼마나 될지 상상조차 할 수 없었다.

게이츠의 첫 번째 계획은 넷스케이프를 통째로 삼키는 것이었다. 6월 21일에 넷스케이프 본사에서 열린 네 시간에 걸친 회동에서 마이크로소프트는 넷스케이프에 투자하고 내비게이터를 모든 윈도 이전 버전의 기본 브라우저로 만들겠다고 제안했다. 그에 대한 대가로 넷스케이프는 나중에 출시될 윈도 95 운영체제와 뒤이은 모든 윈도 버전을 인터넷 익스플로러에 양보해야 했다. 물론 '당시에는' 이전 버전의 윈도로 돌아가는 컴퓨터가 훨씬 많았다. 그러나 윈도 95가 마이크로소프트의 미래라는 사실은 누구나 알 수 있었다. 이 조건에 동의하면 넷스케이프는 미래를 잃을 것이었다.

넷스케이프가 제안을 거절하자 분위기가 급반전됐다. 안드레센은 나중에 법정 증거로 제공된 회동 기록에서 이렇게 썼다.

— 넷스케이프가 원한다면 양 사가 특별한 관계를 맺을 수 있음. **마이크로소프트는 윈95 클라이언트 시장을 차지할 것이며, 넷스케이프는 뒤로 물러나 있어야 한다고 위협함.**

나중에 안드레센은 마이크로소프트 협상단의 행동을 영화 〈대부〉에 나오는 '돈 콜레오네(Don Corleone)'의 방문에 비유했다. 물론 안드레센은 23세에 불과했다. 그러나 회동장에 있던 경험 많은 사람들도 뻔뻔한 협박에 충격을 받았다. 넷스케이프의 신임 CEO인 짐 박스데일(Jim Barksdale)은 이렇게 말했다. "35년의 비즈니스 경력 동안 경쟁자가 회동에서 경쟁을 멈추지 않으면 죽이겠다고 암시한 적은 한 번도 없었습니다. 비즈니스 세계에 몸을 담근 내내 그토록 노골적으로 시장을 나누자고 말하는 제안은 들어본 적도, 경험한 적도 없습니다."

물러서지 않으면 넷스케이프를 무너뜨리겠다는 마이크로소프트의 장담은 나중에 법정에서 게이츠를 괴롭힐 것이었다. 그러나 소송도 단기적으로 넷스케이프의 자금 문제를 해결해주지는 못했다. 마이크로소프트와의 협력을 거절하려면 레드먼드(Redmond)의 골리앗과 싸울 전쟁 자금이 필요했다. 비상 이사회에서 박스데일은 창투사의 투자를 받아야 한다고 주장했다. 반면 안드레센은 넷스케이프를 상장하고 싶어 했다. 아직 이익을 내지 못한 15개월짜리 스타트업으로서 상장은 매우 비정통적인 전략이었다. 투자자인 존 도어(John Doerr)는 "시합을 시작해보자"라며 이 아이디어를 적극 지지했다. 결국 이사회는 교착 상태에 이르렀고, 짐 클라크에게 최종 결정권이 주어졌다. 클라크는 이전에 실리콘 그래픽스를 경영할 때 창투사들과 다툰 적이 있었다. 그는 다른 길이 있다면 굳이 같은 길을 걸을 생각이 없었다. 그래서 넷스케이프는 상장이라는 드문 행보에 나서게 됐다.

넷스케이프가 상장한다는 소식이 월가에 알려지자 투자자들의 관심이 하늘을 찔렀다. 찰스 슈왑(Charles Schwab)과 모건 스탠리

(Morgan Stanley) 같은 은행들이 쏟아지는 문의 전화를 처리하기 위해 회선을 늘려야 할 정도였다. 넷스케이프는 구글, 이베이, 아마존에 앞서 1995년 8월 9일에 상장됐다. 이는 나중에 〈포천〉이 표현한 대로 실로 "인터넷 열풍을 촉발한 불꽃"이었다. 주가는 거래 첫날 주당 28달러에서 75달러로 급등한 뒤 58달러로 마감했다. 수십 명의 넷스케이프 직원들은 장부상으로 백만장자가 됐다. 안드레센의 지분 가치만 해도 5,900만 달러에 이르렀다.

이제 넷스케이프는 마이크로소프트에 반격할 자금을 확보했다. 바야흐로 '브라우저 전쟁'이 시작된 것이다.

▲ ▲ ▲

역사상 윌리엄 헨리 게이츠 3세(William Henry Gates III)만큼 전장에서 공격적이었던 비즈니스 리더는 드물다. 그는 변호사인 윌리엄 게이츠 2세(William H. Gates II)와 두드러진 비즈니스 리더인 메리 앤 게이츠(Mary Ann Gates) 부부의 아들로 시애틀에서 자랐다. 부유한 가문 출신이라는 그의 배경은 많은 기술 부문 기업인들과 크게 대비됐다. 비즈니스에 있어서 수단과 방법을 가리지 않는 그의 접근법은 초기 컴퓨터 산업에서 파괴적인 풍파를 일으켰다. 그 결과 게이츠는 수많은 적을 만들었고, 세계 최고의 부자가 됐다.

컴퓨터 산업은 학계와 1960년대의 대항문화에 깊은 뿌리를 두고 있다. 애플의 공동 창업자인 스티브 워즈니악((Steve Wozniak) 같은 1970년대와 1980년대의 열렬한 컴퓨터광들은 모두가 기술의

비즈니스 워

혜택을 평등하게 나눠야 한다는 유토피아적인 태도를 지니고 있었다. 그들은 취미가 성공적인 사업이 됐을 때 이런 태도를 바꿔야 했다. 하지만 게이츠는 그렇지 않았다. 그는 애초에 개인용 컴퓨터 사업이 다른 산업처럼 무자비한 규칙에 따라 운영될 것임을 알았다. 그래서 처음부터 냉철한 자세로 동업자와 하청 업자를 비롯한 다른 사람들을 무정하게 대했다. 마이크로소프트의 공동 창업자 폴 앨런(Paul Allen)은 암 진단을 받은 뒤 회사에서 쫓겨났다. (게이츠는 실제로 앨런에게 이제 자신이 더 무거운 짐을 져야 하니 그 보상으로 앨런의 지분 일부를 넘기라고 요구한 적도 있다.)

게이츠는 새로운 전쟁에서 이기기 위해 모든 공격성을 발휘해야 할 것이었다. 안드레센이 취한 폭넓은 수용 전략의 결과로 넷스케이프는 상당한 우위를 확보했다. 웹 사용자의 대다수는 이미 내비게이터에 의존했으며, 내비게이터라는 단어 자체가 '웹 브라우저'를 가리키는 일반용어가 될 위험이 있었다. 1996년에 넷스케이프는 3억 4,600만 달러의 매출을 올렸고, 안드레센은 〈타임〉 표지를 장식하며 왕좌에 올랐다.

그래도 게이츠는 자신이 핵심적인 이점을 지녔음을 알았다. 마이크로소프트의 지배적인 윈도 운영체제는 애플 외에 다른 기업들이 만든 사실상 모든 개인용 컴퓨터에 미리 깔려 있었다. 물론 수백만 명이 넷스케이프 내비게이터를 썼다. 그러나 이는 잠재적 웹 사용자 기반의 일부에 불과했다. 인터넷 브라우징의 '미래'는 여전히 앞에 놓여 있었다. 게이츠가 모든 새 PC에 인터넷 익스플로러를 미리 깔아두게 할 수 있다면 사용자들에게는 넷스케이프 내비게이터가 필요 없을 것이었다.

과거 게이츠는 내부적으로 넷스케이프의 "무료이지만 무료가 아닌" 전략을 비웃었고, 넷스케이프 사람들을 "공산주의자"라고 불렀다. 그러나 내비게이터를 무너뜨리겠다는 일념에 불타고 있던 그는 마이크로소프트 윈도 운영체제를 사전 설치하는 모든 컴퓨터 제조사에 결국 최후통첩을 했다. 새로운 시스템에 인터넷 익스플로러를 기본 브라우저로 넣지 않으면 윈도 라이선스를 잃게 될 것이라는 내용이었다.

그다음에 게이츠는 주요 인터넷 서비스 제공 업체들로 주의를 돌렸다(즉, 놀라운 시장 영향력을 행사했다). 이 업체들은 대개 고객이 인터넷에 접속하고 기본적인 정보에 접근할 수 있도록 돕는 소프트웨어를 제공했다. 게이츠는 AOL의 임원에게 "얼마를 주면 넷스케이프를 버릴 수 있겠습니까?"라고 물었다. 그 대답이 무엇이었든 간에 AOL은 뒤이어 인터넷 익스플로러를 기본 브라우저로 삼았다. 다른 업체들도 뒤를 따랐다.

처음에 마이크로소프트의 브라우저는 모든 측면에서 내비게이터보다 열등했다. 더 느렸고, 버그투성이였으며, 웹 페이지를 제대로 띄우는 능력도 뒤처졌다. 그러나 마이크로소프트는 개선 작업에 무한한 자원을 투입할 수 있었다. 그들은 경쟁자와 달리 이미 핵심 비즈니스 제품으로 막대하고 꾸준한 이익을 올렸다. 인터넷 익스플로러를 통해 한 푼도 수익을 올릴 필요가 없었던 것이다. 그럼에도 간극을 줄일 때까지 계속 품질을 개선할 수 있었다. 적어도 소비자들이 굳이 기본 선택지를 다른 것으로 바꿀 필요성을 느끼지 못할 정도로 간극을 좁힐 수 있었다.

전쟁이 길어지는 가운데 갈수록 많은 사람들이 처음으로 집에 새 PC를 들였다. 그 주된 요인은 풍부한 그래픽으로 눈길을 끄는 하이퍼텍스트 중심의 월드와이드웹이 지닌 매력이었다. 각각의 신규 사용자들은 처음으로 웹에 접속하기 위해 불가피하게 밝은 파란색의 인터넷 익스플로러 아이콘을 클릭했다. 그렇게 넷스케이프는 또 다른 잠재 고객을 잃었다. 안드레센, 클라크, 박스데일은 지는 싸움을 하고 있었다. 마이크로소프트의 규모와 게이츠의 무자비한 공세에 직면한 그들은 아무런 방어적인 이점을 갖고 있지 않았다.

그렇다. 게이츠는 반독점법을 명백히 어겼다. 하지만 그는 대단히 성공적으로 그 일을 해냈다. 역사적으로 규제 당국은 성공적인 기업인을 단속하기를 꺼렸다. 미국 정부는 특히 더 그랬다. 3년 뒤인 1998년 5월이 돼서야 검찰총장 재닛 리노(Janet Reno)는 언론의 관심에 등을 떠밀려 마이크로소프트를 반독점 혐의로 기소한다고 발표했다.

소송이 벌어지는 동안 게이츠는 다른 전장에 서듯 법정에 섰다. 진술 과정에서 "답을 얼버무리거나 피한다"라는 지적을 받은 그는 인터넷 익스플로러가 윈도와 너무나 긴밀히 통합돼 있어서 그냥 제거할 수 없다고 주장했다. 그러나 그의 주장은 법정에서 기술적 노하우가 없는 사람들에게도 쉽게 반박당했다. 시연 결과 그냥 브라우저를 삭제해도 컴퓨터는 계속 정상 작동했다. 1999년 말에 법원은 마이크로소프트에 패소 판결을 내렸다. 그 내용에 따르면 마이크로

소프트가 PC 시장을 장악한 것은 독점에 해당하며, 마이크로소프트는 독점적 지위를 악용해 불공정하게 경쟁자들을 짓눌렀다. 넷스케이프는 가장 최근의 피해자였다.

2000년 6월, 판사는 회사를 쪼개라고 명령했다. 그러나 마이크로소프트는 성공적으로 항소를 제기했다. 소송이 진행되는 동안 판사가 기자들에게 마이크로소프트의 경영진을 "마약 밀매업자"와 "암흑가의 킬러"에 빗대는 부적절한 발언을 한 것이 적지 않은 영향을 끼쳤다. 마이크로소프트는 사업 관행을 크게 바꿀 필요 없이 합의로 소송을 마무리했다.

결국 게이츠가 공격적인 전술로 치른 대가는 명성에 난 흠집과 마이크로소프트의 이익에 표도 나지 않는 소송비용뿐이었다. 반면 마이크로소프트는 존재의 기반을 위협하는 전쟁에서 승리했다. 골리앗이 다윗을 무찔렀다. 넷스케이프는 궁지로 내몰렸고 인터넷 익스플로러는 전 세계에서 가장 인기 있는 브라우저가 됐다.

안드레센이 일찍이 선보여 판도를 바꾼 브라우저들인 모자이크와 넷스케이프 내비게이터는 더 이상 존재하지 않는다. 그러나 웹에 대한 그의 비전은 최종적으로 실현됐다. 오늘날 웹을 탐색하는 사람은 그가 본래 상상했던 것과 비슷한 경험을 한다. 즉, 텍스트와 이미지, 그리고 다른 미디어를 직관적으로 탐색한다. AOL이 1998년에 웹에 의한 탈중개화(disintermediation: 공급 사슬에서 중개자를 배제하는 것-옮긴이)를 방지하기 위해 42억 달러에 넷스케이프를 사들였을 때 안드레센은 거의 1억 달러를 받았다. 그는 이 돈으로 안드레센 호로위츠(Andreessen Horowitz)를 공동 창업했다. 이제는 유명해진 이 창투사는 스카이프부터 페이스북, 에어비앤비까지 모든 기업에 조기 투자했다. 안드레센은 인터넷에 대한 비전을 계속 추구한다. 그리고 그가 20여 년 전에 일으킨 조류를 탄 적극적이고 이상주의적인 창업자들의 노력을 통해 이득을 본다.

비법 소스
레이 크록 vs. 맥도날드

레이 크록(Ray Kroc)은 잠재 고객과 통화하는 중이다. 그러나 이번에는 영업을 할 필요가 없다. 이번에도 '잠재 고객이 그에게' 먼저 전화를 걸었다. 이상한 일이다. 대개는 크록이 드라이브 인 레스토랑이나 약국 청량음료 판매점이나 데어리퀸(Dairy Queen)에 전화를 건다. 지금까지 오랫동안 그는 멀티믹서(Multimixer)의 독점 판매 대리인이었다. 멀티믹서는 한 번에 다섯 개의 밀크셰이크를 섞을 수 있는 반짝이는 스테인리스 재질의 기계였다. 크록은 처음 본 순간부터 이 기계를 좋아했다. 빠르고 효율적인 멀티믹서는 바쁜 레스토랑 주방을 돕는 혁신적인 제품이자 현대의 편리성을 구현한 기적이다. 멀티믹서는 저절로 팔린다. 다만 고객이 작동 과정을 눈으로 봐야 한다. 그래서 크록은 시제품을 트렁크에 싣고서 전국을 돌아다닌다.

그런데 이제는 고객들이 그에게 전화를 건다. 게다가 다들 샌버나디노(San Bernardino)에 있는 것과 같은 믹서를 원한다고 똑같은 말을 한다. 크록은 부탁하지도 않은 주문을 다시 받은 뒤 전화를 끊는다. 호기심이 동한 그는 조용한 캘리포니아의 소도시 샌버나디노에 대한 기록을 연다. 확인해보니 거기에는 고객이 하나뿐이다. 해당 레스토랑의 주문 기록을 살피던 그의 눈이 휘둥그레진다. 크록은 그럴 리가 없다고 생각한다. 그래서 다시 장부를 살핀다. '멀티믹서를 '8대'나 샀다고? 한 대에 150달러나 하는 물건을? 대체 누가 밀크셰이크를 한 번에 40개씩이나 만들어야 한단 말인가?' 크록은 매장의 이름을 다시 확인한 다음 여행사에 전화를 걸어 다음 날 서부로 가는 비행기를 예약한다. 그는 맥도날드 형제가 미친 건지, 아니면 그냥 멍청한 건지도 모른다고 생각한다. 그래도 그들의 햄버거 레스토랑을 두 눈으로 직접 확인해야 한다.

▲ ▲ ▲

프랜차이즈 개념이 어디서 처음 개발됐는지 상반되는 주장이 많이 있다. 18세기와 19세기에 영국과 독일의 펍은 합의하에 리베이트를 받는 대가로 특정 양조장에서 모든 맥주를 구매했다. 미국에서는 코카콜라가 자신이 처한 딜레마를 해결하기 위해 비슷한 개념을 활용했다.

콜라를 발명한 존 펨버턴(John S. Pemberton)은 설탕, 당밀, 향신료, 콜라 너트(kola nut), 코카인을 배합해 인기 음료가 된 모르핀 대용 음료를 개발했다. (남부군 대령 출신인 펨버턴은 남북전쟁에서 부상을 입은 뒤 모르핀에 중독됐다. 그래서 중독에서 벗어나려고 콜라를 개발했다.) 그러나 열차로 멀리 떨어진 곳까지 유리병에 담긴 음료를 옮기는 일은 엄청나게 비용이 많이 들고 까다로웠다. 펨버턴에게는 전국에 걸쳐 공장을 지을 자금이 없었다. 그래서 그는 농축액을 다른 기업들로 보내기 시작했다. 그들은 엄격한 지시에 따라 코카콜라를 대신 만들고 병에 넣었다. 이 시스템은 펨버턴이 전국으로 사업을 확장하도록 해줬다. 또한 프랜차이즈 가맹 업체에는 혁신이나 위험에 대한 부담 없이 간단하고 안정적으로 이익을 창출할 수 있는 수단을 제공했다. 코카콜라는 모든 곳에서 광고됐다. 지역 병입(甁入) 업체는 그저 늘어나는 수요에 맞춰 제품을 충분히만 만들면 됐다.

20세기 초반에 프랜차이즈 사업에 대한 현대적 접근법이 조금씩 형태를 갖췄다. 현재 프랜차이즈 업체는 각 가맹점에 브랜드부터 상표 등록, 영업 방식, 조리법까지 사업의 모든 측면을 복제할 수 있는 권리를 준다. 그 대가로 가맹점은 수수료를 지불하고 해당 전략을 따르는 데 동의한다. 임기응변은 없다. 프랜차이즈는 일관성과 끝없는 성장을 통해 승리한다.

비즈니스를 위한 공식이 정말로 '통할' 경우, 프랜차이즈 모델처럼 보상을 안기는 전략도 드물다. 미국에서는 7개 사업체 중 하나가 프랜차이즈에 해당한다. 자본과 지리적 거리가 실로 성공적이고 흥미로운 새로운 제공물의 성장 속도를 제한할 때 프랜차이즈 방식은 그 한계를 제거한다. 모회사는 프랜차이즈 방식을 통해 최소한의 현지 투자로 엄청난 규모로 성장한 다음 그 규모를 활용해 경쟁자를 물리칠 수 있다. 정말 그런지 레이 크록에게 물어보라.

▲ ▲ ▲

맥도날드는 대단히 일관된 브랜드를 가진 세계적인 패스트푸드 제
국이다. 맥도날드의 제공물은 정확하게 같은 방식으로 만들어지
고 제공된다. 당신이 미국 교외의 중심지에서 먹든, 노르웨이 크루
즈선에서 먹든, 구소련의 일부로서 2016년에 중앙아시아 최초로
마침내 맥도날드 매장이 생긴 카자흐스탄에서 먹든 관계없다. 물
론 현지 입맛에 맞추기 위한 사소한 조정은 허용된다. 그런 사례는
1994년 영화 〈펄프 픽션(Pulp Fiction)〉을 통해 유명해졌다. 한 등장
인물의 말에 따르면 "네덜란드에서는 맥도날드 감자튀김을 마요네
즈에 찍어 먹는다". 하지만 프랜차이즈 사업의 규모와 범위를 고려
하면 맥도날드의 전반적인 일관성은 세계 표준으로 삼을 만하다.
그럼에도 맥도날드는 지속적으로 영업 방식을 개선하고 새로운 조
리법을 실험한다.

물론 맥도날드의 토대를 이루는 메뉴는 햄버거다. 햄버거 자체
는 성공한 뒤 확산된 성공적인 '전술'의 완벽한 사례다. 카자흐스탄
과 그 주위에서 칭기즈칸이 거느린 금장칸국(Golden Horde)의 기수
들이 먼저 작은 말고기 조각을 안장 밑에 끼워 넣어서 열과 마찰로
뭉개고 가볍게 익혔다. 침략을 통해 으깬 고기 패티를 만드는 방식
이 모스크바로 전해졌을 때 러시아인들은 케이퍼(caper)와 양파를
더해 스테이크 타르타르(tartare)를 만들었다. [타타르족(Tatars)은 몽골
족의 우방이었다.] 17세기에 러시아 배들이 스테이크 타르타르를 함
부르크(Hamburg)항구로 가져갔다. 잘게 다진 고기는 함부르크에서

인기를 얻어 지역의 주식이 됐다.

그리고 2세기 뒤 독일의 정치적 소요 때문에 함부르크 출신 이민자들이 뉴욕시로 몰려갔다. 오래지 않아 뉴욕시의 식당 업주들은 새로운 고객을 끌어들이기 위해 함부르크 스타일 미국식 필레 같은 잘게 다진 고기 요리를 제공했다. 부분적으로 고기 분쇄기가 발명된 덕분에 잘게 다진 소고기 패티, 즉 '햄버거(Hamburger)스테이크'는 미국 전역에서 인기를 얻었다. 햄버그스테이크를 빵 위에 얹어서 들고 다니게 해준 것에 대해 우리가 할 수 있는 일은 익명의 기여에 감사하는 것뿐이다.

햄버거는 완벽한 시기에 미국에 도래했다. 도로가 개선되고 자동차 가격이 저렴해지면서 갈수록 많은 사람들이 차를 몰았다. 그들은 차를 오래 몰 때 도로변에서 빠르고, 저렴하고, 포만감을 주는 음식을 먹을 수 있기를 원했다. 1937년에 패트릭 맥도날드(Patrick McDonald)와 그의 두 아들인 모리스(Maurice), 리처드(Richard)가 캘리포니아주 몬로비아(Monrovia)에서 에어드롬(Airdrome) 가판대를 열어서 인근 공항을 오가는 여행객들에게 핫도그를 팔았다. (햄버거는 나중에 메뉴에 추가됐다.) 1940년에 리처드와 모리스 또는 '딕(Dick)' 과 '맥(Mac)'은 가게를 66번 국도 동쪽에 있는 샌버나디노로 옮기고 맥도날드 바비큐(McDonald's Bar-B-Que)라고 이름을 바꿨다. 바비큐 소고기, 돼지고기, 닭고기를 파는 이런 드라이브 인 레스토랑은 1930년대에 서던캘리포니아(Southern California)에서 인기를 끌었다. 대개 오디션을 보는 사이에 생활비를 벌려고 배달원이 된 연기자 지망생들이 차에서 먹는 손님들에게 음식을 날랐다.

1948년에 맥도날드 형제는 바비큐가 아니라 햄버거가 대다수 매출을 올려준다는 사실을 깨달았다. 그들은 잠시 가게 문을 닫고 최대한 효율적으로 햄버거를 만들고 판매할 수 있도록 운영 방식을 다듬기로 결정했다. 먼저 그들은 배달원을 없앴다. 앞으로는 손님이 안으로 들어와서 음식을 가져가야 했다. 뒤이어 그들은 메뉴를 핵심적인 버거, 감자칩, 커피, 애플파이로 줄였다. (감자튀김과 코카콜라는 이듬해에 추가됐다.) 주방은 공장식 조립라인이 됐다. 다만 자동차나 토스터가 아니라 동일한 맥도날드 햄버거를 연달아 만들어냈다.

이제 그냥 '맥도날드'로 이름을 바꾼 두 사람의 레스토랑은 번성했다. 그러나 그들은 아직 일을 끝낸 게 아니었다. 효율성과 수익 사이의 상관관계를 확인했는데 거기서 멈출 이유가 있을까? 그들은 1952년에 건축가를 고용해 일정한 목적에 맞춘 새로운 레스토랑을 설계했다. 그들은 최대한 효율성을 살려 배열할 수 있도록 테니스 코트에 분필로 실제 크기의 주방 청사진을 그렸다. (두 형제가 테니스 코트에서 햄버거 굽는 흉내를 내며 하루를 보내고 난 뒤 갑작스러운 비가 그들의 청사진을 지워버리기도 했다. 그래도 그들은 굴하지 않고 다음 날 같은 과정을 되풀이했다.) 이 궁극적인 버거 공장이 완공됐을 때 두 형제는 7.6미터 높이에 노란색 'M'자 모양으로 새로운 레스토랑의 전면을 밝히는 네온에 불을 켰다. 도로에서 이 골든 아치(Golden Arches)를 못 보고 지나칠 수는 없었다.

일관된 맛있는 버거, 깨끗하고 효율적인 주방, 반짝이는 스테인리스스틸, 빨간색과 하얀색의 세라믹 타일, 골든 아치. 이 요소들은 전체적으로 딕과 맥이 전후 시대의 여명기에 수립한 전반적인 전략을 이뤘다. 사람들은 음식과 일관성, 그리고 빠른 속도를 좋아했다. 맥도날드 햄버거는 차에서 내려서 사 먹을 가치가 충분했다. 소문은 빠르게 퍼졌다.

버거킹(Burger King)이나 화이트캐슬(White Castle) 같은 다른 햄버거 레스토랑들도 이 '패스트푸드' 모델에서 빌릴 수 있는 전술을 받아들였다. 그러나 누구도 전체 성공 방정식을 가져가지는 못했다. 그들은 합법적으로 자신의 맥도날드 레스토랑을 열 수 없었다. 또한 맥도날드 형제만 많은 재료와 방식을 알고 있었다. 그래서 아무리 굳은 결의를 가진 흉내쟁이들도 오랫동안 성공적으로 모방하는 데 실패했다. 맥도날드 형제는 가치 있고 독특한 것을 창조했다. 그래서 빠르게 행동하는 선점 효과를 유지하면서 성공을 활용할 수 있었다.

이듬해에 맥도날드 형제는 가맹 사업을 시작했다. 석유 회사의 부유한 경영자인 닐 폭스(Neil Fox)가 가장 먼저 맥도날드 형제에게 조언을 받아 그들이 창조한 것을 복제했다. 그는 1,000달러의 정액 수수료를 내는 대가로 원조 레스토랑을 성공시킨 같은 조리법, 디자인, 조립라인식 생산방식을 활용해 애리조나주 피닉스에 레스토랑을 열 수 있는 허락을 얻었다. 폭스의 레스토랑이 문을 열었을 때 맥도날드 형제는 폭스가 이름까지 그대로 가져다 썼다는 사실을 알고 깜짝 놀랐다. 노스할리우드(North Hollywood)에 있는 다른 가맹점은 '픽스(Peak's)'라는 이름으로 운영됐다. 그러나 같은 이름을 쓰는 것은 곧 표준이 됐다. 사람들이 갈수록 멀리 여행을 떠나면서 맥도날드에 대한 소문은 샌버나디노 너머로 퍼져갔다. 레스토랑의 이름을 폭스가 아니라 맥도날드로 부르는 데는 가치가 있었다. 맥도날드라는 이름은 선순환을 통해 성공적인 가맹점이 더 많이 문을 열수록 더 많은 가치를 얻었다. 그에 따라 가맹점을 열 가치도 더욱 올라갔다.

맥도날드에 대한 소문을 듣고 그 진정한 의미를 간파한 사람이 있다면 바로 레이먼드 크록이었다. 1902년에 시카고 변두리에서 태어난 크록은 어린 시절에 '대니 드리머(Danny Dreamer: 1900년대 초반에 인기를 끈 신문 연재만화의 주인공으로, 몽상을 많이 하는 소년-옮긴이)'라는 별명을 얻었다. 학교에 갔다가 종종 레모네이드 가판대나 작은 악기 가게 등 새로운 사업 계획으로 잔뜩 들떠 집으로 돌아왔기 때문이다. 그는 새로운 일을 시작하는 것을 좋아했고, 일하기를 좋아했다. 그는 "'일만 하고 놀지 않으면 따분해진다'는 말이 있다. 나는 그 말을 믿지 않았다. 내게는 일이 놀이였기 때문이다"라고 쓰기도 했다. 결정적으로 그는 혁신가가 아니라 실행가였다. 그는 실행하는 법을 알았다. 그에게 필요한 것은 전적으로 지지할 수 있는 승리의 전략이었고, 그것은 확실한 비법이었다.

크록은 고등학교를 중퇴하고 종이컵을 만드는 릴리 튤립 컵 컴퍼니(Lily Tulip Cup Company)에서 영업 사원으로 일했다. 당시 종이컵은 유리컵의 위생적이고 편리한 대안으로서 흥미로운 혁신이었다. 유리컵은 온종일 세척하느라 엄청난 시간과 노력을 들여야 했다. 크록은 첨단에 서 있는 것을 좋아했다. 그는 "처음부터 종이컵이 미국이 나아갈 방향의 일부임을 직감했다". 그러나 영업 부문에서 승진의 계단을 오르는 동안에도 '대니 드리머'는 새로운 기회를 살폈다. 늘 승리의 공식을 찾았다.

오래된 레스토랑에 종이컵을 파는 일은 쉽지 않았다. 반면 트렌디한 식당들은 그 잠재력을 알아봤다. 특히 약국 청량음료 판매점은 종이컵을 좋아했다. 유리컵을 씻는 데 필요한 뜨거운 물이 아이스크림을 녹게 했기 때문이다. 그래서 크록은 종이컵을 팔면서 레스토랑 산업의 첨단에 머물 수 있었다. 크록의 고객으로서 프린스 캐슬(Prince Castle) 아이스크림 체인의 공동 창업자인 얼 프린스(Earl Prince)는 한 번에 여러 개의 밀크셰이크를 만들 수 있는 기계를 발명했다. 이때 크록은 붙잡을 가치가 있는 새로운 기회를 봤다. 그는 릴리 튤립을 그만두고 멀티믹서의 독점 판매 대리인이 됐다.

독자적으로 활동하기 시작한 크록은 전국의 약국 청량음료 판매점과 레스토랑에 멀티믹서를 팔았다. 제2차 세계대전 이후 데어리 퀸 같은 소프트아이스크림 매장이 사방에 생겨났다. 그에 따라 크록의 고객이 그 어느 때보다 많아졌다. 그는 곧 멀티믹서를 연간 수천 대나 팔게 됐다. 종이컵과 마찬가지로 멀티믹서를 파는 일은 크록에게 레스토랑 산업의 내면을 들여다볼 수 있는 귀중한 기회를 제공했다. 그는 "나는 나 자신을 주방의 감식가라 여겼다. 어차피 멀티믹서를 팔려면 수많은 주방에 들어가게 돼 있었다"라고 썼다.

1950년대가 시작되면서 업계를 조망하던 크록은 약국 청량음료 판매점의 시대가 끝나간다는 사실을 깨달았다. 전후 미국은 새로운 것을 준비하고 있었다. 그것이 무엇이든 크록은 그것을 파는 사람이 되고 싶었다. 이 무렵 전국의 잠재 고객들이 일제히 크록에게

"캘리포니아 샌버나디노의 맥도날드 형제가 가진 것과 같은 믹서를 사고 싶다"라고 말하기 시작했다. 그는 어리둥절했다. 멀티믹서는 전국에 깔려 있었다. 그런데 왜 이 고객들은 캘리포니아 소도시에 있는 한 레스토랑의 믹서에 집착하는 걸까? 크록은 맥도날드 형제가 멀티믹서 8대를 구매했다는 사실을 확인한 뒤 직접 알아보기로 마음먹었다. 그는 "8대의 멀티믹서가 셰이크를 한 번에 40개씩 뽑아내는 광경을 상상해봤지만 너무 엄청나서 믿기 어려웠다"라고 썼다. 1954년에 52세의 크록은 로스앤젤레스로 날아가 거기서 샌버나디노까지 97킬로미터를 운전해 갔다.

처음에 크록은 자신이 본 것에 그다지 강한 인상을 받지 않았다. 아침 10시에 레스토랑 밖에 세워둔 차에서 보기에 맥도날드는 당시의 다른 드라이브 인 레스토랑과 다를 게 없었다. 놀랍게도 쓰레기가 없는 주차장을 제외하면 말이다. 잠시 뒤 종업원들이 출근하기 시작했다. 그들은 흔한 작업복과 기름에 찌든 앞치마 대신 모두 똑같이 깨끗하고 흰 유니폼과 흰 종이 모자를 썼다. 크록의 얼굴에 생기가 돌았다. 종업원들은 부지런히 창고에서 감자, 고기, 우유, 그리고 다른 식자재를 카트에 실은 뒤 레스토랑으로 밀고 갔다. 곧 주차장이 가득 찼다. 만원이었다.

고객들은 실제로 배달원을 기다리지 않고 차에서 나왔다. 그들은 줄지어 레스토랑으로 들어간 뒤 각자 햄버거가 가득 든 종이봉투를 들고 차로 돌아갔다. 손님이 끊임없이 이어지는 것을 보니 "8대의 멀티믹서가 동시에 돌아가는 광경이 훨씬 덜 비현실적으로 느껴지기 시작했다". 크록은 차에서 나와 지나가는 고객에게 왜 여기서 먹는지 물었다. 그 사람은 "15센트에 그 어떤 햄버거보다 맛있는 최고의 햄버거를 먹을 수 있어요. 기다릴 필요도, 웨이트리스에게 팁을 줄 필요도 없어요"라고 대답했다.

맥도날드의 운영 방식에 대한 긍정적인 인상은 크록이 안으로 들어섰을 때 한층 강해졌다. 그는 더운 날씨인데도 파리가 없다는 사실에 바로 놀라움을 느꼈다. 맥도날드가 바꿔놓은 세상에서는 1950년대에는 일관되고 저렴한 음식은 말할 것도 없고 청결도 드문 일이었다는 사실을 잊기 쉽다. 고객들은 편리하게 먹을 수 있는 15센트짜리 햄버거 때문만이 아니라 유쾌하고 안정적인 경험 때문에 맥도날드로 몰려들었다. 고객 서비스에 부지런히 신경 쓰는 맥도날드의 영업 방식은 현대적인 패스트푸드를 부상시켰을 뿐 아니라 전반적인 레스토랑에 대해 다른 서비스 기반 소매 환경의 기준을 높였다. 맥도날드 덕분에 사람들은 더 많은 것을 기대하는 법을 배웠다.

나중에 크록은 그날 버거를 먹었는지조차 기억하지 못했다. 잔뜩 흥분한 그는 바쁜 점심시간이 끝나기를 초조하게 기다린 뒤 맥도날드 형제에게 자신을 소개했다. 맥과 딕은 '미스터 멀티믹서'와 저녁을 먹으며 자신들이 음식을 만들고 제공하기 위해 고안한 단순하고 효율적인 시스템을 설명했다. 크록은 "한정된 메뉴를 생산하는 각 단계는 핵심만 남겨졌으며, 최소한의 노력으로 달성됐다"라고 회고했다. 그날 밤 모텔 방에서 잠자리에 든 크록은 양을 세는 일의 대안을 찾았다. 그는 "전국의 교차로에 산재한 맥도날드 레스토랑이 머릿속을 지나갔다"라고 썼다. 그는 이때만 해도 이 레스토랑들을 보유하는 것을 상상하지 않았다. 다만 각 레스토랑에서 "8대의 멀티믹서가 바삐 돌아가면서 꾸준히 돈을 벌어줄 것"이라 여겼다.

다음 날 크록은 다시 맥도날드로 찾아가 형제가 설명한 운영 방식에 비추어 더욱 자세히 매장을 관찰했다. 사실 그는 멀티믹서를 더 많이 팔 방법을 찾아내려고 거기 갔을 뿐이었다. 그러나 '대니 드리머'는 더 크게 생각하지 않을 수 없었다. 그는 요리사가 대단히 바삭하고 맛있는 감자튀김을 조리하는 방식을 기억하려 애썼다. 그는 "조리법을 모조리 기억했으며, 개별 단계를 그대로 따라 하면 누구라도 그렇게 만들 수 있다고 확신했다. 이는 내가 맥도날드 형제를 상대하면서 저지른 많은 실수 중 하나일 뿐이었다"라고 썼다.

맥도날드의 감자튀김은 모든 경쟁자가 가맹점이 되지 않고도 이론적으로 수용할 수 있는 혁신적 전술의 완벽한 사례였다. 많은 경쟁 체인은 분명 모방하려고 시도할 것이었다. 그러나 맥도날드의 감자튀김을 성공적으로 모방하는 일은 엄청나게 어려운 것으로 드러났다. 감자튀김은 맥도날드 형제가 힘들게 만든 전체 시스템의 일부일 뿐이었다. 경영 구조, 기업 문화, 식품 주문 및 저장 절차, 최적화된 주방 설계, 세부적인 측면에 대한 꼼꼼한 주의 등 전반적이고 전체적인 전략을 받아들이지 않으면 감자튀김의 맛을 유지할 수 없었다. 한 번은 몰라도 여러 번, 여러 레스토랑에 걸쳐 만들어 내는 것은 확실히 불가능했다.

크록은 타고난 영업력을 발휘해 맥도날드 형제에게 자신이 이미 확보한 10개 이상으로 가맹점을 늘릴 수 있게 해달라고 설득했다. 기존 가맹점은 계속 영업을 이어갈 것이었다. 다만 이후로는 크록이 가맹 사업을 맡을 것이었다. 맥도날드 형제는 조건을 협상할 때 일관성을 요구했다. 모든 지점이 같은 건물 설계, 간판, 메뉴, 그리고 물론 같은 조리법을 써야 한다는 것이었다. 크록은 적극 동의했다. 그는 전반적인 일체성의 가치를 보았다. 그러나 나중에 그는 조금이라도 방식을 바꾸려면 서면으로 요청해 두 형제의 서명을 받아야 한다는 골치 아픈 요구를 수용한 것을 후회했다. 그러나 이 무렵 맥도날드 형제는 가맹점들에 여러 번 실망한 상태였기 때문에 통제력을 되찾고 싶어 했다. 그들은 크록이 동의하자 계약서에 서명했다. 그 내용에 따르면 크록은 새 가맹점 한 곳당 비용 처리를 위해 950달러의 수수료를 받고 뒤이어 총 매출의 1.9퍼센트를 가져가되, 그중 25퍼센트를 맥도날드 형제에게 넘겨줘야 했다.

맥도날드가 대기업이 된 뒤 크록은 왜 맥도날드의 영업 방식을 내부에서 파악해서 그냥 모방하지 않았느냐는 질문을 많이 받았다. 크록이 감자튀김을 똑같이 만들어보려다가 깨달은 것처럼 성공적인 운영 방식을 모방하는 일은 대단히 어렵다. 프랜차이즈 업체가 도와준다고 해도 말이다. 그는 맥도날드 형제의 전폭적인 지원 아래 맥도날드의 전략을 모방하려고 애썼다. 그동안 그는 특별히 제작한 알루미늄 번철부터 정확한 규격에 단계를 줄여주는 주방 설비까지 성공 방정식의 새로운 측면들을 계속 발견했다. 형제의 조언과 경험 없이 각 요소를 제대로 갖추는 일은 엄청나게 어려웠을 것이다. 특히 새로운 레스토랑을 시작하는 일에 수반되는 일반적인 난관까지 더해지면 더욱 그럴 것이다. 게다가 이름도 좋았다. 그는 "맥도날드라는 이름이 딱 맞는다는 강력한 육감이 들었다. 그 이름을 버릴 수는 없었다"라고 썼다.

크록은 맥도날드의 전반적인 구조가 시대와 장소에 이상적임을 직감했다. 역공학을 통해 그 구조를 만들어내려면 성공할 확률만큼 실패할 확률도 높을 것이었다. 가맹 사업은 처음부터 골칫거리를 안겨주기는 했다. 그러나 동시에 크록이 '대니 드리머'로서 가장 잘하는 크게 생각하는 일에 자유롭게 집중할 수 있도록 해주었다. 그는 가맹점을 모집하기 전에 문제점을 바로잡기 위해 일리노이주 데스플레인즈(Des Plaines)에 시범 레스토랑을 만들기 시작했다.

크록과 맥도날드 형제 사이의 첫 협상은 잘 진행됐다. 그러나 그들의 관계는 곧 나빠졌다. 크록은 시범 레스토랑에 지하 창고를 추가하고 싶어 했다. 야외 감자 창고는 건조한 샌버나디노에서는 문제가 없었지만, 습도 높은 일리노이주의 여름 날씨에는 적절치 않았다. 그러나 맥도날드 형제는 말로는 허락하면서도 서면 동의는 완강하게 거부했다. 계약에 따르면 형제의 서면 동의가 필요했으므로 크록은 난처한 상황에 처했다. 마치 맥도날드 형제가 나중에 그를 상대로 소송을 제기할 수 있는 여지를 남겨두고 싶어 하는 것 같았다. 그래도 일단 감행하기로 결정한 크록은 1955년 4월 15일에 자신의 첫 맥도날드 레스토랑을 열었다.

크록은 1년 동안 데스플레인즈 시범 매장의 운영을 최적화했다. 캘리포니아에서 문을 연 레스토랑을 중서부의 기후에 맞추기 위해서는 바로잡아야 할 문제들이 많았다. 이를테면 맥도날드 형제의 조리법대로 힘들게 감자튀김을 만들었지만 다른 레스토랑의 감자튀김처럼 밍밍하고 눅눅한 감자튀김이 됐다. 맥도날드 형제도 당황하기는 마찬가지였다. 크록이 몇 달 동안 원인을 조사한 끝에 감자를 철망 바구니에 담아 야외 창고에 보관하는 바람에 말라버렸다는 사실이 드러났다. 지하 창고에 감자를 보관하고 전기 선풍기로 계속 공기를 순환시킨 결과 문제가 해결됐다. 사람들은 곧 달라진 점을 알아차렸다. 한 공급업체는 나중에 그에게 이렇게 말했다. "당신은 햄버거 장사를 하는 게 아니에요. 당신은 감자튀김 장사를 하고 있어요. …… 당신의 감자튀김이 이 도시에서 가장 맛이 좋아요. 그래서 사람들이 당신의 매장으로 가는 겁니다." 감자튀김은 전국 어디든 모든 가맹점이 따라 할 수 있는 표본을 만들기 위해 크록이 바꾼 수많은 요소 중 하나일 뿐이었다.

뒤이어 크록은 맥도날드 형제와의 관계를 더욱 나쁘게 만드는 골치 아픈 문제에 직면했다. 크록은 맥도날드 형제가 캘리포니아와 애리조나에 이미 생긴 가맹점에 더해 설명할 수 없는 이유로 일리노이주 쿡카운티(Cook County)에 있는 맥도날드에 가맹권을 팔았다는 사실을 알고 분노했다. 쿡카운티는 크록의 시범 레스토랑이 있는 곳이었다. 크록은 다른 창업자에게서 사업권을 되사기 위해 무려 2만 5,000달러를 지불해야 했다. 의도했든 아니든 이 소동은 맥도날드 형제에 대한 크록의 마지막 남은 호감마저 사라지게 만들었다.

크록은 시범 레스토랑의 문제점을 바로잡은 뒤 프랜차이즈 사업을 벌일 준비를 했다. 캘리포니아에 이어 이제 일리노이에서는 가맹 영업을 하기가 쉬웠다. 잠재적 가맹점주에게 붐비는 레스토랑을 보여주기만 하면 마음을 사로잡을 수 있었다. 다른 곳에서는 일련의 청사진과 미소로 홍보에 나섰다. 그는 1956년 말까지 8개의 새로운 매장을 열었다. 1957년에는 25개 매장이 추가됐다. 탄력이 붙자 선순환이 이뤄지기 시작했다. 크록의 말에 따르면 맥도날드 브랜드는 "단일 매장이나 운영자의 수준이 아니라 시스템의 명성을 토대로 단골을 만들기" 시작했다.

이 무렵 크록은 아이스크림 체인 테이스티프리즈(Tastee-Freez)의 재무 담당 부사장 출신인 해리 소네본(Harry Sonneborn)을 영입해 자금 관리를 맡겼다. 맥도날드가 거둔 성공의 핵심으로서 매장의 부동산을 소유하자고 제안한 것은 다름 아닌 이 소네본이었다. 맥도날드는 '소네본 모델'에 따라 맥도날드의 부동산을 관리하는 별도 법인으로 프랜차이즈 리얼티 코퍼레이션(Franchise Realty Corporation)을 만들었다. 뒤이어 그들은 전국의 공터를 임대해 맥도날드 레스토랑을 지은 다음 땅과 건물에 대한 대출금을 냈다. 이 비용은 이윤을 붙여서 가맹점주에게 전가했다. 이 시스템 아래에서 맥도날드 가맹점이 되는 것은 잠재적 운영자에게 훨씬 매력적인 사업이 됐다. 각 레스토랑은 완전히 사업 준비가 갖춰진 상태였다. 부동산 관리 법인은 부지를 찾아서 레스토랑을 지은 다음 운영할 가맹점주에게 넘겼다. 그 대가로 가맹점주는 매달 최소 고정액 또는 매출 대비 퍼센트로 매달 가맹료를 지불했다. 가맹료는 맥도날드의 이익과 함께 대출금과 모든 비용을 충당했다.

크록은 거의 무제한으로 규모를 키울 수 있으며, 갈수록 강력해지는 모델을 만들었다. 또한 규모가 커짐에 따라 공급업체에 대한 구매력도 커졌다. 각 레스토랑은 최저가에 재료를 확보할 수 있었다. 이렇게 낮아진 비용은 가맹점주에게 다른 프랜차이즈보다 높은 수익성을 안겼다. 크록은 효율성을 극대화하고 비용을 더욱 낮추기 위해 사업 모델의 모든 측면을 다듬는 일을 멈추지 않았다. 맥도날드에 대한 그의 거창한 비전은 빠르게 실현됐다. 그 부분적인 요인은 새로 건설된 주간 고속도로 체계(Interstate Highway System)였다. 크록은 200번째 매장을 열면서 1960년대를 맞았다.

그러나 샌버나디노에 있는 맥도날드 형제에게 갈수록 많은 금액의 돈이 흘러들어가는데도 크록과 그들의 관계는 계속 나빠졌다. 한번은 크록이 직원을 캘리포니아로 보내서 맥도날드 형제가 자신의 권한 밖에서 만든 가맹점들의 운영 실태를 점검하게 했다. 이 가맹점주들은 같은 브랜드로 묶여 있음에도 광고나 공동 구매에 협조하지 않았다. 파견 직원은 이 가맹점들이 마음대로 영업 방침을 어기고 있음을 발견했다. 그들은 피자나 엔칠라다(enchilada) 같은 메뉴를 팔았고, 크록, 그리고 그 이전에 맥도날드 형제가 정한 표준보다 훨씬 낮은 수준으로 매장을 운영했다. 맥도날드 형제는 앞서 전국에 걸쳐 일관성을 유지하도록 완전하게 통제하고 있다고 주장했지만 통제를 게을리하고 있었다.

크록은 캘리포니아의 상황 때문에 하릴없이 속을 태웠다. 그는 맥도날드 형제가 약속을 지키지 않는다면 자신이 모든 레스토랑을 완전하게 통제하고 싶었다. 이 레스토랑들은 그가 너무나 열심히 일해서 유명하게 만든 이름을 달고 있었다. 하지만 맥도날드 형제가 회사를 팔까? 크록은 그들이 은퇴하고 싶어 한다는 것을 알았다. 맥의 건강이 근래에 계속 나빠지고 있었던 것이다.

크록은 맥도날드 형제에게 전화를 걸어 단도직입적으로 금액을 말해달라고 요청했다. 하루 뒤 그들은 금액을 제시했다. 무려 270만 달러였다. (이 금액이 어느 정도인지 말하자면, 얼마 전 크록은 꼭 필요한 150만 달러를 빌리려고 회사 주식 5분의 1을 넘겼다.) 맥도날드 형제에게는 "30년 넘게 주말도 없이 하루도 쉬지 않고 일한" 대가이기에 정당한 금액이었다. 하지만 크록이 어디서 그 큰돈을 구할 수 있을까? 결국 그는 대단히 복잡한 대출 방식을 통해 자금을 마련했다. 당시 사업 규모로 볼 때 1991년쯤에야 대출금을 상환할 수 있을 터였다.

크록은 맥도날드 형제가 만든 브랜드와 운영 방식까지 모든 것을 사들였다. 마침내 그는 자유롭게 맥도날드를 운영할 수 있게 됐다. 다만 맥도날드 형제를 상대할 때는 항상 그렇듯이 마지막 골칫거리가 생겼다. 그들은 악수까지 나눴는데도 1호점을 넘기겠다는 약속을 지키지 않았다. 그 동기가 향수든 순전한 장난기든 크록은 적극적으로 대처했다. 그는 바로 길 건너편에 또 다른 맥도날드 매장을 열어서 1호점이 망하도록 만들었다.

베스트셀러 저자이자 미래학자인 존 나이스비트(John Naisbitt)는 "프랜차이즈는 지금까지 나온 가장 성공적인 마케팅 콘셉트"라고 말하기도 했다. 맥도날드만큼 이 말을 확실하게 증명한 기업은 없다. 크록의 리더십 아래 맥도날드는 번성했다. 1963년에 모든 지점의 황금색 아치 위로 설치된 광고판은 맥도날드 햄버거가 10억 개이상 판매됐다는 사실을 광고했다. 1965년에 크록은 첫 지점을 연지 10년 만에 회사를 상장시켰다. 이듬해에 맥도날드는 실내에 좌석이 있는 첫 번째 매장을 열었고, 이 형태는 곧 표준이 됐다. 손님들은 더 이상 차에서 먹어야 하는 상황을 원치 않았다. 맥도날드 형제에게서 회사를 인수하기 위해 빌린 대출금은 예정보다 20년 이른 1972년 무렵 상환이 끝났다. 그로부터 4년 뒤 맥도날드의 매출은 10억 달러를 넘어섰다. '대니 드리머'는 꿈을 현실로 만들었다.

▲ ▲ ▲

대기업도 정상에 머물기 위해서는 승리의 전략이 필요하다. 그리고 이 전략을 가차 없이 실행에 옮겨야 한다. 전술은 바뀔 수 있지만 합리적인 전술이 일상적인 접근법을 좌우해야 한다.

저술가이자 하버드 경영대학원 교수인 데이비드 마이스터(David Maister)의 말에 따르면 "전략은 '노(no)'라고 말하는 것"이다. 좋은 전략은 모든 가용한 선택지를 관리 가능한 소수로 추려서 의사 결정을 이끈다. 리더는 모든 새로운 전술을 고려할 때 "우리의 전략에 맞을지" 가장 먼저 따져야 한다. 맞지 않는 전술을 거부하는 일은 수준을 높이고 일관성을 보장한다. 넷스케이프에 맞선 마이크로소프트의 행동, 그리고 모방 업체들에 맞선 맥도날드의 행동이 명확하게 보여주듯이 집중은 기성 기업이 유연하고 역동적인 신생기업을 상대할 수 있는 우위를 제공한다.

전략은 힘든 선택을 요구한다. 그런 선택을 하는 것이 리더의 역할이다. 그러나 모든 리더가 그럴 용기를 가진 것은 아니다. 다음

장에서 살펴보겠지만 때로는 다른 부분에서 성공하기 위해 한 부분을 희생해야 한다. 이는 쉬운 결정이 아니다. 그러나 성장은 언제나 대가를 수반한다.

4

포지셔닝

유능한 전사는 질 수 없는 곳에 자리 잡는다.

손자, 《손자병법》

알 리스(Al Ries)와 잭 트라우트(Jack Trout)는 지금은 고전이 된 비즈니스 도서 《포지셔닝(Positioning)》에 "모든 것이 되려고 시도하면 아무것도 아니게 된다"라고 썼다. 비즈니스의 입지를 정하려면 시장을 이해해야 한다. 경쟁자의 가치 제안이 불분명한 영역은 어디인가? 기존 고객이 불만을 품는 영역은 어디인가? 필요가 충족되지 않은 영역은 어디인가? 리스와 트라우트는 라이벌이 지배하는 영역에서 도전하다가 2위에 머물지 말고, 차별화를 통해 상대가 약하거나 없는 영역을 차지해야 한다고 주장한다. 우위를 점할 수 있는 입지를 찾아 소유권을 주장하라는 것이다.

두 개의 입지를 취하는 것은 하나도 취하지 않는 것과 같다. 한 번에 하나의 입지만 차지할 수 있다. 하나의 입지를 확실하게 차지하려면 대개 다른 입지를 포기해야 한다. 그러니 현명하게 선택해야 한다. 지금부터 살펴보겠지만 성공적인 포지셔닝은 가장 중요한 곳을 보다 확고하게 붙들기 위해 희생을 치르고, 가치 있는 영역을 포기하겠다는 리더의 의지로 귀결된다.

호주머니 쟁탈전
아이폰 vs. 블랙베리

애플의 CEO 스티브 잡스는 샌프란시스코에서 열리는 연례 콘퍼런스인 '맥월드 엑스포(Macworld Expo)'의 무대 뒤에 서 있다. 때는 2007년 1월 9일로, 그가 자신이 공동 창업한 회사를 이끌기 위해 복귀한 지 10년이 지난 뒤다. 그동안 그는 극적인 제품 공개와 그가 공개한 제품들의 놀라운 성공으로 그 어느 때보다 유명해졌다. 아이맥, 아이팟, 맥북 프로. 10년에 걸쳐 잡스는 애플을 되살렸을 뿐 아니라 세상에서 가장 인기 있는, 그리고 수익성 높은 기업 중 하나로 만들었다.

그럼에도 올해의 엑스포는 그에게 다른 느낌으로 다가온다. 이번 엑스포는 더욱 특별하다. 그는 대기실에서 기다리는 동안 주머니에 든 작은 검은색 직사각형 기기를 분명하게 인식한다.

잡스는 무대로 걸어 나온 뒤 기대에 찬 청중에게 "가끔 혁신적인 제품이 나와서 모든 것을 바꿉니다"라고 말한다. 그는 바로 그 기기, 첫 번째 아이폰을 꺼낸다. 잡스의 말이 맞는다. 아이폰은 정말로 세상을 바꿀 것이다. 애플은 아이폰과 함께 하나의 제품을 발명했고, 하나의 범주를 재발명했다. 아이폰은 개인용 컴퓨팅과 이동통신의 새로운 패러다임을 대표한다. 이 패러다임은 인류와 기술의 관계를 근본적으로 바꿀 것이다. 또한 아이폰은 전쟁을 일으킬 것이다.

▲ ▲ ▲

아이폰은 20세기 전반에 걸친 혁신에 뿌리를 둔다. 아이폰의 이야기는 스티브 잡스가 자신이 공동 창업한 회사에서 추방당해 있던 1992년에 시작된다. 그해에 애플은 최초의 개인용 디지털 비서인 뉴턴 메시지패드(Newton MessagePad)를 출시했다. 뉴턴 사용자들은 데스크톱 컴퓨터에서 떨어져 있을 때도 플라스틱 펜으로 달력과 주소록, 그리고 다른 개인 정보를 관리할 수 있었다. 뉴턴은 까다로운 손글씨 인식 때문에 험난한 출발을 겪었다. 그래도 새 버전이 나올 때마다 기능이 개선됐다. 덕분에 보편적인 인기를 끌지는 못했지만 열성적인 추종자들을 얻었다. 1997년에 CEO로 복귀한 잡스는 유망한 제품인 뉴턴을 단종시켜서 회사 내외부의 팬들을 화나게 했다. 이 결정은 고통스러울 수밖에 없었다. 그러나 잡스는 개인용 컴퓨터의 리더로서 회사의 핵심 입지를 재탈환하려면 뉴턴이 대표하는 더 작은 입지를 희생해야 한다는 사실을 알았다.

처음부터 애플은 당시 시장을 지배하던 컴퓨터 제조사 IBM과 대비해 성공적인 입지를 구축했다. 그 방법은 기업용 기기가 아니라 '개인용' 컴퓨터를 만든다는 사실을 강조하는 것이었다. 애플 컴퓨터는 저렴하고 사용하기 쉽다는 명성을 얻었다. 그러나 잡스가 떠나 있는 동안 애플은 이 차별적인 입지를 잃고 말았다. 새로운 리더십 아래 애플은 신제품을 연달아 출시하면서 무리하게 사업 부문을 늘렸다. 결국 애플이 무엇을 대표하는지 모호한 지경이 됐다. 그 결과 애플은 게이트웨이(Gateway)와 델(Dell)처럼 혁신적이고, 열의로 가득하며, 한 분야에 집중하는 PC 제조사들에 입지를 빼앗기고 말았다.

다시 키를 잡은 잡스는 전열을 재정비할 때라고 판단했다. 개인용 컴퓨터가 아닌 모든 애플 제품은 아무리 유망해 보여도 희생해야 했다. 거기에는 뉴턴도 포함됐다. 잡스는 회사의 제품 라인을 데스크톱 2종과 노트북 2종, 이렇게 모두 네 가지로 줄였다. 최초의 소비자용 디지털카메라와 초기의 레이저프린터도 폐기 대상이었다. 그러나 이런 희생은 목적한 바를 달성했다. 1990년대가 끝나갈 무렵 애플은 처음에 자신을 위대한 기업으로 만들었던 혁신적인 개인용 컴퓨터를 내놓기 시작했다.

이는 포지셔닝의 핵심에 해당하는 희생이다. 둘을 시도하기 전에 하나를 제대로 알아야 한다. 역사상 소수의 CEO만이 기꺼이 감수할 수 있는 가혹한 간소화 덕분에 애플은 제품력을 지닌 기업으로 다시 자리매김할 수 있었다. 그래서 트렌드를 창조하면서 다른 업체들이 따라잡으려 애쓰도록 만들었다.

2001년 무렵 잡스는 애플이 새로운 위험을 감수할 더 나은 입지에 있다고 판단했다. 애플은 디지털 뮤직 플레이어인 아이팟을 출시했다. 아이팟은 최초의 디지털 뮤직 플레이어는 아니었지만 저장 용량, 우아한 디자인, 사용자 친화적인 인터페이스 덕분에 누구나 아는 제품이 됐다.

몇 년 뒤 전 세계에 걸쳐 수억 명의 호주머니에 아이팟이 자리 잡았다. 잡스는 디자이너, 프로그래머, 엔지니어 들을 이끌고 다음 핵심 위치로 나아갈 준비가 돼 있었다. 그는 2007년에 지금은 전설이 된 프레젠테이션을 통해 맥월드 엑스포의 청중들에게 하나가 아니라 세 개의 신제품을 소개할 것이라고 말했다. 또한 각각의 제품은 1세대 매킨토시만큼 혁신적일 것이라고 덧붙였다. 그는 "아이팟, 전화기, 인터넷 통신기"라고 말한 뒤 다시 반복했다. "아이팟, 전화기…… 이제 감이 오나요? 이 세 개는 별개의 기기가 아닙니다. 하나의 기기입니다. 우리는 그것을 아이폰이라고 부릅니다." 잡스의 프레젠테이션에 대한 반응은 열광적이었다. 〈뉴욕타임스〉에 따르면 이 전화기는 "너무나 아름답고 우아해서 신들이 디자인한 것 같았다". 아이폰은 완벽하지는 않지만 이전에 어떤 전화기도 하지 못한 일을 해냈다. 거기에는 기존 스마트폰들처럼 단순화된 방식이 아니라 데스크톱처럼 완전한 웹 탐색 경험을 제공하는 것도 포함됐다. 판매가 시작되자 고객들은 아이폰을 손에 넣으려고 며칠씩 줄을 섰다. 이는 진정한 문화적 현상이었으며, 지금도 여전히 계속되고 있다.

오늘날 우리는 '전화기'로 웹을 원활하게 검색하는 것부터 고화질 동영상을 편집하는 것까지 과거에는 컴퓨터가 필요했던 온갖 일들을 처리하는 것을 당연하게 여긴다. 그러나 2007년에는 이른바 스마트폰도 엄청나게 기능이 제한돼 있었다. 잡스는 프레젠테이션에서 아이폰을 나머지 스마트폰과 대비해 멋지게 포지셔닝했다. 그는 이렇게 말했다. "가장 진전된 전화기들을 스마트폰이라고 부릅니다. 스마트폰은 대개 전화기에 약간의 이메일 기능을 더하고, 초보적인 인터넷 기능을 더한 것이죠. 거기에 다들 플라스틱으로 된 작은 키보드를 붙입니다. 문제는 그렇게 스마트하지도 않고,

사용하기 쉽지도 않다는 겁니다." 아이폰은 사용자가 튼튼한 유리 화면을 통해 손가락만으로 직관적인 조작을 할 수 있는 '멀티터치 (multitouch)' 인터페이스를 활용했다. 그래서 휴대전화로도 진정한 웹 탐색을 가능하게 만들었다.

잡스는 프레젠테이션 중 일부 시간을 할애해서 이미 시장에 나와 있는 여러 스마트폰을 소개했다. 이 스마트폰들은 이메일 기능과 제한적인 인터넷 기능, 그리고 '작은 플라스틱 키보드'를 제공했다. 잡스는 블랙베리(BlackBerry)를 "뻔한 제품들" 중 하나라고 가볍게 언급했다.

그러나 아이폰이 등장하기 전까지만 해도 리서치 인 모션(Research In Motion, RIM)의 블랙베리가 시장을 선도하는 스마트폰이었다. 블랙베리는 업무용 사용자들에게 사랑받았을 뿐 아니라 일반 소비자들 사이에서도 점차 사랑받고 있었다. 블랙베리는 완전한 키보드와 탄탄한 이메일 기능에 더해 당시의 SMS 문자메시지와 달리 그룹 채팅이 가능한 블랙베리 메신저(BlackBerry Messenger, BBM)를 갖추고 있었다.

1세대 아이폰에 키보드가 없는 것은 당시 논란의 대상이었다. 그러나 잡스는 블랙베리와 다른 비슷한 기기들을 공격하면서 비판을 무시했다. 그는 "이 기기들은 모두 필요하든 아니든 키보드를 달고 다녀야 합니다"라고 말했다. 그가 제시하는 관점에 따르면 아이폰에 키보드가 없는 것은 이점이었다. 그는 "앞으로 6개월 뒤에 좋은 아이디어가 떠올라도 이런 기기에는 급하게 버튼을 추가할 수 없습니다. 벌써 출하됐으니까요"라고 설명했다. 반면 아이폰에는 유리 터치스크린이 달려 있어서 모든 앱을 위한 맞춤형 인터페이스를 제공할 수 있었다.

집에서 잡스의 프레젠테이션을 본 RIM의 창업자이자 공동 CEO 마이크 라자리디스(Mike Lazaridis)는 처음에는 크게 걱정하지 않았다. 다수가 기업인인 베테랑 블랙베리 사용자들은 RIM의 제품에 열성적이었다. 그들은 놀라운 속도와 정확성으로 작은 키보드를 두드릴 수 있었다. 소비자에 집착하는 애플과 달리 RIM은 기업 시장에 미래를 걸었다. 그래서 블랙베리를 기업과 정부가 쓰기에 충분한 보안성과 안정성을 갖춘 유일한 스마트폰으로 포지셔닝했다. 블랙베리를 시장에 넘쳐 나는 조잡한 플립폰들과 차별화하는 명민한 포지셔닝은 블랙베리를 대형 조직들 사이에서 지배적인 제품으로 만들었다. 기업 시장을 확보한 RIM은 변덕스러운 소비자의 취향을 걱정할 필요가 없다고 생각했다. 일반인들도 현대의 무선호출기, 신분의 상징이 된 블랙베리를 원할 것이었다. 블랙베리 브랜드의 미래는 보장돼 있었다.

뒤이어 AT&T 산하 통신사인 싱귤러(Cingular)의 CEO가 무대에 나타나 애플과 독점 파트너십을 맺었다고 발표했다. 라자리디스는 코웃음을 쳤다. 분명 어떤 통신사도 휴대전화로 인터넷 탐색을 완전하게 하기에 충분할 만큼 데이터 용량이 많거나 빠른 요금제를 제공할 수 없었다.

포지셔닝은 가차 없는 스포츠다. 이 스포츠는 반쪽 진실과 현실 부정의 여지를 남겨두지 않는다. 아이폰이 제기한 위협을 인정하지 않으려는 RIM의 태도는 그들이 직면한 가장 큰 위협이었다.

애플과 캐나다 출신 상대인 리서치 인 모션 사이의 비지니스 전투만큼 전투원들 사이에 극명한 상반성이 드러난 경우는 드물다. RIM은 1984년에 캐나다 워털루(Waterloo)에서 라자리디스와 공학과 동창인 더글러스 프레긴(Douglas Fregin)에 의해 설립됐다. RIM은 전화기와 무선호출기 같은 통신기기뿐 아니라 LED 조명 시스템, 컴퓨터 네트워킹 기기, 심지어 영화 편집 시스템 등 다양한 제품을 개발하면서 사업을 시작했다. 초기에 RIM은 자기 자리를 찾은 기업이었다.

1992년에 창립 6년째를 맞은 RIM은 14명의 직원을 두고 있었으며, 절박하게 현금이 필요했다. 이 시점에 라자리디스는 제임스 발실리(James Balsillie)를 만났다. 의욕적인 기업가이자 타고난 세일즈맨인 발실리는 온타리오에서 자랐으며, 토론토대학교를 졸업한 뒤 하버드에서 MBA를 땄다. 그는 RIM의 잠재력을 보고 매수에 관심을 드러냈다. 라자리디스는 회사를 넘기는 대신 발실리를 공동 CEO로 영입해 운영을 맡겼다. (발실리는 또한 집을 담보로 돈을 빌려 RIM에 12만 5,000달러를 투자했다.) 발실리는 공격적이고, 심지어 폭압적이었지만 전 세계의 통신사들과 연합을 맺는 일에 있어서 필수 역할을 했다.

라자리디스는 어린 시절에 〈스타트렉〉 팬이었다. 등장인물들이 가진 호주머니 크기의 통신기기는 그의 상상력을 촉발했다. 또한 대학 시절에 만난 공학과 교수는 무선으로 문자를 송수신하는 것이 통신 분야의 진정한 차세대 돌파구가 될 것이라는 선견지명을 갖고 있었다. RIM은 전화기 회사와 계약을 맺고 무선 호출 네트워크에 대한 작업을 하게 됐다. 라자리디스는 이를 무선 호출 기술을 연구하고 그 돌파구를 직접 열 기회로 삼았다.

무선호출기 특허는 1949년에 처음 등록됐다. 그러나 무선호출기는 처음부터 일방향이었다. 초기 무선호출기 중 하나인 텔앤서폰(Telanswerphone)은 의사들에게 새로운 메시지를 무선으로 전달했다. 다만 호출 범위가 송신탑에서 반경 40킬로미터 이내에 불과했다. 시간이 지남에 따라 트랜지스터가 갈수록 작아지면서 보다 정교한 무선호출기가 만들어졌다. 나중에는 발신 번호까지 나타낼 수 있게 됐다. 의사, CEO, 다른 고위직 전문가 들의 허리띠에 보편적으로 자리 잡은 이 작고 검은 기기는 신분의 상징이 됐다. 무선호출기를 차고 있으면 항상 대기 상태에 있어야 할 만큼 중요한 사람이라는 뜻이었다.

1996년 9월 18일, RIM은 혁신적인 인터액티브 페이저(Inter@-ctive Pager)를 선보였다. 이 무선호출기는 양방향 메시지 송수신 기능을 제공하는 최초의 기기였다. 사용자들은 소형 키보드로 메시지를 송수신할 수 있었다. 1년이 채 지나지 않아 수십만 명이 이 무선호출기를 사용했다. RIM은 뒤이은 버전에서 점차 기능을 추가했다. 2000년에는 인터넷을 통해 이메일을 송수신할 수 있는 RIM 957을 선보였다. 바쁜 전문가들은 처음으로 컴퓨터로 이메일이 수신되는 순간 바로 확인할 수 있었으며, 심지어 이동 중에 답신도 할 수 있었다. 다만 첨부 파일을 다룰 수 없고 인터넷을 탐색할 수 없었다. 그래도 기업과 정부 사용자에게 957은 게임 체인저(game changer)였다.

뒤이어 애플이 아이팟을 통해 다른 각도에서 소형 전자 기기 시장으로 사업을 확장하던 2002년에 RIM은 최초의 블랙베리를 선보였다. 블랙베리 5810은 양방향 메신저이자 이메일 기기, '그리고' 휴대전화였다. RIM은 이제 시험적으로 휴대전화 비즈니스에 발을 들였다. 사용자들은 더 이상 기기를 두 개씩 가지고 다닐 필요가 없었다. 다만 내장 마이크가 없었기 때문에 통화를 하려면 헤드셋이 필요했다. 이듬해 RIM은 최초의 진정한 스마트폰을 선보였다. 이 스마트폰은 컬러 화면, 통합 마이크, 스피커, 심지어 웹 브라우저까지 갖추고 있었다. 이제 양방향 메신저뿐 아니라 전화기로서 필요한 모든 요건을 충족한 셈이었다.

일반적으로 기술 분야에서의 모든 새로운 제품이나 서비스는 소비자용 또는 기업용으로 포지셔닝된다. 블랙베리는 무선호출기가 항상 그랬듯이 처음부터 기업용 기기였다. 기업과 정부 같은 조직을 겨냥하는 B2B 영업 접근법은 한 번의 전화로 대형 고객을 확보할 수 있게 해준다. 대기업과 계약을 맺으면 이 새 고객사는 당신의 제품을 중심으로 시스템과 절차를 구축할 가능성이 크다. 또한 재훈련 및 다른 전환 비용이 상당할 수 있다. 그래서 기본적인 필요를 계속 충족하는 한 소비자 중심 브랜드보다 덜 사용자 친화적인 접근법으로도 그럭저럭 버틸 수 있다. 그에 따라 다른 기업을 상대하는 회사들의 노력은 그들이 실제로 판매하는 것보다 영업에 더 집중되는 경향이 있다. 그리고 짐 발실리는 영업의 대가였다.

RIM은 단지 기업 고객을 위한 지배적인 스마트폰 제조사로서 자신의 입지를 확보한 것이 아니라 그 입지를 발명했다. 발실리는 기업 사용자의 특정한 필요를 충족하기 위해 인텔 같은 부품 공급 업체뿐 아니라 금융 산업과 공공 부문의 핵심 인사들과 직접 협력 했다. 대형 조직들이 방대한 숫자의 휴대전화를 직원들에게 나눠 주기 시작하면서 블랙베리를 밀어주는 동력이 강해졌다. 2005년 무렵 블랙베리는 '스마트폰'과 동의어가 됐다. 시장에서 블랙베리 를 진정으로 위협하는 다른 제품은 없었다. 2007년 무렵 RIM의 매 출은 30억 달러에 이르렀다. 사용자들에게 블랙베리, 그리고 그것 이 제공하는 즉각적인 만족은 너무나 컸다. 그래서 사용자들은 블 랙베리에 크랙베리(CrackBerry: 크랙은 마약을 가리키는 은어임-옮긴이)라 는 별명을 붙여줬다.

▲ ▲ ▲

아이폰에 대한 초기 반응은 그다지 긍정적이지 않았다. 소프트웨 어는 느리고 버그투성이였다. 이는 모든 1세대 기기의 전형적인 문 제였지만 그래도 비평가들의 분노를 불러일으켰다. 그러나 애플 내부에서는 자신감이 드높았다. 실제로 애플과 RIM의 리더들은 자 만심이 강하기로 유명했다. 두 기업은 모두 정상에 있는 데 익숙했 다. 이 무렵 잡스는 IBM, 마이크로소프트, 어도비를 비롯한 많은 기업을 상대로 전투를 치른 베테랑이었다. 리더로서 그는 RIM보다 매우 중요한 이점을 갖고 있었다. 그의 상대는 라자리디스와 발실리라는 두 명의 CEO였다. 이 2인 리더십 모델은 평상시에는 회사를 잘 이끌었다. 그러나 애플과의 전투는 이 구조에 내재된 결함을 드러냈다.

로마 공화국에서는 두 명의 집정관이 권력을 공유한 상태로 협력했다. 그러나 전쟁 시에는 원로원이 한 명의 독재관에게 절대 권력을 부여해 위협에 신속하고 단호하게 대처하도록 했다. RIM의 사규는 그런 여지를 두지 않았다. 아이폰이 인기를 얻어가는 동안 라자리디스와 발실리의 관계에는 균열과 긴장이 생겼다. 그들은 같은 사무실을 쓰는 관계에서 서로 말도 섞지 않는 관계가 됐다. RIM의 이사회와 밀접한 한 사람은 이 긴장을 가까이에서 지켜보았다.

━ 문제의 일부는 RIM이 오만해지기 시작했다는 것이었습니다. 이 오만함은 성공에서 비롯됐습니다. 내가 보기에 이 문제는 마이크보다 짐에게 훨씬 큰 영향을 끼쳤습니다. …… 그는 나중에는 다른 사람의 말을 아예 듣지 않았습니다. 억만장자에다가 다른 모든 사람보다 많이 아니까 피드백을 듣거나 받는 것보다 자신이 말하는 걸 더 좋아하게 된 거죠. 경쟁 압력이나 제안에 대한 반응은 그냥 "당신은 지금 당신이 무슨 말을 하는지 전혀 몰라. 우리는 블랙베리야. 우리는 RIM이야. 우리가 누군지 몰라?"라고 말하는 것이었습니다. …… 내가 보기에는 이 오만함이 회사에 정말로 큰 타격을 입혔습니다.

더욱 심각한 문제는 RIM의 이사회가 필요할 때 공동 CEO 중 누구에게도 맞설 힘이 없다는 것이었다. 잡스는 위압적이기로 유명했지만 이사들이 하는 말을 잘 들었고, 종종 조언을 받아들였다. RIM이 내부에서 옥신각신하는 동안 애플은 꾸준히 아이폰을 개선했다. 출시 당시 두드러졌던 한 가지 결함은 서드파티 소프트웨어(third-party software)를 구동할 수 없다는 것이었다. 잡스가 개발자들이 아이폰용 앱을 개발하도록 허용하는 키트를 발표하자 봇물 터지듯 앱이 쏟아졌다. 아이폰의 고유한 기능과 대규모 사용자 기반을 활용하려는 소프트웨어 개발자들이 수많은 창의적이고 유용한 앱을 만들었다.

2008년 7월에 애플은 마이크로소프트 익스체인지(Microsoft Ex-change)를 지원하면서 기업 시장에서 블랙베리가 차지한 입지를 직접 공격했다. 익스체인지는 '푸시(push)' 이메일 기능을 제공했다. 즉, 사용자는 새로운 메시지를 확인하기 위해 일일이 이메일 앱을 열 필요 없이 새로운 메시지가 들어오는 즉시 알림을 받을 수 있었다. 익스체인지는 기업용 이메일 서버의 표준으로서 기업들이 모든 직원의 휴대전화 사이에서 안전하게 이메일을 전달하도록 해줬다. 이제 아이폰이 익스체인지를 지원하면서 갑자기 공식이 바뀌었다. 리더들이 전 직원의 휴대전화를 아이폰으로 바꾸지 못하도록 막는 확고한 장애물은 사라졌다. 심지어 조사 결과 RIM은 과거 기업 시장에서 핵심 셀링 포인트였던 안정성과 보안성에서도 더 이상 우위를 주장할 수 없는 것으로 드러났다.

2008년 11월 무렵 RIM은 입지를 잃어가고 있다는 사실을 마지못해 받아들여야 했다. 그래서 상당한 내부의 망설임 속에 아이폰에 대적하기 위해 급히 최초의 터치스크린 기기인 블랙베리 스톰(BalckBerry Storm)을 선보였다. 이 무렵 블랙베리 키보드는 여전히 그것을 필수로 여기고 물리적 버튼이 없는 휴대전화를 싫어하는 수백만 명의 사용자들과 함께 최후의 방어용 해자였다. 블랙베리는 스톰에서 키보드를 버림으로써 애플의 영역으로 전장을 옮겼다. 그러나 거기서 블랙베리는 애플의 상대가 될 수 없었다. 〈뉴욕타임스〉의 기술 논평가인 데이비드 포그(David Pogue)는 부실하고 사용자 친화적이지 않은 스톰을 "고개를 절레절레 흔들게 만들 만큼 짜증스러운 기기"라고 평가했다. 스톰은 블랙베리에 있어 재난이었다. 포그는 "어떻게 이런 물건이 출시됐을까? 모든 관계자가 이 열차의 비상 브레이크를 당기기가 두려웠던 걸까?"라고 질문했다. 이 수사적 질문에 대한 답은 "그렇다"였다.

발실리의 공격성은 이를테면 통신사나 대기업과 수지맞는 계약을 맺을 때는 가치가 있었다. 그러나 RIM의 직원들은 그의 관점에 내부적으로 이의를 제기하는 것이 위험한 일이라는 사실을 값비싼 교훈과 함께 깨달았다. 발실리와 라자리디스가 대외적으로 라이벌의 제품을 무시하는 가운데 직원들은 두려운 나머지 눈먼 권력자들에게 감히 진실을 말하지 못했다.

RIM의 이사회는 외부 컨설턴트를 영입해 애플을 물리치는 방법에 대한 조언을 구하면서 마침내 행동에 나섰다. 그러자 발실리는 컨설턴트들과 이사들 앞에서 분노를 터뜨렸다. 나중에 그는 "내가 공격적으로 반응했냐고요? 그렇습니다. 하지만 그거 아십니까? 그게 물러서는 것보다는 나아요"라고 말했다. RIM이 정상에 있을 때는 발실리의 행동을 용인했던 이사회는 조치를 취할 때가 됐다고 판단했다. 발실리는 "나는 이사회의 신임을 잃고 있었습니다. 나도 그걸 알았어요"라고 말했다. 빌 게이츠는 초기에 위협을 인정하고 적극적인 대응 방안을 모색함으로써 넷스케이프를 물리쳤다. 반면 RIM은 애플이 중요한 영역을 차지했다는 사실을 인정하지 않는 바람에 영향력을 잃고 말았다.

한 기업이 연이어 전투에서 승리해도 전쟁의 향방이 바뀌는 속도는 느릴 수 있다. 첫 아이폰이 출시된 지 2년 뒤에도 블랙베리 커브(BlackBerry Curve)는 '여전히' 미국에서 신형 아이폰 3GS보다 많이 팔리는 1위 스마트폰이었다. 다른 블랙베리 기기 3종도 판매량 상위 10위 안에 들었다. RIM은 여전히 미국 스마트폰 시장의 55퍼센트를 차지하고 있었다. 또한 1분기에 780만 대를 출하하면서 매출이 53퍼센트나 증가했다. 전 세계 실사용자 수도 2,850만 명에 달했다. 조정 매출은 월가의 예상치를 4센트 초과했다. 이런 수치를 보면 라자리디스와 발실리가 애플을 심각한 위협으로 보지 않은 이유를 쉽게 알 수 있다. 그러나 애플은 오직 하나의 기기로 빠르게 따라잡고 있었다. 그해 가을에는 740만 대라는 판매 기록을 세우면서 최고의 분기 실적을 발표했다.

세상은 변하고 있었다. 업계 내외부의 사람들에게 업무용 전화기와 개인용 전화기의 구분이 사라지고 있다는 사실이 점차 분명해졌다. 사람들은 곧 한 대의 기기만 들고 다니면서 모든 용도로 활용할 것이었다. RIM은 낡은 사업 모델에 갇혀서 한 번에 여러 입지를 유지하려고 노력을 분산했다.

아이폰이 블랙베리를 이긴 것과 관련해 여러 요인을 제시할 수 있다. 그중에서 가장 중요한 것은 RIM이 빨라지는 모바일 데이터 속도에 적응하지 못했다는 것이다. 블랙베리는 이메일 부문에서는 우위를 쉽게 유지했다. 많은 사용자들은 메시지를 읽고 보내는 데 블랙베리의 키보드와 소프트웨어를 선호했다. 문제는 빨라진 모바일 데이터 속도 때문에 휴대전화로 웹을 활용하기가 덜 불편해졌다는 것이었다. 터치스크린과 다양한 앱은 아이폰을 웹 탐색을 위한 훨씬 나은 기기로 만들었다. 거기에는 페이스북에 새 프로필 사진을 업로드하거나, 위키피디아에서 어떤 항목을 살펴보거나, 구글 맵으로 호텔을 찾는 일 등이 포함됐다.

2008년 3월에 스마트폰 사용자들을 대상으로 실시한 조사에서 블랙베리 소유자들은 거의 전적으로 이메일과 메시지 송수신 기능에만 만족했다. 반면 인터넷 탐색 기능의 속도와 품질에 대해서는 일관되게 불만을 표시했다. 다른 한편 아이폰 사용자들의 경우 음악, 이메일, 지도, 일기예보, 메시지 송수신, 통화 등 모든 기능이 원활하게 통합된 것에 만족감을 드러냈다. 아이폰을 가지면 손안에서 모든 기능에 접근할 수 있었다.

2010년 무렵 RIM은 위기에 몰렸다. RIM은 소비자 시장에서 성장하는 데 실패했다. 이제 애플은 아이폰과 새로운 태블릿 기기인 아이패드를 기업 시장으로 진입시키면서 블랙베리의 영토를 잠식하고 있었다. 10월에 애플의 분기 실적 발표를 접한 애널리스트들은 아이폰이 블랙베리의 1,210만 대보다 많은 1,410만 대가 팔렸다는 사실을 알게 됐다. RIM의 실적은 애플과 달리 유통 채널로 출하된 물량을 반영했다. 그래서 반드시 소비자에게 팔린 것으로 볼 수 없었다. 즉, 실제 판매 대수의 차이는 더 클 수 있었다. 잡스는 "그들이 당분간은 우리를 따라잡을 수 없다고 봅니다"라고 단언했다. 그가 보기에 RIM의 주요 난관은 이제는 방대해진 아이폰의 소프트웨어 생태계였다. 그는 "애플의 앱스토어에 30만 개의 앱이 있는 상황이어서 RIM은 높은 산을 올라야 합니다"라고 말했다. 그해에 애플의 실적은 남은 분기마다 상승했으며, 결국에는 아이폰을 RIM보다 500만 대나 많이 판매했다.

물론 RIM과의 전쟁이 마무리돼가는 동안에도 잡스는 애플이 새로운 적들과 직면했음을 알았다. 2008년에 구글의 새로운 안드로이드 운영체제를 쓰는 최초의 상업용 기기가 등장했다. 애플의 모바일 운영체제와 달리 안드로이드는 무료로 개방돼 있었다. 그래서 모든 제조사가 자유롭게 사용하고, 심지어 수정할 수도 있었다. 결함을 제거하고 나면 안드로이드는 스마트폰 시장에서 애플이 차지한 지배적인 입지에 도전할 것이었다. 특히 미래 성장의 많은 비중을 해외시장에 의존하는 저가 휴대전화 시장에서 더욱 그럴 것이었다. 안타깝게도 스티브 잡스는 이 전쟁을 끝까지 이끌지 못했다. 1년 뒤 암이 그의 삶을 단축하면서 세상에서 가장 특출한 혁신가이자 리더를 앗아 갔다.

2012년에 RIM 하드웨어 부문의 수장으로서 기기 이름을 블랙베리로 바꾼 토르스텐 하인즈(Thorsten Heins)가 라자리디스와 발실리를 대체하는 신임 CEO로 임명됐다. 그해에 RIM의 분기 매출은 전기 대비 무려 21퍼센트나 감소했으며, 1억 2,500만 달러의 적자가 났다. 5년 전에 잡스가 맥월드 무대로 걸어 나와 첫 아이폰을 발표했을 때 RIM은 전 세계 스마트폰 시장의 절반을 장악하고 19억 달러의 이익을 올렸다. 그러나 이제는 58억 달러의 적자에 직면해 있었다. 그들은 소비자를 대상으로 자리매김하려는 시도를 접고 전적으로 기업 시장에 다시 집중하겠다고 발표했다. 이후 운영 체제에 대한 사용권을 다른 제조사에 제공하겠다며 이 발표 내용을 번복했지만 이미 실패의 징후는 분명하게 드러났다. 애플의 컴퓨터 포트폴리오를 네 가지로 줄였을 때부터 잡스의 포지셔닝 전략은 간소화, 즉 희생을 토대로 삼았다. 애플은 희생을 통해 모두를 위한 최고의 휴대전화라는 입지를 확보했다.

승리의 양조법
바이오콘

1978년, 인도 벵갈루루(Bengaluru)에 사는 25세의 키란 마줌다르(Kiran Mazumdar)는 더위에 시달린다. 그녀는 사업 자금 대출을 받아 임대한 약 280제곱미터 넓이의 허름한 창고 안에 서 있다. 그녀는 온종일 새로운 회사에서 일할 사람들을 뽑기 위해 면접을 보고 있다. 슬프게도, 하지만 놀랍지 않게도 그녀는 종일 같은 대답을 듣는다. 여자 밑에서는 일하지 않겠다는 대답을.

마줌다르는 그러리라 예측했다. 애초에 직장에서 여성에 대한 태도 때문에 인도를 떠나 호주에서 대학원을 다닌 그녀였다. 고국으로 돌아와 창업에 나선 그녀는 좋은 일자리를 얻을 수 있다는 가능성이 그런 편견을 억눌러주기를 바랐다. 그러나 심지어 오늘 면접을 본 인도 여성들도 같은 대답을 했다. 그러니 의기소침해질 수밖에 없었다.

마줌다르는 실망했음에도 굳은 결의로 계속 면접을 진행했다. 그녀는 쉽게 포기하는 성격이 아니었다. 직원을 뽑는 것은 인도에서 바이오콘(Biocon)이라는 새 회사를 만들기 위해 넘어야 할 수많은 난관 중 하나에 불과했다. 아직 안정적인 전력, 깨끗한 물, 첨단 설비가 필요했다.

그녀는 한 지원자가 마침내 관심을 보였을 때 놀란 표정을 짓지 않으려 노력했다. 물론 그는 화학 분야에 경험이 없었다. 사실 그는 기계공, 그것도 은퇴한 기계공이었다. 그래도 도움이 될 게 분명했다. 보다 중요한 것은 그녀를 위해 일할 마음이 있다는 것이었다. 그녀는 어떻게든 주어진 것을 가지고 일해야 했다.

▲ ▲ ▲

인도 여성은 집 밖에서는 모든 자리를 힘들게 얻어내야 한다. 느리게 진전이 이뤄지고 있기는 하지만 세계 2대 인구 대국인 인도에서는 젠더 역할이 여전히 고정돼 있다. 최근 2016년에 프록터 앤드 갬블(Procter & Gamble)의 광고 캠페인은 직장에서 여성의 존재감이 커지는 양상을 인정하는 내용으로 인도인의 심기를 크게 건드렸다. 이를테면 아리엘(Ariel) 세제를 위한 #셰어더로드(ShareTheLoad)

캠페인에서 한 할아버지는 딸이 집을 청소하고 아이들을 돌보면서 업무 관련 전화를 받는 모습을 지켜본다. 그동안 그녀의 남편은 텔레비전을 보고 있다. 이때 내레이션으로 할아버지는 남편도 집안일을 하게 해야 한다고 딸을 가르치지 못한 것을 깊이 후회한다. 그는 집에 돌아가면 아내를 도와 빨래를 해야겠다고 결심한다. 이 광고의 카피는 "왜 엄마만 빨래를 해야 하나요?"다.

지금도 남성과 여성이 집안일을 공평하게 나눠서 해야 한다는 말은 인도에서 반발을 불러일으킨다. 그러니 40년 전에 키란 마줌다르가 회사를 만들려고 했을 때는 분위기가 어땠을지 짐작할 수 있다. 마줌다르는 나라 전체에 걸쳐 유리 천장을 깨기 위해 대단히 과감하게 자신의 회사와 자신을 포지셔닝해야 했다.

1953년에 마하라슈트라주(Maharashtra) 푸네(Pune)에서 벵골인 부모에게서 태어난 마줌다르는 어떤 일이든 가능하다고 생각해도 용서받았다. 그녀의 부모는 처음부터 그녀에게 그런 믿음을 심어주었다. 그녀의 아버지인 라센드라(Rasendra)는 킹피셔(Kingfisher)와 런던 필스너(London Pilsner) 같은 브랜드를 보유한 인도의 대기업 유나이티드 브루어리(United Breweries)의 수석 양조사였다. 그는 딸의 밝은 미래를 보았다. 나중에 그녀는 "아버지는 내가 여자로서 남자만큼, 또는 그들보다 많은 것을 이룰 수 있다고 믿었어요"라고 말했다. 그녀의 부모는 부유하지 않았지만 최고의 교육을 고집했다. 그들은 딸을 벵갈루루에 있는 사립 여자 학교로 보냈다. 거기서 그녀는 더 많은 격려를 받았다. 그녀는 "선생님들은 스스로 생각하는 법과 모든 것을 뛰어나게 잘할 수 있는 법을 가르쳐주었어요"라고 말했다. 대학도 그녀에게 미래의 투쟁에 필요한 용기를 북돋워줬다. 그녀는 "몇몇 교수님들은 남들과 다르고 창의적인 방식으로 일하는 데 집중하라고 조언해주었어요"라고 말했다.

그녀가 처음 흥미를 느낀 분야는 의학이었다. 그러나 그녀는 장학금을 받지 못했다. 그래서 그녀의 아버지는 자신의 뒤를 이어서 양조사가 되면 어떻겠냐고 제안했다. 이는 야심 찬 생각이었다. 당시 양조는 남성이 지배하는 분야였다. 인도만 그런 것도 아니었다. 그래도 마줌다르는 한번 도전해보기로 결심했다. 그녀는 이렇게 말했다. "아버지는 역경에 맞서서 끈기를 갖고 포기하지 말아야 하며, 실패에서 교훈을 얻어서 새로운 방식을 찾아내도록 격려했습니다. 어떤 의미에서 나는 아버지에게 차별화에 대한 교훈을 배웠어요. 차별화는 나중에 내가 하는 사업의 특징이 됐죠."

남들과 다른 방식으로 일하는 것은 마줌다르가 지닌 최고의 강점이 될 것이었다. 어떤 의미에서 여성이 양조사가 된다는 생각은 일종의 포지셔닝, 시장에 존재하는 여지를 활용하는 것이었다.

1975년에 마줌다르는 호주로 건너가 멜버른대학교에서 마스터 양조사 학위를 따고 수석으로 졸업했다. 비교적 진보적인 멜버른에서도 마줌다르는 양조사 과정을 밟는 유일한 여성이었다. 이후 두어 해 동안 그녀는 다양한 양조장에서 견습 양조사 및 몰트 제조사로 일했다. 그러나 고국에서 자신의 기술을 발휘하려던 그녀는 참담한 현실을 경험했다. 최고 수준의 교육과 수석 양조사라는 아버지의 지위에도 불구하고 그녀의 젠더가 모든 문을 닫아버렸다. 주류 기업들은 그녀에게 "이건 남자들이 하는 일"이라고 말했다.

그녀는 "인도의 양조 산업이 직면한 공격성과 성적 편견에 대해 맞설 준비가 돼 있지 않았습니다"라고 회고했다.

인도에서는 남은 선택지가 없었던 마줌다르는 스코틀랜드의 한 양조장에서 일자리를 얻었다. 그러나 그녀는 스코틀랜드로 떠나기 전에 바이오콘이라는 생명공학 기업의 창업자 레슬리 오친클로스(Leslie Auchincloss)에게서 연락을 받았다. 아일랜드의 코크(Cork)에 있는 바이오콘은 화학반응을 일으키는 단백질인 효소를 만들었다. 효소는 수많은 산업적 용도를 지닌다. 또한 양조사에게는 필수 재료이기도 하다. 그러나 오친클로스는 마줌다르를 고용하려는 것이 아니었다. 그는 그녀와 동업하기를 원했다. 그는 인도에서 아직 실현되지 않은 엄청난 잠재력을 보았다. 인도는 저렴한 인건비와 결합된 거대 시장이었다. 오친클로스는 인도에서 원재료를 사들였지만 이제는 현지에 자회사를 세우고 싶어 했다. 인도 법은 외국인이 보유할 수 있는 기업의 지분을 30퍼센트로 제한했다. 그래서 오친클로스는 발효에 대한 깊은 지식과 무엇보다 위험을 감수할 의지를 가진 인도인 동업자가 필요했다.

마줌다르는 "그에게 나는 전혀 적임자가 아니라고 말했습니다. 사업 경험도 없고, 투자할 돈도 없었으니까요"라고 회고했다. 그녀는 심지어 오친클로스의 관심을 돌리려고 인도 몰트 제조 부문의 리더를 소개하기도 했다. 하지만 오친클로스는 고집을 부렸다. 그는 그녀에게 "그 사람과는 동업하고 싶은 마음이 별로 없어요. 내게는 창업자가 필요하고 당신이 그 창업자가 돼줬으면 좋겠어요"라고 말했다. 평생 모든 난관을 극복할 수 있다는 말을 들었던 마줌다르는 마침내 그의 제안에 동의했다. 그녀는 코크에서 바이오콘의 사업을 속속들이 파악한 뒤 단순한 사명을 안고 벵갈루루로 돌아왔다. 그것은 생명공학 기업을 세우는 것이었다.

1978년에 25세의 키란 마줌다르는 바이오콘 인디아(Biocon India)를 창업했다. 사업소를 차린 곳은 임대한 집의 차고였다. 종잣돈은 1만 루피로, 오늘날의 3,000달러에 해당하는 금액이었다. 마줌다르는 도전을 받아들였다. 그녀는 이렇게 말했다. "사업을 성공시키고 말겠다고 굳게 결심했습니다. 나는 쉽게 포기하는 사람이 아니에요. 그래서 자유화 이전 시기(1991년 진보적인 경제 개혁이 이뤄지기 전)에 인도의 모든 스타트업이 직면한 초기의 어려움에 부딪혔을 때 반드시 성공한다는 결심이 더욱 굳어졌어요."

마줌다르는 해외에서 생활하는 동안 선진국의 창업자들이 당연시하는 요소들에 익숙해졌다. 이를테면 안정적으로 공급되는 전기, 깨끗한 물, 첨단 설비, 고도로 훈련받은 인력 같은 것들이었다. 인도에서는 이런 요소들 중 어느 것도 쉽게 찾을 수 없었다. 반면 인건비를 비롯한 다른 비용은 훨씬 낮았다. 그래서 생산을 시작할 수만 있다면 확실한 경쟁 우위를 누릴 수 있었다. 그러나 공장이 없으면 생산을 하기가 어려웠다. 창업 투자는 선택지가 아니었기 때문에 은행 대출을 받아야 했다. 문제는 인도의 어떤 은행도 여자에게 돈을 빌려주지 않는다는 것이었다. 마줌다르는 순전히 운으로 한 모임에서 은행가를 끈질기게 설득한 끝에 마음을 사는 데 성공했다. 그녀는 이 초기 조달 자본으로 약 280제곱미터 넓이의 창고에 아주 기본적인 공장을 만들 수 있었다.

인력 채용은 인도만의 또 다른 문제를 제기했다. 필요한 양조 경험을 갖춘 남성들은 여자 밑에서 일하기를 거부했다. 특히 검증되지 않은 사업 모델을 가진 여자의 경우는 더욱 그랬다. 바이오콘이 하는 효소 제조는 인도에서 여전히 새로운 사업이었다. 그래도 마줌다르는 끈질기게 매달렸고 결국 소규모 인력을 꾸렸다.

바이오콘은 처음에 양조에 사용되는 부레풀(isinglass)과 고기를 부드럽게 만드는 데 쓰이는 파파인(papain)을 생산했다. 부레풀은 특정한 바닷고기에서 만들었으며, 파파인은 파파야로 만들었다. 이 두 재료는 모두 인도에서 쉽게 구할 수 있었다. 1년 안에 바이오콘은 제품을 유럽과 미국으로 수출하기 시작했다. 마줌다르는 사업을 확장하기 위해 약 8만 제곱미터의 부지를 확보했다. 이 무렵 그녀는 쉽게 효소 생산에 전념할 수 있었다. 그러나 그녀는 그 입지를 장기적으로 방어할 수 있을지 자문했다. 효소는 수익성이 좋았다. 그러나 1년 만에 소액의 사업 자금 대출로 회사를 일으킬 수 있었다는 사실은 다른 제조사도 쉽게 그녀의 사업 모델을 모방해 사업을 앗아 갈 수 있음을 뜻했다.

마줌다르는 학교에서 "과학은 호기심이 이끄는 배움"임을 배웠다. 그녀는 처음부터 과학적 호기심을 사내 문화에 심지 않으면 혁신을 일으킬 수 없다는 사실을 깨달았다. 그러면 정체가 뒤따르고 결국에는 단절될 것이었다. 바이오콘이 가만히 있으면 다른 인도 회사들이 불가피하게 같은 효소를 더 저렴하게 제공해 사업 기반을 악화할 것이었다. 인도의 지식재산권 관련 법규는 허술하고 느슨하게 집행됐다. 그래서 그녀가 각각의 성공적인 아이디어를 활용할 여지가 한정돼 있었다.

마줌다르의 두려움 없는 태도는 확실하고 가치 있는 입지를 차지하는 데 도움이 됐다. 그녀는 자국에서 생화학 제조업체를 설립한 인도 여성이었다. 하지만 이 입지를 얼마나 오래 유지할 수 있을까? 리더는 회사의 고유한 강점을 이해하고 이를 최대한 활용해야 했다. 또한 그 강점을 살리지 못하는 것은 설령 성공적인 제품이라도 버릴 줄 알아야 했다. 그녀는 계속 혁신하지 않으면 입지를 잃을 것임을 알았다.

창업한 지 6년밖에 되지 않은 1984년에 마줌다르는 전문 연구개발 팀을 만들었다. 그리고 그들에게 새로운 효소를 발견하고 새로운 발효 기술을 개발하는 임무를 맡겼다. 그녀는 이렇게 설명했다. "선점 효과를 살려서 차별화 전략을 따르면서 바이오콘을 성공시킬 수 있었습니다. 우리는 우리가 갖지 못한 것에 좌절하는 것이 아니라 우리가 가진 것을 유리하게 활용하고 자체적인 혁신을 통해 실적을 극대화하려 노력했습니다."

마줌다르는 단기간에 바이오콘 인디아를 효소 생산업체에서 완전한 바이오 제약 회사로 탈바꿈시켰다. 바이오콘은 연구 프로그램에 꾸준히 투자해 암, 당뇨병, 건선, 류머티즘 관절염 같은 자가면역질환에 대한 유효한 치료제를 개발했다. 서구의 대형 제약사와 정면 대결을 벌일 수 없다는 사실을 알았던 마줌다르는 생세포와 단백질로 만드는 '생물 의약품(biologics)'에 집중해 고도로 방어할 수 있는 입지를 찾아냈다. 생물 의약품은 다양한 질환을 치료할수 있는 방대한 잠재력을 제공하지만 개발하는 데 비용이 많이 들고 리스크가 컸다. 이 점에서 마줌다르가 취한 입지는 중대한 이점을 제공했다.

'저렴한 혁신'은 그녀의 모토가 됐다. 비교적 낮은 비용 덕분에 인도 기업은 서구의 경쟁자들보다 훨씬 많은 리스크를 감수할 수 있었다. 마줌다르는 이렇게 말한다. "(혁신은) 파산을 초래할 수 있는 무모한 리스크를 지는 게 아닙니다. 그보다는 리스크를 관리하고 그에 따른 비용을 줄이는 겁니다. 인도는 비용 기반이 서구보다 낮기 때문에 더 큰 리스크를 감수할 수 있습니다. 서구에서는 여기보다 10배나 많은 비용이 듭니다. 그래서 실패하면 재정 상태에 회복하기 어려운 타격을 입어요."

생물 의약품은 발효를 통해 생산할 수 있다. 그래서 생물 의약품 개발은 바이오콘의 강점과 마줌다르의 전문 영역 지식을 모두 활용하는 일이었다. 생물 의약품을 성공적으로 개발하면 때로 엄청나게 낮은 비용으로 전통적인 의약품과 같은 기능을 한다. 이를테면 인도는 과거 값비싼 수입 인슐린에 의존했다. 그러다가 바이오콘이 새로운 인슐린 제조 공정을 개발하면서 저렴하게 인슐린 수요를 충족할 수 있었다. '게다가' 여분의 인슐린을 세계시장에 수출할 수 있었다.

마줌다르는 환자가 살 수 없으면 완벽한 약품도 쓸모가 없으며, 개도국의 수많은 사람들이 살 수 있게 되면 엄청난 수익을 올릴 수 있다는 사실을 알았다. 그녀는 "세계 인구 중 상당수가 필수 의료 서비스에 접근하지 못합니다. 보건 체계가 존재하는 곳에도 비용이 너무 많이 들어요"라고 말했다. 오늘날 바이오콘은 세계에서 가장 저렴한 인슐린을 생산한다. 2019년에는 저비용 및 중비용 국가에서 하루 10센트로 가격을 한층 더 인하했다.

김위찬과 르네 마보안(Renée Mauborgne)은 《블루오션 전략 (Blue Ocean Strategy)》에서 굳이 치열한 경쟁이 벌어지는 영역으로 들어가서 성공할 필요가 없다고 주장한다. 그들은 "상어가 가득하며…… 격렬한 경쟁이 벌어지는 살벌한 시장인 레드오션(red ocean)"과 "경쟁이 없는 새로운 시장 또는 탁 트인 블루오션(blue ocean)"을 비교한다. 두 저자는 번성하기 위한 간단한 원칙을 제시한다. 그것은 "창조하라. 경쟁하지 마라"다. 마줌다르는 평생 다르게 생각하고 새로운 입지를 차지할 수 있는 '블루오션'을 찾았다. 그녀는 바이오콘 인디아가 화이자(Pfizer)나 머크(Merck) 같은 자금력 좋은 서구의 대형 제약사들과의 게임에서 이길 수 없다는 사실을 잘 알았다. 개도국을 위한 저렴한 생물 의약품이 그녀의 '블루오션'이었다.

바이오콘은 인도 최초의 기술 스타트업 중 하나였다. 마줌다르의 전기에 따르면 시간이 지나면서 그녀는 "신생 산업뿐 아니라 (인도의) 혁신 주도 비즈니스의 브랜드 홍보 대사"가 됐다. 그녀의 열성적이고 지속적인 연구 개발 투자는 바이오콘을 과학 및 공학 인재들의 목적지로 만들었다. 이는 사업 초기와는 상반되는 변화였다. 그녀는 "그 무렵 바이오공학을 이해하는 모든 사람이 나에게로 몰려들었습니다"라고 말했다. 바이오콘의 첫 대규모 사업 확장은 마줌다르가 25만 달러의 벤처 자본 투자를 받은 1987년에 이뤄졌다. 그녀는 이 돈으로 연구 개발 능력을 더욱 확충해 새로운 첨단 발효 설비를 만들었다. 2년 뒤 영국과 네덜란드에 기반한 다국적기업인 유니레버(Unilever)가 레슬리 오친클로스에게서 바이오콘의 모회사를 사들였다. 바이오콘 인디아는 이후 10년 동안 유니레버 사업부의 공동 소유가 됐다.

1990년대 초반에 마줌다르는 존 쇼(John Shaw)라는 스코틀랜드 사업가를 한 파티에서 만났다. 두 사람은 나중에 약혼을 했다. 그 직후에 유니레버는 바이오콘이 속한 사업부를 다른 회사에 매각했다. 이때 두 사람은 마줌다르가 창업한 회사에 대한 완전한 통제력을 획득할 기회를 보았다. 다만 한 가지 문제가 있었다. 마줌다르는 "지분을 다시 사들일 돈이 없었어요. 그나마 존이 영국에 부동산을 조금 갖고 있었어요"라고 회고했다. 두 사람은 200만 달러에 바이오콘의 남은 지분을 사들였다. 그 직후에 마줌다르는 공식적으로 키란 마줌다르 쇼(Kiran Mazumdar Shaw)가 됐다. 뒤이어 쇼는 일을 그만두고 바이오콘의 부회장이 됐다. 마줌다르는 "그는 언제나 그 것이 진정한 사랑의 표현이자 자신이 한 최고의 투자였다고 말해요"라고 말했다.

2004년에 마줌다르는 연구 프로그램을 더욱 확대할 자본을 마련하기 위해 바이오콘을 상장시켰다. 투자자들이 전혀 관심을 보이지 않던 1978년과 달리 바이오콘의 상장에는 33배나 많은 청약 자금이 몰렸다. 또한 상장일 종가 기준으로 시가총액이 무려 11억 1,000만 달러에 이르렀다. 이로써 바아이콘은 상장 첫날에 시가총액 10억 달러를 넘긴 두 번째 인도 기업이 됐다.

30억 달러의 자산을 보유한 마줌다르는 인도의 여성 억만장자

중 한 명이다. 또한 게이츠재단의 '기빙 플레지(Giving Pledge)'에 참여한 첫 번째 여성이자 두 번째 인도인이기도 하다. 그녀는 이 약속에 따라 자산의 대부분을 자선사업에 기부할 것이다. 그녀는 이렇게 설명했다. "나는 암 같은 힘든 병이 가난한 나라의 환자들에게 지우는 견딜 수 없는 금전적 부담을 특히 우려합니다. 또한 세계 인구의 3분의 2가 적절한 수준의 보건 서비스를 거의 또는 전혀 받을 수 없다는 사실도 알고 있습니다. 그들은 금전적 어려움 때문에 빈곤으로 내몰려요." 마줌다르는 원격의료 설비를 인도의 많은 병원에 기증했다. 덕분에 병원에 갈 형편이 안 되는 사람들도 첨단 의료 서비스를 받을 수 있게 됐다. 마줌다르는 또한 1,400개 병상을 갖춘 암 센터 건설을 비롯해 암 연구와 치료에 자금을 투입했다.

궁극적으로 마줌다르는 바이오콘이 저렴한 필수 의약품을 수십억 명에게 제공하는 것이 자신의 가장 큰 기여라고 생각한다. 그녀는 "저렴한 혁신을 통해 전 세계의 의료 수준을 끌어올린 사람으로 기억되고 싶습니다"라고 말했다. 2010년에 〈타임〉지는 마줌다르를 세계에서 가장 영향력 있는 인물 100명 중 한 명으로 선정했다. 이듬해에 〈파이낸셜타임스〉지는 그녀를 최고의 여성 기업인 중 한 명으로 꼽았다. 마줌다르가 승리의 입지를 확보하고 유지하기 위해 기꺼이 필요한 희생을 치르지 않았다면 이런 성취를 이루지 못했을 것이다. 그녀는 1978년에 바이오콘을 창업하기 위해 안정된 양조사 자리를 포기했고, 지금도 '저렴한 혁신'에 필요한 리스크로서 모든 여유 자금을 연구에 줄기차게 투자한다.

키란 마줌다르 쇼는 여전히 과학적 호기심을 회사의 핵심 강점으로 활용한다. 그래서 바이오콘이 인수와 협력뿐 아니라 적극적인 연구 개발을 통해 성공하도록 지속적으로 자리매김한다. 바이오콘은 현재 거의 1,000개에 달하는 특허를 보유하고 있으며, 매출의 10퍼센트를 연구 개발에 투자한다. 이는 다른 인도 제약사들보다 훨씬 높은 비중이다. 최고의 입지는 언제나 한발 앞서가는 것이다.

공중 장악
비치 에어크래프트 vs. 맞바람

1940년 6월, 유럽 전역에서 전쟁이 벌어진다. 그러나 미국은 계속 한 발 뒤로 물러서 있다. 전쟁에 휘말리고 싶어 하지 않는 고립주의자들과 추축국의 위협에 맞서서 미국의 우방을 도와야 한다고 생각하는 루스벨트 대통령 같은 사람들로 내부가 분열돼 있기 때문이다. 미국은 일본과의 통상조약을 파기하고 연합군에 무기를 공급하는 등 약간의 조치를 취했다. 그러나 대체로 미국인들은 이를 어중간한 대처로 본다. 전쟁에 개입하는 것은 불가피해 보인다. 기적이 일어나지 않는다면 미국은 20세기의 두 번째 세계대전에 참전할 것이다.

그해 여름, 상황이 악화되면서 미국의 모든 기업계 리더들은 전쟁의 막대한 영향에 바쁘게 대비한다. 그러나 단 한 명은 예외다. 미국의 가장 혁신적인 항공기 제조사의 이사회 의장 겸 사장인 월터 허셜 비치(Walter Herschel Beech)는 뇌염으로 입원해 있다. 사실 그는 혼수상태다.

모두가 이번 전쟁에서는 유례없는 규모의 공중전이 벌어질 것임을 안다. 비치 에어크래프트(Beech Aircraft)는 전 세계의 우방에서 주문이 쏟아지면서 이미 수요를 맞추기 위해 애쓰고 있다. 이를테면 중국은 일본 침략군에 맞서서 개조한 비치 항공기를 폭격기와 구급용 비행기로 활용한다. 비치가 임박한 전쟁에 대비하려면 중대한 조치를 취할 필요가 있다.

월터 비치가 병상에서 사투를 벌이는 동안 그의 아내 올리브 앤 멜러 비치(Olive Ann Mellor Beech)는 다른 병실에 있다. 순전한 우연으로 그녀는 두 번째 아이의 출산을 앞두고 있다. 전 세계가 전쟁에 휘말리는 가운데 올리브 앤은 진통 주기를 세고 있다. 또한 그녀는 돈도 세고 있다. 회사의 재무 책임자인 그녀는 비치 에어크래프트의 전쟁 준비에 열심이다. 대개 이 일은 필요한 자금을 확보하는 것을 뜻한다. 군용기를 대량으로 생산하려면 설비 교체가 시급하다. 공장을 늘리고, 노동자를 채용하고, 새로운 기계를 매입해야 한다.

그녀는 필요한 통화를 하기 위해 병상 옆에 공장으로 연결되는 직통전화를 설치한다. 이제 비치의 임원들은 그녀가 지시하면 병실로 찾아와 다음 단계를 논의한다. 올리브 앤은 양복에 넥타이 차림의 남자 임원들이 둘러싼 병상에 누워 있는 것을 개의치 않는다. 임원들은 모두 그 자리를 불편해한다. 당시는 아내가 분만하는 동안 남편도 대기실에 앉아 기다리던 때였다. 또한 그들은 올리브 앤의 지시를 받는 것도 못마땅하다. 올리브 앤은 여자일 뿐 아니라 자신들처럼 비행기를 조종할 줄도 모른다. 그러나 올리브 앤에게 이런 문제는 중요치 않다. 오직 돈만이 중요하다. 올리브 앤은 임원들이 투덜대며 연달아 반론을 제기해도 그대로 밀어붙인다. 그녀는 "나는 할 수 없는 이유를 말하는 사람이 아니라 일을 해내는 방법을 찾는 사람을 주위에 두고 싶어요"라고 말한다.

올리브 앤은 아이가 태어나자마자 비행기를 타고 워싱턴DC로 날아간다. 그녀는 거기서 재건금융공사(Reconstruction Finance Corporation)로부터 1,300만 달러의 회전 한도 거래 대출을 확보한다. 또한 남편이 병원에서 회복하는 동안 연이어 7,000만 달러의 추가 자금을 대출로 끌어모은다. 비치 에어크래프트가 앞으로 닥칠 난관에 대응하려면 한 푼도 아쉬운 참이다.

월터 비치는 뇌염을 극복하고 회사로 복귀한다. 올리브 앤은 공식적으로는 향후 10년 동안 비치 에어크래프트의 키를 잡지 않는다. 그러나 그녀가 중요한 역할을 할 것임은 부정할 수 없다. 그녀는 대공황의 절정기에 회사를 설립할 때부터 우주 시대로 진입할 때까지 리더십을 발휘했다. 비치 에어크래프트는 전시 생산 체제로 돌입하고 다시 평시 생산 체제로 돌아오는 데 성공했다. 이 성공에 핵심적인 역할을 한 것은 올리브 앤의 능숙한 포지셔닝이었다. 그녀는 회사의 운명을 좌우할 정부와 산업 관계자들의 머릿속에 비치 에어크래프트에 대한 지배적인 인식을 심어줬다.

올리브 앤은 비행기 조종을 배우지는 않았지만 자신의 위치가 어디인지는 정확히 알았다.

올리브 앤은 1930년에 캔자스주 웨이벌리(Waverly)의 농가에서 4자매 중 막내로 태어났다. 그녀의 아버지는 건축업자였으며, 어머니는 돼지, 거위, 닭, 소를 키우면서 달걀과 돼지를 팔아 가외 소득을 올렸다. 그녀의 어머니는 집안 살림도 도맡았다. 모든 부동산은 어머니의 명의로 돼 있었다. 집안 문제와 관련된 결정도 어머니가 내렸다. 처음부터 올리브 앤은 숫자에 대한 머리와 열정을 드러냈다. 그녀의 부모도 그런 면을 북돋워줬다. 올리브 앤은 일곱 살 때 처음 은행 계좌를 만들었다. 열한 살 때는 수표를 작성하고 지출을 감독하면서 집안 살림을 도왔다. 그녀가 열네 살 때 가족이 위치토(Wichita)로 이사했다. 그녀는 고등학교에 들어가지 않고 전미 비서 사무학교(American Secretarial and Business College)에서 공부했다.

21세 때 올리브 앤은 위치토에 있는 항공 회사인 트래블 에어 매뉴팩처링(Travel Air Manufacturing)에 비서 및 경리로 취직했다. 트래블 에어는 월터 비치와 그의 부모인 클라이드 세스나(Clyde Cessna), 로이드 스티어먼(Lloyd Stearman)이 공동 창업한 회사였다. 그들은 모두 숙련된 조종사이자 항공 엔지니어였다. 12명이 일하는 회사에서 유일한 여성이었던 올리브 앤은 사무 능력으로 두각을 드러냈다. 곧 비치는 그녀에게 점차 커지는 사무실을 관장하는 일을 맡겼다. 직원들 중에서 유일하게 조종사 자격증이 없었던 올리브 앤은 비행기에 대한 지식이 없다고 놀림받는 것에 점차 진저리가 났다. 그래서 수석 엔지니어에게 모든 부품의 명칭이 적힌 설계도를 달라고 요청했다. 그녀는 그 내용을 암기했으며, 이후로 모든 신입 직원도 역할이 무엇이든 그렇게 하도록 했다. 올리브 앤은 조종사가 아니라는 것이 회사의 제품을 속속들이 알지 못하는 데 대한 평계가 될 수는 없다고 생각했다.

나중에 올리브 앤은 대형 항공기 제조사의 사장이었던 적이 있는데도 실제로 비행기 조종을 배우지 않은 이유에 대한 질문을 받았다. 그녀는 자신을 가르치려 들었던 모든 남성을 이유로 들었다. 그녀는 "그들이 생각하는 교육은 나를 비행기에 태운 다음 스턴트 비행을 하는 것이었어요. 당시에는 뒤집힌 채로 날지 못하는 비행기는 좋은 비행기가 아니었죠"라고 말했다.

월터 비치는 애초에 사교성을 타고난 세일즈맨이자 탁월한 조종사였다. 당시 비행기를 파는 최고의 수단은 경주에서 우승하는 것이었다. 트래블 에어는 1927년에 10명이 죽고 6대의 비행기가 실종되거나 파괴된 비운의 대회인 돌 더비(Dole Derby)에서 트래블 에어 5000으로 우승하면서 처음 명성을 얻었다. 또한 초대 톰슨 트로피 레이스(Thompson Trophy Race)에서 '미스터리 십(Mystery Ship)'으로 당대의 가장 빠른 군용 전투기들을 이기면서 속도와 안정성에 대한 인정을 받았고 명성은 더욱 높아졌다. 이런 성공에도 불구하고 비치의 동업자들은 다른 사업을 찾아 회사를 떠났다. 스티어먼은 캘리포니아에서 영화 업계를 위해 비행기를 만드는 일을 했고, 세스나는 훗날 세스나 항공(Cessna Aircraft)이 될 회사를 창립했다.

대공황 초기에 올리브 앤은 월티에게 트래블 에어를 라이트 형제가 만든 회사의 후신으로서 엔진 제조사인 커티스라이트(Curtiss-

Wright)에 매각하는 것이 안전할 것이라고 설득했다. 그는 거기에 동의했다. 그는 합병 대가로 100만 달러어치의 커티스라이트 주식을 받았으며, 한 사업부의 사장 겸 영업 담당 부사장으로 임명됐다. 그로부터 얼마 되지 않아 월터와 올리브 앤은 결혼해 회사 본사가 있는 뉴욕시로 이사했다.

두 사람은 비즈니스 측면에서는 순항했다. 그러나 애정 측면에서는 종종 난기류에 휘말렸다. 한번은 심한 말다툼 끝에 올리브 앤이 너무 화가 난 나머지 그랜드 센트럴 터미널(Grand Central Terminal)로 가서 위치토행 기차를 탄 적이 있었다. 그런데 기차가 도중에 갑자기 멈춰 섰다. 승객들은 "어떤 멍청이가 철로에 비행기를 착륙시켰다"라는 말을 들었다. 비행기에서 내려 기차에 오른 월터는 올리브 앤에게 연신 사과했다. 결국 그는 그녀를 데리고 나와 뉴욕으로 돌아갔다.

월터 비치는 조종사이자 기계공이었다. 그는 두 가지 일을 하지 못하면 결코 행복하지 않았다. 커티스라이트에서 일상적인 항공기 제조와 거리가 멀어진 그는 곧 염증을 느끼기 시작했다. 그래서 1932년에 경제 상황이 좋지 않음에도 고위직에서 물러났다. (그는 도박꾼이기도 했다.) 월터와 올리브 앤은 모아둔 돈을 털고 과거 트래블 에어 투자자들에게 도움을 받아서 비치 에어크래프트를 창립했다.

그들은 과거 트래블 에어 직원들을 영입한 뒤 위치토에 있는 본래 공장에서 사업을 시작했다. 월터는 사장이 됐고, 올리브 앤은 재무 책임자를 자리를 맡았다. 전미 항공 명예의 전당(National Aviation

Hall of Fame)의 설명에 따르면 그녀는 "특히 회사의 재무 부문을 밀접하게 관리했으며, 회사의 주요 결정에서 핵심적인 역할을 했다". 그럼에도 월터는 창업 초기에 대해 이야기할 때 올리브 앤의 공로를 언급하지 않았다. 그녀는 자신의 공로를 인정받기 위해 심지어 남편을 상대로 싸워야 했다. 알고 보니 그녀는 싸움을 좋아했다. 그녀는 "남편에게 월급을 주지 않으면 일하지 않겠다고 했어요. 온몸을 바쳐 일하는데 제대로 평가받지 못하는 건 원치 않았습니다"라고 말했다. 그녀는 인정이 권력으로 직결된다는 사실을 알았다. 일을 해내려면 강력한 입지가 필요했다.

월터는 비치 에어크래프트에서 본연의 모습을 되찾았다. 그는 공장에서 자주 눈에 띄는 존재가 됐다. 장소에 어울리지 않게 파란색 정장을 입은 그는 '금연' 표지를 무시하고 파이프 담배를 피워댔다. 종종 그는 정장에 온통 엔진 그리스를 묻혀가며 기계공의 작업을 거들었다. 또한 올리브 앤이 말리는데도 기계공들이나 엔지니어들과 어울려서 술을 마셨고, 가끔 휴식 시간에 소액 도박을 벌였다. 월터의 조카 로버트 프라이스(Robert Price)는 "그는 헤밍웨이 소설의 등장인물 같은 진솔한 사람이었어요"라고 회고했다.

월터의 초기 목표는 자그마치 세계 최고의 비행기를 만드는 것이었다. 그가 정의하는 세계 최고의 비행기는 최고 속도 시속 약 320킬로미터에, 항속거리가 약 1,600킬로미터이며, 5개의 좌석과 고급스러운 인테리어를 갖춘 비행기였다. 비치의 엔지니어들에게 이는 불가능한 기준으로 보였다. 그러나 올리브 앤이 비즈니스 측면을 세심하게 돌본 덕분에 월터는 엄청난 속도로 혁신을 이끌 수 있었다. 그해 11월 무렵 첫 '비치 크래프트(Beechcraft)'가 그의 엄격한 기준을 충족했다. 모델 17 스태거윙(Staggerwing)으로 불린 이 비행기는 곧 텍사코 트로피 레이스(Texaco Trophy Race)에서 우승했다.

비치 에어크래프트는 처음부터 안락한 고성능 비행기, 하늘의 리무진을 만드는 선도적인 기업으로 자리 잡았다. 그러나 올리브 앤은 마땅한 관심을 받지 못하는 비치 크래프트의 핵심적인 요소가 있다고 생각했다. 물론 비치 크래프트는 빠르고 편안했다. 그러나 보다 중요한 사실은 조종하기 쉽다는 것이었다. 월터는 제2차 세계대전 동안 미 육군 항공대의 비행 교관으로 활동했다. 그래서 진정한 조종사의 비행기를 만드는 데 역점을 두었다. 그는 조종석 시야 같은 특정 요소들이 전투 비행뿐 아니라 상업 비행 때도 얼마나 중요한지 알았다. 그 결과 비치 크래프트의 모든 측면은 어떤 조건에서도 다루기 쉽게 설계됐다.

올리브 앤은 이 점을 강조하기 위한 홍보 방안을 제안했다. 그 것은 1936년에 열리는 대륙 횡단 벤딕스 트로피 레이스(Bendix Trophy Race)에 여성 조종사를 내보내는 것이었다. 그러면 적어도 비행기를 사는 남자들의 눈에 비치 크래프트의 탁월한 조종성을 강조할 수 있다는 것이 그녀의 의견이었다. 월터는 그녀의 제안에 동의했다. 그에 따라 그해 9월 루이스 세이든(Louise Thaden)은 항법사인 블랜치 노이즈(Blanche Noyes)와 함께 스태거윙을 몰고 기록적인 시간에 미국을 횡단했다. 그녀는 2위 비행기보다 30분 이상 빨리 로스앤젤레스에 도착했다. [세이든은 '파우더 퍼프 더비(Powder Puff Derby)'라고도 불리는 제1회 위민스 에어 더비(Women's Air Derby)에서 우

승해 이미 유명했다. 다만 이번에는 "여자들에게 맞는" 느린 엔진을 쓰라는 강요를 받지 않았다.]

이듬해에 비치 에어크래프트는 전설적인 트윈 비치(Twin Beech)를 공개했다. 바로 전 세계에서 인기를 끈 트윈 비치는 무려 32년 동안 계속 생산됐다. 최종적으로 9,000여 대가 생산된 트윈 비치는 세계적으로 가장 인기 있는 경량 항공기 중 하나가 됐다.

그러나 1938년에 비치 에어크래프트는 여러 비행기의 성공에도 불구하고 고전했다. 대공황은 모든 미국 기업에 가차 없는 타격을 입혔다. 비치는 올리브 앤이 자금을 엄격하게 관리한 덕분에 그해에는 본전치기를 했다. 그러나 1939년에는 직원들을 내보낼 수밖에 없었다. 그러다가 1940년이 되자 전쟁에 대한 미국의 입장이 바뀌면서 상황이 반전되기 시작했다. 이 무렵은 월터 비치가 혼수상태에 빠지면서 임신한 36세의 아내에게 750명이 일하는 회사를 맡긴 시기이기도 했다.

홀로 멍에를 쓴 올리브 앤은 계약과 진통 외에 다른 문제들과 씨름해야 했다. 월터의 예후가 어떻게 될지 모르는 상황에서 일부 임원들은 회사의 일상적인 운영을 가로채려 들었다. 그녀는 비치 에어크래프트에 대한 통제력을 유지하고 전시에 대비하기 위해 병상에서 12시간씩 일하기 시작했다. 결국 올리브 앤은 쿠데타를 끝내기 위해 14명을 해고할 수밖에 없었다. 그동안에도 그녀는 혼자서 두 딸을 돌봐야 했다. 게다가 한 아이는 신생아였다.

월터는 몸져누운 지 거의 1년 뒤에 마침내 회복됐다. 그는 올리브 앤이 결정을 내리는 일을 멈출 생각이 없음을 확인했다. 과거에는 아내의 공로를 언급조차 하지 않던 그는 이제 모든 운영을 기꺼이 내맡겼다. 그는 건강을 회복했지만 자주 사냥이나 낚시를 다니며 자리를 비웠다. 때로는 이사회 회의 도중에 이발을 하러 가기도 했다. 그는 회의실을 느긋하게 걸어 나가면서 "애니가 처리할 겁니다"라고 말했다.

미국이 공식적으로 참전한 뒤 비치의 직원은 빠르게 늘어났다. 1941년에 4,000명이던 직원 수는 나중에 최대 1만 7,200명까지 불어났다. 공군의 전신인 미 육군 항공대는 수송기로 트윈 비치를 썼다. 비치는 또한 전시의 금속 부족을 극복하기 위해 합판으로 AT-10 훈련기를 만들기도 했다. 거의 모든 항법사와 폭격수가 AT-10을 타고 조종법을 배웠다. 덕분에 비치 크래프트는 진정한 조종사의 비행기로 자리 잡았으며, 전후에도 오랫동안 이 입지를 유지했다. 종전 무렵 비치는 7,400여 대의 비행기를 만들었으며, 우수한 제조사에 수여하는 육해군 'E'상을 다섯 번이나 받았다. 이 상은 전시 물자를 생산하는 데 참여한 8만 5,000여 기업 중에서 5퍼센트만 누린 영예였다.

비치 에어크래프트의 규모를 전시 체제로 키우는 일은 경영 측면에서 엄청난 위업이었다. 그러나 올리브 앤은 이 과업을 끝내기도 전에 더 큰 과업을 예견했다. 그것은 평시 체제로의 전환이었다. 전쟁 마지막 해에 비치의 매출은 고작 130만 달러에 지나지 않던 1939년의 매출보다 크게 늘어난 1억 2,300만 달러였다. 비치와 수많은 직원들은 어떻게 군사적 수요의 갑작스러운 감소에 발맞출 수 있을까? 명백히 비치는 상업용 시장에 맞서 다시 포지셔닝을 해야 했다. 하지만 추락하지 않고 무사히 착륙할 수 있을까?

올리브 앤은 앞으로 오랫동안 자신의 리더십 스타일을 이끌 개인적 모토를 받아들였다. 그것은 "우리는 서서히 나아간다"였다. 이는 월터의 무모한 접근법과 상반되는 것이었지만 회사에 도움이 됐다. 비치 에어크래프트는 전쟁이 끝나기도 전에 전후 시장에 맞는 신형 모델을 부지런히 개발했다. 이 모델은 단발 엔진에 전부 금속으로 제작됐으며, 특징적인 'V'자형 꼬리를 가진 4인승 '보난자(Bonanza)'였다. 1946년에 출시된 보난자는 3년 뒤 육군 항공대 대위 출신의 윌리엄 폴 오돔(William Paul Odom)이 홍보를 위해 하와이에서 뉴저지까지 논스톱 비행에 성공하면서 헤드라인을 장식했다. 36시간에 걸친 이 비행은 항속거리 세계기록을 세웠다. 오돔이 테터보로공항(Teterboro Airport)에 내렸을 때 남은 연료는 45리터에 불과했다. 현재 비치 보난자는 역사상 가장 오래 생산된 항공기라는 기록을 보유하고 있으며, 데뷔 후 지금까지 1만 7,000여 대가 생산됐다.

1950년에 월터가 심장마비로 사망했을 때 올리브 앤은 슬픔을 이겨내고 회사의 대표 자리를 이어받았다. 이로써 그녀는 대형 항공기 회사를 이끄는 최초의 여성이 됐다. 월터의 동생이 그녀를 끌어내리려고 시도했지만, 올리브 앤은 이전에 쿠데타 시도 때도 그랬던 것처럼 단호하게 저지했으며, 결국에는 그를 물러나게 만들었다.

비치는 서신에서 젠더를 가리려고 자신의 이름을 'O. A. 비치'로 적었다. 그녀는 특히 항공 부문에서 심했던 당시의 성차별 문화를 이겨내기 위해 독특한 리더십 스타일을 개발했다. 집단 회의에서 남자 임원들이 자신을 설득하려 드는 것을 참을 생각이 없었던 그녀는 직원들을 따로 불러서 일대일로 의논했다. 또한 그녀는 모든 직원에게 회사의 상태를 알리는 간단한 시스템을 활용했다. 그녀의 사무실 밖에 웃는 해가 그려진 깃발이 걸려 있으면 하늘이 맑다는 뜻이었다. 반면 폭풍우가 그려진 깃발이 걸려 있으면 문제가 있음을 뜻했다.

올리브 앤은 리더로서 엄격하고, 격식을 차렸으며, 까다로웠다. 그녀의 전기에 따르면 "성인 남성들도 그녀의 사무실에 깔린 파란색 카펫 위로 불려 오면 몸을 움찔거렸다. 거기서 좀체 목소리를 높이지 않던 그녀는 정확히 어떤 일을 해야 하는지, 또는 어디서 그들이 잘못했는지에 대해 조목조목 말했다". 그녀를 폄하하는 사람과 존경하는 사람 모두가 그녀를 '여왕'으로 불렀다. 나중에는 그녀의 개인 비행기에서 일하는 직원들이 그녀가 활주로에 내려설 때마다 실제로 붉은 카펫을 깔기 시작했다.

시간이 지나면서 회사 안팎에서 그녀를 존경하는 사람들이 늘어났다. 그녀의 리더십 아래에서 비치 에어크래프트는 꾸준하게 성장했다. 그러나 올리브 앤은 회사의 입지가 취약하다는 사실을 알았다. 비치 에어크래프트는 조종성과 안정성이 뛰어난 좋은 비행기들을 만들었다. 그러나 우수성만으로는 입지를 방어할 수 없었다. 그녀는 조종사의 비행기로서 회사의 입지를 굳히기 위해 비치 억셉턴스 코퍼레이션(Beech Acceptance Corporation)을 만들었다. 개인이 비행기를 좀 더 쉽게 구매할 수 있도록 돕는 융자 회사였다.

올리브 앤은 남편이 죽은 뒤 10년 동안 대기업의 CEO로서 경영 능력을 충분히 증명했다. 그녀는 한국전쟁 동안 회사를 이끌었으며, 군사용 무인 드론이나 아폴로 우주탐사 프로그램을 위한 여압 시스템을 개발하는 새로운 영역으로 진입했다. 그녀는 언제나 충족되지 않은 시장의 수요와 비치의 핵심 강점 사이의 교차로를 찾아내 새로운 입지를 확보했다. 비치는 정부와 관계가 아주 좋을 뿐 아니라 선실 여압화에도 폭넓은 전문성을 갖고 있었다. 그래서 우주선 여압 시스템은 새로 차지하기에 완벽한 영역이었다.

비치의 성공은 더 이상 엔지니어이자 설계사로서 월터 비치의 뛰어난 능력 덕분으로만 볼 수 없었다. 올리브 앤이 경영권을 이어받은 1950년에 비치에 투자해 그녀가 회사를 8억 달러에 레이시온 (Raytheon)에 매각한 1980년에 매도했다면 연평균 18퍼센트의 수익률을 올렸을 것이다. 1만 달러를 투자했다면 123만 달러가 됐을 것이고, 추가로 넉넉한 배당금까지 받았을 것이다. (S&P 500에 같은 금액을 투자했다면 15만 9,400달러가 됐을 것이다.) 한때 〈크리스천 사이언스 모니터(Christian Science Monitor)〉지는 올리브 앤을 "항공계의 영부인"이라고 칭했다.

그럼에도 미국인들은 여전히 여성 CEO라는 개념을 매우 불편하게 여겼다. 이 불편한 감정은 불운한 방식으로 자신을 드러냈다. 1959년에 비치의 홍보 담당자는 올리브 앤에게 과묵한 태도를 버리고 〈새터데이 이브닝 포스트〉와 인터뷰를 하라고 설득했다. 그녀의 신뢰는 잘못됐던 것으로 드러났다. 그녀에 대한 심층 프로필은 "위험: 여자 상사가 일하는 중"이라는 제목의 야만적인 기사가 됐다. 그녀는 남은 평생 동안 기자들을 줄곧 불신했다.

1993년 7월 6일, 올리브 앤은 89세의 나이로 캔자스주 위치토에 있는 자택에서 심부전으로 사망했다. 생전에 그녀는 여성항공인국제연합(Women's International Association of Aeronautics)을 비롯한 여러 항공 단체의 리더였다. 또한 아이젠하워, 존슨, 닉슨 대통령에 의해 수많은 국가위원회 위원으로 임명됐다. 비치 에어크래프트는 여러 번 주인이 바뀐 끝에 마침내 2013년에 세스나 항공과 합병됐다. 비치와 세스나가 거의 1세기 뒤에 다시 합쳐진 일은 올리브 앤과 월터가 모두 재미있어할 아이러니였다.

▲ ▲ ▲

포지셔닝은 모든 리더에게 가장 중요한 일이다. 당신이 정확히 누구를 위해 존재하는지, 그리고 중요하게는 '그들이 왜 당신의 제품을 선택해야 하는지'를 모르면 당신의 리더십은 흐릿하고, 밋밋하며, 비효과적일 것이다.

올바른 비즈니스 기회를 잡으려면 잘못된 비즈니스 기회를 놓을 줄 알아야 한다. 설령 다른 집단을 상대로 더 큰 성공을 거두기 위해 한 집단을 상대로 거둘 수 있는 어느 정도의 성공을 희생해야 한다고 해도 말이다. 이것이 포지셔닝의 핵심에 있는 과감한 선택이다. 종종 희생이 클수록 입지가 강력해진다. 이런 집중은 이기기 힘들다. 더 좋은 입지를 확보하기 위해 좋은 입지를 기꺼이 포기하는 리더는 아무리 힘든 시기라도 회사를 이끌고 나아갈 수 있다.

애플이 컴퓨터에서 모바일 기기로 사업을 확장할 때처럼 두 번째 입지도 차지할 수 있다. 다만 확고한 집중을 통해 첫 번째 입지를 강력하게 구축한 다음에 그렇게 해야 한다. 어떤 입지도 영구적이지 않다. 최고의 리더는 지속적으로 새롭고 방어하기 좋은 입지를 찾는다. 또한 결의에 찬 새로운 경쟁자를 상대로 더 이상 지킬 수 없는 입지를 포기한다. 이런 주의 깊은 행보가 필요한 이유는 전장이 언제나 변하기 때문이다. 유리한 고지는 오랫동안 유리하게 남지 않는다.

5

새로운 변화

적의 무방비를 이용하고, 예상하기 힘든 경로를 통해 나아가며,
방어하지 않는 지점을 공격하라.
손자, 《손자병법》

어떤 기업이 너무 오랫동안 시장을 지배하면 경쟁자와 소비자, 그리고 자신에게도 그런 군림이 불가피하게 느껴질 수 있다. 그러나 현명한 리더는 어떤 것도 영원히 지속되지 않는다는 사실을 안다. 비즈니스에서 불가피한 것은 혁신뿐이다.

때로 변화는 새로운 세대의 소비자들과 함께 도래한다. 인구 변화의 파도는 새로운 가치와 선호를 시장으로 끌어들인다. 때로 변화는 기술 도약과 함께 도래한다. 한 혁신이 현상을 뒤흔드는 다른 혁신들로 이어진다. 증기력, 전기, 트랜지스터, 인터넷 등이 그런 경우다. 단기간에 한때 필수였던 제품과 서비스가 쓸모없어지고 새로운 것들이 필수적인 것이 된다. 때로는 어떤 변화도 일어나지 않는 가운데, 기업은 안일한 태도로 자멸의 길을 걷는다. 과거의 모든 승리가 그들을 배고픈 신생 기업이 잡아먹을 연하고, 잘난 척하고, 쉬운 먹잇감으로 만든다.

이 장에서는 극적인 변화와 갑작스러운 요동으로 선도 기업들이 변화를 견디거나 좌초하는 양상을 살필 것이다. 때로 신생 기업이 새로운 강자가 된다. 때로 기성 기업이 신생 기업을 무너뜨리거나 흡수해 위협을 제거한다. 역할은 고정돼 있지 않다. 혁신 기업이 나중에 다른 기업의 혁신에 당할 수 있다. 뛰어난 리더들은 지금 어

비즈니스
원

디에 서 있든 기민함을 잃지 않으며, 결코 방심하지 않는다.

라이트(Lite)를 켜라
앤하이저부시 vs. 밀러

1972년 여름, 빌 배커(Bill Backer)는 한창 잘나가는 중이다. 그는 사우스캐롤라이나 출신으로, 전설적인 광고대행사 맥캔에릭슨 (McCann-Erickson)의 우편실에서 경력을 시작했다. 그는 잘 팔리는 카피를 만드는 탁월한 재능 덕분에 승진을 거듭했다. 얼마 전에도 획기적인 "세상에 콜라를 사주고 싶어요" 캠페인으로 성공을 거뒀다. 이 아이디어는 비행기가 연착됐을 때 떠오른 것이었다.

어느 날 모텔에서 잠을 설쳐서 피곤했던 그는 빨리 목적지에 도착하고 싶었다. 그런데 전혀 개의치 않는다는 듯이 콜라를 마시며 서로 웃고 있는 다른 승객들의 모습을 보고 그는 깜짝 놀랐다. 그들은 저마다 국적이 달랐고, 부자연스러운 영어로 소통하고 있었다. 그럼에도 그들에게서는 확연한 동료 의식이 느껴졌다. 배커는 코카콜라가 "다양한 사람들 사이에 300밀리리터 내지 355밀리리터의 동질성"을 제공한다는 사실을 깨달았다. 여기서 영감을 얻은 그는 냅킨에 급히 "세상에 콜라를 사주고 싶어요"라는 구절을 써 내려갔다. 이 슬로건은 크게 성공한 콜라 광고에 삽입됐다. 또한 나중에는 "세상에 (완벽한 화음으로) 노래하는 법을 가르치고 싶어요"라는 노래로 만들어졌다. 이 노래는 CM송으로는 드물게 인기곡이 됐다. 정확하게는 두 곡이었다. 두 그룹이 부른 두 개의 버전이 전 세계에서 차트 정상에 올랐다.

그러나 광고인에게 실로 중요한 것은 다음 프레젠테이션이다. 맥캔의 신임 크리에이티브 디렉터가 밀워키로 온 이유도 거기에 있다. 배커는 영화 필름 통을 겨드랑이에 낀 채 회의실로 향한다. 거기에는 밀러 브루잉(Miller Brewing)의 CEO 존 머피(John A. Murphy)와 임원진이 배커의 새 광고를 심사하기 위해 기다리고 있다. 브롱크스 출신인 머피는 근래에 밀러 브루잉을 인수한 필립 모리스(Philip Morris)에 의해 CEO로 선임됐다. 그는 필립 모리스의 해외 사업을 운영하면서 명성을 얻었다. 이제 그는 말보로를 세계에서 가장 인기 있는 담배로 만든 마케팅 전략을 밀러의 5위 맥주에 적용하는 임무를 맡았다.

머피는 밀러가 추구하는 고객층을 블루칼라로 확정했다. 그들은 미국에서 전체 맥주 매출의 무려 80퍼센트를 차지했다. 그러니 맥주 회사로서는 그보다 나은 입지가 없었다. 안타깝게도 밀러의 하이 라이프(High Life) 맥주는 언제나 프리미엄 제품으로 자리매김했다. 그래서 '병맥주의 샴페인'으로 불렸으며, 심지어 샴페인 병과 비슷한 용기에 담겨서 판매됐다.

블루칼라 남성들은 샴페인을 마시지 않으며, 샴페인에 대한 비유도 그다지 좋아하지 않았다. 그들의 호감을 사려면 새로운 접근법이 필요했다. 머피는 "밀러 하이 라이프는 샴페인 통에서 빠져나와 한 방울도 흘리지 않고 도시락통으로 들어가야 한다"라고 선언했다. 그러기 위해서는 맥주 업계의 강자인 버드와이저에서 블루칼라 고객들을 빼앗아 와야 했다. 이는 쉬운 일이 아니었다. 그러나 머피는 말보로의 자금으로 호주머니가 두둑했다. 1972년에 끝내주는 캠페인을 원하고 비용은 문제가 아니라면 빌 배커를 고용해야 했다.

조명이 어두워지고 필름이 돌아가기 시작한다. 배커의 광고에서 건설 노동자들은 고된 노동 후에 일과를 마무리한다. 누군가가 "일을 마칠 시간이야. 맥주나 마시러 가지"라고 말한다. 다음 장면에서 그들은 여전히 안전모를 쓴 채 바에서 밀러 하이 라이프를 마신다. 이 광고의 CM송은 뒷날 인기곡이 되지는 못했지만 여전히 단순하고 인상적이다. 가사 내용은 "당신에게 시간이 있다면 우리에게는 맥주가 있습니다"다. 이 광고는 직설적이고 명확하다. 그래서 밀러가 도달하고 싶어 하는 블루칼라 소비자들을 대상으로 밀러 하이 라이프를 포지셔닝한다. 머피는 흡족해한다.

배커는 개인적인 입장에서 기본적인 아이디어를 마음에 들어 한다. 그러나 '광고판에 어울리도록' 다듬을 필요가 있다고 생각한다. 그는 "일을 마치고 맥주를 마시는 블루칼라 노동자들에 대해 짧은 에세이들을 쓰기 시작한다". 그는 한 에세이에서 "블루칼라 노동자들이 '퇴근 시간과 취침 시간' 사이에 느긋하게 맥주를 마실 수 있는 황금 같은 시간"을 가리키는 완벽한 단어를 찾아낸다. 바로 '밀러 타임'이다.

그렇게 밀러 타임 캠페인이 전개된다. 머피와 배커는 기대에 차서 반응을 기다린다. 그러나 황금 시간대 스포츠 방송 광고를 비롯해 텔레비전 광고로 수백만 달러를 썼는데도 하이 라이프의 매출은 제자리걸음이다. 배커는 실망을 금할 수 없다. 물론 모든 캠페인을 성공시킬 수는 없다. 그러나 크리에이티브 디렉터로서 출발부터가 험난하다. 어쩌면 벌써 전성기가 끝나가는 걸까? 광고 비즈니스에서 창의성은 오래가지 못하는 경향이 있다.

배커는 다시 머피를 만날 때 더 많은 아이디어를 준비한다. 그러나 놀랍게도 머피는 인기가 없어도 밀러 타임 광고를 계속 내보내겠다고 설명한다. 그가 보기에 밀러는 하이 라이프 브랜드의 이미지에 대한 오랜 믿음과 싸우고 있다. 또한 밀러는 사실상 국민 맥주인 버드와이저의 왕좌를 빼앗으려 하고 있다. 그런 변화는 하룻밤 사이에 일어나지 않는다.

배커는 '어차피 당신네들 돈이니까'라고 생각한다. 다만 그는 앞으로 어떤 일이 일어날지 호기심을 느낀다. 카피를 쓸 때만 해도 밀러 타임 광고는 성공작이 될 것 같았다. 어쩌면 그냥 시간이 더 필요한 것인지도 모른다.

▲ ▲ ▲

몇 달의 시간과 수백만 달러의 광고비를 들인 이후에 머피의 특별한 인내심은 보상을 받는다. 배커의 캠페인이 마침내 바늘을 움직이기 시작한다. 하이 라이프의 매출은 블루칼라 시장에서 이룬 성장 덕분에 30퍼센트나 증가한다. 이제는 머피가 세운 전략의 두 번째 단계로 넘어갈 때다. 앤하이저부시(Anheuser-Busch)와 숙적인 슐리츠(Schlitz) 같은 선도 기업들은 왕국으로 들어가는 열쇠를 쥐고 있다. 그들과 같은 게임을 해서는 이 대형 기업들을 따라잡을 수 없다. 여지를 만들려면 시장을 흔들어야 한다.

머피는 라이트(Lite)라는 적절한 이름을 가진 저칼로리 맥주가 잠재적 공성 무기임을 간파한다. 그는 시카고에 있는 소형 맥주 회사에서 이 브랜드를 사들였다. 라이트는 인기가 많지 않았다. 내부적으로 머피의 사람들은 그들이 호감을 사려고 그토록 열심히 노력했던 블루칼라 노동자들에게 '다이어트' 맥주가 어필할 수 있을지 의문을 제기한다. 그러나 머피는 라이트가 술책 이상의 존재가 될 수 있음을 직감한다. 실제로 라이트는 완전히 새로운 범주의 맥주가 될지도 모른다. 다만 필립 모리스 산하의 기업에서 신제품을 출시하려면 직감 이상의 것이 필요하다.

초기 시장조사 결과는 의구심을 확증한다. 건설 노동자들은 분명히 다이어트를 하는 사람으로 보이고 싶어 하지 않는다. 그러나 인디애나주 앤더슨(Anderson)의 한 초점 집단은 다른 반응을 보인다. 그들은 라이트를 좋아한다. 그것도 많이. 이유가 뭘까? 일반 맥주보다 배가 덜 부르기 때문이다. 그래서 그만큼 더 많이 마실 수 있다.

이는 머피에게 깨달음의 순간이다. 그는 블루칼라 노동자들의 공감을 이끌어낼 가치 제안을 찾아냈다. 밀러는 라이트를 일반 맥주보다 몸에 좋은 대안으로 홍보하기보다 더 많이 마실 수 있는 맥주로 포지셔닝할 것이다. 머피는 만면에 웃음을 띠고 맥캔에릭슨에 있는 배커에게 전화를 건다. 이제 새로운 캠페인에 나설 때다.

1974년 초에 밀러는 라이트에 대한 주조법을 완벽하게 다듬은 뒤 '배가 덜 부른' 맥주를 생산하기 시작한다. 라이트가 미리 선정된 시장으로 서서히 진입하는 가운데 배커의 새 광고가 나오기 시작한다. 한 광고에서 뉴욕 제츠(New York Jets)의 러닝백인 매트 스넬(Matt Snell)은 빈 밀러 라이트 병이 길게 줄지어 선 탁자를 앞에 두고 앉아 있다. 그는 "맛있으면서도 배가 덜 부른 맥주를 상상해보세요. 191센티미터에 104킬로그램인 제 배를 채우려면 맥주가 많이 필요해요"라고 말한다. 이 광고의 메시지는 명확하다. 또 다른 텔레비전 광고에서는 전 NBA 심판인 멘디 루돌프(Mendy Rudolph)와 보스턴 셀틱스(Boston Celtics)의 감독인 톰 헤인슨(Tom Heinsohn)이 바 의자에 앉아 있다. 루돌프의 판정을 놓고 말다툼을 벌이던 두 사람은 이제 밀러 라이트의 장점에 대해 논쟁을 벌인다.

루돌프 가장 좋은 점은 맛이 아주 좋다는 거지.

헤인슨 그게 아니고 배가 덜 찬다는 거야.

루돌프 아냐. 맛이 좋다는 거야.

헤인슨 배가 덜 찬다는 거야!

루돌프 맛이 좋다는 거라니까.

헤인슨 배가 덜 찬다는 거야! 배가 덜 찬다고! 당신은 농구보다 맥주를 더 몰라!

루돌프 더는 못 참아. 헤인슨! (호각을 불며) 당신, 바에서 퇴장이야!

잠재력을 직감한 머피는 밀러 라이트의 출시를 앞당기고 유례없이 광고비를 1,000만 달러나 들여서 즉시 전국 광고를 실시했다. 그리고 마침내 밀러 라이트의 매출은 로켓처럼 버드와이저를 똑바로 겨냥해 치솟았다.

▲ ▲ ▲

일본의 무술 수련자들은 잔신(殘心) 또는 '후비심(後備心)'을 기른다. 이는 긴장을 풀되 주위를 계속 인식하는 것이다. 싸우는 사람은 타격에 성공하는 순간에도 새로운 위험을 인식하고 경계해야 한다. 잔신은 도장뿐 아니라 시장에서도 중요하다. 새로운 것이 난데없이 나타나기 때문이다. 비즈니스 리더는 아무리 위협적으로 보이더라도 하나의 적에만 전적으로 집중할 수 없다. 어떤 방향에서든, 어느 때든 공격이 들어올 수 있다.

1970년대가 시작될 무렵 미국 맥주 시장의 주요 기업은 앤하이저부시와 슐리츠, 둘뿐이었다. 적어도 오거스트 앤하이저 '거시' 부시 주니어(August Anheuser 'Gussie' Busch Jr.)의 의견은 그랬다. 앤하이저부시는 거시의 조부와 증조부가 1세기 전에 세인트루이스에서 창립한 회사였다. 이후 앤하이저부시는 거시의 탁월한 리더십 덕분에 미국 제1의 맥주 회사가 됐다. 그의 아버지는 앤하이저부시의 페일 라거(pale lager)인 버드와이저를 '맥주의 왕'이라고 불렀다. 그러나 버드와이저를 왕좌에 앉힌 것은 거시였다.

1980년대가 시작될 무렵 5위 기업인 밀러 브루잉은 거의 거시의 관심 밖에 있었다. 앤하이저부시의 시장점유율은 18퍼센트인 데 반해 밀러 브루잉은 시장점유율이 4퍼센트에 불과한 작은 회사였다. 필립 모리스가 얼마 전에 2억 2,000만 달러에 밀러를 인수했다는 사실도 의미가 없었다. 대형 담배 회사가 맥주에 대해 뭘 알까? 거시가 보기에 지금 버드와이저에 명백한 위험을 안기는 것은 오랜 라이벌인 슐리츠였다. 앤하이저부시처럼 밀워키에 자리한 슐리츠는 비용을 많이 줄였다. 그들은 맥아를 옥수수 시럽으로 대체했고, 고온 발효법을 썼으며, 심지어 주조법에 실리카겔을 추가했다. 그들은 이렇게 비용을 아껴서 버드보다 저렴한 가격을 매겼으며, 사방에 광고를 도배했다. 거시는 버드가 여전히 더 맛있을 때 슐리츠보다 우위를 확보하려 애썼다. 그는 구정물 따위에 우위를 내줄 생각이 없었다.

앤하이저부시에서 상황을 다르게 본 유일한 사람은 거시의 아들인 오거스트 부시 3세(August Busch Ⅲ)였다. 물론 슐리츠는 근시안적인 전술로 이득을 볼지 몰랐다. 그러나 비용 절감은 소비자들이 알아채는 순간 회사를 망하게 만들 것이었다. 오거스트는 활력과 야심을 가진 밀러가 버드와이저의 왕관을 더 많이 위협한다고 보았다. 물론 필립 모리스는 양조업에 대해 아는 것이 별로 없었다. 그래도 소비자 마케팅을 알았고, 자금이 풍부했다. 슐리츠는 오늘의 적일지 모르지만 내일의 적은 분명히 밀러가 될 것이었다. 그러나 거시는 아들의 경고를 무시했다. 그는 오거스트의 육감을 결코 신뢰하지 않았다.

앤하이저부시는 새로운 광고를 전개하고 있었다. 그러나 그들은 버드의 장점을 알리지 않고 비용을 아끼는 슐리츠의 주조법을 조롱했다. 한 광고에서 슐리츠의 비밀 재료는 더러운 빨랫감인 것으로 드러난다. 내부적으로 이 공격적인 광고들은 몇 명을 웃게 만들었다. 그러나 걱정하는 사람들이 많았다. 슐리츠를 깎아내린다고 해서 버드와이저의 이미지가 올라가는 것은 아니었다. 슐리츠가 정말로 그렇게 형편없다면 사람들은 더 이상 마시지 않을 것이었다. 그러나 그렇다고 해서 '밀러 타임'이 당도했을 때 사람들이 하이 라이프가 아닌 버드를 집어 들 것이라는 보장은 없었다. 앤하이저부시가 답해야 할 진정한 질문은 소비자들이 버드를 마셔야 할 이유에 대한 것이었다. 앤하이저부시는 그 답을 알까? 그때 밀러가 라이트를 선보였다.

비즈니스의 핵심은 대응이든 단순한 반응이든 예기치 못한 일에 대처하는 방식에 있다. 오로지 슐리츠에 집중하던 거시는 충분한 자금을 확보하고 공격적으로 나서는 밀러 브루잉이 제기하는 위협에 대한 아들의 경고를 무시했다. 이제 오거스트가 예측한 모든 것이 현실로 다가왔다. 그래도 그는 아버지가 그 사실을 인정하지 않을 것임을 알았다. 밀러는 소비자들이 좋아하는 완전히 새로운 종류의 맥주를 앞세워서 앤하이저부시와 다른 맥주 회사들에 덤벼들었다. 성장 속도를 보면 밀러는 곧 쿠어스(Coors)와 팹스트(Pabst)를 제치고 3위 자리에 오를 것이었다. 그러면 왕좌도 사정거리 안에 넣을 수 있었다. 앤하이저부시는 어떻게 대응할까?

그러나 76세의 거시 부시가 병력을 동원하기 전에 집안에 일어난 비극적인 사고가 그를 주저앉혔다. 1974년 12월에 오거스트의 여덟 살짜리 이복 여동생인 티나(Tina)가 교통사고로 죽고 말았다. 아끼는 자식의 죽음으로 상심에 빠진 거시는 심하게 술을 마시고 사무실을 비우기 시작했다. 오거스트는 나중에 있을 아버지의 은

퇴에 진작부터 대비하고 있었다. 그러나 갑작스러운 사태로 시기를 앞당겨야 했다. 한동안 그는 신뢰하는 소수 임원들과 토요일 아침마다 외부에서 회의를 가졌다. 그들은 오거스트를 정상의 자리에 올릴 계획을 세웠다. 이 '새벽 정찰대(Dawn Patrol)'의 다음 회의에서 오거스트는 쿠데타를 일으키겠다고 발표했다.

거스가 진으로 아픔을 달래는 동안 오거스트와 우군들은 권력이양을 위한 전략을 짰다. 그들이 가장 우려하는 것은 팀스터스(Teamsters)라는 트럭 운송 노조였다. 그들은 조금의 약점만 보여도이 노조가 바로 파업에 돌입한다는 사실을 알았다. 앤하이저부시에미숙한 새 리더가 등장하는 것은 노조가 기다리던 여지가 될 것이었다. 그들은 파업을 견디기 위해 맥주 재고를 미리 확보해두기로결정했다.

1975년 5월, 밀러 라이트가 전국에서 파란을 일으키는 동안 오거스트 부시 3세는 이사회를 소집한 뒤 자신을 CEO로 임명해달라고 요청했다. 거시는 양손에 지팡이를 짚고서 절뚝거리며 회의장으로 들어섰다. 그는 화가 나 있었지만 자신 있는 표정이었다. 이사회 구성원들은 오랫동안 그에게 충성한 사람들이었다. 그들은 그가 혼자 힘으로 앤하이저부시를 세계 최대의 맥주 회사로 만드는것을 지켜봤다. 그는 한 개뿐이던 공장을 전국에 걸쳐 9개로 늘렸고, 연간 2,600만 배럴로 판매량을 늘렸다. 그가 리더로서 아들의역량을 믿지 않는데 그들이 믿어야 할 이유가 있을까? 그래서 거시는 탁자 주위에 둘러앉은 이사들이 한 명씩 손을 들어 오거스트의요청을 지지하는 모습을 지켜보며 깊은 배신감을 느꼈다. 회사의 리더로서 거시 부시의 30년에 걸친 군림은 마침내 끝났다. 구세대 리더는 떠나가고 신세대 리더가 등장했다.

오거스트 부시 3세는 원하던 것을 얻었다. 그러나 앞으로 닥칠 시련을 견디려면 정권 교체 이상의 변화가 필요할 것이었다. 앞으로 그의 선택이 앤하이저부시가 정상에 계속 머물지, 아니면 찬탈자에게 자리를 내줄지를 결정할 것이었다. 그는 자신의 의견이 중요치 않을 때도 언제나 목소리를 높였다. 자신의 의견이 중요해진 지금은 어떻게 할까?

새벽 정찰대가 예측한 대로 팀스터스는 리더십 전환을 틈타 병입 공장의 자동화에 반대하는 파업을 일으켰다. 1976년 3월에 8,000명의 직원들이 태업에 들어갔고, 전체 양조장의 가동이 중지됐다. 오랫동안 오거스트는 노조에 대한 아버지의 유약한 태도에 반발했다. (거시는 팀스터스를 자극하기를 두려워했다. 슐리츠에서 1953년에 벌어진 파업은 앤하이저부시가 라이벌을 따라잡을 수 있도록 허용했다.) 파업 한 달째를 맞은 오거스트는 자신이 옳다고 생각하는 방법으로 대처하기로 결심했다. 중간 간부, 회계 담당, 타자수 등 800명의 직원들이 '배반자', '배신자'라는 야유와 욕설을 들으며 피켓 라인을 지났다.

곧 공장이 가동되기 시작했다. 물론 속도는 훨씬 느렸다. 그러나 오거스트의 입장은 명확하게 드러났다. 분노에 찬 팀스터스 노조원들은 철로에서 피켓을 들었고, 트럭들이 나가지 못하도록 연좌 시위를 벌였으며, 버드와이저에 대한 전국적인 불매운동을 일으켰다. 오거스트는 흔들리지 않았다. 파업 전에 재고를 확보해두기로 한 결정은 현명했던 것으로 판명났다. 오거스트에게는 재고가 있었지만 노조원들은 생활비를 벌어야 했다.

오거스트의 판단력은 다른 핵심 영역에서도 정확했던 것으로 드러났다. 비용을 절감하는 슐리츠의 새로운 주조법은 그가 예측했던 결과를 낳고 있었다. 슐리츠의 맥주는 맛이 아주 나빠졌을 뿐 아니라 응어리까지 생기기 시작했다. 이제 소비자의 컵에 담긴 슐리츠 맥주는 탁하고 얼룩덜룩해 보였다. 슐리츠는 내부 조사에서 저렴한 새 안정제가 원인임을 확인한 뒤 주조법을 바꾸었다. 그 결과 응어리는 사라졌지만 탄산도 같이 사라졌다. 김빠진 맥주는 슐리츠의 충성 고객들조차 건너기 힘든 다리였다. 그들은 일제히 슐리츠를 등져버렸다. 오거스트에게 유일한 문제점은 그들이 밀러 라이트로 맥주를 바꾸고 있다는 것이었다.

한 번의 위기도 모든 리더의 패기를 시험한다. 오거스트 부시 3세는 밀러라는 활기차고 창의적인 새로운 적에 직면했을 뿐 아니라 힘세고, 결의에 차 있고, 갈수록 절박해지는 노조와도 맞서야 했다. 그것도 CEO로 일한 지 1년이 채 되지 않은 때에 이 모든 문제가 나타났다. 그러나 그는 처음 부딪힌 난관 앞에 무릎 꿇으려고 아버지를 끌어내린 것이 아니었다. 오거스트는 맥주 재고 덕분에 노조가 아무리 작정했다고 주장해도 끝까지 이겨낼 수 있을 것임을 알았다. 결국 그의 사전 준비와 강한 결의는 대단히 중요한 역할을 했다. 5월에 뉴저지 공장의 노동자들은 파업 이전에 회사 측이 제시한 조건을 수락했다. 그다음 달에는 파업이 무위로 끝나면서 앤하이저부시의 모든 공장이 정상적으로 가동됐다. 도박을 걸었던 오거스트가 이긴 것이다.

회사의 승리는 대가 없이 이뤄지지 않았다. 앤하이저부시는 수천만 달러의 매출 손실을 입은 데 더해 파업이 이어진 95일 동안 시장점유율을 4퍼센트 잃으면서 밀러에 좋은 일만 시키고 말았다. 게다가 예상대로 파업 이후 회사의 사기가 땅에 떨어졌다. 노조 소속 직원들은 파업 기간 동안 오거스트의 야멸찬 대우에 깊은 소외감을 느꼈다. 또한 피켓 라인을 지나간 다른 직원들에 대해서도 배신감을 느꼈다. 노조 소속 직원들을 현장에 복귀시키려고 모든 노력을 기울인 오거스트는 이제 그들을 잃고 싶지 않았다. 그는 하나의 깃발 아래 직원들을 다시 단합시키기 위해 내부 갈등이 단결을 위협할 때 역사적으로 기민한 리더들이 했던 일을 했다. 바로 공동의 적에 맞서서 전열을 정비하는 일이었다.

파업이 끝난 뒤 몇 주 동안 모든 앤하이저부시 직원들은 "나는 밀러 킬러(Miller Killer)다"라고 적힌 흰색 티셔츠를 받았다. 이 전략은 단순하고, 명백했으며, 매우 효과적이었다. 마침 적절한 시기에 사기가 회복되고 생산성이 올랐다.

1976년 11월, 슐리츠의 회장 로버트 유라인(Robert Uihlein)이 급성 백혈병으로 갑자기 세상을 떠났다. 아무런 승계 계획이 없는 상태에서 손상된 브랜드와 막대한 부채만 남은 슐리츠는 고전할 수밖에 없었다. 슐리츠가 침몰하는 가운데 밀러는 업계 2위로 부상했다. 이 무렵 유일하게 밀러의 발목을 잡는 것은 생산 용량이었다. 앤하이저부시는 해마다 엄청난 양의 맥주를 생산했다. 밀러가 그에 맞서기에 충분한 새 공장을 지으려면 시간이 필요했다. 그래도 밀러는 두려울 만큼 빠르게 따라잡고 있었다.

오거스트 부시 3세는 단순하고 직접적인 해결책을 좋아했다. 밀러가 라이트 맥주로 앤하이저부시를 위협한다면 앤하이저부시도 라이트 맥주를 만들면 될 일이었다. 그렇게 해서 1976년에 라이트를 어중간하게 베낀 내추럴 라이트(Natural Light)가 출시됐다. 심지어 앤하이저부시는 밀러 라이트 광고에 출연했던 운동선수들을 내추럴 라이트 광고에 출연시켰다. 그야말로 단순하고 직접적인 대응이었다. 이제는 적절한 고객층이 시청하는 방송에 광고를 내보낼 때였다.

몇 년 전에 밀러는 월드 시리즈부터 스탠리 컵(Stanley Cup)까지 모든 경기를 후원하면서 스포츠 광고에 상당한 투자를 했다. 반면 앤하이저부시는 광고 효과에 비해 너무 비싸다는 이유로 오랫동안 스포츠 광고를 하지 않았다. 그러나 이제 오거스트는 회사가 전략적 실수를 저질렀음을 깨달았다. 스포츠 광고는 명백히 블루칼라 맥주 소비자들에게 가장 직접적으로 다가갈 수 있는 수단이었다. 그는 전체 마케팅 부서를 동원해 새롭고 포괄적인 목표를 부여했다. 그것은 가능한 모든 스포츠 후원 계약을 따내고 밀러의 후원 계약이 끝나는 대로 즉시 빼앗아서 그동안 잃어버린 영역을 최대한 많이 재탈환하는 것이었다.

밀러가 신규 공장을 짓는 데 수억 달러를 투자하면서 1위 자리에 올라서는 것은 불가피해 보이기 시작했다. 존 머피는 기자들에게 그 일이 일어날 정확한 날짜를 혼자 계산했다고 자랑했다. 그러나 그의 자신감은 잘못된 것이었다. 머피는 탁월한 혁신을 일으켰지만 상대의 패기를 과소평가했다. 오거스트 부시 3세는 밀러가 자신의 유산을 가로채는 동안 가만히 앉아 있으려고 아버지를 배신한 것이 아니었다. 고객들은 내추럴 라이트가 독창성이 없다는 것을 개의치 않았다. 그렇다면 밀러를 베끼지 못할 이유가 있을까? 이는 단순하고 직접적이었다. 밀러는 상표권이 있는 특정한 이미지와 구절 말고는 법률적으로 배커의 아이디어를 보호할 수 없었다. 그래서 앤하이저부시는 그 아이디어들을 그냥 가져왔다.

1979년에 밀러가 버드의 뒤를 바짝 쫓는 가운데 일련의 새로운 텔레비전 광고가 방송됐다. 블루칼라 노동자들에게 적극적으로 다가가는 밀러의 광고가 처음 방송을 탄 지 7년 뒤에 버드의 새로운 광고도 같은 방식으로 시작됐다. 이 광고에는 긴 하루의 일을 막 끝낸 건설 노동자들이 등장했다. 트럭 운전사, 농부, 선장 같은 다른 남성적이고 전형적인 블루칼라 노동자들이 그 뒤를 이었다. 밀러의 본래 광고와 유일하게 다른 점은 "이 버드는 당신을 위한 것입니다"라는 카피였다. 앤하이저부시의 광고는 '버드와이저 타임'이라고 한 것은 아니지만 밀러의 광고와 상당히 비슷했다.

내추럴 라이트라는 모방 제품으로 차이를 흐릿하게 만들고, 이제는 광고까지 모방한 앤하이저부시는 근본적으로 혁신적인 경쟁자에게서 그 우위를 훔쳐 왔다. "이 버드는 당신을 위한 것입니다" 광고와 '밀러 타임' 광고의 유사성은 고객들이 혁신 기업과 기성 기업을 거의 구분할 수 없게 만들었다. 밀러는 '블루칼라 맥주'라는 영역 주위에 해자를 갖추고 있지 않았다. 그런데도 갖추고 있는 것처럼 굴었다. 그들은 새로운 땅을 확보하면서 기민성을 활용하지 않고 자만에 빠지고 말았다. 앤하이저부시가 밀러에게서 추진력을 빼앗고 1위 자리를 고수하기 위해서는 뻔뻔한 모방으로 충분했다.

패스트 패션
H&M vs. 자라

맨해튼의 어느 이른 금요일 아침. 11월의 겨울 날씨에도 이미 구역 전체에 걸쳐 긴 줄을 이룬 고객들이 추위와 빗속에서 참을성 있게 기다리고 있다. 그들은 다른 수만 명의 패션 애호가들처럼 일생일 대의 기회를 잡기 위해 무슨 일이든 할 수 있었다.

34번가와 7번가가 만나는 곳에 있는 H&M 매장이 아침 9시에 문을 열었을 때 이 열성적인 구매객들은 매장 안으로 몰려갔다. 9시 2분부터 직원들은 빠진 상품을 다시 채우기 시작했다. 9시 20 분이 되자 유명 패션 디자이너인 칼 라거펠트(Karl Lagerfeld)가 디자 인한 한정판 컬렉션이 거의 동났다.

5번가에 있는 H&M의 플래그십 매장에서도 같은 일이 벌어졌 다. 그러나 이 매장은 더 많은 재고를 갖추고 영업을 시작했다. 문 이 열리자 300명에 이르는 구매객이 밀려들었다. 한 시간이 채 안 돼 1,500개가 팔려 나갔다. 또한 오전에 재고가 다 떨어질 때까지 매시간 최대 2,000개가 더 팔렸다.

나중에 〈위민스 웨어 데일리(Women's Wear Daily)〉가 "집단 히스 테리"라고 묘사한 이 소동에서 H&M이 독점한 라거펠트 라인은 전 세계의 대다수 매장에서도 마찬가지로 빠르게 매진됐다. 30세 의 한 변호사는 "어떤 여자가 제 손에 있던 스웨터를 움켜쥐었어요!"라고 말했다. 한 제빵사는 "사람들은 옷을 보지도 않았어요. 그냥 마구 움켜잡았죠. 44사이즈의 드레스를 다른 사이즈의 셔츠와 바꾸는 식으로 물물교환을 하는 사람들도 있었어요. 청바지 두어 벌 말고는 남은 게 없었어요. 모든 게 눈앞에서 바로 사라졌어요. 그래서 그냥 나왔어요"라고 말했다. 독일의 한 접수계 직원은 당시의 경험을 베를린장벽의 붕괴에 비유했다. 실제로 2004년의 그날 아침 이후 전 세계 주요 도시에서 더 많은 H&M 매장들이 문을 열 때마다 이런 현상은 되풀이됐다.

한편 홍콩에서는 H&M의 주요 경쟁자인 자라(Zara)가 2,000번째 매장을 열었다. 이 스페인 회사는 5개 대륙에 걸쳐 56개 시장에서 영업한다. 파나마부터 라트비아, 모로코까지 자라 매장에 가면 지금 가장 인기 있는 옷들을 살 수 있다. H&M은 젊은 소비자를 위한 화려한 유행에 초점을 맞추는 반면, 자라는 대다수 여성에게 어울리고 유행을 따르는 기본적인 상품을 판다. 각 회사의 접근법은 다르지만 '패스트 패션'을 제공하는 공통의 성향은 패션업계를 뒤집어놓았다. 그들은 각자 최신 패션을 전통적인 소매업체보다 훨씬 빠르게 제공하기 때문에 서로를 앞지르지 못한다. 그래서 다른 측면에서 경쟁해야 했다.

▲ ▲ ▲

패션에서 '맞는' 옷은 없다. '지금 맞는' 옷만 있을 뿐이다. 패션에서 앞서가는 고객들은 언제나 패션쇼 무대나 레드 카펫에서 막 소개된 최신 디자인을 원했다. 그러나 의류 제조 회사들은 고객의 취향을 따라잡는 일만 할 수 있을 뿐이었다. 전형적인 기성복 회사는 6개월 전에 미리 새로운 컬렉션을 디자인했다. 그리고 이 디자인을 인건비가 저렴한 나라의 공장들로 보냈다. 뒤이어 해마다 봄, 가을이 되면 오랫동안 기다린 신상품이 대량으로 매장에 입고됐다. 고객들은 매 시즌 오트쿠튀르(haute couture)에서 대중 시장까지 느리고 우아하게 행차하는 새로운 디자인을 그냥 받아들였다. 그러다가 H&M과 자라가 이 주기를 몇 달에서 몇 주로 단축하면서 패션을 영원히 바꿔놓았다.

1989년 마지막 날에 〈뉴욕타임스〉는 완전히 새로운 패션 '언어'로서 패스트 패션이 맨해튼에 도착했음을 알렸다.

— 호주머니 사정이 넉넉지 않아도 립스틱 색깔만큼 자주 옷을 바꾸는 젊은 패션 추종자들은 이 언어를 이해한다. …… 강조점은 조율된 방식으로 판매되는 패스트 패션에 있다.

패스트 패션의 '패스트(fast)'는 상대적인 개념이다. 그러나 스페인의 신생 기업인 자라가 렉싱턴애비뉴(Lexington Avenue)의 새 매장을 통해 뉴욕시로 들인 것은 패션을 민주화한 유례없는 출시 속도였다. 새로운 유행은 이제 더 이상 엘리트들이 싫증을 느낀 지 한두 시즌 뒤에 좀 더 저렴한 의류를 만드는 제조 회사나 중고 매장으로 내려갈 필요가 없었다. 이제는 대부분의 사람들이 거의 즉시 최신 스타일을 받아들일 수 있었다.

자라의 미국 사업을 이끌기 위해 2월에 뉴욕으로 온 후안 로페즈(Juan Lopez)는 이렇게 말했다. "매주 스페인에서 새로운 상품이 들어옵니다. 매장에 진열되는 상품은 3주마다 바뀝니다. 우리는 최신 유행을 추구합니다. 새로운 아이디어가 상품화돼 매장에 들어오기까지 15일밖에 걸리지 않습니다."

　　언론 노출을 꺼리는 것으로 유명한 자라의 창업자 아만시오 오르테가 가오나(Amancio Ortega Gaona)는 1936년 3월 28일에 스페인의 갈리시아(Galicia) 지방에 있는 도시인 라 코루냐(La Coruña)에서 태어났다. 오르테가는 14세 때 현지에 있는 셔츠 제조사에서 배달 일을 하면서 처음 의류 산업에 발을 들였다. 나중에 오르테가는 매장 매니저까지 승진했으며, 그사이에 옷 만드는 법을 배웠다. 그는 추가 수입을 올리려고 누나의 주방 식탁에서 여성 의류를 만들기 시작했다. 그는 인기 있는 디자인대로 패턴을 잘라내 저렴한 소재로 드레스를 만들었다. 그리고 이렇게 모방한 옷을 저가에 팔았다. 1963년 무렵 그와 그의 아내 로살리아 메라(Rosalia Mera)는 그동안 모은 돈으로 작은 공장을 열었다. 이 공장은 이후 10년 동안 직원이 500명에 이르는 규모로 커졌다.

　　1975년에 오르테가와 메라는 라 코루냐에 첫 매장을 열었다. 매장 이름은 1964년 영화 〈그리스인 조르바(Zorba the Greek)〉에서 앤서니 퀸(Anthony Quinn)이 연기한 그리스 농부의 이름을 딴 '조르바'였다. 그러나 하필이면 근처에 같은 이름의 바가 있었다. 간판에 넣을 글자들의 틀을 이미 만든 그들은 조합을 바꿔서 말이 되는 단어를 찾아냈다. 그렇게 해서 '자라(Zara)'라는 이름이 나왔다. 최신 패션의 저가 모방품을 파는 사업 방식은 도매 부문만큼 소매 부문에서도 성공적인 것으로 드러났다. 오르테가는 인기를 끄는 새로운 매장에 상품을 공급하기 위해 인근의 산업도시인 아르테이호(Arteixo)에 새 의류 공장을 만들고 스페인 전역에 더 많은 매장을 열기 시작했다.

공장과 매장을 갖춘 오르테가는 출시 속도가 자신의 경쟁 우위가 될 것임을 알았다. 그는 보다 간결하고 시장의 변화에 더 빨리 대응하는 접근법인 '인스턴트 패션'에 대한 비전을 갖고 있었다. 공급 사슬을 전면적으로 통제하는 가운데 소량의 상품을 신속하게 생산하면 경쟁자들보다 훨씬 빠르게 유행에 대응할 수 있었다. 그러나 이 비전을 실행에 옮기는 일은 오르테가가 호세 마리아 카스테야노(José Maria Castellano)를 만나기 전까지 실무적인 난제로 남았다. 컴퓨터 전문가인 카스테야노는 오르테가가 디자인, 제조, 유통에 대해 새로운 기술 중심 접근법을 설계하도록 도왔다. 공장에서 매장까지 전체 공급 사슬에 걸쳐 재고와 수요를 데이터로 관리함으로써 자라는 변하는 고객의 취향에 맞춰 몇 주 만에 소량의 상품을 내놓을 수 있었다. 최신 디자인의 옷들이 나오기를 몇 달 동안 기다리는 데 익숙하던 고객들에게 이는 마술처럼 보였을 것이다.

1983년에 자라는 스페인 대도시의 화려한 쇼핑가에 9개 매장을 열었고, 아르테이호에는 약 9,300제곱미터 넓이의 물류 및 유통 센터를 갖추었다. 1985년에는 자라의 지주회사로서 인디텍스(Inditex)가 만들어졌다. 인디텍스는 1988년에 포르투갈에 매장을 열면서 해외 진출을 시작했다. 1989년에 미국 최초의 매장이 〈뉴욕타임스)에 요란하게 소개될 무렵 자라는 '인스턴트 패션'에 통달하는 수준에 이르렀다. 유례없는 속도로 성장하던 자라는 이전 2년 동안에만 매출을 3억 8,000만 달러로 2배로 늘렸다. 의류 제조 부문의 대기업들은 수직적 통합에 바탕한 자라의 속도와 경쟁할 수 없었다. 자라는 산업을 변화시킬 만큼 대규모의 패러다임 전환을 이뤄냈다. 그러나 자라만 이 일을 하는 것은 아니었다. 자라는 마찬가지로 명민하고 의욕적인 창업자가 만든 H&M이라는 스웨덴 기업과 치열하게 경쟁했다.

▲ ▲ ▲

제2차 세계대전이 끝난 뒤 30세의 얼링 페르손(Erling Persson)은 스웨덴을 떠나 미국을 방문했다. 페르손은 일반적인 자동차 여행을 하고 싶었다. 그는 역동적으로 빠르게 성장하는 미국이라는 나라가 전쟁으로 파괴된 구세계와 어떻게 다른 방식으로 일하는지 궁금했다. 미국은 야심 찬 혁신가들의 나라였다. 페르손은 미국에 가면 비즈니스의 미래를 가장 먼저 볼 수 있을 것임을 알았다.

페르손은 미국의 크고 작은 도시를 여행하면서 소매 매장의 규모와 효율성에 감탄했다. 그들은 거대했고, 밝았으며, 선반에서 재빨리 나가는 인기 제품들로 넘쳐 났다. 미국식 소매 경험의 모든 측면은 풍부함과 저렴함, 그리고 속도를 드러냈다. 페르손은 새로운 가능성의 영감을 얻고 스웨덴으로 돌아왔다.

그는 1947년에 소도시인 베스테로스(Västerås)에 헤네스(Hennes)

라는 할인 여성 의류 매장을 열었다. 스웨덴어로 '그녀의 것'을 뜻하는 '헤네스'는 번성했다. 몇 년 뒤 페르손은 스톡홀름에 또 다른 매장을 열었다. 1954년에 그는 스웨덴의 최대 일간지에 헤네스의 전면 컬러 광고를 싣는 큰 베팅을 했다. 이후 헤네스는 더욱 성장했다. 이제는 여성 의류를 넘어 사업을 확장할 때였다. 스톡홀름에 있는 마우리츠 위드포르스(Mauritz Widforss)는 사냥과 낚시 같은 야외 활동을 즐기는 스웨덴 남성들이 오랫동안 찾은 브랜드였다. 1968년에 헤네스는 모리츠를 인수하고 이름을 합쳤다. 헤네스는 이 인수를 통해 남성 의류 부문으로 사업을 확장했다.

1960년대는 헤네스에 있어 성장의 시기였다. 헤네스 앤드 모리츠(Hennes & Mauritz)는 스웨덴에 42개 매장을 연 데 이어 노르웨이, 덴마크, 영국, 스위스 등 해외로 사업을 확장했다. 또한 1974년에 상장돼 브랜드를 H&M으로 바꿨다.

▲　▲　▲

H&M과 자라는 다른 기업들의 성공한 디자인을 베껴서 성공했다. 그러나 그들의 옷은 엉성한 모조품이 아니었다. 그들은 디테일을 제대로 챙겼다. 게다가 가격은 저렴했으며, 품질은 고객들이 몇 주 뒤에 다시 와서 '다음 디자인'을 사게 만들고도 남을 만큼 좋았다. 그들은 디자인을 모방할 때 법적인 문제를 피하려고 신중하게 변화를 주었다. 그러나 항상 성공한 것은 아니었다. 2011년에 디자이너 크리스찬 루부탱(Christian Louboutin)은 자신이 상표권을 가진 빨

간 밑창 구두를 팔았다며 자라를 고소했다. 그러나 패션 디자인은 언제나 법적인 관점에서 보호하기가 어려웠다. 멀리서 보면 자라의 구두를 훨씬 비싼 루부탱의 구두로 착각하기 쉬움에도 불구하고 법원은 자라의 손을 들어주었다.

1980년대에 H&M과 자라는 각자 빠르게 사업을 확장하면서 소매시장에서 정면충돌을 앞두고 있었다. 그들은 처음부터 유행을 따라잡기 위해 출시 속도를 우선시했다. 그러나 이외의 측면에서 두 기업은 아주 다른 방식으로 성장에 접근했다. H&M은 실험을 즐겼다. 이를테면 상품을 고객의 집으로 배달하기 위해 우편 판매 업체를 인수했고, 나중에는 일찍이 온라인 판매에 뛰어들었다. 반면 오르테가는 오로지 속도에만 집중했다. 그는 맥도날드 형제가 햄버거를 최대한 효율적으로 만들기 위해 체계적으로 레스토랑을 설계한 것처럼 자라의 시스템을 계속 가다듬었다. 그의 목표는 물리적으로 최대한 즉각적인 '인스턴트 패션'에 머물렀다. 이를 위해 운영의 모든 측면을 속도에 맞춰야 했다.

오르테가는 소매 부문에서 쌓은 경험을 통해 유행이 짧게는 한 달 사이에 사라지기도 한다는 사실을 알았다. 그는 유연성을 극대화하기 위해 디자인별로 소량의 옷만 매장으로 보내고 창고에도 최소한의 재고만 두기로 결정했다. 대신 자주 신상품을 보내서 각 아이템의 변하는 수요에 신속하게 대처할 것이었다. 매장 직원들은 계속 변하는 취향을 따라잡기 위해 불만, 선호, 특정 아이템에 대한 요청 등 고객의 피드백을 받도록 훈련받았다. 그들은 그 내용을 본사에 체계적으로 보고했다.

자라는 카스테야노가 만든 컴퓨터 재고 관리 시스템과 나중에 나온 RFID 태그 같은 신기술을 활용했다. 거기서 얻은 각 의류에 대한 포괄적인 데이터는 매장의 피드백과 합쳐져서 무엇이 팔리고 팔리지 않는지, 그 이유는 무엇인지에 대한 최신 정보를 제공했다. 자라의 자체 디자인 팀은 이를 토대로 기존 디자인을 재빨리 수정한 다음 공장으로 보냈다. 그러면 2주 뒤에 최신 데이터를 반영하는 옷들로 구성된 신규 물량이 매장에 도착했다. 세 개 도시에서 특정한 채도의 핑크색 스카프에 대한 요청이 동시에 들어오면 전 세계에 있는 수천 개 매장에 핑크색 스카프가 일제히 깔릴 수 있었다. 그것도 14일 만에 말이다.

예측하기 힘든 수요에 직면해 일관된 속도를 유지하려면 엄청난 유연성이 필요했다. 이를 위해 인디텍스의 공장들은 1주일에 4.5일만 가동됐다. 그래서 추가 근무를 통해 가끔 급증하는 수요를 충족할 여지가 있었다. 인디텍스는 티셔츠처럼 유통기간이 긴 제품은 아시아에 있는 공장에 외주를 맡겨서 저렴한 인건비를 활용했다. 그러나 절반 이상의 의류는 자체 공장이나 본사 인근의 외주업체에서 생산했다. 수명이 짧은 스타일의 경우 출시 속도가 비용보다 중요했다. 아무도 사지 않는데 이윤이 더 남는 게 무슨 소용이 있겠는가? 어쨌든 자체 공장이나 아시아 이외 지역의 공장을 활용하는 데 따른 추가 비용은 빠른 상품 순환과 잉여 재고 제거로 상쇄됐다.

자라는 최신 패션을 따라잡기 위해 분석 팀을 전 세계의 대학 캠퍼스, 나이트클럽, 콘서트장 등 새로운 유행의 일선으로 파견했다.

그들이 수집한 정보는 이번에도 역시 아르테이호 본사로 보내졌다. 그러면 디자이너들이 즉시 새로운 스타일에 맞는 옷을 디자인했다. 2주 뒤에는 유행에서 앞서가는 한두 도시에서 등장한 새로운 패션이 갑자기 다른 모든 곳에 있는 자라 매장에 전시됐다.

자라의 영향력이 커지면서 소비자 행동도 그에 따라 바뀌었다. 사람들은 끊임없이 나오는 새로운 패션에 중독됐다. 패션지 에디터 마수드 골소키(Masoud Golsorkhi)는 이렇게 설명했다. "10월에 구찌나 샤넬 매장에 걸려 있는 옷들은 2월에도 걸려 있을 확률이 높아요. 하지만 자라 매장에서는 그 자리에서 바로 사지 않으면 11일 뒤에 전체 상품이 바뀌어요. 지금 아니면 못 사는 거죠. 게다가 가격도 아주 싸니까 지금 사게 돼요."

▲ ▲ ▲

자라와 달리 H&M은 자체 공장을 만들지 않고 수천 개의 공장을 거느린 수백 개의 외부 공급업체와 협력하는 방식으로 속도와 유연성을 달성했다. 또한 경쟁자와 달리 1954년에 최초의 전면 컬러 신문 광고를 낼 때부터 마케팅과 광고의 힘을 빌려 포지셔닝을 했다.

1980년대 말에 슈퍼 모델이 부상했다. 소수의 정상급 모델들은 사실상 연예인이 됐다. 그들은 모델 활동으로 유례없는 액수의 돈을 버는 한편 토크쇼에 출연하거나 가십지에 소개됐으며, 심지어 대형 영화에서 연기를 하기도 했다. 1990년에 H&M은 이른바 1세대 슈퍼 모델 중 한 명인 엘 맥퍼슨(Elle Macpherson)을 기용한 크리스마스 시즌 속옷 광고를 선보였다. 1990년대 동안 맥퍼슨 뿐 아니라 신디 크로포드(Cindy Crawford), 클라우디아 쉬퍼(Claudia Schiffer), 크리스티 털링턴(Christy Turlington), 린다 에반젤리스타(Linda Evangelista), 나오미 캠벨(Naomi Campbell) 등 다른 많은 1세대 슈퍼 모델들이 H&M의 캠페인에 자주 등장했다.

반면 자라는 언론을 꺼리는 창립자처럼 '노 마케팅(no marketing), 노 커뮤니케이션(no communication)' 정책을 폈다. 인디텍스의 대변인은 "자라는 자신에 대해 이야기하지 않습니다. 우리의 생각은 고객들이 자라에 대해 말해야 한다는 것입니다"라고 설명했다. 자라는 부동산을 통해 H&M의 공격적인 광고나 디자이너와의 요란한 협업에 맞섰다. 그들은 대개 텔레비전 광고와 연예인 홍보에 들어갈 돈을 전 세계에 걸쳐 최고의 쇼핑가에서 가장 좋은 입지를 확보하는 데 썼다. H&M과 달리 자라의 브랜드 포지셔닝은 물리적이었다. 즉, 프라다나 구찌 같은 명품 브랜드 옆에 매장을 열어서 자사 의류의 격을 높이는 식이었다. 인디텍스는 두드러지는 특이한 건물이나 상징적인 건물을 찾았다. 살라망카(Salamanca)의 수녀원이나 아테네의 18세기 호텔(지금도 입구에서 고대 로마 무덤 표지석 세 개를 볼 수 있다), 심지어 뉴욕시에서 가장 비싸게 팔린 건물인 맨해튼 5번가 666번지 매장이 그런 예다.

H&M은 언제나 요란했다. 그러나 2004년에 패션계는 H&M이 칼 라거펠트가 직접 디자인한 한정판 컬렉션을 만든다고 발표하면서 큰 충격에 휩싸였다. 65세의 라거펠트는 살아 있는 가장 상징적인 패션 디자이너로 폭넓게 받아들여졌다. 그는 샤넬과 펜디에

서 전설적인 컬렉션을 연달아 창조했다. 이제 그는 자신이 지금까지 디자인한 옷들보다 훨씬 저렴한 30가지 스타일의 옷을 H&M을 통해 선보일 것이었다. 라거펠트의 얼굴이 찍힌 티셔츠는 20달러, 블라우스는 49달러, 스팽글 재킷은 129달러에 판매될 예정이었다. 패션 애호가들에게는 믿기지 않을 만큼 저렴한 가격이었다.

라거펠트는 "나는 항상 H&M에 깊은 흥미를 느꼈습니다. 샤넬이나 다른 비싼 브랜드의 제품을 사는 사람들이 거기서도 옷을 사거든요. 내게는 이것이 오늘날의 패션입니다"라고 설명했다. 더 많은 사람들이 자신의 디자인에 접근할 수 있기를 바랐던 라거펠트는 한정판만 생산하겠다는 H&M의 결정에 크게 실망했다. 그는 "본래는 2주 동안 판매할 예정이었는데 25분 만에 끝나버렸어요. 모두가 라거펠트를 입는다는 생각이 좋았기 때문에 고객들에게 미안한 마음이 드네요"라고 말했다. 그러나 H&M은 성공적인 결과에 흥분했다. H&M의 마케팅 디렉터는 "사업을 한 지 60여 년이 됐지만 그런 광경은 본 적이 없습니다. 우리도 고객들만큼 놀랐습니다"라고 말했다. 다음 달이 되자 H&M의 매출은 24퍼센트나 늘었다. 이 정도면 반복할 가치가 있는 실험이었다.

돌이켜보면 2004년은 자라와 H&M이 같이 만든 '패스트 패션' 사업 모델에 있어서 승리의 해였다. H&M의 라거펠트 협업과 자라의 2,000번째 매장 사이에서 소비자의 욕구를 최대한 빨리 충족하는 새로운 접근법은 업계를 지배하는 사업 방식이 됐다. 이제 패스트 패션은 그냥 패션이 됐다. 베르사체(Versace), 로베르토 카발리(Roberto Cavalli), 알렉산더 왕(Alexander Wang), 스텔라 매카트니

(Stella McCartney), 그리고 다른 패션계 명사들은 H&M을 위한 자신만의 컬렉션을 창조했다. 한편 자라의 영향력은 다른 의류 기업들의 속도가 크게 빨라진 데서 느낄 수 있었다. 패션지 에디터 마수드 골소키는 이렇게 말했다. "그들은 해묵은 패션의 반기 사이클을 깨뜨렸습니다. 이제는 고급 패션 기업의 거의 절반이 연중 두 번이 아니라 네 번에서 여섯 번 컬렉션을 만듭니다. 이건 확실히 자라의 영향입니다."

H&M과 자라는 코로나 팬데믹 때문에 수천 개의 매장을 닫아야 했다. 그러나 두 회사는 전형적인 속도로 위기에 대응했다. 그들은 신속하게 온라인 판매로 초점을 옮겼다. 이는 결국 영구적인 변화가 될지도 모른다. 그 여부는 시간이 말해줄 것이다.

H&M과 자라는 물리적 매장의 미래와 무관하게 옷에 대한 전 세계 사람들의 태도를 근본적으로 바꿔놓았다. 이제 옷은 소중히 아껴 입는 것이 아니라 그냥 입다가 버리는 것으로 간주된다. 사람들은 과거보다 훨씬 빠르게 옷을 사고 버린다. 옷 한 벌을 만드는 과정에서 발생하는 많은 폐기물과 오염을 고려하면 패스트 패션의 환경적 비용은 엄청났을 것이다. 두 기업은 해로운 화학물질의 배출을 줄이고 재생 가능한 자원을 더 많이 활용하겠다고 약속했다. 그러나 이런 노력에 대한 약속은 아직 행동으로 증명되지 않았다. 그때까지 한 가지 분명한 사실이 있다. 이제는 지속 가능성이 유행하고 있다. H&M과 자라는 얼마나 빨리 이 변하는 취향에 대응할까?

거인 깨우기
메리 배라와 제너럴 모터스

때는 2014년 9월, 제너럴 모터스의 CEO인 메리 배라(Mary Barra)가 디트로이트에 있는 험한 이스턴마켓(Eastern Market) 지역의 창고에 모인 300명의 글로벌 GM 임원들 앞에서 연설을 하고 있다. 이 자리는 배라가 GM 역사의 전환점에서 조직 전체의 주요 리더들을 단결시킬 기회다.

자동차 업계 최초의 여성 CEO로서 배라의 임기는 최소 수십 건의 사망 사고를 초래한 추한 점화 스위치 스캔들 때문에 처음부터 험난했다. 사고가 일어날 당시 배라는 키를 잡고 있지 않았다. 그러나 지금은 그녀가 책임자다. 의회와 희생자 가족을 대면해야 하는 것도 그녀였다. 이제 배라는 GM의 수뇌부에게 메시지를 전하려 한다. 그것은 제너럴 모터스가 스스로 책임지는 자세로 문제에 정면 대응해야 할 때가 됐다는 것이다.

빅3 자동차 회사가 책임을 회피할 수 있던 시대는 오래전에 지났다. 그녀는 몇 년 전에 GM이 파산 절차를 밟을 때 주요한 역할을 하면서 이 사실을 뼈저리게 깨달았다. 배라는 이렇게 말했다. "내가 파산에서 배운 교훈은 문제가 있으면 해결해야 한다는 겁니다. 그냥 놔두면 대개 6개월 뒤에는 문제가 더 심각해지니까요. 2~3년이 지나면 문제가 사라질지도 모릅니다. 당신도 사라질 테니까요."

이날 아침 배라는 문화에 대한 이야기는 삼간다. 그녀가 보기에 문화는 유행어, 이전 CEO들이 건성으로만 입에 올리던 추상적 개념에 지나지 않는다. 그녀는 개인적 경험을 통해 이 사실을 깨달았다. 그녀는 10대 시절부터 GM에서 일했고, GM 집안에서 자랐다. 전기 차, 자율 주행, 차량 공유 같은 거대한 새로운 위협을 기회로 바꾸려면 GM 사람들은 '행동'을 바꿔야 했다. 그녀는 청중들에게 "행동은 우리가 바로 지금, 오늘부터 바꿀 수 있습니다"라고 말한다. 그녀가 바꾸고 싶은 자신의 행동은 무엇일까? 바로 "너무 착하다"라는 것이다.

배라의 말에는 뜻하지 않은 아이러니가 있다. 그녀는 GM에서 오랜 경력을 쌓는 동안 공감할 줄 알면서도 감정에 휩쓸리지 않는 리더로서 자신의 역량을 입증했다. 그녀의 전 상사는 "아무리 어려운 결정이라고 해도 그녀가 인사와 관련된 결정을 힘들어하는 걸 한 번도 본 적이 없습니다"라고 말했다. 다른 사람의 말에 따르면 배라는 "벨벳 장갑과 철권으로" 회사를 이끈다. 배라는 오랫동안 다양한 역할을 맡으면서 숱한 해고와 일시해고를 단행했다. 또한 누구든 성과가 나쁜 사람을 강등시키거나 자르는 것을 주저한 적이 드물었다. GM은 파산 이전에 언제나 저성과자들이 갈 새로운 자리를 찾아주려고 애썼다. GM 글로벌 인사 책임자의 말에 따르면 "배라는 그런 태도가 회사뿐 아니라 그들의 경력에도 도움이 되지 않는다는 사실을 깨달았다". 배라는 앞으로 더욱 엄격한 기준을 세울 것임을 밝히고, 임원들도 그렇게 하도록 요구한다.

그녀는 청중들에게 이런 변화에 적응하기 위해 회사 전체가 진정한 책임성을 배워야 한다고 말한다. 그들은 리더로서 직원들이 하겠다고 말한 일을 해내도록 만들어야 한다. 그녀는 "계획을 세웠으면 실행해야 합니다"라고 말한다. 점화 스위치 스캔들이 터졌을 때 의회 청문회에서 이른바 'GM식 동의(GM nod)'에 따른 책임성의 결여가 극명하게 드러났다. GM식 동의란 회의에서 앞으로 취할 행동에 동의해놓고도 후속 조치를 하지 않는 흔한 관행을 가리키는 말이었다. 이제 배라는 말한 대로 행동하지 않으면 신경 쓰지 않는다는 뜻으로 받아들여질 것이라고 말한다. 그리고 신경 쓰지 않으면 쫓겨날 것이라고 덧붙인다.

배라는 청중석에 앉은 브라질 출신 관리자가 쓴 다음과 같은 의견을 읽는다. "나는 GM에서 일한 지 얼마 되지 않았습니다. 그러나 특히 임원 수준에서는 한 사람의 문제가 모두의 문제가 돼야 한다는 사실을 회사가 알지 못하는 것 같습니다."

배라는 그 관리자와 다른 참석자들에게 "바로 이게 우리에게 필요한 겁니다"라고 말한다. 그녀는 "지금 우리가 갖춘 시스템이 최고라고 생각한다면 당신이 바로 문제의 일부입니다"라고 덧붙인다. 오랫동안 GM의 구조 조정과 조직 개편에서 핵심적인 역할을 한 사람으로서는 과감한 말이다. 그러나 메리 배라는 상대적인 개선에 관심이 없다.

그녀는 이기고 싶어 한다.

▲ ▲ ▲

새로운 변화를 헤쳐 나가는 일의 핵심은 기민성에 있다. 기성 기업이 대규모 전환을 견디려면 시기적절하게 변화에 대응할 수 있어야 한다. 이런 일이 항상 가능한 것은 아니다. 관료주의와 문화는 기성 기업이 생존하는 데 필요한 단계를 밟지 못하게 만드는 족쇄가 된다. RIM은 아이폰이 제기하는 위협에 대응하기는커녕 그 위협을 인정하는 데도 애를 먹었다. 종종 이런 조직적 병폐는 파괴로 끝난다.

기민성은 회사의 일선에서 시작된다. 때로 리더는 권한을 위계 구조의 아래쪽으로 내려보내고 중간 관리자로 구성된 군살을 제거함으로써 무기력한 조직을 흔들 수 있다. GM의 경우에는 최대한 많은 기민성이 필요했다. GM은 2009년의 파산에서 벗어난 이후 한 가지도 아닌 세 가지 역풍에 직면했다. 그것은 자율 주행차, 차량 공유 서비스, 전기 차였다. 활기 넘치는 신규 진입 업체들은 GM이 진 부담 없이 각각의 기회를 좇고 있었다. 그러나 그들에게는 GM의 방대한 자원이 없었다. 자동차 제조사가 이 자원들을 활용해 신생 업체들을 따돌리려면 어떤 리더가 필요할까?

1961년에 태어난 메리 배라[결혼 전 성은 마켈라(Makela)]는 전 세계의 자동차 수도인 디트로이트 교외에 있는 워터포드(Waterford)에서 자랐다. 그녀의 피에는 휘발유가 흘렀다. 그녀의 아버지 레이(Ray)는 제너럴 모터스의 폰티액 공장에서 39년 동안 금형 담당으로 일했다. 당시는 미국 자동차 회사들이 많은 급여, 뛰어난 복지 혜택, 확고한 안정성을 자랑하는 전국 최고의 블루칼라 일자리를 제공하던 때였다. '빅3' 미국 자동차 회사인 GM, 포드, 크라이슬러는 서로 경쟁했지만 그 정도는 비교적 가벼웠다. 그래서 거의 경쟁자가 없는 시장을 누릴 수 있었다. 전반적으로 모든 상황이 너무 편안했다. 〈뉴욕타임스〉에 따르면 특히 GM은 "위험 감수를 꺼리게 만드는 폐쇄적이고 내향적인 문화"를 형성했다. '빅3' 자동차의 품질은 1970년대와 1980년대 내내 나빠졌다. 그에 따라 아시아 기업을 위시한 해외 경쟁자들이 과거 시장을 지배하던 미국 브랜드를 따라잡고, 급기야 앞서 나갈 기회를 제공했다.

배라의 부모는 자라나는 배라에게 직업윤리를 심어줬다. 배라는 "열심히 일하는 것이 중요했어요. 놀기 전에 일부터 해야 했어요. 그건 필수였습니다"라고 말했다. 그들은 전통적인 성별에 따라 집안일을 나눴다. 그래도 배라가 흥미를 갖는 일을 제한한 적은 없었다. 그녀는 "수학과 과학을 좋아했어요. 부모님은 좋아하는 과목을 공부하도록 격려했어요"라고 말했다. 그녀는 아버지가 공장에서 차를 고치는 모습을 지켜보도록 허락받았고, 나중에는 직접 고치는 법까지 배웠다. 그녀는 "원하는 일은 해야 직성이 풀렸습니다"라고 말했다. 배라는 GM에서 종종 빠른 속도로 회사의 트랙을 달리면서 시험 주행을 했다.

평균 학점 4.0으로 전미 우등생모임(National Honor Society)의 회원이 된 배라는 제너럴모터스기술대학(General Motors Institute of Technology)[현재는 케터링(Kettering)대학교로 불림]에 입학했다. 미시간주 플린트(Flint)에 있는 이 사립대학은 산학 협력 교육 모델에 따라 운영됐다. 학생들은 GM을 비롯한 다른 협력 기업에서 경험을 쌓아야만 졸업 자격을 얻을 수 있었다. 배라는 1년 중 절반은 학교에서 공부하고 절반은 GM에서 신형 폰티액의 보닛과 펜더 패널을 검사하는 일을 했다. 1985년에 전기공학 학사 학위를 받고 대학을 졸업한 그녀는 공장 엔지니어로 GM에 정식 입사했다.

GM 경영진은 이 무렵 여성들을 더 많이 채용하기 시작했다. 그들은 1983년에 획기적인 고용 차별 소송을 합의로 마무리한 뒤 그 노력을 배가했다. 합의 조건에 따라 GM은 여성과 소수 인종의 승진 목표를 설정했다. 경영자들은 적극적으로 다양한 인재를 찾도록 권장됐다. GM은 결과적으로 S&P 500 기업 중에서 이사회와 경영직에 평균보다 2배 많은 여성을 두게 됐다. 그렇다고 해서 배라가 우대를 받은 것은 아니었다. 그녀는 "그들은 공장에 여자들이 많은 것에 익숙지 않았습니다. 내가 폰티액 공장에서 한쪽 모서리를 돌 때마다 소리치는 사람이 있었어요. 참다못해 그 사람에게 걸어가서 '왜 그러는 거예요?'라고 물었어요. 그 사람은 '모르겠어요'라고 말하더군요"라고 회고했다. 배라는 황당해하며 "그냥 인사하면 안 되나요?"라고 대꾸했다.

1988년에 배라는 GM 연구원 자격을 따고 스탠퍼드 경영대학원에 들어간 뒤 상위 10퍼센트의 성적으로 졸업했다. GM에 복귀한 그녀는 일련의 엔지니어링과 경영 직위를 거쳤다. 당시 거의 모든 다른 대기업에서는 여자가 맡았다는 이야기를 듣기 힘든 자리들이었다. 나중에 GM의 여성 리더들은 남자 동료들과 비교해 자신의 능력을 증명해야 한다는 엄청난 압박감을 받았다고 회고했다. 한 여성 공장장은 "경력의 많은 부분 동안 내가 조직의 일원이라는 것, 탁자 앞에 앉을 자격이 있다는 것을 증명하기 위해 노력했다"라고 말했다. 이 일은 직급이 올라간다고 해서 크게 쉬워지지 않았다. GM의 첫 여성 부사장인 마리나 휘트먼(Marina Whitman)은 "GM에서 가장 힘들었던 점 중 하나는 최고 경영진에게 세상이 빠르게 변하고 있으며, 그런 세상을 따라잡으려면 변화가 필요하다고 설득하는 일이었다"라고 말했다. 배라는 이런 조직적 난관에도 불구하고 그동안 자신이 겪은 성차별을 대수롭지 않게 넘겼다. 그러면서도 동시에 다른 여성 직원들을 돕기 위해 발 벗고 나섰다. 나중에는 회사에 여성들을 위한 내부 친목 모임을 만들기도 했다.

날마다 새벽 6시에 출근한 배라는 부드럽게 말하고 잘 나서지 않았다. 그러나 단호한 태도와 타고난 의사소통 능력을 지닌 사람으로서 직업윤리와 합의를 이끌어내는 능력으로 강한 인상을 남겼다. 그녀는 중형 승용차 공장의 관리자로 일할 때 GM 경영진의 눈에 띄었다. GM은 1992년에 235억 달러의 적자를 냈다. 미국 역사상 단일 기업이 낸 최대 적자였다. 배라의 상사는 신제품을 조립하는 공통 절차를 만들어서 비용을 절감하라는 임무를 맡았다. 당시에는 공장장들이 설비 교체 방식을 결정했지만 그 결과는 일관되지 않았다. 문제를 해결하려면 공통의 접근법이 필요했다. 배라는 문제 해결에 나서서 설비 교체를 위한 표준화 시스템을 개발하고, 모범 관행을 활용해 신차 조립을 위한 공정 전환을 도울 전담 팀을 꾸렸다.

이런 변화는 폰티액 그랑프리의 매우 성공적인 출시로 이어졌다. 이 성공 이후 배라의 상사는 그녀를 임원으로 승진시키자고 제안했다. 1996년에 배라는 CEO 잭 스미스(Jack Smith)의 보좌역으로 임명됐다. 또한 그녀는 부회장인 해리 피어스(Harry Pearce) 밑에서도 일했다. 이 자리는 유망한 임원들이 최고위 수준에서 회사를 운영하는 방식을 배우고 최고 경영진에게 이름을 알리도록 돕는 고속 승진 코스에 속했다. 피어스는 나중에 "그녀는 두각을 드러냈습니다. 대화하기 쉽고, 매우 호감이 가고, 자만심이 강하지 않고, 지식에 대한 진정한 갈망이 있었어요"라고 말했다. 배라는 보좌역으로서 잠재력 있는 여성과 소수 인종을 더 많이 영입하기 위해 피어스와 함께 GM의 채용 절차를 다듬었다. 이를테면 전통적으로 흑인 대학인 워싱턴 DC의 하워드대학교(Howard University)를 최초로 GM의 채용 대상 목록에 추가했다. 3년 뒤 GM의 북미 사업부 사장인 게리 카우저(Gary Cowger)는 배라에게 사내 커뮤니케이션 책임자 자리를 맡기기로 결정했다. 카우저는 "배라가 너무나 명민하다는 점에 강한 인상을 받았습니다. 그녀는 탁월한 판단력을 지녔고 대단히 꾸준한 모습을 보였습니다"라고 말했다.

나중에 GM 내에서 배라의 주요 후원자가 된 카우저는 1998년의 역사적인 파업 이후 노조원과의 관계를 복구해야 할 필요성을 느꼈다. 그래서 배라가 그 역할을 맡아주기를 원했다. UAW와의 노사 계약을 위한 차기 협상이 다가오고 있었다. 그사이에 외부 여건이 바뀌었다. 그러나 많은 노조원들은 여전히 GM이 결국에는 '마땅히' 50퍼센트의 시장점유율을 회복할 것이라고 믿었다. 카우저는 노동자들의 신뢰를 얻고 과거처럼 될 가능성은 없다는 사실을 설득할 사람이 필요했다. 회사가 경쟁력을 유지하려면 다음 계약에서 상당한 양보를 얻어내야 했다. 배라는 공학을 전공했지만 이미 경영진을 상대할 때만큼 수월하게 공장 노동자들을 상대할 수 있음을 증명했다. GM에 있어서 이 자리는 배라를 조직의 여러 부문으로 돌려서 리더 후보로서 꼭 필요한 경험을 쌓게 만들 기회이기도 했다.

배라는 커뮤니케이션 부문에 대한 경험이 없었지만 책임자 자리를 맡았다. 그녀는 제대로 돌아가지 않는 절차를 개선하는 엔지니어의 역량을 이미 선보였다. 그녀는 내부 커뮤니케이션 책임자로서 조직 전체에 걸쳐 개선된 커뮤니케이션 절차를 만들기 위한 접근법을 취했다. 한 임원은 "그녀는 커뮤니케이션에 엔지니어링의 관점을 적용했습니다"라고 말했다. GM은 배라가 다른 자리로 떠난 뒤에도 이 개선된 임직원 커뮤니케이션 시스템을 계속 활용했다. 부분적으로 배라가 이룬 개선 덕분에 2007년까지 더 이상 파업이 발생하지 않았다. 그러나 당시 GM은 파산을 향해 다가가고 있었다.

배라는 2001년에 대노조 관계를 성공적으로 바로잡은 뒤 일본의 린(lean) 제조법을 GM에 도입하는 임무를 맡았다. 동시에 GM은 높은 잠재력을 지닌 임원들을 위한 훈련 프로그램에 그녀를 참가하게 했다. 2003년에 배라는 모든 GM 임원의 경력에서 또 다른 핵심 단계를 밟았다. 카우저는 그녀에게 가장 규모가 크고 복잡한 공장 중 하나인 햄트램크(Hamtramck) 조립 공장의 운영을 맡겼다. 첨단 설비를 갖춘 이 공장은 2교대로 근무하는 3,400명의 임직원을 두고 6개의 GM 모델을 생산했다. 배라는 이제 전체 33만여 제곱미터 규모의 공장을 감독하는 위치에 오르게 됐다. GM에서 햄트램크 공장장 자리는 최고의 인재를 위한 시험 무대였다.

서닐리스트이자 배라의 경력을 다룬 책을 쓴 로라 콜비(Laura Colby)에 따르면 "GM 경영진의 생각은 작은 도시만 한 자동차 조립 공장을 운영하는 복잡한 업무를 감당할 수 있다면 사업부도 경영할 수 있다는 것이었다". 배라는 햄트램크 공장에서 뛰어난 대인 기술을 선보였다. 직속 상사인 래리 자너(Larry Zahner)는 배라가 공장을 자주 돌아다니면서 직원들의 이름을 부르며 인사하고 가족의 안부를 묻는 모습을 보았다.

배라가 햄트램크에서 일하는 동안 카우저는 대개 수백만 명의 일시해고로 이어질 야심 찬 새로운 목표를 설정했다. 그러나 배라는 간부들에게 내보낼 직원들의 명단을 요구하지 않았다. 대신 각 부서장과 긴밀하게 협의해 시간을 보다 효율적으로 쓰도록 모든 직원의 직무를 재구성했다. 이 힘겨운 과정을 통해 그녀는 일시해고 조치를 전적으로 피할 수 있었다. 한 여성 엔지니어는 나중에 "배라의 접근법을 지켜보면서 많은 걸 배웠어요. 그녀는 겸손해요. 그래서 사람들이 그녀 밑에서 일하고 싶어 하죠. 동시에 그녀는 직원들이 더 많은 걸 해내도록 요구합니다"라고 말했다.

GM에서 높은 자리로 올라가기에 2000년대보다 더 험난한 시기를 상상하기는 힘들 것이다. 한때 시장을 지배하던 GM은 낡은 경영 관행의 족쇄와 관료 체제의 수렁에 갇혀서 무너지고 있었다. 2005년에는 무려 100억 달러가 넘는 적자를 기록했다. 2년 뒤, 연간 손실은 380억 달러를 넘어섰다. 2008년 매출은 45퍼센트나 감소했다. 물론 당시 미국 자동차 제조사 중에서 GM만 고전한 것은 아니었다. 포드와 크라이슬러도 궁지에 몰려 있었다. 미국 자동차 산업 전체가 내부 병폐와 국제적 경쟁, 그리고 대침체 때문에 붕괴될 지경이었다.

2008년에 배라는 공장장으로서 자질을 증명한 뒤 전 세계의 엔지니어링 부문을 책임지게 됐다. 2009년 6월, 부시 행정부에 이어 당시 오바마 행정부가 막대한 손실을 완화하도록 도우려고 여러 번 노력했음에도 GM은 파산 보호를 신청했다. 미국 역사상 네 번째로 규모가 큰 파산 신청이었다. 이후 GM은 미국 정부로부터 495억 달러에 이르는 구제금융을 받았다. 이에 따라 재무부가 회사의 남은 자산을 거의 전적으로 보유하게 됐다. 또한 정부가 승인한 새로운 지도부가 GM을 회생시키는 임무를 맡았다. 이 방식을 비판하는 사람들은 GM을 '정부 모터스(Government Motors)'라고 불렀다.

GM의 새 지도부는 배라에게 20만 임직원의 인사를 맡기기로 결정했다. 엔지니어를 인사 책임자 자리에 앉히는 것은 이상한 선택이었다. 그러나 배라는 기업 커뮤니케이션에서 탁월한 능력을 보였고, 경이로운 수완으로 파업 후 사기를 개선했다. GM이 살아남으려면 단순화와 간소화가 필요했다. 배라는 이런 난관에 대처하는 능력을 이미 증명했다. 그럼에도 배라는 주저했다. 미국 기업계에서 여성 임원은 종종 최고위직으로 이어지는 경우가 드문 이른바 참모직을 가리키는 '핑크 게토(pink ghetto)'에 머물렀다. 배라는 여러 선택지를 신중하게 검토한 뒤 인사 책임자 자리를 맡기로 결정했다.

GM의 생존이 걸린 중차대한 시기에 인사 책임자 자리는 회사의 미래 문화를 좌우할 엄청난 기회가 될 수 있었다. 그녀는 수천 명이 회사를 떠나고 훨씬 많은 사람이 고용되는 과정에서 GM의 인사를 관장할 것이었다. GM의 최고 성과자들이 더 나은 기회를 찾아 다른 곳으로 떠나지 않도록 만들기 위해 워싱턴에서 앞에 나설 사람도 배라가 될 것이었다.

배라는 나중에 〈뉴욕타임스〉와 가진 인터뷰에서 "우리가 일하는 방식과 속도에 대해 훨씬 인내심이 적어졌다"라고 말했다. 명백히 GM은 관료주의적 요소를 줄이고 위계 구도를 평평하게 만들어서 빠르게 변하는 시장에 대응할 수 있는 기민함을 확보해야 했다. 일부 경우에 이는 단순하면서도 충격적이었다. 이를테면 10쪽에 달하던 복장 규정을 "적절하게 입을 것"으로 줄인 것이 그런 예였다.

배라는 간부들이 팀에 적절한 복장을 결정할 수 있도록 이런 변화를 일으켰다. 그러나 많은 GM 간부들은 늘어난 재량을 거북하게 여겼다. 배라는 "복장 정책은 실로 제너럴 모터스에서 우리가 일으켜야 하는 변화로 들어가는 창이 됐다"라고 설명했다. 많은 간부들이 지침을 요청했을 때 배라는 복장 정책을 교육용 도구로 활용했다. 이를테면 이런 식이었다. "나는 그들에게 내용을 자세히 설명한 다음에 '어떤 일을 하세요?'라고 물었습니다. 그들은 '20명의 직원과 1,000만 달러의 예산을 관리합니다'라고 말해요. 그러면 나는 '20명의 직원과 1,000만 달러의 예산을 믿고 맡기는데, 옷을 알아서 적절하게 입는 일도 믿고 맡길 수 없어요?'라고 말했습니다."

2009년 말에 댄 애커슨(Dan Akerson)이 겨우 18개월 사이에 GM의 네 번째 CEO가 됐다. 회의에서 회사 운영의 거의 모든 측면에 대해 탁월한 전문성을 드러낸 배라는 처음부터 애커슨의 눈길을 끌었다. 그는 배라 같은 사람이 인사 일을 하는 이유를 이해하지 못했다. 그는 나중에 "내 평생에 인재를 가장 형편없이 활용한 사례였다"라고 말했다. 애커슨은 뭔가 조치를 취하기로 결정했다. 2011년에 그는 배라를 글로벌 생산 개발 부문 선임 부사장으로 임명했다. GM이 만드는 모든 차의 디자인, 생산, 마케팅을 책임지는 자리였다. 애커슨은 발표문에서 이렇게 밝혔다. "메리는 글로벌 고객들을 기쁘게 만들 차량을 개발하는 매우 중요한 일에 신선한 관점을 제공할 것입니다. 엔지니어링, 생산, 참모 직능에서 그녀가 쌓은 폭넓은 경험은 협력을 이끌어내고 강력한 관계를 구축하는 능력과 결합해 오늘날의 소비자가 요구하는 제품을 제공하는 우리 회사의 능력을 개선할 것입니다."

이제 100여 종의 차량을 책임지게 된 배라는 하나의 모토를 내세웠다. 바로 "더 이상 형편없는 차는 만들지 않는다"라는 것이었다. 그녀는 폰티액 파이어버드(Firebird)나 쉐비 카마로(Camaro) 같은 고전들을 좋아했다. 그녀는 GM이 품질 측면에서 얼마나 뒤처졌는지, 그리고 그 이유가 무엇인지 알았다. 그녀가 〈포천〉과의 인터뷰에서 지적한 것에 따르면 문제는 "때로 (직원들에게) 너무 많은 경계를 정하는 바람에 성공의 요소를 제공하지 않았다"라는 것이었다. 배라는 새로운 기준을 정한 다음 직원들에게 그것을 충족할 수 있는 능력을 부여하기로 결정했다. 그녀는 "핑계는 안 돼요. 예산이나 자원이 문제라면 우리는 좋은 승용차, 트럭, 크로스오버 차량들을 생산해야 하고, (직원들이) 그렇게 할 수 있도록 만드는 것이 우리가 할 일입니다"라고 말했다.

기민성을 확보하는 데는 효율성이 필수다. GM은 오랫동안 엄청나게 비효율적으로 변했다. 내부 의사 결정뿐 아니라 생산방식에서도 그랬다. 부분적인 요인은 자동차 플랫폼을 과도하게 확장한 것이었다. 자동차 제조사들은 플랫폼으로 알려진 일련의 공통 부품을 활용해 여러 시장을 위한 자동차를 개발한다. 이를테면 렉서스 ES 같은 고급 차는 도요타 캠리(Camry)와 같은 라인에서 수많은 부품을 공유해 만들어진 뒤 개조 과정을 거친다. 이케아(IKEA)도 비용을 낮추기 위해 같은 접근법을 쓴다. 즉, 같은 나무 판으로 책상, 옷장, 수납장을 만든다. 같은 부품을 복수의 용도로 쓰는 방법을 찾는 것은 디자이너의 몫이다.

GM은 오랫동안 자동차 플랫폼을 허술하게 관리했다. 신차를 설계할 때 차축과 서스펜션을 비롯한 바퀴 부분을 말 그대로 다시 만들었다. 배라는 회사의 여러 구매 부서 및 제품 개발 부서 사이에 존재하는 격벽을 무너뜨려서 플랫폼의 수를 간소화하기를 원했다. 그녀는 이 일을 너무나 성공적으로 해냈다. 그래서 2013년에 수석 부사장으로 승진해 GM의 공급 사슬까지 관장하게 됐다. 이제 130개국에 걸쳐 3만 5,000명의 직원을 감독하게 된 배라는 GM에서 서열 2위였다. 그녀는 이 자리에서 회사의 주요 취약점인 고연비와 경량화를 추구했다.

댄 애커슨은 배라가 "혼돈에 질서를 부여했다"라고 평가했다. 그녀는 불필요한 중간 간부층을 제거함으로써 관료주의를 청산하고 조직을 평탄하게 만들었다. 문화와 차를 바로잡을 수 있다면 그녀는 분명 GM 전체를 이끌 자질이 있었다. 2014년에 배라는 세 명의 남자 후보를 만장일치로 꺾고 GM의 차기 CEO가 됐다. 또한 빅3 자동차 제조사를 이끄는 최초의 여성이 됐다. 애커슨이 자동차 부문에 아무 경험이 없는 상태로 GM의 수장이 됐을 때 배라는 그의 표현에 따르면 "여자 자동차 박사(car gal)"였다. 그녀는 DNA에 GM을 품고 있었으며, 거대한 변화를 이끄는 데 필요한 의지를 갖추고 있었다. 그녀는 직원들에게 "이는 실로 회복과 회생을 위한 GM 역사의 새로운 장입니다"라고 말했다.

어떤 의미에서 이 타이밍은 이상적이었다. 배라가 CEO로 선임됐다는 발표가 나온 날 미 재무부는 잔여 GM 주식 보유분을 매각했다. 경제학자와 비관적인 업계 감시 단체들에는 놀랍게도 정부의 '정부 모터스' 구제는 완전한 성공이었다. 현재 GM은 18퍼센트의 시장점유율을 확보하고 있으며, 15분기 연속으로 흑자를 기록했다.

그러나 다른 의미에서 배라는 위기에 처한 회사를 물려받았다. 그해 1월에 임기를 시작한 지 며칠 만에 오랫동안 부글대던 스캔들이 터져 나왔다. 이른바 '스위치게이트(Switchgate)'로 불리는 것이었다. 이로 인해 사람들은 여러 GM 모델에 불량 점화 스위치가 오랫동안 장착돼왔다는 사실을 알게 됐다. 문제의 모델에는 최소 수십 건의 사망 사고와 훨씬 많은 부상 사고를 초래한 구형 쉐보레 코발트(Cobalt)와 새턴 이온(Saturn Ion)도 포함돼 있었다.

260만 대의 GM 차량에 장착된 불량 스위치는 주행 중에 엔진을 멈추게 할 뿐 아니라 뒤이어 충돌이 발생했을 때 에어백이 작동하지 않게 만들 수 있었다. 오랫동안 GM은 이런 충돌 사고의 진정한 원인을 의도적으로 숨겼으며, 리콜을 피하려고 온갖 수단을 동원했다. 한 희생자의 변호사가 엄청난 노력 끝에 GM에서 관련 문서를 받아내고 엔지니어들의 증언을 확보한 뒤에야 진상이 드러났다.

평생을 GM에서 보냈으며, 이 문제를 몰랐다고 말하는 배라는 회사의 조치가 전형적인 대응 방식에 따라 이뤄졌음을 인식했다. GM은 문제의 중요성을 최소화하려 들었고, 법정에서 다투었으며, 리콜을 미뤘다. 그녀는 GM 문화의 이런 측면을 마침내, 영원히 버려야 한다는 사실을 알았다. 배라의 지휘 아래 GM은 불량 스위치에 대한 전면적인 책임을 인정했다. 또한 법적으로 잘못이 확정되기 전에 피해자들을 위한 보상 기금을 만들었다. 배라는 조직 내에 책임성을 심기 위해 내부감사를 실시했다. 그 결과 부사장과 다른 고위직을 비롯한 15명이 해고됐다.

그녀는 또한 최초로 글로벌 안전 책임자 자리를 만들었다. GM은 보류 중인 모든 안전 관련 리콜 건을 심층 분석해 무려 3,200만 대의 차량을 대상으로 84건의 리콜을 실시한다고 발표했다. 이는 3년 동안의 판매 대수보다 많은 숫자였다. 이 모든 일이 배라가 CEO로 부임한 첫해에 이뤄졌다. 그녀는 하원 위원회에 출석해 상황을 직시했다. 그녀는 "오늘의 GM은 올바른 일을 할 것입니다. 먼저 이번 리콜에 영향을 받은 모든 분들, 특히 목숨을 잃거나 다친 분들의 가족분들과 친구분들에게 진심으로 사과드립니다. 정말 죄송합니다"라고 말했다.

사과는 간단한 일처럼 보인다. 그러나 기업계에서는 대단히 보기 드물다. 배라는 정직하고 솔직하게 주어진 상황에 대처했다. 그녀에게는 회사를 위해 돌을 맞는 것이 힘든 결정이 아니었다. 그녀는 그간의 온갖 잘못에도 불구하고 GM에 확고한 충성심을 갖고 있었다. 배라는 한 인터뷰에서 "차 덕분에 우리 가족이 먹고살았고, 내가 대학에 갈 수 있었습니다. 이 산업은 나에게 경력을 주었고, 수많은 가족에게 엄청난 기회를 제공했습니다"라고 말했다.

GM은 정부에 합의금으로 9억 달러를 냈고, 사망 사고 및 부상 사고 관련 소송의 합의금으로 6억 달러를 지급했다. 배라의 결단력 있고 투명한 대응 덕분에 GM은 이전처럼 부인과 발뺌 전술에 의존했을 때보다 훨씬 빨리 스캔들의 오명을 씻어낼 수 있었다. 연방 검사인 프리트 바라라(Preet Bharara)는 GM의 대응에 대해 "매우 이례적이었습니다. 덕분에 4년이 아니라 18개월 만에 소송을 마무리할 수 있었습니다"라고 말했다. 그러나 법률적 난제를 해결하는 일은 시작에 불과했다. 리콜이 진행되는 가운데 앞으로 GM이 나아갈 방향을 정할 필요가 있었다. 이를 위해 배라는 정부 구제 이후에 인사 관행을 바로잡을 때와 같은 전략을 활용했다.

배라는 한 프레젠테이션에서 수백 명의 직원들에게 이렇게 말했다. "이 문제를 해소하고 두어 개의 절차를 바꾸는 것으로 충분하다고 생각한다면 큰 오산입니다. 나는 결코 이번 일을 그냥 묻어두고 싶지 않습니다. 이 고통스러운 경험을 우리의 집단적인 기억 속에 영원히 남겨두고 싶습니다. 두 번 다시 같은 일이 일어나지 않도록 절대 잊어버리고 싶지 않습니다." 한 전직 임원은 배라의 발언이 "이전의 CEO들이 했던 발언과는 전혀 달랐다"라고 말했다.

배라가 보기에 안전 관련 스캔들의 진정한 범인은 의도적인 부정이 아니라 관료주의였다. GM의 복잡한 기업 문화는 직원들이 점화 스위치 같은 문제에 대해 우려의 목소리를 내기 어렵게 만들었다. 또한 그런 목소리가 나와도 간부들이 쉽게 묵살할 수 있었다. 스위치게이트의 재발을 막으려면 일선 직원에서 최고 경영진까지 바로 연결되는 소통 창구가 필요했다. 그녀는 모교 졸업 연설에서 이렇게 말했다. "못 본 척한다고 해서 문제가 사라지는 건 아닙니다. 오히려 더 커지죠. 내 경험에 따르면 올바른 사람들을 모아서 계획을 세우고 모든 문제에 정면 대응하는 게 훨씬 낫습니다."

그녀는 직통 창구를 열기 위해 '스피커 업 포 세이프티(Speak Up for Safety)'라는 프로그램을 만들었다. 이 프로그램은 모든 직원이 차량에 대한 우려를 직접 최고 경영진에게 보고할 수 있도록 해주었다. 그녀의 슬로건은 단순했다. 그것은 "여러분이 걱정하면 나도 걱정합니다"였다. 그녀는 또한 엔지니어들을 딜러 매장으로 보내서 실제 고객들이 어떻게 생각하고 행동하는지 파악하도록 했다.

고객과 일선 직원에게서 최고 수뇌부로 이어지는 이 피드백 고리는 스위치게이트 같은 재난을 방지하는 데만 도움이 되는 것이 아니었다. GM이 전기 차, 자율 주행차, 차량 공유 서비스에 대응할 기민성도 부여했다. 이 세 가지 파괴적 힘의 수렴은 기성 자동차 제조사들에 이례적인 수준의 불확실성을 안겼다. 누구도 어떻게 각 요소가 서로 교차해 운전과 자동차 구매에 대한 세계인의 습관을 영원히 바꿔놓을지 예측할 수 없었다. GM은 살아남으려면 민첩해야 했다.

배라의 과감한 리더십은 회사에 활기를 불어넣었다. 그녀는 '홀 미팅(hall meeting)'을 열어서 모든 제품이 나아갈 방향에 대해 직원들의 조언을 들으면서 합의를 모았다. 또한 필요할 때는 주저 없이 결단을 내렸다. 이런 개방성과 결단력의 조합은 보상을 안겼다. 2016년에 GM은 전 세계에 걸쳐 1,000만 대를 판매해 기록을 갈아치웠다. 그해에 배라는 이사회 의장에 선임됐다. 〈포천〉은 그녀를 세계에서 가장 영향력 있는 여성으로 선정했다.

배라는 의장 겸 CEO로서 GM을 자동차 업계가 직면한 새로운 추세와 과감하게 정렬했다. 그녀는 차량 공유 현상을 따라잡기 위해 차량 공유 서비스 업체인 리프트(Lyft)와 손잡았다. 그에 따라 GM은 자율 주행 차량의 네트워크를 구성하는 데 5억 달러를 투자했다. 또한 그녀는 자율 주행 차량의 개발을 앞당기기 위해 자율 주행 차량 스타트업인 크루즈 오토메이션(Cruise Automation)을 1억 달러에 인수한 데 이어 자율 주행 차량이 도로를 '보고' 주행 여건을 평가하도록 돕는 레이저 이미징(laser-imaging) 장치를 만드는 스트로브(Strobe)를 인수했다. (2018년 기준으로 GM 자율 주행 차량 사업부의 가치는 146억 달러로 평가받았다.) 그녀는 전기 차 시장에서 입지를 확보하기 위해 일론 머스크의 테슬라를 물리치는 일에 나섰다. 그 결과로 약 322킬로미터의 주행거리를 지닌 최초의 저가 전기 차인 쉐보레 볼트(Bolt EV)를 출시하게 됐다.

배라는 단순히 테슬라 같은 혁신적인 신생 기업을 따라잡기만 하는 데는 관심이 없었다. 그녀가 보기에 GM은 시장을 지배하는 자동차 제조사였다. 그래서 전기 차와 다른 신기술 부문에서도 선두에 서 있어야 했다. 그러려면 전략적 긴축이 필요했다. 2019년에 GM은 기의 40억 달러 규모의 방대한 구조 조정을 단행했다. 그 일환으로 여러 공장의 생산량을 줄였고, 서유럽부터 뉴질랜드까지 과거의 핵심 시장을 포기했다. 또한 인력도 15퍼센트나 감축했다. 그중 임원직은 25퍼센트가 감소했다. 전체적으로 1만 4,000개의 일자리가 줄었다. 전 부회장인 밥 루츠(Bob Lutz)는 배라의 조치를 지지한다며 이렇게 말했다. "요즘 GM은 힘든 현실을 직시하고 있습니다. …… 나는 GM 경영진이 현실에 초점을 맞추고 빠르게 행동한다고 생각합니다."

GM 노동자의 딸이었던 배라에게 일시해고는 실로 가슴 아픈 일이었다. 그러나 그녀는 충분한 자금을 혁신에 투자하고 회사의 미래를 보장하려면 그렇게 해야 한다는 사실을 안다. 그녀의 지휘 하에 GM은 더 이상 신흥 시장에서 저렴한 승용차와 트럭을 파는 데 모든 노력을 기울이지 않는다. GM은 2019년에 LG화학과 같이 오하이오주에 23억 달러짜리 배터리 셀 회사를 만들었다. 또한 2020년에는 자회사인 크루즈(Cruise)가 새로운 자율 주행 전기차를 공개했으며, GM도 11종의 전기 차 모델을 선보였다. GM은 2023년까지 20종의 모델을 추가로 개발할 예정이다.

배라는 디트로이트에서 한 연설을 통해 CEO로서 다음과 같이 자신의 의도를 단도직입적으로 드러냈다. "GM이 점잖은 경쟁자이던 시대는 지나갔다는 사실을 알리고 싶습니다. 물론 우리는 윤리적으로 행동할 것입니다. 그러나 강인하고 끈질긴 경쟁자가 될 겁니다. …… 나는 인내심을 길렀습니다. 나는 이기고 싶습니다. 그럭저럭 해나가고 싶지 않습니다. 멈추고 싶지 않습니다. 단지 경쟁력을 갖춘 수준이 아니라 이기고 싶습니다."

▲ ▲ ▲

전쟁사를 통틀어 새로운 것, 즉 새로운 지역, 새로운 전술, 새로운 기술에 대응하는 리더의 능력에 따라 모든 전투의 승패가 갈렸다. 그저 해묵은 수단으로 새로운 적을 이기려 들면 결국에는 패배한다. 승리하려면 새로운 것을 활용해야 한다.

우리는 새로운 변화를 헤쳐 나가려면 과감함과 기민함이 필요하다는 사실을 거듭 확인했다. 빈사 상태의 회사를 안전지대로 끌어낸 리더는 승자로 부상할 수 있다. 우리는 호전적인 신생 기업이 기성 기업을 무너뜨리는 이야기를 즐겨 말한다. 그러나 사실은 기성 기업도 이런 신화적인 사례보다 훨씬 많이 성공적인 반격을 가했다.

때로는 단 한 번의 전략적 타격으로도 충분하다. 다음 장에서 살펴보겠지만 경쟁자의 약점, 즉 취약한 지점을 찾아 가차 없이 타격함으로써 전쟁을 이길 수 있다.

6

약점 활용

전쟁에서는 적의 견실한 곳을 피하고 허점을 공격해야 한다.

손자, 《손자병법》

사랑과 비즈니스 전쟁에서는 어떤 수단도 정당화된다. 약점이 없어 보이는 기업도 줄 하나에 매달린 지경에 몰릴 수 있다. 그래서 누구도 그 줄을 보지 못할 때만 안전하다. 어떤 적들은 회사에 불만을 품은 필수 인력이나 새로운 제품으로 바꿀 준비가 된 불만스러운 고객 기반 같은 약점을 찾아내는 데 능통하다. 경쟁자의 약점을 찾을 때는 먼저 그 리더들을 살펴라. 그들의 결함이 당신에게 최대의 기회를 제공한다.

때로는 오랜 끈기와 노력, 그리고 전략을 통해 비즈니스 전쟁에서 승리하기도 한다. 또한 때로는 시기적절한 한 번의 타격으로 이기는 경우도 있다.

헤드폰 없는 황제
비츠 바이 드레 vs. 몬스터 케이블

2008년, 캘리포니아주 산타모니카. 네 사람이 투팍 샤커(Tupac Shakur)나 나인 인치 네일스(Nine Inch Nails) 같은 아티스트들을 통해 음악의 경계를 넓히는 음반사인 인터스코프(Interscope) 본사에서 미팅을 하고 있다. 탁자 한쪽에는 인터스코프의 공동 창업자

한경BP 어린이 도서목록

어린이를 위한
하버드 상위 1퍼센트의 비밀
부정신호를 차단하고 한 가지에 몰입하는 힘

전지은 지음 | 김은정 그림 | 180쪽 | 13,000원

**내 안의 힘을 발견하는 가장 소중한 능력
부정신호는 '차단'하고 긍정신호는 '흡수'하라!**

아이들이 주변에서 느끼게 되는 부정신호를 어떻게 받아들여야 하는지, 내가 진짜 원하는 것이 무엇이며, 하고자 하는 일이 무엇인지 깨닫고 끝까지 몰입하여 꿈을 이루는 법을 알려주는 창작 자기계발 동화. PD가 꿈인 서윤이와 친구들의 학교생활과 친구 관계, 동아리 활동을 등을 통해 본인이 이루고 싶은 꿈을 찾아나가는 여정을 그린다. 그 과정을 통해 친구들과의 관계 맺기, 의사소통하기, 부정적인 피드백을 이해하고 차단하는 방법 등을 배울 수 있다.

난쟁이 피터
인생을 바꾸는 목적의 힘

호아킴 데 포사다, 데이비드 림 지음 | 최승언 옮김 | 264쪽 | 14,000원

**행복을 찾아 하버드에 간 난쟁이 택시운전사의
목적을 찾고 역경을 이겨내는 감동 스토리**

남보다 한참 작은 키로 난쟁이라 불린 소년, 분노조절 장애로 친구 하나 없이 외로웠던 피터는 힘든 거리 생활을 했지만 혼자가 아니었다. 사람이 사는 목적은 자신만의 행복이 아니라 남과 함께 행복해지는 것이라는 것을 깨달은 피터는 가난하고 힘없는 사람들을 돕는 변화사가 되기로 결심하고 하버드로 떠난다. 피터가 제대로 된 목적을 찾고 역경을 이겨내는 감동 스토리를 통해 인생의 의미를 되돌아보게 한다.

청소년을 위한
마시멜로 이야기

호아킴 데 포사다 원작 | 전지은 지음 | 216쪽 | 12,000원

**치열하게 오늘을 살고 행복하게 꿈꾸는 우리
감추려 해도 빛나는 청춘, 꿈을 향해 달려라!**

250만 한국 독자들의 인생을 바꾼 마시멜로 이야기
의 청소년판. '지금 무엇을 해야 하고, 무엇을 나중에
해야 하는지'의 결정을 스스로 하게 도와준다. 또 부
모님과 선생님의 일방적인 가르침과 교훈에 식상하
고 지친 청소년들이 스스로 자신의 꿈에 대해 생각하
고, 꿈을 이루어나갈 수 있는 발판을 마련하는 능동
적인 변화를 가능하게 해준다.

어린이 마시멜로 이야기

호아킴 데 포사다 원작 | 주경희 지음 | 180쪽 | 12,000원

**목표를 이루고자 하는 어린이들에게,
오늘의 위기는 '성장'과 '목표'를
재조정하는 즐거운 기회!**

조나단이라는 성공한 인물이 동네 꼬마 에릭에게 성
공이라는 키워드를 하나씩 제시하며 펼쳐지는 흥미
진진한 이야기. 자기정돈이 잘 안 되고 말썽꾸러기인
소년 에릭은 우연한 기회에 조나단으로부터 아르바
이트를 얻게 된다. 솔직하고 호기심이 많은 소년 에
릭에게 호감을 느낀 조나단은 '마시멜로 실험'이라는
이야기를 시작으로 에릭에게 자신이 겪은 인생의 노
하우를 마시멜로를 통해 이야기한다.

어린이를 위한 경제 교육 동화

세금 내는 아이들

옥효진 지음 | 김미연 그림 | 194쪽 | 14,000원

스스로 돈을 벌고 쓰고 모으고 투자하는
교실 속 작은 경제 국가 이야기

화제의 어린이 경제 교육 유튜브 〈세금 내는 아이들〉 기반 어린이 동화. 개학 첫 날, 새로 부임한 담임 선생님은 시우와 반 친구들에게 특별한 활동을 해볼 것을 제안한다. 아이들은 1년 동안 활명수 나라의 국민이 되어 각자 직업을 가지고 '미소'라는 화폐를 사용해 취업, 세금, 사업, 실업, 저축, 투자, 보험 등의 경제 활동을 경험하게 되는데… 돈으로 움직이는 교실 속에서 벌어지는 주인공 시우와 친구들의 좌충우돌 금융 생활을 통해 자연스럽게 경제에 대한 개념과 이해, 그리고 돈의 흐름을 읽는 사고를 기를 수 있다.

인 지미 아이오빈(Jimmy Iovine)과 닥터 드레(Dr. Dre)로 더 잘 알려진 세계적인 래퍼이자 힙합 프로듀서 안드레 영(Andre Young)이 앉아 있다. 다른 쪽에는 부자지간인 노엘 리(Noel Lee)와 케빈 리(Kevin Lee)가 앉아 있다. 노엘은 고급 스피커 케이블로 유명한 몬스터의 CEO이자 창업자다. 노엘은 이미 고객의 자존심이라는 약점을 활용해 큰돈을 벌었다. 고객들은 세련된 음악 감상자로 보이고 싶어서 음향에 뚜렷한 차이를 만들지 못하는 몬스터 스피커 케이블에 프리미엄을 지불한다.

그러나 노엘에게도 약점이 있다. 그의 아들인 케빈은 아버지와 달리 엔지니어도 아니고, 타고난 기업가도 아니다. 케빈은 거의 15년 동안 아버지의 회사에서 성과를 올려서 성공한 아버지에게 인정받고 싶어 했다. 이제 그는 음반 산업의 두 전설적인 거물과의 중요한 미팅 자리를 마련했다. 이 미팅은 케빈이 회사에 도움을 주고 노엘에게 인정을 받을 최고의 기회다.

6개월 전, 아이오빈과 닥터 드레는 몬스터 측에 접근해 공동 브랜드로 스피커를 판매하자고 제안했다. 노엘은 대신 헤드폰을 만드는 쪽으로 그들을 설득했다. 협상이 결렬되자 아이오빈과 닥터 드레는 다른 제조사를 찾아갔다. 이후 몬스터는 다시 미팅 제안을 받았다. 그 이유는 명확했다. 다른 제조사가 만든 부실한 결과물이 그들 앞에 놓여 있었다. 그것은 모든 구석이 잘못된 것 같은 네모난 헤드폰으로, 아이오딘과 드레가 의도한 고급 패션 아이템과는 거리가 멀었다. 게다가 '소리'도 그렇게 고급스럽지 않았다. 무엇보다 베이스가 부족했다.

노엘은 아이오딘과 드레 같은 사람들에게 "이렇게 될 거라고 했잖아요"라고 말하면 안 된다는 사실을 안다. 그러나 그의 표정은 분명하게 그렇게 말하고 있다. 그는 대중적 매력을 지닌 오디오 마니아 제품을 만들려면 몬스터와 몬스터의 대단히 가치 있는 전문 영역 지식이 필요하다고 생각한다.

아이오빈과 드레는 거물 프로듀서이지만 소비자용 전자 기기에 대해서는 잘 모른다. 이 부문은 몬스터의 전장이다. 그래서 노엘은 협상에서 상당한 우위를 누린다. 노엘이 깨닫지 못한 사실은 아이오빈과 드레도 '그의' 약점을 알고 있다는 것이다. 노엘은 아들을 지나치게 믿었다. 케빈의 순진함과 무지함은 첫 번째 협상을 망쳤다. 이번에도 케빈이 한 번 더 협상을 맡아야 한다고 노엘이 고집하면 아이오빈과 드레는 그를 상대하는 수밖에 없었다. 어차피 그들은 음반 산업 출신이었다. 그들은 전자 기기를 잘 모를지언정 일방적인 계약을 맺는 데는 분명히 능숙했다.

▲ ▲ ▲

노엘 리의 부모인 첸산(Chein-San)과 사라(Sara)는 1948년에 중국에서 미국으로 이민 왔다. 첸산은 중국 중앙통신사의 기자였다. 중국 공산혁명으로 그의 직장은 남중국해를 건너 대만으로 옮겨 갔다. 두 사람이 미국으로 건너온 지 두어 달 만에 아들이 태어났다. 그날은 크리스마스였다. 그래서 거기에 딱 맞는 이름을 붙여줬다.

노엘과 여동생 네 명은 1950년대와 1960년대에 샌프란시스코에서 자랐다. 당시는 엄청난 사회적·문화적 격변이 일어나던 때였다. 샌프란시스코는 대단히 진보적인 도시였지만 오랜 문제는 그대로 남아 있었다. 노엘은 "어린 시절에는 아시아인에 대한 차별이 아주 심했기 때문에 많이 힘들었다"라고 말했다. 노엘은 어릴 때부터 이례적으로 다방면에 걸쳐 장르를 건너뛰는 음악적 취향을 갖게 됐다. 또한 그는 공부에 방해가 되지 않는 선에서 틈틈이 연습해 드럼 연주를 배웠다. 그는 절대 굽히지 않는 직업윤리를 가진 뛰어난 학생이었다. "잠은 죽어서 잔다는 생각으로 매일 24시간 공부할" 정도였다. 노엘은 캘리포니아폴리테크닉 주립대학교(California Polytechnic State University)에서 기계공학 학사 학위를 딴 뒤 로렌스 리버모어 국립연구소(Lawrence Livermore National Laboratory)에서 핵융합에 사용되는 레이저를 개발했다.

유수 연구소에서 첨단 엔지니어링 기술을 개발하는 것은 그 자체로 보람 있는 일이었다. 그러나 노엘에게는 그저 일시적인 돈벌이에 불과했다. 결혼해 아들을 둔 그로서는 안정적인 직장이 반가웠다. 그러나 그는 다른 많은 타고난 기업가들처럼 직장 생활만으로는 만족하지 못했다. 그는 저녁과 주말에 전원 아시아인으로 구성된 아시안 우드(Asian Wood)라는 포크 록 밴드에서 연주했다. 한 기자의 표현에 따르면 "하와이안 셔츠와 흰 나팔바지를 맞춰 입고 크로스비, 스틸스 앤드 내시(Crosby, Stills & Nash)의 음악을 커버하는" 밴드였다. 노엘은 당시 기술적 지식이 풍부한 여러 음악 애호가들처럼 레이저를 쏘거나 드럼을 연주하지 않을 때는 고충실도 스테레오 시스템을 개조했다.

노엘은 엔지니어로서 받는 연봉 덕분에 준수한 오디오 마니아용 스피커 부품을 살 수 있었다. 그러나 그는 모든 스테레오 시스템이 중대한 약점을 지녔다는 사실을 깨달았다. 그것은 바로 부품들 사이를 연결하는 '케이블'이었다. 당시 스피커 시스템은 전등이나 다른 일반적인 가정용 기기에 쓰이는 얇고 저렴한 케이블로 연결됐다. 그래서 대부분의 경우가 그렇듯 컴포넌트에 무료 전선이 들어있지 않으면 철물점에서 약 30센티미터당 10센트짜리 '전등선'을 사서 직접 필요한 커넥터를 붙이면 됐다.

엔지니어이자 음악 애호가인 노엘은 저렴한 전선이 음질을 떨어뜨릴지 모른다고 의심했다. 그래서 보다 나은 해결책을 실험하기 시작했다. 그는 매일 밤 다양한 폭과 재질의 전선을 꼬거나 다양한 유형의 절연재로 감쌌다. 그 목적은 사운드 시스템의 충실도를 개선하는 것이었다. 노엘과 폭넓은 음역을 즐기는 사람에게 친숙한 차이콥스키의 〈1812년 서곡(1812 Overture)〉이 음질을 비교하는 기준이 됐다. 그는 끈질긴 실험을 통해 두껍고 구리 함량이 높은 12게이지(gauge) 케이블을 적절하게 꼬고 절연재를 입히면 음질이 확연히 개선된다는 사실을 발견했다. 적어도 '그는' 차이를 인식했다.

그러나 노엘이 이 발견을 더욱 진전시키기 전에 하와이의 흥행 업자가 아시안 우드에게 월드 투어를 하자고 제안했다. 노엘은 바로 기회를 움켜잡았다. 부양할 가족이 있는데도 이런 리스크를 충동적으로 받아들인 것을 보면 그가 지겨운 직장 생활에서 얼마나 간절하게 탈출하고 싶어 했는지 알 수 있다. 그는 평생을 연구소에 갇혀서 보낼 생각이 전혀 없었다.

일을 그만둔 노엘은 아내와 아들을 데리고 첫 공연지인 하와이로 갔다. 불행하게도 이 '월드 투어'는 2주 만에 취소됐다. 무일푼으로 오도 가도 못하는 신세가 된 노엘은 하와이에서 꼬박 18개월 동안 지역 무대에서 공연한 끝에 샌프란시스코로 돌아오는 세 장의 비행기 표를 살 수 있었다. 스타의 꿈은 뒤로 미뤄야 했지만 그는 이 경험을 후회하지 않았다. 그는 "그때 비즈니스를 하는 법을 배웠어요. 돈을 주지 않으려는 얄팍한 나이트클럽 사장들과 비즈니스를 하는 법을 말입니다"라고 말했다. 노엘은 잃어버린 기회에 크게 좌절했다. 그래도 전통적인 경력의 경로 밖에서 스스로 일어설 수 있음을 증명해야 했다.

그는 직장 생활만큼 편하고 안정적이지는 않지만 자신에게 사업가 기질이 있다는 사실을 알게 됐다. 집으로 돌아온 그는 '몬스터 케이블(Monster Cable)' 코일을 포장하기 시작했다. 그리고 전등선과 비교할 때 괴물 수준으로 두꺼운 이 케이블을 집마다 찾아다니며 팔았다. 그는 새로운 제품에 대한 흥미를 불러일으키려고 산업박람회와 스테레오 매장에서 시연을 하기도 했다.

처음에 몬스터 케이블은 노엘이 나중에 말한 대로 "누구도 인지하지 못한 문제에 대한 해결책"이었다. (그의 아들인 케빈은 "없는 병에 대한 치료제"라고 표현했다.) 1978년에 노엘은 전자업계에서 가장 중요한 산업박람회인 시카고 소비자가전쇼에서 다른 회사의 탁자 한 귀퉁이를 빌렸다. 그는 청음자들에게 몬스터 케이블의 가치를 확신시켜야 했다. 그래서 전등선으로 연결된 시스템과 몬스터 케이블로 연결된 시스템의 소리를 번갈아 들려주었다. 노엘은 이런 시연을 통해 오디오 마니아들의 심리에 대한 예리한 이해력을 증명했다. 사람들은 소리의 차이를 알지 '못해도' 거의 예외 없이 다른 사람들 앞에서 그 사실을 인정하지 않았다. 다른 사람들은 그 차이를 명확하게 인식한다면 어떻게 할 것인가?

이듬해에 노엘은 5만 달러의 예금을 털어 소비자가전쇼에 자체 부스를 마련했다. 이 위험한 베팅은 보상을 안겨줬다. 3만 개의 주문이 들어온 것이다. 몬스터 사이즈의 주문을 확보한 노엘은 25만 달러의 사업 자금 대출을 받았다. 그리고 샌프란시스코 외곽에 공장을 임대한 뒤 자신이 새 회사의 '우두머리 몬스터'임을 선언했다.

노엘은 몬스터 케이블이 최대한 많은 사람의 손과 귀에 도달하게 만들려면 소매업체가 핵심이 될 것임을 알았다. 몬스터 케이블은 완벽한 충동구매 상품이었다. 소비자의 눈은 계속 이 금도금이 된 잭에 끌렸다. 그는 고급스러운 포장과 멋진 매장 디스플레이로 제품의 외관을 더욱 보강했다. 그다음 공격적인 영업으로 일반적인 하이파이 매장부터 전국 전자 기기 유통 체인과 초대형 할인점에 이르기까지 모든 매장에 제품을 깔았다. 그렇게 함으로써 그는 일반인과 동떨어졌던 하이파이 세계를 민주화했다. 이제는 누구나 고가 오디오 장비를 살 수 있었다.

몬스터가 영업을 시작한 시기는 매우 이상적이었다. 고충실도 음향은 1970년대 말과 1980년대에 많은 사람들이 이루고자 하는 목표였다. 그러나 대부분의 오디오 마니아용 스피커 부품은 고급 턴테이블과 리시버(receiver)처럼 일반 소비자와 거리가 멀었다. 그러나 최고의 서브우퍼를 사는 데 필요한 수천 달러를 마련한 적이 없는 사람이라 해도 약 30센티미터당 60센트라는 전대미문의 가격에 팔리는 프리미엄 케이블을 사도록 설득할 수는 있었다. 몬스터 케이블은 다른 케이블과 비교하면 사치품이었다. 하지만 새 스피커와 비교하면 싸구려였다. 그러니 누가 알겠는가? 어쩌면 고급 케이블이 당신이 형편상 업그레이드하지 못하는 흔한 스테레오의 음질을 높여줄지도 모르는 일이다.

30달러짜리 케이블은 그 자체로 게임 체인저는 아니었다. 그래도 케이블당 마진이 평균 45퍼센트로, 대다수 오디오 제품의 30퍼센트보다 높았다. 소매업체들로서는 계속 쌓이면 쏠쏠한 마진이었다. 그들은 또한 다른 기존 매출을 잠식하지 않았기 때문에 몬스터 케이블을 좋아했다. 고객에게 프리미엄 케이블을 얹어서 팔지 못해도 공짜 전등선만 주면 그만이었다. 그런 의미에서 몬스터 케이블을 팔아서 얻는 이윤은 그저 생기는 것이나 마찬가지였다. 반면 오디오 마니아들에게 몬스터 케이블은 비싼 새 시스템을 자연스럽게 보완하는 제품이었다. 또한 전체 구매액에 비하면 가격도 사소한 수준에 불과했다. 기술 애널리스트인 마틴 레이놀즈(Martin Reynolds)가 말한 대로 스테레오를 사려고 큰돈을 쓰는데 "케이블 따위에 돈을 아끼고 싶을까?"

몬스터 케이블이 고충실도 스테레오 시스템의 음질을 크게 개선할까? 초기 산업박람회에서 많은 청음자들은 소리가 다르게 들린다고 자랑스럽게 주장했다. 또한 음악가 출신이자 디테일에 예민한 엔지니어로서 노엘 자신도 상당한 차이를 감지했을 수 있다. 그러나 오디오 마니아를 자처하는 사람들을 비롯한 대다수 사람들은 소리의 차이를 구분하지 못했다. 〈사운드 앤드 비전(Sound & Vision)〉지의 객원 기술 에디터로서 오랫동안 수차례 비교 청음을 한 톰 누센(Tom Nousaine)은 이렇게 말했다. "누구도 전문 케이블과 싸구려 케이블의 차이를 구분하지 못했습니다. 스피커 케이블을 사기에 가장 좋은 곳은 홈디포(Home Depot)입니다." 그러나 오디오 마니아들은 갈수록 다르게 생각했다. 노엘은 나중에 "우리는 흔한 제품을 흔하지 않게 만들었다"라고 자랑했다.

처음부터 노엘의 모토는 '듣는 것이 믿는 것'이었다. 오디오 마니아 시장에서 당신은 종종 '기대'했던 소리를 듣는다. 외관이 실제 성능을 증폭하고, 심지어 압도하기도 한다. 몬스터 케이블은 다른 케이블보다 훨씬 튼튼해 보였고, 금도금이 된 잭까지 달려 있었다. 그래서 음질을 개선할 것처럼 '보였다'. 설령 당신이 달라진 점을 구분하지 못한다고 해도 판매원에게 항의할까? '판매원'은 차이를 구분할 수 있다면? 만약 당신 외에 다른 모든 사람들은 확실하게 차이를 구분한다면? 케이블에 대해 불평하면 다른 사람들은 당신의 귀가 당신이 생각하는 만큼 예민하지 않다는 사실을 알게 될 것이다.

스테레오를 팔면서 힘든 시절을 보낸 노엘은 판매원들에게 의욕을 불어넣는 것이 무엇인지 알았다. 그는 판매원 대상 특별 교육 프로그램을 만들고 자유 휴가 같은 구미 당기는 영업 인센티브를 제공했다. 그는 전체 매출의 최대 15퍼센트를 이 프로그램에 투자했다. 이는 소비자 대상 직접 광고에 투자하는 것보다 훨씬 높은 비중이었다. 그는 구매 절차 중 어느 지점에서 소비자들이 영업에 가장 취약한지 알았고 그 지점에 노력을 집중했다.

노엘의 지휘하에 몬스터는 1980년대 내내 성장했다. 노엘은 몬스터 포토, 몬스터 게임, 몬스터 컴퓨터 같은 사업부를 출범시키면서 소비자 가전 부문 전체로 브랜드를 확장할 더 많은 길을 찾아냈다. 심지어 고객의 호주머니를 마지막 한 푼까지 털기 위해 계산대에서 카트에 던져 넣을 수 있는 최후의 아이템으로 몬스터 민트(Monster Mints)까지 만들었다. 1997년에 몬스터는 5,000만 달러의 매출을 올렸다. 또한 캘리포니아와 이스라엘에 거점을 두고 400명의 임직원을 거느렸다. 그리고 오디오, 비디오, 게임 부문에서 1,000여 개 품목으로 제품을 다양화했다.

오디오 마니아들 사이에서 몬스터의 인지도는 상당히 높았다. 그래서 직접 오디오 부품을 제조하는 것이 매우 타당했다. 그러나 노엘은 스피커 배선에서 실제 스피커로 브랜드를 확장하기까지 너무 오래 기다렸다. 그러는 사이에 음악 청취 습관의 변화가 이미 업계를 재구성하고 있었다. 휴대용 카세트 플레이어가 부상하면서 멀티 컴포넌트, 고충실도 스테레오 시스템의 시대는 끝나가고 있었다. 소니 워크맨(Walkman)은 적절한 스테레오 시스템을 완전히 대체하지 못했다. 테이프는 재생 시간이 한 시간에 불과했고, 음질은 가장 기본적인 턴테이블과 스피커에도 미치지 못했다.

그러나 2001년에 애플의 아이팟이 출시되면서 1,000곡을 호주머니에 넣고 다니면서 디지털 음질로 들을 수 있게 됐다. 아이팟의 새로운 버전이 나올 때마다 갖고 다닐 수 있는 곡의 수가 늘어났다. 사람들은 CD에 담긴 음악을 '추출'하거나, 심지어 인터넷에서 불법 음원을 다운로드하기 시작했다. 그들에게 거실 공간을 많이 차지하는 거대한 스테레오 시스템과 높이 쌓인 음반이나 CD가 정말로 필요할까? 모바일 음악 감상은 실내 음악 감상을 빠르게 대체하고 있었다.

몬스터의 스피커가 인기를 얻는 데 실패하자 노엘은 암울한 앞날을 예견했다. 그는 이렇게 말했다. "대형 스피커는 한물갔어요. 현혹적인 말로 대형 스피커를 팔던 시대는 지나갔어요. 스피커로 지난 시절을 되돌릴 길은 없습니다. 스피커의 물리적 크기와 사람들이 음악을 듣는 장소가 완전히 어긋나니까요. 스피커를 헬스장이나 지하철로 가져갈 수는 없어요." 그러나 그렇다고 해서 사람들이 더 이상 고급 오디오를 원치 않는 것은 아니었다.

노엘은 아이팟을 면밀히 살폈다. 그리고 1970년대에 스피커 시스템을 대상으로 그랬던 것처럼 하나의 약점을 발견했다. 바로 아이팟의 상징적인 흰색 이어폰이었다. 스피커 제조사들이 고가 컴포넌트에 저급한 무료 '전등선'을 넣어줬듯이, 애플은 첨단 디지털 뮤직 플레이어에 값싸고 음질 나쁜 이어폰을 번들 제품으로 넣어주고 있었다. 저질 이어폰으로 듣는데 또렷한 음질이 무슨 소용이 있겠는가? 이는 몬스터가 공략할 수 있는 약점이었다. 노엘의 표현에 따르면 "헤드폰은 새로운 스피커"였다. 몬스터는 자체 헤드폰 라인을 개발하기 시작했다. 이번에도 노엘은 사람들이 이미 공짜로 받고 있는 것을 팔 셈이었다.

이 무렵 노엘은 아들인 케빈을 경영자로 키우고 있었다. 그는 한동안 케빈에게 홈 시어터 장비를 숨기도록 디자인된 가구를 세작하는 자회사를 맡겼다. 이 회사는 서브우퍼를 안에 넣을 수 있는 탁자나 영화에서 나오는 폭발음에 맞춰서 시트 쿠션이 진동하는 소파 같은 제품을 만들었다. 뒤이어 2006년에는 케빈을 로스앤젤레스로 보내서 MP3보다 음질이 좋은 몬스터의 새로운 오디오 포맷으로 음원을 발매하도록 팝 스타들을 설득하는 일을 맡겼다. 그는 아들에게 "어셔(Usher), 메리 제이 블라이즈(Mary J. Blige), U2를 끌어들여야 해"라고 말했다. 이는 쉽지 않은 일이었다. 그래도 케빈은 부지런히 뛰어다녔다. 그는 다른 권위자들과 더불어 업계에서 가장 유명하고 영향력 있는 음반 회사 경영자인 지미 아이오빈과 인맥을 쌓는 데 성공했다. 몬스터의 새로운 오디오 포맷 사업은 실패했지만 잠재적으로 더 가치 있는 일로 이어졌다. 그것은 인터스코프의 회장뿐 아니라 그의 동업자인 닥터 드레와의 만남이었다.

▲ ▲ ▲

음원 다운로드 붐이 소비자 가전 시장에서 파문을 일으켰다면 음반 산업에서는 파괴의 쓰나미를 일으키고 있었다. 불법 다운로드가 횡행했고, 합법적인 온라인 음원 매출도 전반적인 수익을 잠식하고 있었다. 처음으로 소비자들은 전체 앨범에서 원하는 곡만 살 수 있게 됐다.

닥터 드레는 랩 그룹 N.W.A.의 창립 멤버일 뿐 아니라 플래티넘 판매 기록을 세운 솔로 아티스트이기도 했다. 또한 에미넴(Eminem) 같은 초대형 스타를 키운 업계 최고의 프로듀서 중 한 명이었다.

그러나 음악 비즈니스의 수익 구조가 빠르게 변하는 가운데 드레의 변호사는 스니커즈를 홍보해 가외 소득을 올리라고 조언했다. 그 무렵 그는 오랜 친구이자 비즈니스 동료인 지미 아이오빈을 산타모니카 해변에서 우연히 마주쳤다. 두 사람의 대화는 홍보 계약으로 이어졌다. 드레는 "스니커즈는 집어치우고 스피커를 만들자"라는 지금은 유명해진 말을 했다. 이는 새로운 비즈니스에 대한 계시가 담긴 말이었다. 드레가 큰 마진을 남기는 고급 소비자용 스피커 시장에서 이름을 알릴 수 있다면 스니커즈를 홍보하는 것보다 훨씬 많은 돈을 벌 수 있었다. 하지만 누구에게 스피커 '제조'를 맡겨야 할까? 누가 시장을 제대로 이해할까? 누가 고가 오디오 장비 시장을 속속들이 알까?

머지않아 두 사람은 케빈과 연락이 닿았다. 이는 숙명처럼 보였다. 오랫동안 몬스터는 자사의 고가 오디오 제품을 판매하기 위해 연예인의 힘을 활용했다. 그래서 소비자가전쇼에서 스타들이 등장하는 화려한 이벤트를 열고, 심지어 앨범을 제작하기도 했다. 몬스터는 소비자 가전 시장에 대한 지식이 거의 없는 아이오빈과 드레가 처음부터 새로운 오디오 브랜드를 구축하기에 완벽한 파트너였다.

노엘은 아이오빈과 드레를 만날 무렵 이미 스피커는 막다른 골목이고 헤드폰이 미래라는 결론을 내린 상태였다. 다만 두 사람에게 그 점을 설득해야 했다. 노엘은 "그들은 사람들이 왜 스피커를 사고 싶어 하지 않는지 몰랐습니다. 그들은 대형 스피커를 갖고 있었고, 항상 스튜디오에도 갖추고 있었으니까요"라고 말했다. 노엘은 고가 헤드폰이 머리에 쓰고 어디든 다닐 수 있는 고충실도 스피커 같은 것이라고 설명했다. 또한 스니커즈처럼 패션 아이템이어서 실제 가치보다 높은 가격을 받을 수 있었다. 물론 그러기 위해서는 적절한 디자인과 연예인들의 충분한 보증이 필요했다. 언제나 세일즈맨 기질을 드러내던 노엘은 두 사람에게 몬스터가 만든 시제품을 청음하게 했다. 드레는 베이스가 풍부한 사운드에 강한 인상을 받았다. 아이오빈과 드레는 성공을 확신하고 새로운 방향으로 나아가는 데 동의했다.

노엘은 케빈에게 협상을 맡겨서 힘든 시험에 직면하게 만들었다. 케빈은 아버지처럼 경영대학원에 다닌 적이 없었으며, 몬스터에서 일한 것 말고는 실질적인 비즈니스 경험이 없었다. 게다가 그는 아버지와 달리 혼자 힘으로 사업을 꾸려가지 않아도 됐다. 그런 그가 이제 노련하고 냉철한 기업가인 지미 아이오빈을 상대해야 했다. 케빈은 협상을 잘 마무리하고 싶었다. 그러나 인터스코프가 제시하는 낮은 금액으로는 도저히 제조 단가를 맞출 수 없었다.

몬스터는 얼마 전에 자사 스피커 사업의 실패로 5,000만 달러의 손실을 입었다. 그래서 120명의 직원을 내보내고 공장을 멕시코로 옮겨야 했다. 인터스코프가 제시한 공격적인 분배 비율은 전혀 타당하지 않았다. 그러나 아이오빈과 드레는 모든 지렛대를 갖고 있었다. 그들이 보기에 몬스터는 여러 잠재적 제조 대행사 중 하나였다. 몬스터가 분배 비율을 늘려달라고 압박하자 아이오빈은 아무런 대꾸를 하지 않았다. 그러다가 얼마 뒤 케빈에게 전화를 걸어 "이러고 싶지 않지만 다른 회사하고 계약할 것 같아요"라고 말했다.

그러나 6개월 뒤 아이오빈이 두 번째로 선택한 회사와의 협업은 실패로 돌아갔다. 그래서 네 사람은 다시 아이오빈의 사무실에 모였다. 아이오빈의 책상 위에는 몬스터의 경쟁사가 만든 시제품이 놓여 있었다. 아이오빈과 드레는 이 무렵 '비츠 바이 드레(Beats by Dre)'라는 멋진 브랜드명을 지어놓은 상태였다. 하지만 그들이 내세울 것은 그것뿐이었다. 책상 위에 있는 제품은 패션 아이템이어야 했다. 그러나 디자인이 전혀 거기에 어울리지 않았다. 머리에 썼을 때 헤드폰이 멋있어 보이지 않으면 연예인들이 쓰려고 하지 않을 것이다. 그러면 모든 노력이 물거품이 될 터였다. 게다가 특히 노엘의 전문적인 의견에 따르면 음질도 그다지 좋지 않았다. 오디오 마니아인! 드레도 같은 생각이었을 것이다. 그렇지 않다면 비굴하게 몬스터에 다시 돌아오지 않았을 테니까.

당연히 협업에 대한 노엘의 의욕은 그사이에 많이 식어 있었다. 그는 지나치게 낮은 분배 비율을 제시받은 데다가 경쟁사에 밀려난 뒤여서 "이전처럼 열성적이지 않았다". 그러나 케빈은 여전히 비츠와 몬스터의 협업을 실현하려는 열망을 품고 있었다. 그래서 노엘은 다시 한 번 케빈에게 협상을 맡겼다. 케빈은 이번에는 협상이 결렬되도록 만들지는 않겠다고 결심했다. 그래서 위험한 시도를 하기로 결단을 내렸다. 그것은 합의서에 서명하기 '전에' 제품 라인을 개발하기 시작하는 것이었다.

케빈은 나중에 "당시 우리는 어떤 제품을, 어떤 가격에, 어떤 비용을 들여서 만들지 제대로 몰랐습니다"라고 말했다. 그는 아버지에게 알리거나 허락을 받지도 않고 수백만 달러의 회사 자금을 비츠 바이 드레 제품을 개발하는 데 쏟아부었다. 아직 아이오빈과 드레는 계약 내용을 승인하지 않은 상태였다. 케빈의 팀은 아이오빈과 드레의 의견을 반영해 개량을 거듭하면서 수십 개의 시제품을 개발했다. 케빈은 제품을 제대로 만들면 아이오빈과 드레가 그냥 돌아서지 못할 것이라고 믿었다.

그러나 어느 정도 시간이 지난 뒤 협업을 성사시키겠다는 케빈의 맹목적인 결심은 공황으로 바뀌었다. 그는 문득 몬스터가 얼마나 깊은 수렁에 빠졌는지 깨달았다. 하지만 계약서에 서명하기도 전에 수많은 버전의 시제품을 개발하고, 심지어 대량생산까지 시작한 뒤였다. 그는 이렇게 말했다. "단순히 반항하는 정도를 넘어선 상태였습니다. 자칫 아버지의 신뢰를 잃을지도 몰랐어요. 이미 수백만 달러의 재고를 안고 있었습니다. 아버지가 알면 나를 죽이려고 했을 겁니다." 케빈은 아버지에게 사실을 털어놓아야 한다는 걸 알았다. 그러나 서명된 계약서를 손에 들고 고백하고 싶었다.

그는 아이오빈과 드레를 찾아가 협상을 서둘렀다. 그는 이미 저지른 판단 착오를 무마하기 위해 조급하게 협상에 임했다. 그는 아이오빈과 드레, 그리고 경험 많은 기업 변호사 팀을 혼자 상대해야 했다. 그들은 케빈의 조급함과 절박함을 십분 활용하려 들었다. 결국 케빈은 자신도 모르는 사이에 엄청나게 복잡한 합의서에 서명해 버렸다. 그는 그 계약의 의미를 온전히 파악하지 못하고 있었다.

그래도 한동안 케빈은 안도의 한숨을 쉴 수 있었다. 일단은 짐을 덜었기 때문이었다. 그가 서명한 계약으로 몬스터와 비츠의 협업은 공식화됐다. 그러니 아버지가 이전의 성급한 행동을 용서해줄

지도 몰랐다. 계약 내용에 따르면 몬스터는 헤드폰의 제조와 유통을 담당할 예정이었다. 아이오빈과 드레는 비츠 브랜드와 소속 연예인을 통한 홍보 활동의 대가로 19퍼센트의 수수료를 받도록 돼있었다. 그러나 핵심적인 내용은 아이오빈과 드레에게 몬스터의 전체 비츠 사업에 대한 소유권을 준다는 것이었다. 또한 '지배권 변경' 조항도 포함됐다. 즉, 다른 기업이 비츠의 지배권을 갖게 되면 비츠와 몬스터 사이의 제조 및 유통에 대한 합의는 무효화될 것이었다. 그에 따라 비츠는 몬스터에 아무런 보상을 하지 않고 자유롭게 떠나갈 수 있었다.

지금 대다수 팬들은 모르겠지만 비츠 바이 드레 헤드폰은 2008년에 몬스터와의 협업 프로젝트로 발표됐다. 심지어 초기 모델에는 작은 몬스터 로고가 상징적인 붉은색 'B' 자 아래에 붙어 있었다. 크고(너무 크지는 않지만), 윤기 나고, 화려한 새로운 헤드폰은 소비자들 사이에서 인기를 끌었다. 그래서 비평가들은 지나치게 비싸고 베이스가 과하다고 비판했지만 즉각 신분의 상징이 됐다. 비츠가 해당 가격대에서 최고의 헤드폰인지, 또는 그 가격에 상응하는 가치를 제공하는지는 부차적인 문제였다. 비츠 바이 드레는 문화적 신분의 상징으로서 반드시 가져야 하는 헤드폰이라는 새로운 범주에 속했다. 그 주된 이유는 소비자 가전업계의 어떤 기업도 아이오빈과 드레만큼 연예계 인맥과 명성이 두텁지 않았기 때문이다.

케빈의 말에 따르면 "비츠는 모든 뮤직비디오에 나왔다". 심지어 레이디 가가나 저스틴 비버 같은 팝 스타를 위한 시그니처 모델도 만들어졌다. 노엘은 이런 것들이 얼마나 높은 가치를 지니는지 알았다. 자신이 같은 원칙으로 몬스터를 일으켜 세웠기 때문이다. 고객들은 눈과 뇌가 말하는 대로 소리를 들었다. 그래서 세계 최고의 헤드폰으로 듣고 있다고 말하기만 해도 주관적인 경험이 개선될 것이었다. 부와 유명세를 누리는 모든 뮤지션들이 쓰고 있는 모습을 보는 것보다 '세계 최고의 헤드폰'임을 더 잘 말하는 것이 있을까?

이 전략은 성공했다. 비츠는 거의 하룻밤 사이에 거리 곳곳에서 눈에 띄었다. 비츠는 첫해에 40만 대의 헤드폰을 팔아서 2억 달러의 매출을 올렸다. 비츠의 성공은 이제 시작이었다. 2011년에는 연예인 동원 전략에 힘입어 매출 5억 달러를 넘어섰다. 또한 고가 헤드폰 시장의 절반 이상을 확보하게 됐다. 르브론 제임스 같은 운동선수와의 제휴는 스포츠 팬들도 무더기로 비츠를 선택하게 만들었다. 케빈은 "아직도 비츠를 갖고 있지 않으면 끝난 것이었어요"라고 말했다.

결과적으로는 몬스터도 어차피 끝난 상태였다. 다만 이유는 달랐다. 케빈이 적절한 검토 없이 계약에 합의한 것이 문제였다. 2011년 8월에 아이오빈과 드레는 비츠의 지분 51퍼센트를 대만의 소비자 가전 기업인 HTC에 3억 900만 달러를 받고 매각했다. 성가신 '지배권 변경' 조항에 따라 이 소유 구조의 변경으로 몬스터와의 제조 및 유통 계약은 즉시 종결됐다. 비츠는 몬스터의 관련 특허와 디자인까지 모두 갖고 떠나버렸다. 이것만으로도 분통이 터질 일인데 사태는 더욱 악화됐다. 비츠는 뒤이어 몬스터와의 역사를 고쳐 썼다. 그들은 몬스터가 제품 디자인에 조금의 역할이라도 했다는 점을 부인하기 시작했다. 즉, 몬스터는 비츠가 사용할 부품과 원자재를 조달했을 뿐이라고 말했다. (몬스터는 뒤이어 자신들의 주장을 뒷받침하기 위해 기밀 디자인 문서를 비롯한 서류를 한 기자에게 제공했다.)

아이오빈과 드레는 아직 책략을 다 부린 것이 아니었다. '지배권 변경' 조항이 발효된 뒤 그들은 HTC에서 회사 지분을 신속하게 다시 사들였다. 뒤이어 그들의 능란한 술수가 마무리 단계로 접어들었다. 그들은 2014년에 비츠를 32억 달러에 현금과 주식으로 인수하도록 애플을 설득했다. 이는 애플 역사상 최대 규모의 인수였다. HTC 꼼수 덕분에 모든 인수 대금은 아이오빈과 드레의 호주머니로 들어갔다. 그들은 소비자 가전업계 역사상 가장 수지맞는 계약에서 깔끔하게 몬스터를 도려냈다.

처음에 노엘은 애플의 인수 소식을 긍정적으로 바라보았다. 그는 이렇게 말했다. "가장 먼저 든 생각은 지미와 드레가 엄청난 계약을 맺었다는 것이었습니다. 비츠의 가치가 그렇게 높은 평가를 받았다는 게 무척 기뻤어요. 그러면 몬스터의 가치도 올라갈 것으로 생각했죠." 그러나 결국 노엘은 몬스터가 배제당한 것을 묵과할 수 없다고 결정했다. 그는 캘리포니아주 법원에 소송을 제기했다. 소송의 요지는 아이오빈과 드레가 회사의 소유권을 의도적으로 뒤바꿔서 몬스터를 배제하는 조항을 촉발함으로써 비츠의 디자인, 제조, 유통에 대한 권한을 훔쳤다는 것이었다. 노엘의 주장에 따르면 HTC가 비츠의 지분을 인수한 것은 애플이 인수하기 전에 몬스터를 밀어내려는 의도적인 '사기'였음을 HTC의 한 이사가 인정했다. 즉, 아이오빈과 드레는 일찍이 2011년부터 애플에 회사를 넘길 생각을 하고 있었다. 그러나 그들은 그 전에 회사에 대한 전체 소유권을 확보하고 싶어 했다.

법정에서 비츠는 다른 주장을 내세웠다. 몬스터가 수익 배분 비중을 늘리는 대가로 '지배권 변경' 조항에 동의했다는 것이었다. 비츠의 주장에 따르면 몬스터는 스피커 라인의 실패와 오프라인 매출의 하락세로 타격을 입어서 단기적인 수익을 우선시했다. 그리고 지금 그 대가를 치르고 있는 것이었다. 결국 법원은 비츠의 손을 들어주었다. 궁극적으로 케빈은 그 의미를 이해했든 아니든 계약 내용에 동의했다. 몬스터는 소송비용과 피해 보상을 위해 1,750만 달러를 지불하라는 명령을 받았다.

노엘은 "우리는 헤드폰을 디자인하고, 제조하고, 마케팅했습니다. 그런데 아무런 공을 인정받지 못했습니다"라고 말했다. 노엘은 몬스터가 마땅히 받아야 할 수억 달러를 받지 못했다는 사실 말고도 이제는 하나의 아이콘이 된 헤드폰에 대해 아무 일도 한 것이 없다는 지속적인 주장에 분개했다. 그는 "그들은 대단한 비즈니스 성공담에서 몬스터를 지워버렸습니다. 그건 옳지 않아요"라고 말했다. 그러나 이런 좌절에도 불구하고 그는 헤드폰을 포기하지 않았다. 그는 "비츠가 함께하든 아니든 우리는 헤드폰 시장의 애플이 될 수 있습니다"라고 선언했다. 몬스터는 퓨어 몬스터 사운드(Pure Monster Sounds) 라인으로 계속 헤드폰을 만들었다. 한편 케빈은 따로 나가서 SOL 리퍼블릭(SOL Republic)이라는 자신의 헤드폰 제조사를 공동 창업했다. 그는 2017년에 이 회사를 팔고 아버지의 회사로 복귀했다.

결국 약점을 활용하던 사람이 반대로 활용당하고 말았다. 노엘은 이렇게 말했다. "우리가 정당한 인정을 받지 못했다고 생각합니다. 우리는 비츠의 역사에서 지워졌습니다. 우리는 비츠를 만든 사람들입니다. 대다수 사람들은 한쪽의 이야기만 들어서 몬스터가 참여했다는 사실조차 모릅니다." 몬스터는 과거에 의존하던 오프라인 유통업체들이 문을 닫으면서 추락하고 있다. 지난 10년 동안 매출이 급감하면서 대부분의 직원을 내보내야 했다. 몬스터에 있어 비츠와의 제휴는 고가 오디오의 미래로 가는 다리였다. 그 다리가 무너지자 매력적인 선택지가 하나도 남지 않았다.

결국 몬스터는 먹고살기 위해 온라인 도박과 암호화폐에 어중간하게 발을 들였다. 여전히 좌절하지 않은 노엘은 몬스터를 살리기 위해 사재를 다시 털어 넣고 있다. 그러나 케빈은 "사업을 접어야 합니다. 아버지는 몬스터와 사업만 신경 써요. 사실상 과거에 벌었던 돈을 다시 몬스터에 쏟아붓고 있어요"라고 말했다. 몬스터의 유일한 희망은 공략할 새로운 약점을 찾는 것이다. 세 번째로 드문 기회가 찾아올지는 시간이 말해줄 것이다.

허점을 꿰뚫는 비행
사우스웨스트 항공 vs. 모든 항공사

텍사스주 샌안토니오(San Antonio)에 있는 고급스러운 세인트 앤서니 호텔(St. Anthony Hotel)은 오랫동안 최소한 세 명의 대통령, 즉 루스벨트와 아이젠하워, 존슨을 비롯한 많은 저명인사를 맞았다. 그러나 오늘 밤에는 미티니를 즐기는 국가수반은 없다. 1966년 봄,

이날 저녁에는 유명하지 않아도 드높은 꿈을 이루려는 야망을 지닌 두 사람이 호텔 바에서 위스키를 마신다.

두 사람 중 한 명인 롤린 킹(Rollin King)은 이미 그 꿈을 이뤘다. 두어 해 전에 35세의 투자자였던 그는 와일드 구스 플라잉 서비스(Wild Goose Flying Service)를 인수했다. 이 항공사는 주로 사냥 여행을 가는 샌안토니오의 유지들을 태우고 텍사스 주변을 다니는 전세 항공사였다. 그러나 사우스웨스트 항공(Southwest Airlines)으로 이름을 바꾼 이 전세 항공사는 근래에 파산하고 말았다. 이제 킹에게는 더 나은 아이디어가 있었다. 회의적이기는 했지만 허브 켈러허(Herb Kelleher)는 자주 마시는 와일드터키(Wild Turkey) 버번과 담배를 즐기며 킹의 이야기를 끝까지 들어보기로 결정한다. 엄밀하게 말하면 그것이 그의 일이다. 킹의 변호사이기 때문이다. 고객의 기분을 좋게 해주려는 변호사는 반드시 속마음을 말하지는 않는다. 사실은 속으로 고객의 아이디어가 '대단히 멍청하다'라고 생각하고 있지만 말이다.

이론적으로 킹의 전세 항공 사업은 확실히 성공할 것처럼 보였다. 텍사스는 면적이 약 65만 제곱킬로미터로, 알래스카에 이어 두 번째로 큰 주다. 또한 캘리포니아처럼 주요 거점이 멀리 떨어져 있다. 그래서 주내 항공 여행 사업을 하기에 적합하다. 다만 킹은 사우스웨스트에 문제가 있다고 말한다. 우선 대형 상업 항공사들이 운용하는 제트기가 아니라 느린 프로펠러 항공기에 의존한다. 그러나 사우스웨스트가 망한 진정한 원인은 '바로' 전세 항공사이기 때문이다.

킹은 사냥이 취미인 부자들에게 초점을 맞춤으로써 목표를 너무 작게 잡았다고 생각한다. 그는 개인적 경험을 통해 비행기를 타고 텍사스의 대도시를 여행하는 일이 얼마나 피곤한지 잘 안다. 문제는 항공사 규제 때문에 아무런 경쟁이 없다는 것이다. 그 결과 툭하면 항공편이 취소되고, 가방이 분실되며, 무엇보다 요금이 말도 안 되게 비싸다. 그와 같은 사업가는 언제든 비싼 요금을 내고 비행기를 탈 수 있다. 그러나 다른 수많은 텍사스 사람들은 그럴 수 없다. 그들이 가족을 방문하러 댈러스에서 휴스턴까지, 또는 알라모(Alamo) 요새를 보러 휴스턴에서 샌안토니오까지 날아갈 수 있다면 분명 행복해할 것이다. 물론 비행기 여행이 안정적이고 저렴하다면 말이다. 기나긴 자동차 여행에 대한 타당한 대안을 제공하는 기업이 있다면 잠재 수요는 엄청날 것으로 기대됐다.

킹은 '텍사스 트라이앵글'로 불리는 댈러스, 샌안토니오, 휴스턴 사이만 운항하는 제대로 된 상업 항공사를 만들고 싶다고 설명한다. (킹은 나중에 이 지역들을 칵테일 냅킨에 삼각형으로 표시했다는 잘 알려진 이야기가 사실이 아니라고 말했다.) 켈러허는 콧방귀를 뀌며 버번으로 주의를 돌린다. 그래도 킹은 끈질기게 설명한다. 다른 항공사들의 유일한 약점이 고객의 불만족뿐이라면 그의 계획이 성공할 가능성은 없다. 어차피 킹이나 켈러허가 상업 항공 여행에 대해 아는 것이 없지 않은가? 그러나 다른 항공사들에는 더 큰 약점이 있다. 바로 미국의 항공 여행 시스템 자체에 존재하는 허점이다. 그것은 "연방 규제가 주(州) 간 여행에만 적용된다"는 것이다. 텍사스 내의 도시들 사이만 운항하면 연방 정부의 관할을 벗어나 원하는 대로 회사를 운영할 수 있다. 즉, 다른 모든 항공사는 맞서기 힘든 가격경쟁을 벌일 수 있다.

흥미를 느낀 켈러허는 버번을 내려놓는다. 업계 경험이 전혀 없는 사람이 항공사를 만든다는 생각은 언뜻 무모해 보인다. 그러나 거대한 약점을 공략하려면 마찬가지로 거대한 생각이 필요할지도 모른다. 물론 다른 항공사들이 가만히 앉아서 당하지는 않을 것이다. 일생일대의 법정 다툼이 벌어질 것이다. 경험 많은 소송 변호사인 켈러허는 술기운일지도 모르지만 화끈한 싸움에 대한 기대로 몸이 달아오르는 것을 느낀다. 어느 쪽이든 두 사람은 일단 추진해 보고 이 거대한 아이디어가 날아오를지 지켜보기로 결정한다.

▲ ▲ ▲

사우스웨스트 항공이 여행 산업에서 가장 호감도 높은 브랜드 중 하나라는 사실에는 약간의 아이러니가 있다. 사우스웨스트 항공은 창립 이후부터 업계에서 가장 맹렬한 경쟁자였다. 그들은 상업 비행 시장의 약점을 몇 번이고 가차 없이 공략했다. 그러면서도 그 과정에서 유명한 대기업으로서는 더없이 친절하고 관대한 이미지를 얻었다. 그토록 공격적으로 성공을 이룩한 항공사가 어떻게 고객뿐 아니라 강하게 몰아붙이는 자사 직원들 사이에서도 온화한 명성을 얻었을까?

사우스웨스트는 공격적인 사업 방식으로 유명하면서도 브랜드 호감도가 아주 높은 또 다른 대기업인 아마존처럼 고객을 우선시했다. 이를테면 대형 항공사들이 연이어 위탁 수하물에 요금을 부과하기 시작할 때도 사우스웨스트는 티켓당 가방 두 개를 무료로 부칠 수 있도록 허용했다. 그러나 이 관대해 보이는 정책이 전적으로 이타적인 것은 아니었다. 한 사우스웨스트 임원은 이렇게 말했다. "경쟁사들이 우리에게 선물을 줬습니다. 우리는 수하물 요금을 부과하지 않는다고 월가의 비판을 받았습니다. 우리는 미끼를 덥석 물어서 수하물 요금으로 3억 달러나 4억 달러를 받지 않기로 결정했습니다. 대신 그런 일은 다른 항공사들이 하게 됐습니다. 그래야 고객들에게 사우스웨스트가 최고의 가치를 제공한다고 말할 수 있으니까요."

사우스웨스트는 투자자들의 압력에 굴복하지 않고 "가방은 공짜로 탑니다"라는 새로운 광고 캠페인을 시작했다. 가방을 공짜로 실어주는 결정과 뒤이은 캠페인은 10억 달러의 추가 매출을 이끌어냈다. 이는 수하물 요금을 부과해서 얻을 수 있었던 매출보다 2배 이상 많은 금액이었다. 게다가 시장점유율도 2~3퍼센트포인트 늘어났다.

오늘날 사우스웨스트는 다른 어떤 항공사보다 승객들을 많이 실어 나르면서 미국 전역에서 항로를 장악하고 있다. 그중 수백 개 항로에서는 사우스웨스트가 유일한 선택지다. 또한 최상위 100개 항로에서는 3편 중 2편꼴로 운항한다. 이는 업계 평균보다 훨씬 높은 비율이다. 사우스웨스트는 언제나 자신을 언더도그(underdog)로, 하늘의 골리앗에 맞서는 다윗으로 내세운다. 그러나 사실은 오래진부터 미국에서 가장 인기 있는 항공사였다. 또한 어중간한 태도로 그 자리까지 오른 것도 아니었다.

사우스웨스트는 킹이 연방 항공법에서 찾아낸 약점을 줄기차게 공략했다. 또한 거의 견줄 데 없는 결단력으로 경쟁자들에게서 찾아낸 모든 약점을 공략했다. P. E. 모스코비츠(Moskowitz)가 업계지인 〈스키프트(Skift)〉에 쓴 대로 "사우스웨스트는 시장을 찾아내고 키운 다음 가격경쟁이나 고객 혜택을 통해서든, 아니면 소송을 통해서든 가차 없이 경쟁자를 몰아냈다". 항공 산업 연구 그룹의 대표인 헨리 하테벨트(Henry Harteveldt)는 "사우스웨스트는 부차적인 시장에 가장 먼저 들어가서 칡처럼 퍼져 나갔기 때문에 엄청난 성공을 거뒀습니다. 그들은 취항하는 공항의 모든 게이트를 차지해 사실상 다른 경쟁자들을 물리쳤습니다"라고 말했다.

그러나 이런 전술을 활용한 것은 훨씬 나중의 일이었다. 1966년에 허브 켈러허는 킹의 아이디어에 흥미를 느꼈다. 그의 로펌은 꽤 괜찮게 굴러갔다. 그러나 그 역시 더 큰 야심을 품고 있었다. 사실 그는 그 야심을 충족하기 위해 텍사스로 왔다. 그는 킹처럼 본래 텍사스 출신이 아니었다. 뉴저지에서 자란 그는 웨슬리언(Wesleyan)에서 철학과 문학을 전공한 뒤 뉴욕대학교 로스쿨을 수석으로 졸업했다. 뒤이어 뉴저지주의 대법관 밑에서 서기로 일하다가 1962년에 아내인 조앤 네글리 켈러허(Joan Negley Kelleher)와 함께 텍사스로 이사했다. 두 사람에게는 중대한 결정이었다.

그는 나중에 "조앤이 내게 텍사스를 소개했고, 나는 텍사스와 사랑에 빠졌습니다"라고 말했다. 조앤의 가족은 텍사스에 대규모 목장을 보유하고 있었다. "조앤은 뉴저지를 떠나 텍사스로 가자고 나를 다그친 적이 없습니다. 그냥 어느 날 저녁에 퇴근했을 때 항상 사업에 대한 열의를 갖고 있던 내가 조앤에게 텍사스로 가고 싶다고 말했어요. 텍사스에 사업 기회가 더 많을 것 같았거든요. 그 말을 듣더니 아내의 뺨에 작은 눈물방울이 흐르기 시작했어요. 그렇게 우리는 텍사스로 오게 됐습니다." 켈러허는 큰 회사를 만들고 싶었다. 킹이 제공한 기회는 잠재력이 충만한 것으로 보였다. 킹의 변호사인 그는 이런 무모해 보이는 계획을 처음 들은 것이 아니었다. 신중한 검토가 필요했다. 몇 대의 비행기만 갖춘다고 해서 항공사가 되는 것은 아니었다.

킹의 아이디어는 허공에서 떨어지지 않았다. 그와 거래하는 은행가인 존 파커(John Parker)가 비슷한 사업 모델로 성공한 캘리포니아 항공사에 대한 이야기를 들려주었다. 그 항공사도 연방 규정을 피하려고 캘리포니아주 내의 도시로만 운항했다. 해당 규정은 1938년에 민간항공위원회(Civil Aeronautics Board)가 설립되면서 발효됐다. 민간항공위원회는 요금과 항로를 규제하는 권한을 갖고 있다. 이 위원회의 관할 아래 뉴욕과 시카고 사이의 항공 요금은 당신이 어느 항공사를 선택하든지, 또는 얼마나 일찍 비행기 표를 구매하던지와 무관하게 동일하게 책정됐다. 이런 규칙들 때문에 항공사들로서는 편안함과 서비스 외에 다른 요소로 경쟁할 인센티브가 없어졌다. 비행기 여행을 할 수 있었던 수수(당시 비행기를 타본 적이 있는 미국인은 다섯 명 중 한 명이 채 되지 않았다)는 요금이 아니라 레그룸(leg room)이나 기내식을 토대로 항공사를 선택했다.

켈러허는 킹과 함께 호텔 바에서 위스키를 곁들인 대화를 나눈 다음 날 킹의 프로젝트를 돕기로 결심했다. 사업의 첫 단계는 자금 조달이었다. 켈러허는 새로운 사업을 지원해줄 사람을 찾는 일로 주의를 돌렸다. 몇 달 만에 사교적이고 인맥 넓은 켈러허(조앤 네클리 켈러허 집안은 텍사스에 뿌리내린 지 오래였다)는 텍사스의 대형 기업 오너와 정치계 리더 들로부터 50여만 달러를 확보했다. 1967년에 에어 사우스웨스트(Air Southwest)라는 법인을 등록한 킹은 곧 텍사스 항공위원회(Texas Aeronautics Commission)로부터 주내 운항을 허가받았다. 지금까지는 모든 일이 잘 풀렸다. 그러나 곧 킹의 신생 기업은 강한 역풍을 맞았다. 세 개의 경쟁사인 브래니프 인터내셔널(Braniff International), 콘티넨털 항공(Continental Airlines), 트랜스 텍사스 항공(Trans-Texas Airways)이 사우스웨스트를 상대로 소송을 제기했다. 그들은 텍사스 시장이 또 다른 항공사를 유지할 수 없다고 주장했다.

3년 동안 허브 켈러허는 사우스웨스트에 대한 무려 31건의 소송에 대응했다. 이런 파상 공세는 그를 '분노하게' 만들었다. 다른 항공사들은 자신들이 사우스웨스트를 겁먹게 한다고 생각했다. 그러나 그들의 과도한 공격은 뉴저지 출신의 완고한 변호사인 켈러허의 분노를 부채질할 뿐이었다. 이는 그리스 비극 같은 상황이었다. 경쟁사들은 사우스웨스트가 비상하지 못하도록 억누르려다가 미래의 위협을 탄생시키고 말았다. 켈러허는 "분노는 대단히 강력한 동기를 부여합니다. 나에게 이 일은 대의가 됐습니다"라고 말했다.

창업 자금이 소송비용으로 소진되자 사우스웨스트의 이사들은 사업을 포기하라고 킹을 압박했다. 켈러허는 1969년에 열린 이사회 회의에서 참석자들에게 이렇게 말했다. "여러분, 그들과 한 라운드 더 붙어봅시다. 내가 계속 회사를 대리해 법정에 설 겁니다. 또한 모든 변호비의 지불을 유예하고 소송비용을 전부 제 호주머니에서 대겠습니다." 1970년에 텍사스 대법원은 사우스웨스트의 손을 들어주었다. 경쟁사들이 항소했지만 연방 대법원은 심리를 거부했다. 이로써 사우스웨스트는 승리했다. 이 시련을 통해 브래니프와 그 우군들은 사우스웨스트에 엄청난 이득을 안겼다. 그들은 사우스웨스트가 언론과 업계 내에서 호전적이고 절대 굴복하지 않는 신생 기업이라는 정체성을 굳히는 데 도움을 주었다. (나중에 법무부는 이 다른 항공사들을 반독점 혐의로 기소한다. 정부가 보기에 신생 항공사에 대한 그들의 소송전은 사우스웨스트의 거래 업체를 보이콧하고 사우스웨스트 항공기가 급유소에 들어가지 못하게 막는 전술과 더불어 경쟁을 저해하는 행위였다.)

비로소 비행의 자유를 얻은 사우스웨스트는 겨우 120일 안에 비행기를 띄우기 위해 서둘렀다. 우선 항공기, 공항 게이트, 연료, 그리고 물론 정비사, 승무원, 조종사 같은 인력을 확보해야 했다. 그러나 사람을 구해야 할 가장 중요한 자리는 당연히 CEO였다. 킹은 언제나 자신이 회사를 이끌 의도를 갖고 있었다. 그러나 그는 마지막 순간에 그것은 투자자들에게 부당한 일이라고 판단했다. 어쨌든 그는 어떤 직위로든 대형 항공사에서 일한 경험이 없었다. 이사회는 항공업계의 베테랑인 라마 뮤즈(Lamar Muse)를 채용하기로 결정했다. 과감하고 자신감 넘치는 뮤즈는 50세에 은퇴하기 전에 오랫동안 트랜스 텍사스를 비롯한 여러 항공사에서 일했다. 그렇지 않아도 은퇴 이후에 좀이 쑤시던 참이었다. 사실 그는 화끈하게 싸울 기회를 바라고 있었다. 그러니 허브 켈러허가 그를 좋아할 수밖에 없었다.

켈러허는 뮤즈에 대해 "그는 우리에게 필요한 바로 그런 사람이었습니다. 그는 강인하고 인습에 얽매이지 않았습니다"라고 말했다. 뮤즈가 1971년 1월에 CEO로 부임할 무렵 사우스웨스트는 간신히 버티던 상태였다. 은행 잔고는 142달러에 불과했고, 미지급 대금이 8만 달러였다. 뮤즈는 자기 돈으로 5만 달러를 회사에 투자하고 비행기를 구매하기 위해 추가로 200만 달러를 확보했다. 마침 보잉은 근래의 항공 산업 불황에 따른 과잉생산으로 잉여 737-200기 세 대를 안고 있었다. 뮤즈는 할인가에 이 비행기들을 사들였다. 심지어 보잉은 구매 대금의 90퍼센트를 빌려주었다. 또한 업계 불황으로 고용 시장은 실직한 전문가들로 넘쳐 났다. 덕분에 사우스웨스트는 업계 최고의 인재들을 채용할 수 있었다. 마침내 회사의 운이 좋은 쪽으로 바뀌고 있었다.

하지만 그게 아닐지도 몰랐다. 브래니프와 텍사스 인터내셔널은 막바지에 사우스웨스트가 영업을 개시하지 못하도록 중단 명령을 받아냈다. 그러나 켈러허는 텍사스 대법원을 설득해 하급 법원 판사에게 해당 명령을 집행하지 말라고 명령하게 만들었다. 다음 날 뮤즈는 댈러스 러브필드(Love Field)에 도착해 처녀비행을 감독했다. 켈러허는 대법원의 지시에도 불구하고 보안관이 올 경우에 대비해 사우스웨스트의 신임 CEO에게 특유의 냉철한 조언을 했다. "정 할 수 없다면 그 개자식을 밟고 지나가서 유니폼에 우리의 타이어 자국을 남겨라"라는 조언이었다. 그러나 악당 보안관은 나타나지 않았고, 사우스웨스트의 첫 항공편은 두 명의 승객을 태우고 댈러스에서 출발했다. 그날 대부분 텅 빈 세 대의 항공편이 댈러스에서 샌안토니오와 휴스턴을 오갔다. (삼각형 구도에서 샌안토니오와 휴스턴 구간은 그해 11월에 개통됐다.)

소규모 신생 기업에 가해진 저항의 규모는 킹이 찾아낸 약점의 엄청난 가치를 말해주었다. 초기에는 승객이 적었지만 사우스웨스트와 경쟁사들은 미래의 잠재력이 막대하다는 사실을 알았다. 사우스웨스트는 게임에서 같은 규칙을 따르지 않아도 되는 유일한 플레이어였다. 처녀비행 후 승객이 별로 없는 상황에서 착륙했는데도 켈러허는 나중에 그때가 사업을 하면서 맞은 최고의 순간이었다며 이렇게 말했다. "4년의 소송전 끝에 첫 비행 편이 도착했을 때 나는 걸어가서 자식 같은 비행기에 입맞춤하며 울었습니다."

당시 항공사들은 비행기로 여행할 수 있는 사람의 수는 한정돼 있다는 가정하에 사업을 운영했다. 그래서 작은 파이에서 최대한 큰 조각을 차지하는 데 노력을 집중했다. 그러나 사우스웨스트는 처음부터 시장에서 경쟁이 벌어지지 않는 부분을 노렸다. 바로 차로 여행하는 수많은 사람들이었다. 한 임원은 이렇게 말했다. "우리는 일종의 혁신 기업이었습니다. 과거에 여행은 실로 소수 특권층의 전유물이었습니다. 비용이 정말 많이 들었고, 대개 여행사가 모든 것을 진행했습니다. 우리는 그 모델을 뒤집었습니다."

소비자들이 이미 사용하는 것의 새로운 브랜드를 써보게 만드는 일은 단순하다. 그러나 처음으로 어떤 제품이나 서비스를 시도하게 만드는 일은 비즈니스에서 가장 힘든 난관 중 하나다. 텍사스의 일반인들은 애초에 비행기 여행을 선택지로 고려하지 않았다. 그들에게 할인 요금으로라도 비행기를 타보라고 설득하는 일은 킹이 예상했던 것보다 어려웠다. 사우스웨스트는 네 번째 보잉 737-200을 매입한 지 몇 달 만에 현금을 마련하기 위해 매각해야 했다.

그러나 사우스웨스트는 비행 편을 줄이기보다 게이트에 머무는 시간을 한 번에 10분으로 줄이는 방법을 찾아냈다. 일반적으로 비행기가 게이트에 머무는 시간은 30분 이상이었다. 사우스웨스트는 업계 표준 절차를 버리는 미래의 핵심 전략을 활용해 이 일을 해냈다. 경쟁사들과 같은 법규를 준수할 필요가 없다면 분명 같은 탑승 절차를 따를 필요도 없었다. 사우스웨스트의 비행기들은 게이트에서 충분히 멀리 떨어진 곳에 서기 시작했다. 그러면 견인차가 밀어주지 않아도 빠져나갈 수 있었다. 또한 승객들은 탑승교를 이용하지 않고 주기장에서 바로 계단을 올라가 탑승했다. 실제로 승객들은 비행기가 도착하기 전부터 줄을 서 있다가 한쪽 문으로 승객들이 내리는 동안 다른 쪽 문으로 탑승했다. 그사이에 수하물 상하역, 시스템 점검, 연료 재충전이 이뤄졌다. 사우스웨스트의 탑승 절차는 상업 항공편의 표준 운영 방식보다는 포뮬러 1 피트 크루(pit crew)의 작업과 더 비슷해지기 시작했다.

사우스웨스트는 사업 초기에 브래니프와 콘티넨털이 진정한 상대가 아님을 알았다. 그들의 진정한 상대는 포드와 쉐비였다. 효과적인 포지셔닝의 핵심은 고객에게 주어진 선택지의 전체 범주를 이해하는 데 있었다. 비교적 짧은 구간의 경우 대다수 사람들에게 진정한 대안은 길지만 감당할 만한 운전이었다. 사우스웨스트는 이 선택지에 맞서는 입지를 확보하기 위해 줄기차게 비용을 낮추고 비행 과정에서 모든 불필요한 장애 요소를 제거해야 했다. 비행기를 타는 일은 결코 차를 타는 일만큼 쉬울 수 없었다. 그래도 짜증스러운 요금부터 연착, 비핵심적 서비스까지 모든 불필요한 것을 계속 제거하면 상당히 비슷한 수준까지 갈 수 있었다. 기내식은 땅콩 한 봉지로 대체됐다. 비행기 표는 뒤에 "이것이 비행기 표입니다"라고 적힌 현금 영수증이었다. 좌석은 선착순으로 배정됐다. 또한 게이트 요원 한 명이 일반적인 세 명의 역할을 했다.

사우스웨스트는 휴스턴 국제공항에서 사업을 운영하는 데 애를 먹었다. 그래서 규모가 더 작고 오래된 하비(Hobby) 공항을 기점으로 삼기 시작했다. 다른 항공사들은 1969년에 하비 공항을 떠나 새로 생긴 인터콘티넨털 공항으로 옮겼다. 하비 공항은 휑하고 낡기는 했지만 도심과 훨씬 가까웠다. 그래서 짧은 주간 여행의 기점으로 삼기에 훨씬 경쟁력 있는 선택지였다. 이 조치는 대성공이었다. 승객 탑승률은 2배로 늘었다. [수십 년 뒤 제트블루(JetBlue)도 비슷한 약점을 공략했다. 그들은 많은 여행자들이 시카고나 뉴욕 같은 도시에 생겨난 복잡한 허브 공항보다 더 선호하는 작고 한산한 공항을 이용했다.]

브래니프와 텍사스 인터내셔널은 이 고객들을 다시 끌어들이려고 일부 비행 편을 하비 공항으로 옮겼다. 그러나 이 시도는 승객들에게 자신들이 사우스웨스트를 선호하는 이유를 상기시켰을 뿐이었다. 사우스웨스트는 요금이 저렴할 뿐 아니라 비행기가 제시간에 도착했고, 발권 카운터에서 기다리지 않아도 됐다. 결국 머지않아 다른 항공사들은 하비 공항을 사우스웨스트에 내주고 말았다. 사우스웨스트는 1973년에 흑자를 달성했다.

켈러허는 아직 임원이 아니었지만 약점을 포착하는 탁월한 능력 덕분에 사우스웨스트에 엄청난 가치를 제공했다. 댈러스와 포트워스(Fort Worth)가 두 도시 사이에 새로 문을 여는 공항으로 기점을 옮기도록 강제하려 들었을 때 켈러허는 소송을 제기했다. 초기에 댈러스/포트워스 지역 공항(Dallas/Fort Worth Regional Airport)으로 불린 이 공항은 규모가 크고 현대적이었다. 그러나 하비 공항이 휴스턴 도심 바로 외곽에 있는 것처럼 러브필드는 댈러스 도심에서 몇 분 거리밖에 되지 않았다. 다른 공항으로 이전하는 것은 사우스웨스트에 재난이 될 것이었다. 새 공항까지 차로 가려면 대다수 비행 편의 비행시간보다 오래 걸릴 것이었다. 사실상 새 공항을 거점으로 삼아야 한다면 사우스웨스트는 파산할 것이 거의 분명했다.

켈러허는 기존 공항에 남을 수 있도록 허용하는 법률상의 허점을 찾아냈다. 두 도시는 사우스웨스트를 편리한 거점에서 쫓아내려고 3년 동안 줄기차게 법원에 요청서를 제출했다. 결국 이 소송은 미 대법원까지 올라갔고 켈러허가 승소했다. 보다 중요한 사실은 켈러허가 강력한 적수에 맞서서 또다시 벅찬 전투를 벌이는 동안 굴하지 않는 패기를 드러냈다는 것이었다.

이 정신은 사우스웨스트의 기업 문화로 자리 잡아서 임직원에게 의욕을 부여할 뿐 아니라 엄청난 자긍심과 충성심을 심어주었다. 켈러허의 법무 보조(그리고 미래의 이사회 의장 및 COO)인 콜린 바렛(Colleen Barrett)은 "전사의 마음가짐, 생존을 위한 투쟁이 실로 우리의 문화를 만들었다"라고 말했다. 사우스웨스트는 직원들이 임무를 수행하는 데 필요한 일은 무엇이든 기꺼이 하는 회사가 됐다. 비행기를 제시간에 띄우기 위해 발권 요원이 수하물을 옮겨야 한다고 해도 문제 될 것이 없었다.

1978년에 지미 카터 대통령은 항공 산업의 규제를 완화했다. 이 결정을 내리게 된 데는 사우스웨스트가 적지 않은 역할을 했다. 신생 항공사인 사우스웨스트는 소비자를 위해 요금을 낮추고 고전하던 업계에서 흑자를 달성했다. 이 사실은 규제 완화를 통해 경쟁을 촉진할 수 있음을 보여주는 사례로 제시됐다. 그러나 현실적으로는 반대 현상이 벌어졌다. 1980년대 동안 규제 완화를 맞은 항공업계에서 상당한 수의 인수와 합병이 이뤄지고 파산이 일어났다. 169개 항공사가 사라지거나 타 항공사에 흡수됐다. 상황이 정리된 뒤에는 9개 항공사가 국내 매출의 92퍼센트를 나눠 가지게 됐다.

이전에 예측했던 항공사들 사이에 활발한 경쟁은 일어나지 않았다. 그래도 규제 완화는 사우스웨스트에 엄청난 도움이 됐다. 텍사스를 넘어서 자유롭게 사업을 확장할 수 있었기 때문이다. 1981년 무렵 사우스웨스트는 시카고를 비롯한 여러 도시에서 사업을 운영했다. 그해에 허브 켈러허는 사우스웨스트의 CEO가 됐다.

켈러허는 최고 경영 책임자로서 자신의 요란한 성격과 때로는 무모한 행동을 억누를 필요가 없다고 생각했다. 그는 회사가 두각을 드러내기를 원했다. 별종 항공사에는 별종 리더가 필요했다. 그는 계속 하루에 다섯 갑씩 담배를 피워댔고, 와일드 터키를 마셨으며, 회사에서 지저분한 농담을 했다. 심지어 사내 행사에 엘비스 프레슬리나 로이 오비슨(Roy Orbison) 차림으로 나타나 그들의 인기곡을 부르기도 했다. 비록 노래 실력은 형편없었지만 말이다. 한번은 사우스웨스트가 작은 지역 항공사의 슬로건과 아주 비슷한 슬로건을 만든 적이 있었다. 그때 켈러허는 그 항공사의 CEO에게 소송 대신 팔씨름으로 결판을 내자고 도발했다. 그 결과 벌어진 '댈러스의 원한(Malice in Dallas)' 이벤트에서 켈러허는 패배했다. 그래도 다른 항공사의 CEO는 사우스웨스트가 문제의 슬로건을 계속 쓸 수 있도록 허락했다.

점잖을 떨지 않는 것 외에 켈러허를 이끈 또 다른 원칙은 "하늘을 민주화한다"라는 것이었다. 첫 비행 전후로 벌어진 오랜 법정 다툼은 회사의 정체성을 굳건하게 다져주었다. 사우스웨스트는 승객들을 위해 싸우는 언더도그였다. 켈러허는 이 정체성을 받아들였다. 그는 업계에 도전했고, 크고 작은 측면에서 관습에 맞섰다. 큰 측면에서는 계속 요금을 낮췄고, 지정 좌석을 없앴다. 작은 측면에서는 익살스러운 광고를 내보냈고, 승무원들에게 짧은 바지를 입게 했다. 켈러허는 사우스웨스트를 오만한 경쟁사들과 차별화하는 일이라면 무엇이든 서슴지 않았다. 자유와 신뢰에 바탕한 그의 정신은 회사 내부에도 적용됐다. 직원들은 청바지를 입고 일할 수 있었고, 사장을 자유롭게 '허브'라고 불렀다.

이처럼 엉뚱하고 자유분방한 태도에도 불구하고 켈러허는 줄기차게 성공을 추구했다. 그는 하루에 네 시간만 잤고, 종종 군사사 책들을 탐독하면서 리더십에 대한 교훈을 얻었다. 〈인크〉지에 실린 글에 따르면 켈러허는 라이벌과의 초기 전투를 "대규모 병력이 사우스웨스트를 상대로 과도한 전면 공격을 퍼부은 제1차 세계대전의 파괴적인 참호전"에 비유했다. 그는 전략에 대한 책을 읽지 않을 때는 매주 고객들이 보내는 수백 통의 편지에 답장을 썼다. 그는 리더로서 적의 약점을 공략하거나 자신의 약점을 없애려면 지상에서 전투를 살펴야 한다는 사실을 알았다. 이를 위해 켈러허는 분기마다 하루씩 비행기에서 음료를 나르거나 화물칸에 수하물을 실으며 일선에서 일했다. 회사가 돌아가는 상황을 직접 확인할 필요가 있었기 때문이다.

켈러허는 내부 운영에도 마찬가지로 비관습적인 접근법을 취했다. 그는 위계 구조를 비교적 평평하게 유지했다. 고객에게 도움이 되는 일이라면 부서장뿐만 아니라 게이트 요원 같은 일선 직원에게도 윗선의 승인을 받지 않고 결정할 수 있는 권한을 주었다. 또한 사우스웨스트는 훈련과 보수를 단순화하기 위해 보잉 737 단일 기종만 운항했다.

그 결과는 어땠을까? 1992년에 소개된 켈러허의 프로필에는 이런 내용이 적혀 있다. "승객은 그냥 공항으로 가서 저렴한 표를 산 뒤 대개 한 시간 안에 다음 비행기를 탈 수 있다. 매일 사우스웨스트는 댈러스와 휴스턴 구간을 78회, 피닉스와 로스앤젤레스 구간을 46회, 라스베이거스와 피닉스 구간을 34회 운항한다. 또한 게이트당 하루 평균 운항 편수는 10.5회다. 업계 평균은 절반 이하인 4.5회다."

규제 완화는 의도대로 서로 경쟁하는 항공사의 수를 늘리지는 않았다. 그러나 전반적으로 비행기 여행 횟수의 대폭 증가로 이어졌다. 이전에는 한 번도 비행기를 타본 적이 없던 수많은 사람들이 꾸준히 비행기를 타기 시작했다. 1993년 기준으로 국내 항공기 승객 수는 87퍼센트나 증가했다. 경쟁이 줄고 수요가 늘었는데도 대형 항공사들은 흑자를 유지하는 데 엄청나게 애를 먹었다. 험난하고 요동치는 시장은 신생 기업을 위한 기회로 가득하다. 대형 항공사들이 후퇴하는 가운데 켈러허는 끈질기게 전진했다.

한 임원의 말에 따르면 사우스웨스트는 "요금이 과도하고 서비스가 부실한 시장을 수색했다". 취약한 시장은 대개 공항이 도심 가까이 있고 교통 정체가 심하지 않은 소도시였다. 사우스웨스트는 공항 게이트를 확보하는 대로 1주일 안에 새로운 비행 편을 운항할 수 있었다. 그래서 시장의 4분의 1을 즉시 차지하는 경우가 많았다. 사우스웨스트의 서비스를 경험하는 사람들이 늘어나면서 아직 운항하지 않는 모든 곳에서 대기 수요가 증가했다. 이 수요는 적절한 때가 오면 풀려나기를 기다리며 항상 그 자리에 있었다. 1991년에 유에스에어(USAir)가 새크라멘토 공항의 게이트 사용권을 포기했을 때처럼 물러나는 항공사가 나오면 사우스웨스트는 바로 들어가서 빠르게 가용한 항로를 장악했다. 업계 애널리스트인 로버트 맨(Robert Mann)은 켈러허가 이 전략을 통해 "말 그대로 상상할 수 없는 규모로 항공 여행을 대중화했다"라고 말했다.

약점을 공략하는 데 어느 정도의 가치가 있을까? 1989년에 사우스웨스트는 10억 달러의 매출을 달성했다. 1992년에는 9,500명의 임직원을 거느리고 보유 비행기를 124대로 늘려 주로 남부, 남서부, 중서부에서 34개 공항을 오갔다. 그중 27개 공항에서 승객 탑승률 1위를 기록했다. 또한 업계에서 최저 요금을 받고 최고 급여를 지급하면서도 17년 연속으로 흑자를 냈다. 켈러허는 "우리는 의도적으로 지역 분산 정책을 썼습니다. 이제는 누구도 제2차 세계대전 때 유럽에서처럼 우리와 싸울 수 없어요. 그보다는 태평양전쟁에 더 가깝습니다. 토치카를 하나씩, 야자수를 하나씩 빼앗아 가야 합니다"라고 말했다.

1993년에 미 교통부는 이른바 '사우스웨스트 효과'를 확인했다. 교통부 데이터는 사우스웨스트가 시장에 진입하면 몇 가지 일이 일어난다는 것을 보여주었다. 첫째, 해당 항로로 여행하기 시작하는 승객이 늘어났다. 둘째, 어떤 도시에 공항이 둘 이상일 경우 사우스웨스트가 운항하지 '않는' 공항은 이용객이 줄었다. 셋째, 다른 항공사들이 사우스웨스트와 경쟁하기 위해 때로 100여 달러씩 요금을 낮추면서 해당 항로의 요금이 전체적으로 내려갔다. 이른바 저가 항공사를 비롯한 경쟁사들과 비교해 사우스웨스트의 특이한 점은 승객을 끌어들이려고 초기에 요금을 낮게 책정할 뿐 아니라 장기적으로 계속 낮은 요금을 유지한다는 것이었다.

1994년에 〈포천〉지는 켈러허를 표지에 싣고 "허브 켈러허는 미국 최고의 CEO인가?"라는 제목을 붙였다. 사우스웨스트는 "국내 항공 여행 비즈니스를 뿌리까지 뒤흔들고 매주 더욱 강력해지는 경제적 거대 세력이자 하나의 현상"이 됐다. 이전 4년 동안 델타, 유나이티드, 아메리칸 같은 주요 항공사들은 수십억 달러의 적자를 냈다. 실제로 항공업계는 1990년부터 1994년 사이에 이전 60년 동안 벌어들인 돈보다 더 많은 돈을 잃었다. 반면 사우스웨스트는 그들의 급소를 타격함으로써 수익을 올렸다. 다만 그 규모가 항상 크지는 않았다. 켈러허는 "한동안 큰 수익을 올리지 못했습니다. 마치 소인부락에서 가장 키가 큰 사람이 된 것 같았어요"라고 인정했다.

역사상 가장 요란하고 성공적인 CEO 중 한 명인 허브 켈러허는 2001년에 20년 동안 지켜온 자리에서 물러났다. 지금도 사우스웨스트는 비용을 낮추기 위해 대도시 사이의 짧고 붐비는 항로를 자주 오가는 핵심 전략을 따른다. 다른 항공사들은 수십 년 동안 이 기민한 상대를 관찰했다. 그러나 그들은 사우스웨스트가 또 다른 우위로 삼지 못한 약점을 아직 포착하지 못했다.

맹렬한 쇼핑
릴리언 버넌 카탈로그

릴리 메나셰(Lilli Menasche)는 다섯 살밖에 되지 않았지만 뭔가가 크게 잘못됐음을 감지한다. 프레드(Fred) 오빠가 다친 것 때문은 아니다. 프레드는 아홉 살이다. 남자아이들은 툭하면 다친다. 그들은 마구 뛰어다니고 조심성이 없다. 어쨌든 릴리는 뭔가 '집 안' 전체의 분위기가 달라진 것을 느낀다. 엄마와 아빠는 거칠게 속삭이며 말다툼을 하다가 불안하게 창밖으로 아래의 거리를 훔쳐본다. 아빠 헤르만(Hermann)은 항상 얼굴을 찡그리고 있다. 엄마 에르나(Erna)는 상처가 잘 낫고 있는데도 프레드가 근처를 떠나지 못하도록 붙잡는다.

릴리는 어렸지만 부모가 두려워한다는 걸 깨닫는다. 그녀의 부모는 겁에 질려 있다. 끔찍한 일이 일어나려 한다. 하지만 그녀는 그게 무슨 일인지 모른다. 무슨 이유인지도 모른다. 그녀의 가족은 얼마 전에 그녀가 잘 모르는 이유로 본래 살던 넓은 집에서 이 좁은 아파트로 이사했다. 릴리는 이 집에서 누린 안정적인 생활도 곧 끝날 것임을 예감한다. 때는 1933년, 장소는 독일이다. 그리고 메나셰 가족은 유대인이다.

▲ ▲ ▲

히틀러가 독일 수상으로 선임됐을 때 나치는 부유한 메나셰 가족을 라이프치히(Leipzig)의 저택에서 쫓아냈다. 그들은 그곳을 지역 본부로 개조했다. 란제리 제조업으로 성공한 유대인인 헤르만 메나셰는 다문화가 공존하는 라이프치히에서 언제나 안전함을 느꼈다. 그러나 시대가 바뀌고 있었다. 헤르만은 히틀러가 권좌에 오른 이상 독일 정부의 도움을 받을 수 없다는 사실을 알았다. 또한 집이 몰수당한 것에 대한 보상도 기대할 수 없었다. 아내인 에르나와 두 아이 프레드와 릴리가 다치지 않은 것만 해도 운이 좋았다. 유대인에 대한 폭력이 심해지고 있었다. 유럽식 예의의 오랜 규칙들이 위태로운 지경에 처해 있었다.

헤르만은 가족과 함께 인근의 아파트로 옮겨 갔다. 그는 지금의 반유대 분위기가 잦아들 때까지 조용히 지낼 수 있기를 바랐다. 그는 나치의 광기가 사그라지는 것은 시간문제라고 믿었다. 그 무렵 반유대 폭도들이 아홉 살 난 프레드를 계단 아래로 던지는 일이 발생했다. 상황이 너무 악화돼 있었다. 헤르만은 더 이상의 폭력에서 프레드를 보호하기 위해 모든 사업 자산을 남겨둔 채 가족을 데리고 암스테르담으로 갔다. 뒤이어 메나셰 가족은 암스테르담에서 미국으로 건너갔다. 그들은 1937년에 뉴욕시 어퍼 웨스트 사이드(Upper West Side)에 정착했다. 그들은 유대인과 비유대인을 막론하고 독일과 오스트리아에서 온 수천 명의 난민에 속해 있었다.

프레드가 다칠 무렵 릴리 메나셰는 다섯 살이었다. 그래도 당시의 일을 이후에도 잘 기억했다. 그 경험은 그녀에게 행동의 필요성에 대한 확고한 교훈을 가르쳤다. 삶에서는 누구도 우리를 구해주지 않았다. 우리는 자신의 문제에 정면으로 대응해야 했다.

헤르만은 미국에서 다시 출발했다. 명민한 사업가인 그는 릴리언(릴리의 미국식 이름)에게 강력한 직업윤리를 심어주고 사업을 가르쳤다. 주말이면 릴리언과 프레드는 헤르만의 새로운 사업을 도왔다. 그것은 지갑이나 벨트 같은 가죽 제품을 만드는 사업이었다. 14세 때 릴리언은 아버지가 베껴서 백화점에 할인가로 팔 수 있는 고급 가죽 핸드백을 찾아 여러 매장을 정찰했다. 물론 이 전략은 사람들이 그 물건을 원할 때만 통했다. 정찰은 모방하기에 적절한 제품을 선택하는 릴리언의 천부적인 재능을 더욱 나아지게 했다. 그녀는 나중에 자신이 연마한 재능을 '황금의 육감(Golden Gut)'이라고 불렀다. 아버지를 위한 정찰은 그녀에게 성공할 제품을 고르는 법을 가르쳤다.

앞서 우리는 음악, 데이팅, 장난감 등 어떤 영역이든 전문 영역 지식이 대단히 중요하다는 사실을 확인했다. 기회를 잡으려면 시장을 알아야 한다. 시장이 무엇을 원하며, 어떻게 그것을 선택하는

지 이해해야 한다. 5번가를 걸어 다니며 진열창을 들여다보는 것은 릴리언에게 MBA 과정이었다.

하지만 릴리언은 나중에 "내가 명백히 사업에 관심을 보였는데도 나중에 어엿한 비즈니스우먼이 되지는 않을 것이라는 암묵적인 추정이 있었다"라고 썼다. 릴리언의 어머니는 아버지와 같이 일했다. 그래서 릴리언이 가족을 위해 식료품을 사고, 음식을 만들고, 집 안을 청소했다. 그러나 이는 오직 필요에 따른 것일 뿐이었다. 헤르만은 릴리언의 참여를 반겼지만 그녀를 후계자로 여기지는 않았다. 그는 아들인 프레드가 장차 사업을 물려받을 것으로 생각했다. 릴리언은 결혼해서 가정을 꾸릴 것이었다.

릴리언은 샘 호크버그(Sam Hochberg)와 결혼했다. 그는 뉴욕주 마운트버넌(Mount Vernon)에서 속옷 가게를 운영하는 폴란드계 이민자의 아들이었다. 그녀는 남편의 수입을 보충하기 위해 계속 임시직으로 일했다. 그러다가 첫째 아이를 임신했을 때 영원히 일을 그만둘 준비를 했다. 그때는 베티 프리단(Betty Friedan)이 《여성성의 신화(The Feminine Mystique)》로 페미니즘의 2차 물결을 일으키기 10여 년 전인 1951년이었다. 올리브 앤 비치(Olive Ann Beech)와 나중에 살필 헬레나 루빈스타인(Helena Rubinstein)을 비롯한 소수의 여성 사업가들은 예외적인 존재였다.

릴리언은 샘이 돈을 버는 동안 당대의 다른 여성들처럼 집에서 아이들을 키우고 집안일을 할 것이었다. 나중에 그녀는 그렇게 하지 않는 것은 "남편의 경제적 능력이 부족하다는 것을 드러내는 창피한 일"로 여겨졌다고 썼다. 그러나 뭔가가 릴리언을 성가시게 만들었다. 그녀는 사회가 기대하는 것이 무엇인지 알았다. 그래도 그녀는 남편의 월급으로는 편안하게 살 수 없다는 사실을 알았다. 그녀에게 이는 정치적인 문제가 아니었다. 그녀는 현실을 있는 그대로 방치하기에는 너무나 실리적이었다.

아이가 태어나기를 기다리는 동안 릴리언은 식탁 앞에 앉아 〈세븐틴(Seventeen)〉이나 〈글래머(Glamour)〉 같은 잡지를 뒤적였다. 그녀는 형편이 된다면 어떤 옷을 살지 상상했다. 마침내 그녀는 집에 가만히 앉아 있는 것에 만족할 수 없다는 사실을 깨달았다. 가족에게 필요한 추가 수입을 벌어들일 두뇌와 재주, 강단이 있는데도 그냥 있을 수는 없었다.

잡지에 실린 광고들은 그녀의 문제를 부각했다. 그러나 동시에 가능한 해결책도 제시했다. 임산부에게 사무직은 적합지 않았다. 그래도 노란색 포마이카 식탁에서 우편 주문 사업을 시작하는 것은 가능했다. 아버지에게서 좋은 가격에 가죽 제품을 대량으로 사들인 다음 〈세븐틴〉의 젊은 여성 독자들에게 재판매하면 될 일이었다. 1주일에 50달러만 더 벌어도 가사에 실질적인 보탬이 될 것이었다. 그만큼 벌려면 핸드백을 몇 개나 팔아야 할까? 릴리언은 간단한 계산 후에 시도해볼 가치가 있다는 결론을 내렸다.

상품을 파는 일은 집안의 가업이었다. 그녀는 "우리 가족은 배송, 주문, 청구서 같은 사업의 세부적인 사항에 대해 끊임없이 이야기했다. 나는 가만히 앉아서 그 이야기를 듣고 흡수했다. 식사 때마다 수업을 듣는 것 같았다"라고 썼다. 그녀는 '황금의 육감'이 자신에게 가장 가치 있는 자산임을 알았다. 그녀의 육감은 여자들이 무엇을 살지 놀라울 만큼 정확하게 말해주었다. 그녀는 자신 같은 〈세븐틴〉 독자들의 마음을 가늠해보다가 어떤 아이디어를 떠올렸다. 단지 가죽 제품을 재판매하는 수준을 넘어서면 어떨까? 어차피 아이가 태어날 때까지 그녀가 가진 것이라고는 시간뿐이었다. 각 아이템에 모노그램을 넣으면 가치를 높여서 더 비싼 가격을 정당화할 수 있었다. 릴리언이 가진 황금의 육감은 개인화를 통해 대규모 카탈로그의 제공물에 존재하는 약점을 공략할 수 있음을 말해주었다. 릴리언은 개인적인 요소를 추가해 상품을 차별화할 것이었다.

릴리언은 시장조사 직원을 두고 있지 않았다. 그래도 그녀는 매일 식탁에서 시장조사를 했다. 그녀는 중대한 변화가 일어나고 있음을 알았다. 1950년대는 대중 소비주의의 여명기였다. 노동자들은 과거 음식과 집, 그리고 다른 필수품에 수입의 상당 부분을 썼다. 이제는 갈수록 많은 중산층 미국인들이 가처분소득을 갖고 있었다. 동시에 귀국한 병사들은 한 세대의 여성들을 일터에서 몰아냈다. 식기세척기와 진공청소기, 그리고 다른 현대적 이기들이 나오면서 가사노동은 이전처럼 힘들지만 시간이 잘 가는 일이 아니게 됐다.

이런 요소들 덕분에 지루함을 느낀 수많은 미국의 가정주부들은 이제 여윳돈을 어떻게 쓸지 생각할 넉넉할 자유 시간을 얻었다. 모노그램을 넣은 상품은 특별하고 고유한 느낌을 줄 것이었다. 또한 모노그램을 각 아이템의 가격에 포함하면 개인적인 요소를 넣는 것이 그렇게 지나친 방종으로 느껴지지 않을 것이었다. 모노그램은 '저렴한' 호사였다. 릴리언은 포마이카 식탁에서 광고 페이지를 넘기는 그녀 같은 여성들이 모노그램이 들어간 상품을 좋아할 것임을 알았다.

릴리언 부부는 결혼 선물로 2,000달러를 받았다. 릴리언은 그 돈을 새로운 사업에 쓰자고 남편을 설득했다. 처음 한 일은 500달러를 들여서 〈세븐틴〉에 광고를 싣는 것이었다. 광고의 내용은 "남들보다 먼저 당신의 가방과 벨트에 당신만의 것을 넣으세요"였다. 릴리언은 1주일에 50달러의 추가 소득을 올릴 수 있기를 바랐다. 핸드백에 모노그램을 넣는 데 2.99달러, 한 쌍을 이루는 벨트에 모노그램을 넣는 데 1.99달러를 받는 사업은 첫 6주 동안 1만 6,000달러의 매출을 올렸다. 매출은 1951년 연말에 3만 2,000달러로 늘어났다. 이제 그녀는 실제로 총 6,450개의 가방과 벨트에 해당하는 주문을 충족해야 했다. 헤르만은 그녀에게 가방과 벨트 1세트를 3달러에 팔았다. 그녀는 식탁에서 주문받은 대로 양각과 포장작업을 했다. 그렇게 해서 고향의 이름을 딴 버넌 스페셜티(Vernon Specialties)가 탄생했다.

얼마 뒤 릴리언의 아들도 태어났다. 그녀는 아들의 이름을 오빠의 이름을 딴 프레드로 지었다. 프레드가 태어난 지 몇 주 뒤에 릴리언은 사업에 복귀했다. 그녀는 더 많은 잡지에 더 많은 광고를 실었다. 1954년에 매출액은 샘이 가게에서 올리는 소득을 넘어서는 4만 1,000달러에 이르렀다. 그는 통념에서 벗어나기를 주저하다가 결국 아내와 같이 집에서 일하게 됐다. 두 사람은 배송 상자에 넣은 4쪽짜리 소형 카탈로그에 대한 반응을 보고 최초의 진정한 카탈로그를 만들었다. 그들은 이 카탈로그를 고객 명단에 있는 12만 5,000명에게 우편으로 보냈다. 개인적 표시를 넣을 수 있는 수백 종의 액세서리, 장신구, 선물을 담은 이 카탈로그는 릴리언이 기대했던 것보다 훨씬 큰 성공을 거두었다. 버넌 스페셜티는 곧 뉴욕주 뉴로셸(New Rochelle)에 465제곱미터 넓이의 공장을 세워 사업을 확장했다.

당시 개인적인 표시를 넣은 상품 시장에는 거의 경쟁자가 없었다. 시어스 로벅 앤드 컴퍼니(Sears, Roebuck & Company)가 발송해 엄청난 매출을 올리는 카탈로그는 그렇게 노동력이 많이 필요한 상품을 제공하지 않았다. 이 카탈로그의 엄청난 규모는 하나의 약점이었다. 시어스 로벅 앤드 컴퍼니는 전후 호황기를 맞아 대량생산 상품을 공급하기에 바빴다. 릴리언은 이 약점을 공략해 회사가 편안하게 매출을 올릴 수 있는 틈새시장을 차지했다. 그녀는 1965년에 자신의 이름을 추가해 회사명을 릴리언 버넌 코퍼레이션(Lillian Vernon Corporation)으로 바꾸었다. (그녀는 샘과 이혼하고 수년이 지난 1990년에 버넌을 자신의 이름에 넣어서 릴리언 버넌으로 개명했다.)

릴리언 버넌 카탈로그(Lilian Vernon Catalog)에는 가죽 제품뿐 아니라 핀이나 목걸이 또는 다른 액세서리가 가득했다. 고객들은 모든 상품에 개인적 표시를 넣을 수 있었다. 그 매력은 거부할 수 없었다. 매출은 1958년에 50만 달러, 1970년에 100만 달러를 기록한 뒤에도 계속 늘어났다. 뒤이어 1980년대에 두 개의 중요한 신기술이 등장했다. 고객을 확실하게 이해하고 있던 릴리언은 신기술의 잠재력을 즉시 파악했다. 어린 시절의 극적인 사건들로 인해 즉각적인 행동에 나설 준비가 돼 있던 그녀는 맹렬하게 기회를 거머쥐었다.

매장들은 일찍이 19세기부터 '외상 표'를 제공해 손님들의 외상을 관리했다. 그러다가 뱅크 오브 아메리카(Bank of America)가 1958년에 진정한 신용카드를 처음 제공했다. 이 '뱅크아메리카드(BankAmericard)' 시스템은 인기를 얻었다. 뱅크 오브 아메리카는 전국의 다른 은행들에 이 개념에 대한 사용권을 부여했다. 1976년에 모든 사용권자들이 비자라는 단일 브랜드 아래에 결집했다. 뒤이어 아메리칸 익스프레스나 마스터카드 같은 경쟁 카드들이 등장했다. 대부업체의 경우 이자와 연체료를 통한 수익을 무시하기에는 너무 수지가 좋았다. 카탈로그 업체의 경우 이제 고객들은 신용카드 덕분에 전화로 상품을 구매할 수 있게 됐다. 다만 고객이 전화를 하게 만드는 것은 다른 문제였다. 당시 주(州) 간 통화도 비교적 비쌌다. 반면 우편 주문은 우푯값만 지불하면 됐다. 그러다가 1982년에 AT&T가 기업을 위한 새롭고 보다 저렴한 수신자 부담 시스템을 선보였다. 이제는 릴리언 버넌 같은 회사도 자체 수신자 부담 전화번호를 갖게 됐다.

릴리언은 이 두 기술이 수렴하는 지점에서 기회를 보았다. 신용카드는 전화 주문을 가능하게 만들었다. 수신자 부담 전화번호는 개인적 표시를 넣은 목걸이를 사는 소액의 충동구매도 저렴하게 할 수 있게 만들었다. 공항에 대한 근접성이 사우스웨스트의 단거리 운항에 엄청난 차이를 만들었듯이, 충동구매에 따른 장애 요소를 없애는 것은 릴리언 버넌 카탈로그에게는 게임 체인저였다. 양식을 작성하고, 수표에 내용을 기입하고, 봉투와 우표를 찾아서 모든 주문서를 발송하는 과정은 고객들이 충동구매를 재고할 여지를 주었다. 반면 전화 주문은 거의 즉시 이뤄졌으며, 주문 처리 과정에서 며칠을 단축했다. 이제 고객들은 카탈로그를 보고 몇 분 만에 주문할 수 있었다. 주문한 물건이 도착하는 시간도 전보다 훨씬 빨라졌다. 릴리언은 기회를 접하고서 가만히 앉아 있을 사람이 아니었다. 신용카드와 전화 주문의 잠재력에 베팅한 그녀는 신용카드 처리 능력을 갖추고 1-800-LILLIAN이라는 새 전화번호를 만드는 데 투자했다.

릴리언이 예측한 대로 이 폭발력 있는 조합은 회사에 새로운 차원의 성장 동력을 안겼다. 1980년대는 릴리언 버넌 코퍼레이션의 중흥기로서 우편 발송 명단이 2,700만 명으로 늘어났다. 급기야 릴리언 버넌 코퍼레이션은 여성이 창업한 기업으로서는 최초로 1987년에 뉴욕 증권거래소에 상장됐다. 1980년대 말 무렵 매출은 1억 2,500만 달러를 넘어섰다. 성장의 정점을 찍었을 때 릴리언 버넌 코퍼레이션은 9종의 카탈로그와 15개의 매장을 통해 3억 달러의 매출을 올렸다.

릴리언 버넌 카탈로그는 어떻게 미국식 쇼핑 습관의 고정요소가 됐을까? 우선 릴리언 버넌의 독보적인 추진력이 한 가지 요인이었다. 그녀는 1주일에 50달러의 추가 수입을 벌려고 사업을 시작했다. 그러나 사업의 맛을 본 이후에는 그 무엇도 그녀를 막을 수 없었다. (릴리언의 아들인 프레드는 어머니가 조만간 경영권을 넘겨줄 생각이 없다는 사실이 명백해진 뒤 실제로 회사를 떠났다.) 그녀는 정식으로 경영 교육을 받은 적이 없었지만 아버지가 심어준 직업윤리를 갖고 있었다. 또한 그녀는 어린 시절부터 장사와 관련된 경험을 하면서 실용적인 사업 감각을 갈고닦았다. 그녀는 오랜 기간에 걸쳐 황금의 육감을 길렀다. 그래서 박람회와 장신구 전시회를 자주 찾아가서 새기거나 수놓을 새로운 상품을 찾았다. 그리고 어느 진열창이 쇼핑객들의 눈길을 가장 많이 끄는지 줄곧 관찰했다. 고객의 머릿속을 들여다볼 수 있는 것이라면 무엇이든 살폈다.

릴리언 버넌 카탈로그가 성공한 또 다른 이유는 릴리언이 우편 판매 부문의 골리앗인 시어스 로벅 앤드 컴퍼니의 약점을 포착했기 때문이다. 그들이 아직 존재하던 시기에 고객들은 방대한 카탈로그를 보고 진주 목걸이부터 조립식 주택까지 온갖 상품을 살 수 있었다. 시어스 카탈로그는 모든 사람에게 모든 상품을 제공해 시장을 지배했다. 릴리언은 그 그림자 속에서 자신의 틈새를 차지하기 위해 한 세대의 미국 여성들에게 정밀하게 초점을 맞췄다. 그녀는 전문 영역 지식 덕분에 그들을 잘 이해하고 있었다. 그녀는 사회가 조신한 태도를 요구하던 시대에 그들이 특별한 존재가 된 느낌을 원한다는 사실을 알았다. 무엇이 '그들에게' 특별한 존재가 된 느낌을 줄까? 어떤 카탈로그가 '그들에게' 기쁨을 줄까? 주요 명절에 맞춘 계절별 카탈로그와 구매액에 따른 무료 선물 같은 혁신은 오로지 고객에게 관심을 집중한 데서 나왔다.

릴리언은 심지어 모든 상품에 대해 평생 환불 정책을 제공했다. 고객은 모노그램이 들어간 메이크업 콤팩트를 산 지 10년 뒤에도 전액 환불을 받을 수 있었다. 이는 비교 대상이 없는 카탈로그가 제공하는, 비교 대상이 없는 혜택이었다. 릴리언이 이런 혜택을 제공한 이유는 자신도 사고 싶게 만들 것이었기 때문이다.

릴리언은 자신의 가치관을 브랜드로 인식시켰다. 고객들은 그녀가 자신과 같은 사람이었기에 그녀와 공감할 수 있었다. 그녀는 대기업 총수가 된 지 한참 지난 뒤에도 카탈로그에 실을 각 아이템을 손수 골랐다. 또한 카탈로그 표지에 자신의 사진을 싣고 항상 고객에게 직접 쓴 편지를 넣었다. 그녀는 "나는 고객들이 한 개인으로서 나를 알고 나와 공감하기를 바랍니다. 또한 나의 회사가 내 마음을 반영한다는 사실을 알아주기 바랍니다"라고 썼다. 릴리언 버넌 카탈로그는 릴리언 버넌 '그 자체'였다. 그녀가 회사와 같은 이름으로 개명한 것은 우연이 아니었다.

▲ ▲ ▲

명민한 리더들은 기회가 생기기를 참을성 있게 (때로는 주바심을 내며) 기다린다. 그러다가 온 힘을 다해 공격에 나선다. 그들은 상대의 약점을 보는 눈을 기르는 한편 자신의 약점을 없애는 법을 배운다. 그래서 같은 책략에 당하지 않도록 신중하고, 겸손하고, 소박해진다. 손자가 쓴 대로 "전쟁에 능한 자는 패배하지 않는 지형으로 들어가고, 적을 패배시킬 기회를 놓치지 않는다". 이 장에서 살핀 리더들은 경쟁자와 업계를 세심하게 관찰하면서 전략을 마련하고 병력을 동원했다. 그리고 적절한 시기가 도래하기를 기다렸다.

물론 경쟁자의 약점을 공략하려다가 과도한 행동을 하게 될 수도 있다. 어떤 리더들은 비도덕적인, 심지어 불법적인 수단으로 이득을 추구한다. 다음 장에서는 이윤과 시장점유율을 좇아 선을 넘은 결과를 살필 것이다.

비즈니스 워

7

지저분한 술책

화공을 하기에 적절한 계절이 있고, 큰불을 내기에 적당한 날이 있다.

손자, 《손자병법》

실로 따분한 산업에서 벌어지는 비즈니스 전쟁도 당사자들에게는 생사를 건 혈투처럼 느껴질 수 있다. 역사는 리더들이 회사에 우위를 안기기 위해서라면 넘지 못할 선이 없음을 보여준다. 이 장에서는 미워하는 라이벌을 넘어뜨리기 위해 활용된 뻔뻔한 전술들을 살필 것이다. 비열한 계략은 때로 추문이나 법적 처벌로 이어진다. 그러나 전투의 열기에 휩쓸리다 보면 큰 그림을 놓치기 십상이다.

손자는 가차 없는 기만 전술을 강력하게 지지했다. 그가 보기에 진정한 죄악은 양쪽의 세력을 약해지게 만드는 지리한 전투로 전력을 낭비하는 것이다. 그보다는 교전을 신속하고 단호하게 끝내는 편이 낫다. 비열한 계략이 상호확증파괴를 이긴다. 손자는 "상대가 쉽게 흥분하면 도발하라. 상대가 오만해지도록 약한 모습을 보여라. 상대가 휴식하면 몰아붙여라. 상대가 뭉치면 분리해라. 상대가 대비하지 못한 곳을 공격하고, 예측하지 못한 곳에 나타나라"라고 썼다. 이기기 위해서라면 무슨 짓이라도 하라는 말이다.

비즈니스 전쟁은 범죄까지는 가지 않는 교활한 술책으로 이기는 것이 최선이다. 뛰어난 리더들은 강하게 공격하되 선을 넘기 전에 물러서는 본능을 갖고 있다.

하늘을 향한 경주
크라이슬러 빌딩 vs. 월스트리트 40번지

H. 크레이그 세버런스(Craig Severance)는 승리에 도취해 있다. 유명 건축가인 그는 격렬한 공개적 경쟁 끝에 전 파트너인 윌리엄 밴 앨런(William Van Alen)을 따돌리고 세계 최고층 건물을 짓게 됐다. 그가 설계한 71층짜리 신고딕 스타일의 마천루는 이제 세계 최대 도시의 금융 심장부에 완성된 모습으로 서 있다. 세버런스와 밴 앨런 사이의 경쟁은 도시 역사상 유례가 없는 것이었다. 두 사람은 라이벌보다 조금이라도 더 높이 건물을 올리는 데 혈안이 돼 있었다. 그러나 무려 283미터의 높이에서는 이제 경쟁 상대가 없다. 월스트리트 40번지는 어느 건물보다 높이 서 있다.

세버런스는 흡족해하며 북쪽으로 난 창을 내다본다. 그때 그의 입이 쩍 벌어진다. 저기 밴 앨런이 설계한 크라이슬러 빌딩의 돔 위로 솟은 게 뭐지? 햇빛에 반짝이는 걸 보니 설마……?

▲ ▲ ▲

1928년부터 1933년까지의 기간은 미국 건축의 신시대를 열었다. 얼마 전에 가장 인구가 많은 대도시로서 런던을 제친 뉴욕시는 단기간에 전체 스카이라인을 바꾸었다. 5년 동안 빅 애플은 뉴욕 라이프 빌딩, 라커펠러 플라자 30번지, 월스트리트 40번지, 크라이슬러 등 일련의 랜드마크 빌딩들을 갖게 됐다. 대공황으로 국가의 부가 무너지는 와중에도 상징적인 건물들이 솟아올랐다. 각 건물을 설계한 건축가의 명성도 같이 높아졌다.

근면은 보상을 안긴다. 그러나 역사는 부나 권력 또는 이 경우에는 높이 측면에서 정상에 오른 사람 중에서 전적으로 공정한 플레이를 한 사람은 아주 드물다는 것을 보여준다. 세계 무대를 정복하려면 때로는 규칙을 무시하거나 한발 더 나아가 어겨야 한다. 리더의 지혜는 어떤 규칙을 어느 정도로 무시해도 되는지 아는 데 있다.

손자는 기만의 가치를 크게 신뢰했다. 그는 "공격할 수 있어도 못하는 것처럼 보여야 한다. 병력을 움직일 때도 가만히 있는 것처럼 보여야 한다. 근처에 있을 때도 멀리 있다고 믿게 만들고, 멀리 있을 때도 근처에 있다고 믿게 만들어야 한다"라고 썼다. 건축 자체가 건물, 그리고 종종 그 건물이 대표하는 기업을 실제보다 거창하게 보이도록 만드는 기만의 기술이다. 건축적 기만에 있어서 선견지명을 갖고 뉴욕시의 유명한 크라이슬러 빌딩을 설계한 윌리엄 밴 앨런보다 명민한 사람은 드물었다.

맨해튼 42번가와 렉싱턴애비뉴에 자리한 아르데코 스타일의 마천루인 크라이슬러 빌딩은 지어진 지 거의 1세기가 지난 뒤에도 인근의 엠파이어 스테이트 빌딩 같은 상징적인 빌딩으로서 여전히 두드러진다. 이제 뉴욕시의 스카이라인은 더 높은 여러 건물을 보여주지만 크라이슬러 빌딩의 우아함과 스타일에 견줄 수 있는 것은 엠파이어 스테이트 빌딩뿐이다.

경기 호황 덕분에 뉴욕시는 1900년대 초에 산업과 금융의 세계적인 중심지가 됐다. 그 결과 맨해튼은 백만장자들로 넘쳐 났다. 이 신흥 부호들은 명당자리를 대거 사들여서 자신의 회사, 그리고 자만심을 위해 갈수록 높은 빌딩을 지었다. 1908년에 싱어(Singer) 빌딩이 187미터 높이에 이르렀다. 이듬해에는 메트 라이프 타워(Met Life Tower)가 213미터 높이에 이르렀다. 뒤이어 1913년부터 거의 20년 동안 브로드웨이 233번지의 울워스 빌딩(Woolworth Building)이 최고 높이 241미터로 군림했다. 광란의 1920년대가 시작된 뒤에도 이 성당 같은 빌딩은 미국의 돈 많은 기업가들을 도발하듯 서 있었다. 누가 이 빌딩을 넘어서는 데 필요한 재능과 자원을 모을 것인가?

▲　▲　▲

윌리엄 레이놀즈(William H. Reynolds)는 뉴욕주 상원 의원일 뿐 아니라 크게 성공한 부동산 개발업자였다. 레이놀즈는 뉴욕에서 프로스펙트 하이츠(Prospect Heights)와 보로 파크(Borough Park) 같은 브루클린 전체 주거지의 상당 지역을 비롯해 수백 곳의 부동산을 개발했다. 레이놀즈의 자랑거리는 코니 아일랜드(Coney Island)에 있는 호화롭고 우아한 놀이동산인 드림랜드였다. 드림랜드는 일반적인 롤러코스트에 더해 사자 조련사는 물론 스위스 알프스산맥을 사실적으로 재현한 공간(드라이아이스로 차가운 바람을 만들어냈다), 실제 곤돌라와 함께 베네치아 운하를 재현한 공간, 2,300제곱미터 넓이의 연회장을 갖추고 있었다. 이 모든 것들을 마무리하는 장관은 수천 개의 전구가 박힌 114미터 높이의 타워였다. 드림랜드의 타워는 서 있는 동안 코니 아일랜드의 풍경을 지배했으며, 엘리베이터로 정상까지 오른 방문객들에게 도시의 장관을 보여주었다. 1911 년에 발생한 드림랜드 화재는 레이놀즈에게 커다란 타격이었다. 그는 잃어버린 타워보다 더 큰 위풍당당한 오피스 빌딩을 맨해튼에 짓기로 결심했다.

하지만 어디에 지어야 할까? 레이놀즈는 높이 지으려면 넓은 부지가 필요하다는 사실을 알았다. 구조물이 클수록 서 있는 공간이 넓어야 했다. 따라서 세심하게 입지를 선택해야 했다. 레이놀즈에게는 맨해튼에서 너무 비싸지 않으면서 자신이 지을 빌딩처럼 계속 승승장구할 부지가 필요했다. 그가 선택한 지역은 미드타운 이스트(Midtown East)였다.

그랜드 센트럴 터미널 인근 지역은 고가철도가 교차하고 조차장들이 늘어서 있어서 오랫동안 침체돼 있었다. 사무용 및 주거용 공간에 대한 수요가 늘면서 사람들이 꺼리는 모든 인프라가 다른 곳으로 이전되기 시작했다. 레이놀즈가 거대하면서 저렴한 부지를 찾기 시작할 무렵 렉싱턴애비뉴는 〈뉴욕타임스〉의 표현에 따르면 "르네상스"를 맞고 있었다. 위압적인 고가철도가 지선별로 철거되기 시작했다. 그에 따라 전체 구역이 다시 한번 햇살을 받으면서 비전과 자원을 가진 사람들을 끌어들였다. 그들은 이전에는 꺼렸던 통로를 재발명할 것이었다. 오랜 어둠 속에 잠들어 있던 미드타운 이스트가 마침내 깨어나고 있었다.

1921년에 레이놀즈는 42번가와 43번가 사이에 있는 렉싱턴 부지를 임대했다. 그는 같은 브루클린 출신이자 떠오르는 젊은 건축가 윌리엄 밴 앨런에게 타워의 설계를 맡겼다. 그 무렵 채닌 빌딩

(Chanin Building)과 코모도어 호텔(Commodore Hotel)이 해당 지역에서 문을 여는 현대적 프로젝트 중 일부였다. 당시 새로운 철골 건설 공법 덕분에 '마천루'가 한창 인기를 끌었다. 개선된 기술이 경기 활황 및 만연한 부동산 투기와 결합해 빌딩 건설 붐이 일어나기에 완벽한 여건을 조성했다.

1928년에 밴 앨런은 65층 높이의 오피스 빌딩에 대한 건축 계획을 제출했다. 약 244미터 높이의 이 빌딩은 현역 챔피언인 울워스 빌딩보다 2.5미터가량 높을 것이었다. 〈뉴욕타임스〉에 따르면 1,200만 달러가 투입될 이 프로젝트는 남쪽으로는 머레이 힐 (Murray Hill) 주거지, 북쪽으로는 그랜드 센트럴 터미널 지구 사이에서 "새롭고 흥미로운 비즈니스 센터"로 자리 잡을 것이었다. 일련의 다른 건설 프로젝트도 진행 중이었다. 렉싱턴애비뉴는 '동쪽의 브로드웨이'가 되려 하고 있었다.

밴 앨런은 모더니즘 건축을 추구하는 새로운 건축가 집단의 일원이었다. 이전에 그는 보다 보수적인 파트너인 세버런스와 함께 많은 빌딩을 설계했다. 그러나 건축 관련 언론에서 성공적인 프로젝트에 대한 공로를 밴 앨런에게만 돌리자 두 사람의 협력 관계는 별로 우호적이지 않게 끝나버렸다. 그래도 밴 앨런으로서는 매우 기쁜 일이었다. 마침내 자유롭게 모더니즘 건축을 추구할 수 있었기 때문이다. 밴 앨런은 많은 동료들처럼 전통적인 건축의 낡아 빠진 관습에 염증을 느꼈다. 그는 최신 건축 공법과 자재를 십분 활용하는 단순한 설계를 선호했다. 그는 "고층 빌딩을 설계할 때는 참고할 전례가 없습니다. 미국에서 개발됐으며, 과거의 석재와는 모든 측면에서 다른 새로운 건축 자재인 철재를 사용하니까요"라고 말했다.

밴 앨런은 명민한 건축가였다. 그러나 그와 세버런스가 같이 일할 때 사업가적 마인드를 지닌 쪽은 언제나 세버런스였다. 밴 앨런의 야심 찬 설계에 따른 비용은 걷잡을 수 없이 치솟았다. 그와 함께 마천루 게임에 대한 레이놀즈의 의욕이 식어버렸다. 그 무렵 그는 미국에서 세 번째로 큰 자동차 회사의 오너인 월터 크라이슬러(Walter P. Chrysler)가 미드타운에 새 본사 건물을 짓고 싶어 한다는 사실을 알게 됐다. 레이놀즈는 재빨리 크라이슬러에게 부지 임대권과 밴 앨런의 서비스, 그리고 타워 설계안을 겨우 200만 달러에 팔아넘겼다.

레이놀즈에게 비전이 없다는 사실에 밴 앨런이 좌절했다면 크라이슬러와의 만남은 기쁨을 안겼을 것이다. 처음에는 말이다. 공학도 출신인 이 자동차 재벌은 건축처럼 자신의 전문 영역과 거리가 먼 영역에서도 디테일에 대한 날카로운 안목을 지니고 있었다. 크라이슬러는 밴 앨런에게 수백 개의 수정안을 보내기 시작했다. 각 단계마다 돈은 문제가 아니라는 그의 의도가 명백하게 드러났다. 크라이슬러 빌딩은 단지 높고 기능적인 것 이상의 역할을 해야 했다. 즉, 크라이슬러 자동차의 개성적인 스타일과 엔지니어링을 체현해야 했다.

마침내 크라이슬러와 밴 앨런은 최종 설계안에 동의했다. 아르데코 스타일에 위로 갈수록 뾰족해지는 이 77층 높이의 타워는 첨탑 부분이 넓은 곡선들로 구성돼 있고, 자유의 여신상의 왕관을 연상시키는 삼각형 햇살 무늬로 장식돼 있었다. 밴 앨런은 크라이슬러 자동차에서 영감을 얻은 장식적 요소를 빌딩 구조물에 통합하는 창의적인 방식을 찾아냈다. 휠 캡 모양의 띠 장식이나 스테인리스 재질의 가고일(gargoyle) 또는 보닛 장식처럼 생긴 독수리가 그런 예였다. 빌딩 내부도 붉은색 모로코 대리석, 벽화, 수입 목재로 장식된 32대의 엘리베이터 등 화려한 본사 건물의 새로운 기준을 세울 것이었다. 또한 궁극적인 호사는 최초로 건물 전체에 냉방 설비를 갖춘 고층 빌딩이라는 것이었다.

어떤 기업보다 넓은 본사 건물을 갖게 될 크라이슬러는 11만 제곱미터에 이르는 면적의 많은 부분을 텍사코나 타임 같은 다른 기업에 임대할 계획이었다. 밴 앨런은 66층과 68층 사이에 클라우드 클럽(Cloud Club)을 넣었다. 이 클럽은 텍사코의 임원들이 오찬을 즐길 수 있는 전용 레스토랑 겸 바였다. 또한 이 클럽은 나무로 만든 우아한 회원용 로커와 이발소까지 갖출 것이었다. 이 모두를 지닌 크라이슬러 빌딩은 다른 어떤 빌딩과도 같지 않을 예정이었다.

1928년 9월 19일, 세계 최고의 빌딩을 짓기 위한 공사가 시작됐다. 뉴욕이 더 나은 삶을 찾는 전 세계 숙련공들의 목적지가 아니었다면 밴 앨런의 야심 찬 설계를 구현하는 일은 불가능했을 것이다. 끊임없는 이민의 물결은 아무런 안전장치 없이 엄청난 규모의 빌딩을 세우는 데 필요한 수천 명의 리벳공, 비계공, 벽돌공을 제공했다. 그들은 이후 몇 년에 걸쳐 안전줄도 없이 손으로 40만 개의 리벳을 박고, 거의 400만 개의 벽돌을 쌓았다.

한편 밴 앨런의 전 파트너인 세버런스는 월가의 낫소 스트리트와 윌리엄 스트리트 사이에 자신의 마천루를 세우게 됐다. 100년의 역사를 지닌 은행인 맨해튼 컴퍼니(Manhattan Company)가 월가 40번지에 지을 새 본사 건물의 설계를 그에게 맡겼다. 1929년 3월에 세버런스가 해당 부지에 들어설 47층짜리 오피스 빌딩을 설계한다는 발표가 나왔다. 이 계획은 곧 60층으로 변경됐다. 그래도 당시 건설 중이던 크라이슬러 빌딩은 말할 것도 없고 241미터 높이의 울워스 빌딩보다는 여전히 낮았다. 건축주가 될 은행가들은 뉴욕에서 '두 번째'로 높은 빌딩을 짓는 데 거액을 쏟아부을 생각이 없었다. 4월에 세버런스는 높이를 더 높여서 최종 283미터로 승인을 받아냈다. 그는 자신 있게 승리를 선언했다.

월가 40번지 빌딩 공사는 1929년 5월에 시작됐다. 바야흐로 언론이 말한 "하늘을 향한 경주"가 펼쳐졌다. 밴 앨런과 세버런스 사이의 전쟁은 무한해 보이는 성장 궤도를 지닌 낙관적인 나라의 상상력에 불을 지폈다. 밴 앨런은 이 경주에서 질 생각이 없었다. 특히 전 파트너에게는 더욱 질 수 없었다. 그는 월가 40번지 빌딩 공사가 대단한 속도로 진척되는 광경을 불안과 기대가 뒤섞인 눈길로 지켜보았다. 짧은 공사 기간 때문에 건설 부지에 있던 작은 빌딩들을 철거하는 동시에 기반 공사가 진행됐다. 또한 3교대 근무를 통해 밤낮으로 작업이 진행됐다.

세버런스에게는 너무나 기쁘게도 283미터 높이의 월가 40번지 마천루는 1930년 5월 1일에 완공됐다. 오랫동안 밴 앨런의 그늘에 가려 있던 그로서는 깊은 만족감을 안겨주는 승리였다. 인도에서 꼭대기까지 높이가 282미터밖에 되지 않는 크라이슬러 빌딩은 경쟁 상대가 될 수 없었다. 약 1미터는 천지 차이였다.

뒤이어 1930년 5월 27일에 밴 앨런이 현대 건축계에서, 그리고 비즈니스 전쟁에서 이뤄진 최고의 기만술 중 하나를 드러냈다. 그는 몰래 56미터 길이의 스테인리스제 뾰족탑을 설계하고 승인을 받아낸 다음 크라이슬러 빌딩의 돔에 숨겨두었다. 뾰족탑은 4개 부분으로 나뉜 채 비밀리에 빌딩으로 반입돼 리벳으로 조립됐다. 월 가 40번지의 최종 높이가 되돌릴 수 없이 확정되자 밴 앨런이 비책을 쓸 때가 됐다. 밴 앨런은 〈아키텍츄럴 포럼(Architectural Forum)〉에 이렇게 썼다. "신호가 전달됐다. 그러자 뾰족탑은 고치를 벗어나는 나비처럼 돔 위로 천천히 솟아올랐다. 그리고 90분 뒤에 세계에서 가장 높은 곳에 고정된 강철 구조물로서 리벳으로 단단히 고정됐다."

이 뾰족탑 덕분에 크라이슬러 빌딩의 높이는 319미터가 됐다. 이로써 크라이슬러 빌딩은 두 시간도 채 되지 않아 세계에서 가장 높은 빌딩이 됐다. 보다 중요한 사실은 높이가 283미터인 월가 40번지의 경쟁자보다 36미터나 높다는 것이었다. 손자는 "미끼로 유인하고, 혼란스러운 것처럼 꾸며서 적을 무찔러라"라고 썼다.

밴 앨런은 세버런스를 확실하게 이겼다. 그러나 그의 큰 승리는 오래가지 못했다. 새로 완공된 엠파이어 스테이트 빌딩이 겨우 11개월 만에 크라이슬러 빌딩의 높이를 넘어섰다. [사실은 엠파이어 스테이트 빌딩을 건축하던 사람들은 밴 앨런이 술책을 부린 이후 건물 높이를 61미터 더 높였다. 건축주인 존 라스콥(John J. Raskob)은 크라이슬러가 "뾰족탑에 막대를 숨겼다가 마지막에 올리는 (또 다른) 장난"을 칠지 모른다고 걱정했다.]

어쨌든 밴 앨런은 크라이슬러에 승리를 안겼다. 그러나 그는 사업가로서의 약점을 드러내는 또 다른 증거로서 사실은 고객과 정식 계약을 맺지 않았다. 두 사람은 설계에 대한 최종 수수료도 합의하지 않은 상태였다. 밴 앨런은 완공 후 당시 표준대로 건물의 최종 예산인 1,400만 달러의 6퍼센트, 즉 84만 달러를 요구했다. 건물 자체에는 흔쾌히 비용을 아끼지 않던 크라이슬러는 이 요구가 말도 안 된다고 생각했다. 크라이슬러가 지불을 거절하면서 양측은 소송을 벌였다. 결과적으로는 밴 앨런이 소송에서 이겼다. 그러나 그의 잦은 소송은 그에게 궁극적인 패배를 안겼다. 그렇지 않아도 대공황 때문에 많지 않은 잠재 고객들이 그를 기피했기 때문이다. 결국 승리를 거둔 밴 앨런은 조각을 가르치며 생활했다.

월터 크라이슬러는 펜트하우스를 자신이 차지하고 1층에 크라이슬러 쇼룸을 차렸다. 그러나 크라이슬러 코퍼레이션은 사실 본사를 크라이슬러 빌딩으로 옮기지 않았다. 크라이슬러는 나중에 자식들이 물려받을 수 있도록 자기 돈으로 빌딩을 사들였다. 완공 10년 뒤에 그 일이 실제로 이뤄졌다. 상속자들은 1947년에 크라이슬러 빌딩을 매각했다. 키 재기에서는 졌지만 우아함과 아름다움에는 적수가 없었던 이 빌딩은 뉴욕의 운명이 부침을 거듭하는 사이에 여러 소유주를 거쳤다. 그러다가 국가 사적지(National Register of Historic Places)에 등재되고 역사 기념물로 선언된 뒤 이 기만적인 경쟁자의 미래는 확고해졌다. 뉴욕의 마천루 박물관(Skyscraper Museum)이 건축가, 비평가, 엔지니어, 역사학자 들을 대상으로 뉴욕에서 가장 좋아하는 타워가 무엇인지 물었을 때 크라이슬러 빌딩은 단연코 최고로 선정되었다.

아름다움에 대한 게임
헬레나 루빈스타인

헬레나 루빈스타인(Helena Rubinstein)이 호주의 작은 농촌 도시인 콜레인(Coleraine)에 도착한 지 몇 달이 지났다. 그곳은 24세인 그녀가 살게 되리라고 전혀 예상치 못한 곳이었다. 어차피 폴란드에서 중매결혼을 피해 도망친 뒤로 계획대로 이뤄진 일은 별로 없었다.

차자 루빈스타인(Chaja Rubinstein)이라는 이름으로 태어난 그녀는 정통 유대교 집안의 8자매 중 장녀였다. 그녀의 부모는 크라쿠프(Krakow)의 유대인 거주 지역에서 철물점을 운영했다. 그들이 보기에 차자의 미래는 태어날 때부터 정해져 있었다. 바로 아이를 많이 낳고 미래의 남편을 위해 집안을 돌보는 것이었다.

그러나 차자는 부모가 골라준 나이 많은 남자와 결혼할 생각이 전혀 없었다. 그녀는 결혼뿐 아니라 부모가 자신에게 가진 작고 완고한 기대에 맞섰다. 그래서 집을 떠나 처음에는 빈에 있는 고모 집에 머물다가 이제는 콜레인에 사는 버나드 삼촌에게로 왔다. 호주에서 차자는 헬레나로 이름을 바꿨다. 그녀는 영어를 거의 하지 못했다. 그래도 안정된 곳에 자리를 잡고 자신을 위해 새로운 삶을 일굴 수 있었다.

루빈스타인은 사람들과 어울리지 못했고, 어울리고 싶어 하지도 않았다. 거친 피부를 가진 주민들 옆에 있으면 그녀의 티 없는 피부는 이 건조하고 햇살 강한 곳에서 금세 이질적인 존재감을 드러냈다. 루빈스타인은 동생들처럼 항상 야외 활동을 피했고 피부를 세심하게 관리했다. 그녀에게는 또 다른 비법이 있었다. 바로 여행 가방에 든 유리병들이었다. 거기에는 폴란드에 사는 친척이 만들어준 라놀린(lanolin) 크림이 들어 있었다. 이 왁스 같은 물질은 거친 환경에서도 그녀의 피부를 크라쿠프를 떠날 때처럼 매끈하고, 촉촉하고, 부드럽게 유지해주었다.

동네 여자들은 루빈스타인에게 호기심과 질투심이 어린 목소리로 아름다운 피부를 가진 비결을 물었다. 루빈스타인은 여기서 아이디어를 얻었다. 그들에게 크림을 써보게 하면 스킨케어 제품으로 짭짤한 부수입을 올릴 수 있을지 몰랐다. 어쩌면 실제로 사업을 할 수 있을지도 몰랐다. 라놀린만 안정적으로 확보할 수 있으면 친척의 제조법을 재현할 수 있었다. 라놀린을 구하는 일은 아주 쉬웠다. 운 좋게도 라놀린은 양모에서 추출했다. 조용한 콜레인이 가진 것이 있다면 바로 양이었다. 정확하게는 메리노종 양 7,500만 마리가 있었다. 마치 이렇게 일이 진행되도록 거의 예정된 것 같았다.

지시를 올바르게 따르기만 하면 콜레인에 사는 모든 농부의 아내들은 루빈스타인의 '기적' 같은 크림을 직접 만들 수 있었다. 그러나 어린 나이에도 루빈스타인은 아름다움이 매혹, 그리고 약간의 신비함에 좌우된다는 사실을 알았다. 그들이 비법을 모른다고 해서 큰일 날 일은 없었다.

뛰어난 마술사는 인간 심리를 이해해야 한다. 사람을 속이려면 그들의 맹점과 편견을 이해해야 한다. 사람들이 생각하는 방식을 이해하는 일에 있어서 루빈스타인은 단순한 마술사가 아니었다. 그녀는 진정한 마법사였다.

현대의 첫 여성 자수성가 백만장자인 루빈스타인은 인간의 약점에 대한 탁월하고 본능적인 이해를 활용해 거대한 화장품 제국을 만들었다. 그리고 너무나 비슷한 숙적인 엘리자베스 아덴(Elizabeth Arden)을 상대로 전쟁을 벌였다. 이 두 사나운 이민자 출신 기업가들 사이에 벌어질 10년에 걸친 원한 어린 전쟁은 세상이 아름다움을 보는 방식을 바꿔놓을 것이었다. 하버드 경영대학원 교수인 제프 존스(Geoff Jones)는 이렇게 말했다. "19세기 초로 돌아가보면 예쁨이나 잘생김에 대한 생각이 전 세계에 걸쳐 많이 달랐습니다. 반면 20세기에는 아름다움에 대한 사람들의 관념이 엄청나게 균질화됐어요. 헬레나 루빈스타인 같은 사람들은 미의 관념을 바꿔놓은 핵심 인물이었습니다."

루빈스타인은 콜레인에 자리 잡은 뒤 1902년에 살롱을 열고 미용 크림을 팔았다. 곧 그녀는 파우더, 로션, 심지어 색조 화장품까지 더 많은 제품을 만들었다. 당시 색조 화장품은 여배우나 창녀들만 발랐다. 루빈스타인은 그 오명을 제거해 모든 여성이 결점을 가릴 수 있도록 문화적으로 수용시켰다. 그녀는 부차적 혜택에 대한 주장을 덧붙여서 이 일을 해냈다. 립스틱이 피부 보호 기능을 지녔다면 조신한 여성들도 입술이 트지 않도록 립스틱을 바르는 것은 정당화될 수 있었다. 또한 이미 립스틱을 조금 바르고 있다면 볼연지를 써보지 않을 이유가 있을까? 효과적인 미용 성형수술은 말할 것도 없고, 보톡스와 콜라겐 주사는 수십 년 동안 나오지 않을 것이었다. 더 건강하고 젊어 보이는 피부를 원하는 사람들에게는 향유, 크림, 연고가 유일한 선택지였다. 또한 색조 화장품이 결점을 숨기는 유일한 선택지였다. 루빈스타인은 이런 수단을 무대 또는 유곽으로만 한정할 이유를 찾지 못했다.

젊은 폴란드 출신 사업가인 그녀는 제품을 홍보할 때 노골적인 기만에 가깝게 과장하는 재주를 드러냈다. 노화와 피부 손상은 피할 수 없는 삶의 요소였다. 그러나 루빈스타인은 아름다움이 인식의 게임임을 알았다. 라놀린은 고객의 피부를 부드럽게 해주고 보호해주었다. 그러나 사실 기적을 행할 수는 없었다. 하지만 정말로 중요한 것은 자신의 외모에 대한 여성들의 '믿음'이었다. 이 인식은 쉽게 성형할 수 있었다. 어떤 제품을 팔든 루빈스타인의 최우선 목표는 고객에게 예뻐졌다는 '느낌'을 안겨주는 것이었다.

높은 가격 설정은 흔한 인지적 편향을 이용하는 기만적인 비즈니스 전략이다. 패션이나 오락, 예술 또는 화장품처럼 결과가 주관적이고 측정하기 어려운 분야에서 비용으로 정당화할 수 있는 수준보다 높은 가격을 매기는 것은 제품에 대한 인지적 가치를 높인다. 루빈스타인은 이 전술의 대가였다. 그녀는 두 개의 페이스 크림이 동일한 외관과 보습 효과를 지닌다고 해도 하나의 가격이 다른 하나보다 5배 높으면 소비자들은 비싼 제품이 어쨌든 5배는 더 낫다고 생각할 것임을 알았다. 설령 효과에 대한 주장이 모호하고 검증할 수 없다고 해도 말이다. 호주 여성들이 루빈스타인의 크림을 햇볕에 탄 뺨에 발랐을 때 실제로 보습 효과가 있었다. 다만 그 효능의 정도나 지속성에 대한 약속은 거울에 보이는 것보다 높은 가격에 더 많이 뒷받침됐다.

물론 콜레인 여자들은 젊은 이민자가 자신들이 키운 양의 털로 만든 냄새 나는 왁스 같은 크림을 자신들에게 판다는 사실을 알면 그다지 좋아하지 않을 것이었다. 그래서 루빈스타인이 첫 번째로 부린 꼼수는 라벤더 같은 허브와 소나무 껍질 추출물을 이용해 라놀린의 냄새를 감추는 것이었다. 그녀는 한 걸음 더 나아가 흔한 허브를 "유명 피부 전문가인 리쿠스키(Lykuski) 박사가 카르파티아 산맥(Carpathian Mountains)에서" 구한 것이라고 주장했다. 리쿠스키 박사는 루빈스타인이 오랫동안 활용하고 꾸며낸 가상 인물이었다. 이 밖에 다른 거짓말 덕분에 그녀의 주장은 신뢰를 얻었으며, 농촌 고객들의 상상력에 불을 지폈다.

루빈스타인은 그녀의 제품을 '크렘 발라제(Crème Valaze)'라고 불렀다. 그녀의 주장에 따르면 '발라제'는 '하늘의 선물'을 뜻하는 헝가리어였다. (콜레인에는 이 단어가 리쿠스키 박사처럼 가짜라는 사실을 밝힐 헝가리어 사전이 없었던 모양이다.) 루빈스타인은 이 크림이 "한 달 만에 최악의 피부도 개선해줄 것"이라고 장담했다. 구체적으로는 "주근깨, 주름살, 나쁜 혈색, 그을림, 블랙헤드, 여드름, 뾰루지, 거친 피부, 그리고 모든 반점과 부스럼"을 제거해준다고 말했다. 지금은 명품 화장품 시장에서 의심스러운 주장과 기만적인 전술을 당연시한다. 그러나 당시 루빈스타인은 자신만의 지침서를 만들고 있었다. 나중에 그녀가 개인 비서에게 말한 대로 "좋은 홍보에는 팩트가 그렇게 많이 필요치 않은 법"이었다.

루빈스타인은 버나드 삼촌과 다툰 뒤 빅토리아주의 수도이자 당시 호주의 최대 도시인 멜버른으로 갔다. 그녀는 이 풍요로운 도시가 고급 제품을 팔기에 훨씬 나은 시장임을 알았다. 문제는 여자라는 이유로 은행들이 사업을 키우는 데 필요한 자금을 빌려주지 않는다는 것이었다. 그래서 루빈스타인은 대책을 세우는 동안 생활비를 벌기 위해 티룸(tearoom) 웨이트리스 일자리를 구했다. 거기서 그녀는 로버 티 컴퍼니(Robur Tea Company)의 경영자 제임스 헨리 톰슨(James Henry Thompson)을 만났다. 그는 루빈스타인에게 작은 매장을 열 종잣돈과 함께 사업을 시작하는 데 필요한 조언을 적절하게 제공했다. 그뿐만 아니라 영어로 광고 문안까지 작성해주었다. (루빈스타인은 나중에 미용에 대한 내용을 담은 소책자에 로버 티 광고를 넣어서 은혜를 갚았다.)

이제 살롱 주인이 된 루빈스타인은 피부를 '진단'해 적절한 '치료법'을 맞춤식으로 제공하는 미용 전문가로 자신을 홍보하기 시작했다. 지금은 통념이 됐지만 사람마다 지성, 건성 등 다른 '문제적인' 피부 유형이 있으며 각각 고유한 피부 관리법이 필요하다는 생각을 처음 소개한 사람이 그녀였다. 이국적으로 보이는 재료와 의료 전문가의 분위기는 여성들이 루빈스타인의 10펜스짜리 크림에 6실링(약 30달러)을 지불하게 만들었다. 거의 8배에 달하는 이윤이었다. 사실 그녀는 당시로서는 비교적 표준적인 제조법을 따르는 멜버른 소재 도매 회사 펠튼 그림웨이드 앤드 컴퍼니(Felton, Grimwade & Company)로부터 제품을 조달했다. 중요한 것은 재료가 아니라 이야기였다.

이듬해에 루빈스타인은 멜버른의 고급 쇼핑가인 콜린스 스트리트(Collins Street)에 더 크고 우아한 살롱을 열면서 급격한 사업 확장에 나섰다. 1905년에 동생인 세스카(Ceska)와 사촌인 롤라(Lola)가 이번에는 루빈스타인처럼 빈 출신 미용 전문가 행세를 하면서 콜린스 스트리트 매장을 넘겨받았다. 그래서 루빈스타인은 시드니와 뉴질랜드에 추가로 매장을 열 수 있었다. 이 무렵 루빈스타인은 같은 유대인이자 폴란드계 미국인 저널리스트 에드워드 윌리엄 타이터스(Edward William Titus)를 만났다. 두 사람은 1908년에 결혼해 런던으로 이주했다. 그들은 거기서 또 다른 매장을 열었다.

타이터스는 마침 마케팅에 소질이 있었다. 그는 제품 개발 과정의 이야기를 담아《미녀의 탄생》이라는 일련의 소책자를 집필했다. 덕분에 효과적인 미용법을 개발하기 위해 과학적인 기법을 활용하는 대담한 연구자로서 루빈스타인의 이미지가 확고해졌다. 1909년에 루빈스타인은 파리에 살롱을 열었다. 뒤이어 부부는 두 아들이 태어난 뒤 런던 살롱을 다른 동생에게 맡기고 파리로 이주했다. 루빈스타인과 타이터스는 화려한 파티를 열고 엘리트들과 어울리면서 파리 사회에 빠르게 자리 잡았다.

파리는 루빈스타인이 매장을 연 다른 도시들과 달리 이미 명품 화장품으로 붐비는 시장이었다. 자신과 자신의 제품에 이 시장에 어울리는 분위기를 부여하기 위해 루빈스타인은 직원들, 심지어

지인들에게도 '마담'으로 불리기를 고집했다. 또한 전문가로서 자신의 위상을 더욱 공고히 다지기 위해 피부 전문의들과 상담하고서 그들의 연구 결과를 자유롭게 차용했다. 그녀는 "과학으로서의 미용"이라는 구절을 활용해 자신의 주장이 의학적 연구에 기반한다는 인식을 퍼뜨렸다. 홍보물에는 루빈스타인이 흰 가운을 입고 연구실에서 일하는 모습이 실렸다. 배우만 분장을 할 수 있는 것은 아니었다.

루빈스타인의 살롱은 미용 제품만 판 것이 아니라 일련의 미용 시술까지 해주었다. 거기에는 비교적 무해한 것[얼굴 마사지, 전기 분해 요법, 피부가 숨 쉬도록 돕는다는 '산소요법(oxylation)']부터 잠재적으로 위험한 것(강한 화학적 제모술, 파라핀 왁스 주입을 통한 주름살 제거, 얼굴 근육을 강화해 인상을 개선하기 위해 전기 충격을 가하는 '전기 긴장 요법')까지 다양한 시술이 포함됐다. 이 모든 유사 과학에 중요한 것은 나이는 실로 고정된 것이 아니라는 관념이었다. 과학을 활용하면 시계를 멈추거나 심지어 되돌릴 수 있었다. 적어도 얼굴에 있어서는 그랬다. (루빈스타인이 20대 초반부터 그랬던 것처럼 나이를 속이면 더욱 도움이 됐다.) 여성들은 더 이상 나이가 들어가면서 젊은 모습을 잃는 것에 순응할 필요가 없었다. 노력할 의지, 그리고 돈만 있다면 말이다.

루빈스타인은 "못생긴 여자는 없다. 게으른 여자만 있을 뿐이다"라고 말했다. 1914년 무렵 타이터스가 계속 바람을 피우면서 두 사람의 결혼 생활은 파탄 직전에 몰렸다. 제1차 세계대전이 터지면서 루빈스타인은 동생 폴린(Pauline)에게 파리 살롱을 맡기고 유럽을 떠나 뉴욕시에서 뷰티 살롱 체인을 만들었다. (그녀와 타이터스는 1916년에 법적으로 갈라섰다. 하지만 이후에도 그녀는 타이터스에게 계속 조언을 구했다.)

　미국의 각 살롱은 헬레나 루빈스타인 브랜드의 야심 찬 진실성을 구축하기 위해 디자인됐다. 그래서 호사스러운 장식과 호안 미로(Joan Miró)나 살바도르 달리(Salvador Dalí)의 아방가르드 회화로 꾸며지고, 심지어 레스토랑과 헬스장까지 갖췄다. 루빈스타인은 고가 전략의 규모를 키우기 위해 유럽의 살롱을 성공시킨 모든 요소를 복제해야 했다. 그녀는 살롱을 운영할 친척이 더 이상 없게 되자 모든 지점에 걸쳐 점원들이 같은 용어와 판매 기법을 쓰도록 훈련시키는 데 많은 투자를 했다. 그녀는 모든 직원이 브랜드 홍보 대사임을 알았다. 그래서 전문 미용사로서 신뢰도를 쌓기 위해 흰 유니폼까지 입혔다.

　루빈스타인은 맨해튼 이스트 49번가의 메종 드 뷰트 발라제(Maison de Beauté Valaze)를 시작으로 샌프란시스코, 필라델피아, 뉴올리언스에 빠르게 살롱을 열면서 제국의 토대를 닦았다. 1916년에는 제품을 수입할 필요가 없도록 헬레나 루빈스타인 뷰티 프로덕츠 매뉴팩처링 컴퍼니(Helena Rubinstein Beauty Products Manufacturing Company)를 만들고 자신의 살롱뿐 아니라 전국의 잡화점과 백화점에서 팔 제품을 생산했다. (그녀는 전형적인 자신의 스타일대로 이 제품들을 "파리 직수입품"으로 계속 광고했다.) 이제 루빈스타인은 자신을 러시아 미용 전문가로 내세웠다. 제1차 세계대전 때 오스트리아가 독일과 손잡는 바람에 빈의 이미지가 부정적으로 변해버렸기 때문이다.

　루빈스타인은 1926년에 미국 사업을 담당하는 법인을 설립했으며, 2년 뒤에 730만 달러를 받고 지분의 상당 부분을 리먼 브라더스(Lehman Brothers)에 넘겼다. 이는 더없이 시기적절한 매각이었다. 그로부터 9개월 뒤 주식시장이 붕괴되면서 그녀의 체인이 지닌 가치가 크게 삭감됐다. 루빈스타인은 1931년에 경영권을 다시 사들였으며, 그 과정에서 엄청난 이익을 보았다.

루빈스타인은 대공황 이후 수십 년에 걸쳐 미국 사업을 더 크게 키웠다. 그 과정에서 그녀는 나이 때문에 더 이상 티 없는 피부가 제공하는 즉각적인 신뢰도를 가질 수 없다는 사실을 깨달았다. 그녀의 홍보용 사진은 몇십 년은 어리게 보이도록 세심하게 수정됐다. 그러나 이는 오히려 홍보 여행 때 실물을 본 고객들을 놀라게 만들 뿐이었다. 결국 루빈스타인은 조카인 말라(Mala) 같은 젊은 여성에게 성을 물려주고 브랜드를 위한 대면 홍보를 맡게 함으로써 문제를 해결했다.

루빈스타인은 1930년대 말이 돼서야 과장된 홍보에 대한 법적 반발의 기미를 느꼈다. 특히 1938년에 제정된 미국의 식품, 의약품 및 화장품법(Food, Drug & Cosmetic Act)은 광고에서 과장을 줄이도록 만들었다. 그러나 이 무렵 그녀는 전 세계에서 수백만 명의 여성들이 신뢰하는 브랜드를 성공적으로 구축한 상태였다. 5개의 공장에서 생산된 제품들이 6,000개 매장에서 판매됐다. 거기에는 멜버른부터 밀란까지 전 세계의 대도시에 있는 27개 헬레나 루빈스타인 살롱도 포함됐다. 어차피 그녀의 제품이 그녀가 항상 주장한 대로 주름과 기미를 효과적으로 제거하는지 여부는 중요치 않았다. 결국 의학적으로 의심스러운 스파 요법은 말할 것도 없고 그녀의 향유, 연고, 로션은 어떤 조사 연구로도 정량화할 수 없는 것을 제공했다.

루빈스타인은 자신의 제국에 속한 두 반구(半球)를 관리하기 위해 자주 배로 대서양을 건넜다. 1938년에 68세의 그녀는 대서양을 횡단하다가 아칠 고리엘리 츠코니아(Artchil Gourielli-Tchkonia)라는 23세 연하의 자칭 조지아 왕자를 만났다. 두 사람은 곧 결혼했다. 루빈스타인은 그의 신분을 자세히 따지지 않았다. 그녀는 경험을 통해 착각이 여전히 사람을 진정으로 행복하게 만들 수 있다는 사실을 알았다. 그녀는 심지어 사랑하는 남편의 이름을 따서 남성용 피부 관리 제품과 향수 라인까지 만들었다.

두 사람은 아칠이 1955년에 심장마비로 죽을 때까지 10여 년 동안 잘 살았다. 루빈스타인은 1965년에 94세의 나이로 사망했다. 당시 그녀는 15개국에서 살롱과 공장을 운영했으며, 1억 달러 이상의 가치를 지닌 부동산을 보유하고 있었다. 현재 그녀가 탄생을 도운 글로벌 화장품 산업은 5,000억 달러 이상의 가치를 지닌다.

건포도를 둘러싼 혈투
선 메이드 vs. 건포도 마피아

때는 2018년, 해리 오벌리(Harry Overly)는 오랜 일과를 마치고 아내를 보고 싶은 마음에 서둘러 귀가한다. 그녀는 임신 후기여서 매우 민감하다. 오벌리는 새 일자리에서 스트레스를 약간 덜 받기를 원한다. 그래도 그는 여전히 새로운 기회에 들떠 있다. 그는 선 메이드(Sun-Maid)가 캘리포니아 프레즈노(Fresno) 지역의 건포도 생산자 협동조합으로 설립된 지 1세기도 더 지난 뒤에 CEO로 임명됐다.

그는 두어 달이 지난 지금 마침내 어느 정도 안정을 찾기 시작했다. 그러나 그간의 일은 쉽지 않았다. 오벌리는 자신이 포장 식품 비즈니스를 속속들이 안다고 생각했다. 그는 크래프트(Kraft)부터 리글리(Wrigley), 베르톨리(Bertolli) 올리브유 제조사까지 여러 식품 회사에서 다양한 직책을 맡았다. 그러나 그는 선 메이드에서 건포도가 작고 갈색이기는 하지만 올리브와 다르다는 사실을 깨달았다. 둘은 전혀 달랐다.

오벌리는 쫄깃하고 아이들이 좋아하는 건포도를 현대적인 식품으로 만들어야 하는 임무를 띠고 선 메이드의 수장이 됐다. 거의 그 직후에 건포도 업계의 다른 관계자들이 불법적인 담합에 참여하라고 오벌리를 압박했다. 새로운 전술과 거리가 먼 이런 이면 거래는 캘리포니아 건포도 업계의 오랜 관행이었다. 적어도 오벌리가 파악한 바로는 그랬다. 실제로 처음에는 무시했던 그도 '건포도 마피아'에 대한 숱한 소문을 믿기 시작했다. 정말이라면 우려하지 않을 수 없는 일이었다.

어느 쪽이든 모든 것은 내일 생각할 문제였다. 오늘 밤은 아내에게 신경써야 했다. 오벌리는 진입로로 들어서서 차에서 나와 새로 산 집의 현관으로 걸어간다. 거기서 그는 앞문 틈에 끼워진 쪽지를 발견한다. 문득 두려움에 휩싸인 그는 쪽지를 뽑아내어 열어본다.

"당신은 도망칠 수 없어."

오벌리는 조용히 쪽지를 다시 접는다. 다른 사람이라면 이참에

짐을 싸서 오렌지나 냉동식품 같은 다른 분야에서 운을 시험했을지 모른다. 하지만 그는 아니다. 그는 건포도를 구하기 위해 여기 왔다. 비겁한 협박 따위에 멈출 수는 없었다.

그건 그렇고 그는 방범 시스템을 꼭 설치해야겠다고 생각한다.

▲ ▲ ▲

때로 가장 예기치 못한 전장에서 가장 공격적인 전술이 활용된다. 건포도 비즈니스가 그런 예다. 건포도보다 소박한 말린 과일은 드물다. 갈색에 작고 주름진 건포도는 시리얼이나 요거트에 약간의 단맛을 더한다. 또한 오트밀 쿠키나 럼 건포도 아이스크림에 즐거운 쫄깃함을 더한다. 이런 건포도를 놓고 혈전이 벌어졌다. 때로 '비즈니스 전쟁'의 '전쟁'은 비유가 아니다. 역사적으로 건포도 업계는 미국에서 가장 폭력적이었다. 1세기 넘게 불법적인 전술이 숱하게 저질러졌다.

많은 이민자들은 19세기에 황금을 찾아 서부로 왔다. 그러나 농부들, 특히 지중해 출신의 농부들은 캘리포니아에서 진짜로 돈 될 만한 것이 어디에 있는지 알았다. 센트럴 밸리(Central Valley)의 길고 건조한 여름은 다른 대다수 지역에서는 잘 자라지 못하는 과일을 키우기에 이상적이었다. 충분한 물만 공급되면 전체 지역을 푸르고 비옥하게 만들 수 있었다. 그래서 미국 전체에 오렌지, 아몬드, 포도를 공급할 수 있는 잠재력이 있었다. 1869년에 완공된 제1 대륙횡단철도(First Transcontinental Railroad)는 동부에서 엄청난 수의 이민자를 끌어들였다. 또한 이 새로운 농민들이 재배한 농산물을 나라 건너편으로 신속하게 운송했다. 1872년에 센트럴 퍼시픽 철도(Central Pacific Railroad)가 산 호아킨 밸리(San Joaquin Valley)로 연장됐다. 농민들은 거기로 몰려가서 어떤 작물이 잘 자라고 동부까지 가는 고온의 운송 과정을 견디는지 실험했다.

1873년에 프랜시스 아이젠(Francis Eisen)이라는 농부가 프레즈노 동부에 있는 약 10만 1,000제곱미터 면적의 땅에 머스캣 포도를 심었다. 그는 해당 지역이 포도를 재배할 뿐 아니라 햇빛에 말리는 데도 이상적이라는 사실을 발견했다. 몇 해 안에 그는 보관성 뛰어난 건포도를 전국으로 실어 보냈다. 1930년 무렵 캘리포니아에서는 연간 약 5만 4,000톤의 건포도를 생산했다.

모든 캘리포니아 농민들의 문제는 농산물을 중서부와 동해안까지 실어 보내는 비용이 많이 든다는 것이었다. 냉장 화물차와 방부제 같은 혁신은 쉽게 상하는 작물도 운송이 가능하게 만들었다. 그러나 필요한 인프라를 구축하고 유지하는 비용이 적지 않았다. 설령 인프라 투자를 감당한다고 해도 작물 가격의 변동 때문에 수익을 예측하기 어려웠다. 새로운 농가들이 번성하려면 서로 협력해 가격을 책정하고 공급을 조절해야 했다.

그런 이유로 감귤 재배 농가를 대표하는 선키스트(Sunkist), 아몬드 재배 농가를 대표하는 블루 다이아몬드(Blue Diamond) 같은 농민 협동조합이 등장했다. 이 모델 아래에서 개별 농민은 조합에 해당 작물의 가격을 협상할 수 있는 권한을 부여했다. 많은 농민이 참가하면 조합은 충분한 협상력을 얻어서 더 높은 가격을 책정할 수 있었다. 이 접근법은 각 농민에게 더 나은 수익을 제공하고 전국에 내다 팔 과일을 재배하는 데 따른 위험과 비용을 정당화해주었다. 캘리포니아 농업이 경제적 타당성을 얻으려면 협동조합 모델이 필수였다.

모든 캘리포니아 협동조합 중에서 선 메이드가 가장 공격적이고 독점적이었다. 1912년에 캘리포니아 연합 건포도 회사(California Associated Raisin Company)라는 법인으로 설립된 이 조직은 1920년대 무렵에 건포도 농가의 85퍼센트를 대표했으며, 선 메이드 그로워즈 오브 캘리포니아(Sun-Maid Growers of California)로 이름을 바꿨다.

농민 협동조합은 충분한 농민이 참여해 구매자들을 상대로 협상력을 확보해야만 의미를 지닌다. 다른 한편 이런 협동조합이 있는 경우 개별 농민은 독자적으로 행동하면 더 많은 돈을 벌 수 있다. 협동조합이 어렵게 공급을 통제해 높은 가격을 책정하고 난 뒤에 그보다 낮은 가격으로 시장의 큰 조각을 차지할 수 있기 때문이다. 경제학에서는 이를 무임승차자 문제라고 한다. 비즈니스에서 소수의 나쁜 사람들이 합류하지 않는다고 해서 법적으로 강제할 수단은 없다. 협동조합에 참가하지 않으려는 건포도 농가가 있으면 선 메이드는 설득력을 발휘해 그들을 끌어들여야 한다. 불행하게도 설득이 실패하면 다른 대안이 없었다. 그러니까, 좋은 대안은 없었다.

처음에 선 메이드는 사회적 압력을 활용해 덩치를 키우려고 시도했다. 그래서 센트럴 밸리 전역에서 행진과 홍보 활동에 나섰다.

4월 30일은 건포도의 날이 됐다. 심지어 선 메이드는 자체 잡지까지 발행했다. 모두가 참여한다는 인상을 줄 수만 있다면 무슨 일이든 했다. 그러나 이런 접근법으로도 완전 가입을 달성하지 못했다. 결국 폭력적인 협박이라는 새로운 전술이 동원됐다. 전체 건포도 산업은 물이 귀한 계곡 지역에 자리한 수만 제곱킬로미터의 땅에 모여 있었다. 오래지 않아 이른바 나이트 라이더(nightrider)로 불리는 집단이 어둠을 틈타 이웃의 농장에 침입했다. 그들은 포도 덩굴을 파괴하고, 건물에 총을 쏘고, 심지어 농민들을 폭행하면서 강제로 계약서에 서명하게 만들었다. 심하게 폭행당한 한 농민은 일부러 계약서에 피를 묻혔다. 실제로 그렇게 된 것처럼 법정에서 계약을 무효로 만들 수 있으리라 예상했기 때문이었다.

선 메이드는 결코 이런 공격에 직접 참여하지 않았다. 그저 열성 회원들이 비협조적인 이웃을 상대로 뭉치도록 권장했을 뿐이었다. 지저분한 술책을 동원할 때는 그럴듯하게 부인할 수 있는 여지를 남기는 것이 핵심이다. 1915년에 선 메이드는 "더 이상 견딜 수 없어서 또는 어떤 유형이든 집단적인 폭력 때문에 서명한 모든 계약서는 서명자에게 반환될 것"이라고 발표했다. 그래도 나이트 라이더들은 활동을 계속했다. 선 메이드는 대외적으로는 고상한 태도를 드러내면서 나이트 라이더들을 암묵적으로 부추겼다.

한편 지역 치안 당국은 그들의 폭력을 못 본 척했다. 다수의 비조합원 농민들은 일본인, 아르메니아인, 멕시코인이었다. 반면 선 메이드는 센트럴 밸리 지역에서 힘 있고 인맥 좋은 백인들이 운영했다. 폭력적인 공격성에 사로잡히고 인종주의에 선동당한 선 메이드는 캘리포니아의 최대 독점 조직이 됐다.

1920년대 초에 제1차 세계대전에 정신이 팔려 있던 연방 정부가 마침내 이 문제에 개입했다. 법무부는 건포도 업계를 조사한 뒤 농민들이 조합 가입 계약을 할 때가 되면 "견제받지 않는 폭도들의 지배"가 이뤄진다는 사실을 발견했다. 1922년에 의회는 선 메이드 같은 농민 협동조합을 규제하는 법안을 통과시켰다. 그러나 이 법안은 가격 책정 문제를 해결하지 않고 비켜 갔다. 그래서 그저 가격이 "공정하고 합당해야" 한다고 규정할 뿐이었다. 농업부 장관은 이론적으로 가격 기준을 정할 권한을 갖고 있었다. 그러나 해당 법안이 통과된 뒤에도 20세기 동안 이 권한이 행사된 적은 한 번도 없었다.

선 메이드는 나이트 라이더들이 후퇴한 뒤 수십 년 동안 대중들이 보기에 존중할 만한 단체가 됐다. 1980년대에 크게 인기를 끈 재미있는 점토 애니메이션 광고[캘리포니아 건포도들이 춤을 추며 "소문으로 들었어요(I Heard It through the Grapevine)"를 부르는 광고]는 건포도를 대중문화 속으로 끌어들였으며, 부진하던 매출에 활기를 불어넣었다. 그러나 그 이면에서는 건포도 업계의 살벌한 문화를 바꾸려는 조치가 전혀 취해지지 않았다. 선 메이드는 다른 브랜드들이 춤추는 건포도를 포장지에 쓰지 못하도록 막았다. 건포도 업계 전체가 돈을 모아 광고를 제작한 것인데도 말이다. 선 메이드 브랜드는 이 광고로 혼자서만 엄청난 이득을 보았다. 결국 건포도 업계는 대성공을 거뒀음에도 광고 캠페인을 종료하기로 결정했다.

현재 캘리포니아 중부에서 총 202제곱킬로미터 넓이의 농장을 운영하는 850개 농가가 선 메이드의 지분을 보유하고 있다. 그들은 미국 건포도 산업의 약 40퍼센트를 차지하며, 연평균 약 9만 톤의 건포도를 생산한다. 한편 잘못을 부인하는 일관된 태도는 전혀 변하지 않았다. 선 메이드는 20세기 초반에 "농업 및 다른 개발 도상 산업에서 여러 불행한 사건들이 일어났다"는 사실을 인정했다. 그러나 자신들이 "이런 강압적 행위를 눈감아주거나 부추긴 적이 없으며, 거기에 가담한 기록도 없다"라고 주장한다. 하지만 내부자들에 따르면 5억 달러 규모의 건포도 업계는 여전히 폭력적이고 강압적이다.

2017년에 선 메이드는 소비자 식품 브랜드 분야의 베테랑인 38세의 해리 오벌리를 CEO로 영입했다. 그 의도는 신선한 피를 수혈해 폐쇄적인 업계를 쇄신하려는 것이었다. 오벌리는 자신이 접한 특이한 문화에 충격을 받았다. 그가 다른 업계 관계자들과의 불법 담합을 거부하자 분위기가 즉시 적대적으로 바뀌었다. 농민들이 가차 없이 나올 것임이 명백해졌다.

오벌리는 〈뉴욕타임스〉와 가진 인터뷰에서 "내가 곧 알게 된 사실은 건포도 업계가 파이를 키우는 방법을 찾는 데 별로 관심이 없다는 것이었습니다. 오로지 서로가 가진 파이 조각을 훔치려고만 들었습니다"라고 말했다. 한편 춤추는 캘리포니아 건포도 광고가 종료된 뒤 건포도 수요는 계속 하락했다. 대부분의 건포도를 만드는 데 쓰이는 품종인 톰슨(Thompson) 씨 없는 포도의 재배 면적은 2000년부터 현재까지 절반으로 감소했다.

오벌리는 신세대 소비자들에게 건포도를 알리기 위해 가격 인하를 시도했다. 그러나 이 계획은 레이즌 바게닝 어소시에이션(Raisin Bargaining Association), 줄여서 RBA와 정면으로 충돌하게 만들었다. 선 메이드는 RBA의 핵심 회원사 중 하나였다. RBA의 리더들은 수요가 줄어드는 데도 가격을 '올리고' 싶어 했다. 이는 오벌리가 보기에는 재고할 가치도 없는 비상식적인 일이었다. 협상이 결렬되자 오벌리는 아예 선 메이드를 RBA에서 탈퇴시켜버렸다. 곧 오벌리와 그의 가족에게 폭력을 가하겠다는 협박이 시작됐다. 오벌리는 앞문에서 협박 쪽지가 발견된 뒤 자신의 집과 선 메이드의 건포도 공급선을 보호하기 위한 보안 조치를 취했다. 포도밭 전체를 불태워버리겠다는 협박도 받았기 때문이다.

오벌리를 협박한 배후 세력이 누구인지는 지금까지 분명히 밝혀지지 않았다. 그러나 센트럴 밸리 지역에서 이른바 건포도 마피아가 건재하다는 사실에는 의문의 여지가 없다.

▲ ▲ ▲

걸린 대가가 충분히 크면 어떤 리더들은 적을 물리치고 회사의 미래를 보장하기 위해 속임수나 거짓말, 심지어 폭력 등 수단을 가리지 않는다. 대외적 망신이나 법적 대가가 따를지도 모르지만 정부는 기업의 범죄를 개인의 범죄만큼 엄격하게 처벌하지 않는다. 특히 지저분한 술책을 부리는 쪽이 성공적인 기업일 때는 더욱 그렇다.

좋은 의도로 제정된 새로운 규제책이 앞으로 기업들이 심하게 나쁜 수단을 쓰지 못하게 막을 수는 있다. 그러나 범법 기업이 부당 이득의 대부분을 반환하도록 강제하는 경우는 드물다. 그래서 기만의 문화는 계속 유지된다. 특정한 리더들은 언제나 새로운 책략을 찾는다. 모든 산업에 걸쳐서 개인적인 삶에서는 비도덕적 행동을 결코 고려하지 않을 리더들이 지저분한 술책을 쓰는 것은 놀랄 일이 아니다. 비즈니스 전쟁에서는 모든 것이 공정하다.

그러나 적어도 전통적인 수단으로는 전장에서 이길 수 없는 싸움도 있다. 이런 전쟁은 하루가 아니라 몇 주나 몇 달 또는 몇 년에 걸쳐 치러진다. 이런 전쟁에서는 고객, 그리고 마찬가지로 중요한 직원들의 애정과 존중을 획득하는 기업이 승리한다. 사람들의 마음을 사면 총알을 단 한 발도 쏘지 않고 전쟁에서 이길 수 있다.

8

마음을 사는 기술

모든 계급에 걸쳐서 같은 열의에 불타는 군대를 보유한 자가 승리한다.

손자, 《손자병법》

마케팅, 광고, 홍보 등을 통해 설득력 있는 메시지를 만들고 그것을 들을 만큼 사람들의 주의를 충분히 오래 확보하는 기업은 시장에서 견줄 데 없는 우위를 누린다.

모든 기업은 설득술을 활용한다. 자라처럼 전통적인 광고를 하지 않는 것도 강력한 메시지를 내보낸다. 소비자들은 광고를 거를 만큼 배짱 있는 기업은 입소문만으로 팔 수 있을 만큼 뛰어날 것이라고 가정할 수밖에 없다. 물론 이 전략이 장기적으로 통하려면 굉장한 제품이 필요하다.

실제로 탁월한 실행은 메시지 전달을 수월하게 만든다. 지금까지 거듭 확인한 대로 처음 뭔가를 해서 손해 볼 것은 없다. 그러나 최고가 되는 것이 더 낫다. 커뮤니케이션에 있어서는 분명한 혜택을 지닌 익숙한 제품도 도움이 된다. 소비자에게 설명할 필요가 적을수록 단순한 메시지를 만들어서 퍼뜨리기 쉽다.

파악하기 어려운 혜택을 지닌 제품을 팔려면 설득술에 실로 통달해야 한다. 헬레나 루빈스타인처럼 알 수 없는 새로운 스파 요법에 그럴듯함과 신비함을 부여하려면 멋진 이야기를 들려줄 수 있어야 한다.

앞으로 살피겠지만 최고의 마케팅은 고객, '그리고' 직원에게 그들이 믿을 수 있는 제품을 제공한 다음 그들이 그 믿음을 다른 사람과 나누는 일을 하게 만드는 것이다.

참된 신도 만들기
파타고니아

1970년의 어느 멋진 여름날, 암벽 등반가인 이본 쉬나드(Yvon Chouinard)는 요세미티 국립공원에 있는 수직 절벽인 엘 카피탄(El Capitan)을 오르고 있다. 그러나 좋은 날씨에도 불구하고 그는 혐오감에 휩싸인다. 또한 분노도 느낀다.

쉬나드는 엘 카피탄의 정상에 접근하는 지금, 최고의 기분을 만끽해야 한다는 사실을 안다. 그가 만든 회사인 쉬나드 이큅먼트(Chouinard Equipment)는 미국 최대의 등반 장비 업체가 됐다. 이 부문은 경쟁이 치열하지 않고, 일은 만족스러우며, 사람들도 좋다. 사실 대다수 직원들은 등반 친구로 그와의 인연을 시작했다. 게다가 다른 어디에서 CEO가 종일 등반을 하면서 '일'이라고 말할 수 있겠는가?

그러나 쉬나드는 끔찍한 기분을 느낀다. 그는 암벽의 무른 틈에 자기 회사의 강철 피톤(piton)을 박으면서 사방에 새로 생긴 무수한 구멍과 틈을 인식하지 않을 수 없다. 등반가들이 로프 라인을 고정하기 위해 바위에 박는 작은 스파이크들은 단기간에 엘 카피탄의 암벽을 훼손했다. 쉬나드는 회사가 실로 성장하기 전인 겨우 두어 해 전 여름에 이 루트를 등반했다. 그때는 암벽이 깨끗했다. 하지만 지금은 심하게 손상된 상태다. 그는 누구 탓인지 안다. 바로 자신이다.

쉬나드가 10여 년 전에 쉬나드 이큅먼트를 창업했을 때 암벽 등반은 미국에서 비교적 새로운 스포츠였다. 암벽 등반이 급격하게 성장한 부분적인 요인은 그의 회사가 내놓은 제품이었다. 쉬나드는 오직 야외 활동을 즐기는 자신의 라이프스타일을 뒷받침하고 자연에 대한 사랑을 다른 사람들에게 전파하기 위해 사업을 시작했다. 그런데 바로 자신의 사업 활동으로 자연이 손상된다니 이보다 아이러니한 일은 없었다.

지상 수백 미터 높이의 절벽에 손가락 끝으로 매달린 쉬나드는 아예 피톤 생산을 멈출 것을 고려한다. 피톤이 가장 중요한 매출원이라도 상관없었다. 그러나 그는 일단 정상에 오르면 지난 등산 과정을 되돌릴 수 없음을 깨닫는다. 그가 피톤을 만들지 않으면 등반가들은 그냥 다른 곳에서 살 것이다.

하지만 더 이상 피톤이 '필요치 않다면' 어떨까?

쉬나드는 일부 영국 등반가들이 피톤을 새로 박는 것이 아니라 기존 암벽 틈새에 다양한 크기의 알루미늄 소재 쐐기인 초크(chock)를 쑤셔 넣고 거기에 로프를 건다는 사실을 안다. 초크는 암벽을 손상시키는 일 없이 제거해서 재사용할 수 있다. 대다수 등반가들은 초크를 기피한다. 피톤에 비해 안전하지 않다고 생각하기 때문이다.

그러나 쉬나드는 깊은 전문 영역 지식을 갖춘 창의적인 장비 제작자다. 그는 약간의 노력을 기울이면 내구성과 안정성을 겸비한 초크를 만들 수 있을 것이라고 확신한다. 하지만 어떻게 전 세계 수천 명의 등반가들을 전적으로 암벽을 보존하기 위해 다른 기술에 생명을 믿고 맡기라고 설득할 수 있을까? 어떻게 그들도 자신처럼 암벽을 사랑하게 만들 수 있을까?

쉬나드는 새로운 과제에 대한 열의로 달아오르는 가운데 등반을 계속한다. 그의 회사는 곧 정식 카탈로그를 내놓을 것이다. 고객들이 새로운 제품을 써보게 만들려면 자신이 직접 사용하면서 설득하는 편이 나을지도 모른다.

▲ ▲ ▲

큰 성공을 거두고 쉽게 흔들리지 않는 일부 기업은 고객과 강한 유대를 맺음으로써 번성한다. 이 관계는 제품의 일관된 가치뿐 아니라 가치관에 대한 일관된 소통을 토대로 삼는다. 재능 있는 리더와 마케터 들은 조직 내부에서부터 소통을 시작한다. 그들은 먼저 직원들이 회사의 사명에 공감하게 만든다. 제품을 만드는 사람들이 참된 신도가 되면 고객들은 그 믿음에 휩쓸리지 않을 수 없다. 실제로 그들은 최고의 영업 인력이 될 수 있다.

직원들이 이런 헌신적인 태도를 갖게 만들려면 이익 추구를 초월한 가치관을 지닌 리더가 필요하다. 제품이 단지 제품 이상의 의미를 지닐 때, 당신이 하는 일이 원대한 비전에 기여할 때 올바른 사람들이 어디든 당신을 따를 것이다.

관습을 깨부수는 파타고니아(Patagonia)의 창업자 이본 쉬나드는 원료 수급, 제품 생산, 고객과의 소통에서 양심적이지만 불편한 선택을 거듭함으로써 아웃도어 의류 산업의 트렌드를 만들었다. 이처럼 선의를 알릴 뿐 아니라 스스로 책임 의식을 갖는 데 대한 엄격한 일관성은 견줄 수 없는 수준의 고객 신뢰도를 쌓은 브랜드를 구축했다.

쉬나드는 그 자체로 기업이 전달하는 메시지의 명작으로서 현재 고전이 된 《파타고니아, 파도가 칠 때는 서핑을(Let My People Go Surfing)》에서 이런 철학을 설명했다.

— 브랜드 구축을 위한 우리의 노력은 단순하다. 바로 사람들에게 우리가 누구인지 말하는 것이다. 우리는 말보로 맨(Marlboro Man) 같은 가상 인물이나 쉐브론의 "동의합니다" 광고 같은 책임 의식과 관심을 꾸며내는 캠페인을 만들 필요가 없다. 픽션을 쓰는 일은 논픽션을 쓰는 일보다 훨씬 어렵다. 픽션은 창의성과 상상력을 요구한다. 논픽션은 단순한 진실을 다룬다. …… 파타고니아의 이미지는 창업자와 직원 들의 가치관과 야외 활동에 대한 추구, 그리고 열정에서 직접적으로 형성된다. 그래서 실용적이고 명명 가능한 측면이 있지만 공식으로 만들 수는 없다. 사실 그 이미지의 너무나 많은 부분이 진실성에 의존한다. 공식은 진실성을 훼손할 뿐이다. 아이러니하게도 파타고니아의 진실성 중 일부는 애초에 이미지를 만드는 일에 신경 쓰지 않는 데 있다.

▲ ▲ ▲

1938년 11월 9일에 메인주 리스본(Lisbon)에서 태어난 이본 쉬나드는 어린 시절에 덫 사냥꾼이 되고 싶어 했다. 가급적 손을 쓰면서 야외에서 하루를 보낼 수 있는 일은 무엇이든 좋았다. 강인하고 야외 활동을 즐기는 퀘벡 출신의 프랑스계 캐나다인인 쉬나드의 아버지는 목수, 전기공, 배관공 등 여러 직업을 거쳤다. 그는 아들에게 이런 기술을 가르치는 동시에 근면성과 장인 정신을 깊이 중시하는 태도를 심어주었다.

리스본에는 프랑스계 캐나다인 가족이 많이 살았다. 쉬나드는 일곱 살 때까지 프랑스어를 쓰는 가톨릭 학교를 다녔다. 그래서 그는 집이나 학교에서 영어를 거의 쓰지 않았다. 이는 아버지의 천식을 고치기 위해 공기가 건조한 캘리포니아로 가족이 이사했을 때 문제가 됐다. 버뱅크(Burbank)에서 공립학교에 배정된 쉬나드는 끝없는 괴롭힘에 직면했다. 새로운 친구들은 '이본'이 여자아이 이름이라고 생각했다. 쉬나드는 여전히 영어를 배우느라 기술 과목을 제외하고는 학업에서도 고전했다.

이런 성장 배경을 생각하면 쉬나드가 대단히 독립적인 성향을 갖게 된 것은 당연한 일이다. 그는 자전거를 타고 로스앤젤레스 강이나 도시의 오아시스 같은 다른 녹지를 찾아가 낚시를 하거나, 가재를 잡거나, 심지어 활과 화살로 토끼를 사냥했다. 그는 혼자 어딘가로 벗어나고 싶은 뜨거운 욕구를 느꼈다. 영어 실력이 나아지면서 그는 비슷한 '부적응자'들과 어울렸다.

그는 사냥용 매를 훈련시키는 남캘리포니아 매사냥 클럽(South-ern California Falconry Club)을 만들었다. (사회운동에 대한 그의 관심을 엿볼 수 있는 예고편으로서 그와 그의 클럽은 캘리포니아주에서 처음으로 매사냥 법안이 제정되도록 도왔다.) 한 회원은 매 둥지에서 사냥할 어린 매를 포획할 수 있도록 로프를 타고 절벽을 내려가는 법을 가르쳤다. 그는 즉시 로프 타기에 매료됐다. 처음에 그는 엉덩이와 어깨에 로프를 감고 하강 속도를 조절하는 아주 단순한 방식을 따랐다. 그러나 전용 복장 없이 절벽을 내려가는 일은 위험했다. 최소한 한 번은 죽을 뻔한 적도 있었다. 그래서 쉬나드는 손재주를 활용해 직접 로프 타기용 가죽 복장을 만들어서 문제를 해결했다.

로프 타기는 등반으로 이어졌다. 쉬나드는 16세 때 와이오밍주에서 가장 높은 산인 가넷 피크(Gannett Peak)를 등반했다. 또한 그해의 남은 여름과 뒤이은 여러 번의 여름 동안 혼자 티턴산맥(Tetons)에서 등반 기술을 연마했다. 그는 나중에 "처음 등산을 시도하던 때를 지금 뒤돌아보면 때로 살아남은 게 기적 같다"라고 썼다.

쉬나드는 시에라 클럽(Sierra Club)을 통해 다른 등산 마니아들을 만났다. 곧 그는 요세미티 국립공원에서 이전에는 누구도 오른 적이 없는 암벽들을 오르게 됐다. 이 암벽들을 처음으로 오르기 위해서는 적절한 장비가 필요했다. 그는 중고 석탄 용광로와 모루, 기타 필요한 연장을 사서 독학으로 제철법을 익혔다. 그리고 암벽 등반용 강철 피톤을 직접 만들기 시작했다. 그는 등반만 하는 라이프스타일을 보완할 수 있도록 서서히 소박한 사업을 일구었다.

쉬나드는 오랫동안 겨울에는 장비를 만들고, 나머지 기간에는 등반 장소로 여행하며 살았다. 그는 텐트도 없이 야외에서 잠을 잤고, 차에서 장비를 팔아 생활했다. 수익은 종종 하루 1달러도 채 안 됐다. 그래서 그는 다람쥐, 뇌조, 고슴도치를 사냥해 끼니를 때웠다. 다른 한편 그는 시에라 클럽의 공동 창립자인 존 뮤어(John Muir), 랄프 왈도 에머슨(Ralph Waldo Emerson), 그리고 미국의 다른 초월주의자들이 쓴 책을 읽고 사상을 형성했다. 그는 등산이 아무런 유용한 목적에 기여하지 않고 경제적 가치를 창출하지 않는 것을 흡족하게 여겼다.

또한 소비 문화를 경멸하게 됐다. 그의 계획은 평생을 땅에서 나는 것들로 먹고 사는 것이었다. 등반 장비를 만드는 것은 단지 생계수단일 뿐이었다. 쉬나드는 버뱅크에 있는 오두막에서 등반 장비를 만들었으며, 심지어 최초의 '카탈로그'까지 만들었다. 이 한 쪽짜리 카탈로그는 등반 시즌에는 신속한 배송을 기대하지 말라는 주요 공지 사항과 함께 그가 판매하는 장비들을 담고 있었다. 1964년에 쉬나드와 그의 새로운 친구들은 엘 카피탄의 노스 아메리카 월(North America Wall)을 최초로 등반했다.

쉬나드는 소비에 대해 상반된 감정을 갖고 있었을지 모른다. 그러나 등반가들은 그의 제품에 대해 상반된 감정을 갖고 있지 않았다. 그는 아버지의 영향으로 만듦새에 상당히 신경 썼다. 그의 장비는 잘 만들어졌을 뿐 아니라 최신 기술로 등반을 하면서 많은 시간을 보내는 사람에 의해 세심하게 디자인됐다. 그래서 제품 자체가 쉬나드에게는 처음이자 최고의 홍보 대사였다. 즉, 따로 광고할 필요가 없었다.

그러나 수요가 늘면서 일일이 손으로 제작하는 방식을 계속 유지하기 불가능해졌다. 쉬나드는 직원들을 고용하고 조립라인 기법과 보다 정교한 기계를 통해 생산량을 늘렸다. 그는 1966년에 그가 좋아하는 또 다른 레포츠인 서핑을 쉽게 할 수 있도록 캘리포니아주 벤투라(Ventura)로 공장을 옮겼다. 그리고 이후 10년 동안 제품을 더 강하고, 가볍고, 단순하게 개선했다. 쉬나드와 직원들은 자기들이 만든 제품을 직접 썼다. 그래서 그들에게는 품질 관리가 생사가 걸린 문제였다.

오랜 기간에 걸친 지속적이고 점진적인 혁신은 언뜻 보기만 해도 두드러지고 인상에 남는 제품 라인으로 이어졌다. 쉬나드는 "암벽 아래에 가면 쉬나드 이큅먼트가 만든 도구들을 쉽게 볼 수 있었다. 우리 제품은 가장 깔끔한 등반 경로를 만들어주기 때문에 두드러졌다"라고 설명했다. 등반가들은 다른 등반가들이 사용하는 기능적이면서도 우아한 장비를 원했다. 그래서 쉬나드의 공장까지 가서 직접 구매했다. 결국에는 도매 주문이 들어오기 시작했다. 쉬나드 이큅먼트의 인기가 계속 올라감에 따라 차 뒤에 싣고 다니면서 판매하는 방식은 더 이상 맞지 않았다. 그래서 쉬나드 이큅먼트는 매장을 열고 수출까지 시작했다. 매출은 해마다 2배로 늘었다. 그래도 쉬나드는 자신의 사업을 등반만 하며 살 수 있도록 생활비를 충당하는 수단으로 가볍게 여겼다.

1970년 무렵 쉬나드 이큅먼트는 미국 최대의 등반 장비 업체가 됐다. 그러나 회사의 폭발적인 성장에도 실제 이익은 여전히 적었다. 쉬나드는 계속 디자인을 다듬었다. 그래서 3년 이상 쓸 수 있는 비싼 연장과 형틀을 1년만 쓰고 버렸다. 정작 쉬나드에게는 이윤보다 더 큰 걱정거리가 있었다. 바로 등반 인구가 늘면서 모든 암벽에 새로운 구멍과 틈새가 생기는 것이었다. 한때는 깔끔하던 엘 카피탄의 등반 경로가 심하게 훼손된 것을 보았을 때 그가 느낀 끔찍한 기분은 문제를 확실하게 바로잡겠다는 결심을 촉발했다.

일부 영국 등반가들은 알루미늄으로 만든 초크를 썼다. 그들은 피톤 대신 초크를 기존 틈새에 밀어넣었다. 초크는 안정성이 떨어졌다. 쉬나드가 아는 대다수 등반가들은 초크를 쓰는 위험을 감수하지 않을 것이었다. 그래서 쉬나드는 개량된 더 안전한 초크를 개발하고 최초의 정식 카탈로그로 소개했다. 그러나 초크가 폭넓게 받아들여지려면 일반적인 광고 문구 이상의 것이 필요했다.

여론을 형성하는 일은 제철처럼 하나의 기술이다. 쉬나드는 쇠를 다루는 사람으로서 등반 장비만큼이나 쉽게 무기를 만들 수도 있었다. 마찬가지로 윤리적인 방식으로 이뤄진 광고는 좋은 일을 위한 도구가 될 수 있었다. 쉬나드는 자본주의적 관행을 꺼렸지만 자신의 카탈로그가 수많은 사람들의 마음을 살 이상적인 기회를 제공한다는 사실을 알았다. 그들은 그의 제품을 사랑하게 됐으며, 그의 장인 정신을 신뢰하는 사람들이었다.

피톤에서 초크로 바꾸는 것은 모두에게 혜택을 안길 것이었다. 다만 그러기 위해서는 대의를 위한 집단적이고 이타적인 행동이 필요했다. 정부의 규제로는 그런 행동을 이끌어낼 수 없었다. 쉬나드가 나중에 말한 대로 "먼저 소비자를 바꾸면 기업이 뒤따르고 뒤이어 정부가 뒤따르는" 법이었다. 쉬나드의 디자인은 기존 초크가 지닌 안전상의 결점을 보완했다. 그러나 그는 대다수 등반가들이 가장 익숙한 장비로 기울기 마련임을 알았다. 그들에게는 굳이 낯선 장비로 바꿀 이유가 없었다. 그래서 암벽에 쇠못을 단단하게 박는 오랜 습관에 영향을 끼치려면 뛰어난 설득 기술이 필요했다.

쉬나드가 처음으로 제작한 정식 카탈로그는 유명 등반가인 더그 로빈슨(Doug Robinson)가 14쪽에 걸쳐 '클린 클라이밍(clean climbing)'이라는 새로운 용어를 소개하는 탁월한 글로 시작됐다.

— 클린 클라이밍은 등반가가 지나온 암벽에 전혀 흠집을 내지 않기에 깔끔하다. 어떤 것도 암벽에 박았다가 빼내지 않아서 다음 등반자가 덜 자연스러운 느낌을 받지 않게 하기 때문에 깔끔하다. 등반자를 보호하는 장비가 등반 흔적을 거의 남기지 않기 때문에 깔끔하다. 클린 클라이밍은 암벽에 아무런 변화를 일으키지 않고 등반하는 것이다. 그래서 자연인을 위한 친환경적 등반에 한 걸음 더 다가서게 해준다.

이 글은 쉬나드가 쓴 것이 아니었지만 그의 핵심 철학을 준수했다. 그의 회사는 '허영이나 탐욕 또는 죄책감에 호소하는 문구를 쓰는' 것이 아니라 '팩트와 철학'을 고수할 것이었다. 쉬나드는 이 글을 요청하고 카탈로그 맨 앞에 넣음으로써 같은 세대의 등반가들을 위한 등반 윤리를 재정의했다. 또한 후세대를 위해 사랑하는 암벽을 보존하는 일에 크게 기여했다. 몇 달 만에 피톤 매출은 급감한

비즈니스
워

반면 초크 수요는 크게 치솟았다.

물론 초크가 유의미하고, 적절하며, 등반가들이 관심을 기울일 가치가 없었다면 인기를 끌지 못했을 것이다. 쉬나드는 "판도를 바꾸는 제품을 홍보하기는 쉽다. 경쟁 대상이 없고 멋진 이야기를 들려줄 수 있기 때문이다. 홍보하기 어려운 제품을 만들었다면 그 이유는 아마도 다른 제품과 크게 다르지 않기 때문일 것이다. 그렇다면 애초에 만들지 말았어야 했을지도 모른다"라고 썼다.

▲ ▲ ▲

1972년 무렵 쉬나드 이큅먼트는 온갖 장비뿐 아니라 전용 바지, 셔츠, 장갑, 백팩까지 등반에 필요한 거의 모든 제품을 판매했다. 또한 생산량을 유지하기 위해 이웃 공장으로 확장했다. 특히 이익 측면에서 의류의 비중이 더 커지면서 의류 라인에 별도로 이름을 붙여야 할지에 대한 의문이 제기됐다. 쉬나드 이큅먼트는 등반계에서 자리 잡은 브랜드였다. 그러나 쉬나드는 등반을 넘어서 다른 야외 활동으로 영역을 확장하고 싶어 했다. 의류 라인을 장비 부문과 긴밀하게 엮는 것은 타당하지 않았다. 그래서 파타고니아라는 명칭이 선택됐다. 이후에 나온 한 카탈로그에 실린 설명에 따르면 이 명칭을 선택한 이유는 "피오르로 굴러 들어가는 빙산과 풍파에 시달린 거친 산꼭대기, 남미의 카우보이, 콘도르들이 있는 낭만적인 풍경"을 연상시키기 때문이었다.

1980년대에 파타고니아는 새로운 영역으로 제품 라인을 다양화하고 혁신을 통해 추위, 더위, 습기에 따른 기본적인 문제에 대한 첨단 해결책을 선보였다. 그에 따라 매출이 2,000만 달러에서 1억 달러로 5배나 늘었다. 부를 쌓는 데 별로 관심이 없었던 쉬나드는 파타고니아에서 나온 이익을 계속 재투자했다.

그러나 환상적인 속도로 성장하던 파타고니아는 거의 좌초할 뻔했다. 무한해 보이는 수요는 무모한 성장으로 이어졌다. 그러다가 1991년에 불황이 닥치자 매출이 예상치를 크게 밑도는 '불과' 20퍼센트 성장에 그쳤다. 쉬나드는 직원 5분의 1을 해고해야 했다. 그중에는 남은 직원들의 많은 친구와 친척이 포함됐다. 이 위기는 쉬나드가 거의 엉겁결에 만든 회사를 찬찬히 살펴보게 만들었다. 그 결과 모든 구석이 마음에 들지 않았다.

— 우리 회사는 자원과 한계를 초과했다. 우리는 세계 경제처럼 지속할 수 없는 성장에 의존하게 됐다. 그러나 작은 회사인 우리는 문제를 외면하고 저절로 사라지기를 바랄 수 없었다. 우리는 우선순위를 재고하고 새로운 관행을 제도화해야 했다. 우리는 규칙을 깨기 시작해야 했다.

파타고니아는 재정적 경로를 바로잡기 위해 여러 실용적인 조치를 취했다. 그러나 마찬가지로 중요한 일은 쉬나드가 직원들을 이끌고 떠나는 1주일 동안의 캠핑 여행이었다. 그는 직원들을 그룹별로 둥글게 모아놓고 파타고니아의 철학과 윤리, 그리고 가치관을 가르쳤다. 그는 유일한 오너였기 때문에 이는 그의 윤리와 가치관이기도 했다.

— 지금 나는 중대한 시기에 회사에 심으려 했던 것이 무엇인지 깨닫는다. 그것은 내가 개인이자 등반, 서핑, 카약, 플라이 낚시를 즐기는 사람으로서 이미 깨달은 교훈이었다. 나는 언제나 아주 단순하게 살려고 노력했다. 그래서 1991년 무렵 환경의 상태에 대한 인식을 바탕으로 먹이사슬의 하단에 속하는 식품을 먹고, 물질적 소비를 줄이기 시작했다.

특히 빠르게 성장하는 대기업에서는 설득이 항상 외부로만 향할 수 없다. 기존 직원들이 점차 떠나고 새로운 직원들이 들어오면서 회사의 문화가 변하는 것은 불가피하다. 지속적인 노력이 없으면 모든 조직은 점차 애초의 사명이나 이상과 어긋나게 된다. 쉬나드는 그런 상태가 지속되게 내버려두지 않기로 결심했다. 그는 단지 환경보호를 위해 기금을 낼 수 있는 회사를 운영하고 싶어 하지 않았다. 그는 "파타고니아를 다른 기업들이 환경보호와 지속 가능성에 기여할 방법을 찾을 때 참고할 수 있는 모범으로 만들고" 싶었다. 직원들이 회사의 목표에 완전히 공감하지 않으면 이런 일은 일어날 수 없었다.

'개인주의적 성향이 매우 강한' 직원들을 하나의 대의로 모으는 일은 쉬나드에게 언제나 난제였다. 그는 "회사가 요구하는 일이 올바르다는 것을 설득하거나 스스로 그것이 올바른 일임을 확인하지 않으면 안 됐다. 일부 독립적인 사람들은 스스로 '이해'하거나 그것이 '자신의 생각'이 될 때까지는 일하기를 대놓고 거부한다. 심지어 수동적 공격성을 지닌 사람들은 알았다고 해놓고는 결국에는 하지 않는다. 이는 거부보다 정중하지만 더 많은 손실을 초래한다"라고 썼다. 캠핑 여행에서 쉬나드의 강연은 이 문제에 대처하는 한 가지 방법이었다.

인원 정리가 마무리되고 책임감 있는 성장에 새롭게 초점을 맞춘 이후 파타고니아의 재정은 양호한 상태로 돌아섰다. 1990년대에 파타고니아는 호황을 누렸다. 그러나 이번에는 의도적으로 무작정 빠르게 달리지 않았다. 쉬나드는 공급 사슬의 모든 측면을 친환경적으로 바꾸는 데 경영의 초점을 맞췄다. 그에 따라 친환경 섬유와 재활용 인조 직물로 완전히 원료를 바꾸고, 독성 화학물질의 사용을 줄이고, 하청 업체들이 인간적인 노동 관행을 준수하도록 만들었다. 이런 각각의 변화는 상당한 추가 비용을 수반했다. 쉬나드가 끈기 있게 지속적으로 내부 설득에 노력을 기울이지 않았다면 파타고니아 같은 대기업이 이런 문제를 해결하는 데 필요한 에너지를 이끌어내고 유도하기가 훨씬 어려웠을 것이다.

이를테면 면은 과거 파타고니아의 전반적인 온실가스 배출과 살충제 사용 측면에서 상당한 부분을 차지했다. 유기농 면은 단지 더 비싸기만 한 것이 아니라 다른 일련의 새로운 문제를 수반했다. 무엇보다 중개상들이 파타고니아의 수요를 충족할 만큼 충분한 재고를 보유하지 않았다. 그래서 개별 농가에서 직접 구매한 다음 각 구매분에 대해 유기농 인증을 받아야 했다. 또한 유기농 면은 일반 면과 달리 진딧물이 묻힌 점액 때문에 끈적끈적한 상태로 반입됐다. 그 결과 방적 업체가 기계에 넣고 돌리는 것을 반대했다. (결국, 하청 업체 중 하나가 면을 먼저 냉동시키는 영리한 해결책을 발견했다.) 파타고니아는 1996년에 모든 면 라인을 유기농 면으로 전환하는 데 성공했다.

대다수 기업의 직원들은 복잡한 문제가 추가로 생길 때마다 애를 먹지 않으려고 손사래를 쳤을 것이다. 실적과 직접적인 관계가 없는 복수의 복잡하고 어려운 목표를 중심으로 전체 조직이 뭉치게 하는 것은 그 자체로 엄청난 업적이다. 쉬나드는 쇠를 만지는 일을 잘하지만 진정한 재능은 언제나 참된 신도들을 단조해내는 데 있었다.

그동안 파타고니아의 카탈로그는 설득의 최고 경지를 보여주었다. 그래서 환경에 대한 쉬나드의 철학을 소비자에게 직접적으로 전달하고, 진실성에 대한 브랜드의 명성을 확고히 다졌다. 이는 매출 증가를 이끌었다. 카탈로그가 이런 효과를 내는 데 중요한 요소는 안에 담긴 사진들이었다. 초기 카탈로그는 친구들의 꾸밈 없는 모습을 찍은 사진들을 담았다. 당시에는 전문 모델을 기용할 예산이 없었다. 그러나 그 사진들은 이야기를 들려주지 않았다. 이야기가 없으면 메시지는 이미 죽은 것이나 마찬가지였다.

쉬나드는 실제 고객들이 실제 제품을 사용하는 모습을 담은 사진을 사용하기로 결정했다. 거기서 나오는 실제적인 분위기는 흥미롭고 도발적이었다. 쉬나드는 이렇게 썼다. "유명한 실제 등반가가 약간의 노출과 함께 실제 암벽을 등반하는 사진은 반쯤 벌거벗은 무명의 뉴욕 모델이 등반가처럼 포즈를 취하는 것보다 훨씬 섹시하다. 게다가 좀 더 정직하기도 하다. 정직함은 우리가 마케팅과 광고사진에서 추구하는 것이다." 실제 상황에서 실제 고객의 모습을 담은 사진을 활용하는 파타고니아의 접근법은 오랫동안 아웃도어 의류 산업에서 사실상 표준이 됐다.

이 모든 기간 동안 설득력 있는 글은 결코 멈추지 않았다. 등반가들이 피톤 대신 초크를 쓰도록 설득하는 데 성공한 이후 파타고니아의 카탈로그는 소비자들을 교육할 방법을 찾았다. 이를테면 너무 무거운 옷을 입지 않고도 따뜻함과 건조함을 유지하는 수단으로 얇은 옷을 여러 겹 입는 방식이나 합성 물질을 활용해 땀이 얼기 전에 배출하는 방법을 소개했다. 이런 글들은 종종 특정 제품의 매출을 늘리는 효과를 발휘했지만 자연계에도 긍정적인 혜택을 안겼다. 이는 오랫동안 상당한 신뢰를 쌓아서 뒤이은 메시지들이 고객들 사이에서 훨씬 큰 반향을 일으키게 했다.

이 신뢰도는 오랫동안 하천 복원 운동이나 GMO 반대 운동 등 환경과 관련된 수많은 투쟁에 대한 지지를 이끌어내는 데 도움을 주었다. GMO 반대 운동의 경우 파타고니아의 광고는 다음과 같이 단순하면서도 강력한 카피를 담았다. "아웃도어 의류 회사가 유전자 조작 식품에 대해 아는 게 뭐냐고요? 잘 모르지만 그건 당신도 마찬가지입니다." 파타고니아는 자사의 제품과 잘 맞는 사회운동이 있으면 매출을 늘리기 위해 활용하는 데 주저하지 않았다. 그래도 그 사회운동은 여전히 영향력을 발휘했다.

홍보는 모든 기업에 대단히 강력한 도구다. 그러나 거기에는 제품을 팔고 싶은 욕구를 넘어서는 요소가 있어야 한다. 파타고니아는 재활용 음료수 병을 원료로 플리스를 개발했을 때 500만 달러 가치의 무료 홍보 효과를 누렸다. 쉬나드는 이렇게 썼다. "홍보에 대한 우리의 접근법은 공격적이다. 우리는 뉴스거리가 있으면 활용한다. 우리는 신제품이든, 환경 문제에 대한 우리의 입장이든 또는 우리의 아동 보호 프로그램이든 우리의 이야기를 기자들에게 전달하려고 열심히 노력한다. 다만 우리는 화려한 PR 키트를 제작하거나 박람회에서 공들인 프레스 파티를 열지는 않는다. 우리는 언론에 소개되는 최고의 방법은 들려줄 만한 이야기를 갖는 것이라고 믿는다."

자라와 달리 파타고니아는 광고를 한다. 다만 광고비 비중은 대개 매출의 1퍼센트 미만에 불과하다. 이는 대다수 아웃도어 회사나 의류 회사와 비교할 때 훨씬 적은 수치다. 그러나 2011년에 파타고니아는 자라조차 하지 않을 반광고 전술을 시도했다. 〈뉴욕타임스〉에 실린 전면 광고는 이런 내용으로 시작됐다. "오늘은 1년 중에서 소매 기업이 적자에서 흑자로 돌아서고 본격적으로 돈을 벌기 시작하는 날인 블랙 프라이데이(Black Friday)입니다. 하지만 블랙 프라이데이와 그것이 반영하는 소비 문화는 모든 생명을 뒷받침하는 자연계의 살림을 확실하게 적자로 만듭니다". "이 재킷을 사지 마세요"라는 과감한 헤드라인과 파타고니아의 지퍼 달린 플리스 사진 사이에 놓인 카피의 내용은 명확했다. 이 카피는 소매 기업에 있어 연중 가장 큰 대목을 맞아 소비자들에게 소비를 줄이고, 기존 의류를 고쳐 입고, 재사용하고, 재활용할 것을 촉구했다.

파타고니아는 확고한 행동으로 캠페인을 뒷받침했다. 그들은 재활용을 위해 모든 파타고니아 제품을 받아주었다. 또한 충분히 많은 소비자가 이 제안에 반응하지 않자 북미 최대의 의류 수선 공장을 열었다. 그들은 매장 직원들에게 간단한 수선법을 교육했고, 정책을 바꿔서 고객이 직접 수리해도 보증 대상에서 제외되지 않도록 했다. 또한 교환 프로그램을 통해 고객들이 원하지 않는 의류를 사들여서 세탁한 뒤 재판매했다. 쉬나드는 "이런 아이템들은 가격이 일반 제품보다 싸기 때문에 더 많은 사람들이 살 수 있다. 그만큼 얼마 안 가 쓰레기 매립장으로 향할 부실하고 품질 나쁜 의류의 구매를 대체할 수 있다"라고 썼다.

이 캠페인에 따른 홍보 효과로 매출이 전년 대비 30퍼센트 증가했을 때 쉬나드는 곤란해하지 않았다. 그는 직원들에게 기존 고객들이 회사의 다급한 경고를 무시하는 것이 아니라 본래는 다른 저급한 옷을 샀을 새로운 고객들이 호기심에 파타고니아 옷을 사서 매출이 증가했다고 설명했다.

대다수 기업은 이익을 극대화하기 위해 설득술을 활용한다. 성공한 기업은 마음에 더 큰 야심을 품고 설득에 나선다. 목적이 이끄는 설득의 목소리는 더 멀리까지 전파된다. 쉬나드가 파타고니아에서 소통을 위해 기울이는 노력은 직원들에 대한 강연뿐 아니라 책과 동영상도 포함한다. 메시지를 전할 수 있다면 어떤 수단이라도 좋다. 쉬나드는 여론을 바꾸기 위해 온갖 노력을 기울이면서도 일개 기업이 할 수 있는 일에는 한계가 있음을 인정한다. 그는 〈가디언〉지와 가진 인터뷰에서 "지속 가능성 같은 것은 없습니다. 우리가 할 수 있는 최선은 피해를 최소화하는 겁니다"라고 말했다.

쉬나드는 자연이 지닌 아름다움의 중요성을 알리는 것을 넘어서 자연보호를 위해 많은 일을 했다. 파타고니아는 1986년부터 매출의 1퍼센트 또는 세전 이익의 10퍼센트 중에서 더 많은 금액을 환경 운동에 기부했다. 쉬나드는 2002년에 '지구를 위한 1퍼센트(1percent for the Planet)'라는 단체를 공동 설립했다. 이 단체에 가입한 개인과 기업은 파타고니아와 같은 일을 한다. 지금까지 그들은 풀뿌리 환경 운동에 2억 5,000만 달러를 기부했다. 그중 9,000만 달러는 파타고니아가 직접 낸 것이다. 쉬나드는 2013년에는 환경 및 사회 문제를 해결하려는 스타트업에 종잣돈을 제공하는 창투사, 틴 셰드 벤처스(Tin Shed Ventures)를 설립했다. 회사의 성장 속도를 늦추려는 쉬나드의 모든 노력에도 파타니고아의 매출은 2019년에 8억 달러에 이르렀다.

파티를 통한 판매
브라우니 와이즈 vs. 타파웨어

때는 1948년, 계절에 맞지 않게 시원한 어느 여름날이다. 제2차 세계대전은 끝났고 미국은 새로운 초강대국으로서 막 발돋움하기 시작했다. 미국인들은 오랜 전시 배급 이후에 마침내 약간의 가처분 소득을 얻었다.

매사추세츠주 웨스트필드(Westfield)의 분위기가 밝은 이유도 거기에 있다. 걸레, 솔, 세제, 마루용 왁스를 생산하는 스탠리 홈 프로덕츠(Stanley Home Products)는 연례 영업 컨벤션을 열고 있다. 전국의 딜러들이 이 컨벤션에 참가하려고 웨스트필드로 오고 있다. 그 중 한 명으로서 브라우니 와이즈(Brownie Wise)라는 이름의 이혼한 싱글 맘은 디트로이트에서 기차로 도착하는 중이다. 그녀는 흥분을 감추지 못한다. 그녀에게 올해의 컨벤션은 엄청난 노력과 신중한 계획의 결실을 맺는 자리가 될 것이다.

스탠리 입장에서 본부를 향한 이 순례는 그 어디와도 같지 않은 영업 인력을 격려하고 고무할 수 있는 기회다. 무엇보다 스탠리의 판매원들은 대부분 여성이다. 이는 그 자체로 매우 특이한 일이다. 또 다른 점은 그들이 모두 집에서 일한다는 것이다. 사실 이 컨벤션은 그들 중 대다수가 스탠리 공장 내부를 볼 수 있는 유일한 기회다. 스탠리는 홈 파티 모델이라는 혁신적인 새로운 방식으로 제품을 판매한다.

스탠리의 딜러들은 대부분 여성인 고객들을 이웃의 집에 모아서 각 제품이 얼룩이나 다른 지저분한 자국을 얼마나 잘 지우는지 보여준다. 참가자들은 펀치(Punch)를 즐기고, 게임을 하며, 거의 뒤늦게 생각난 듯이 제품을 산다. 딜러들은 걸레를 팔지만 꿈도 판다. 딜러가 참가자를 설득해 딜러가 되게 만들면 새로운 딜러가 올린 매출의 1퍼센트를 받는다.

교외의 주부들에게 이런 시연 및 파티는 집안일을 잊을 수 있는 반가운 여흥, 집에서 벗어나 쇼핑을 한다는 핑계로 다른 주부들과 어울릴 기회다. 스탠리에게 이는 마지못해 홍보 내용을 들으면서도 곧잘 수긍하는 청중들에게 그냥 놔두면 팔리지 않는 제품을 팔 수 있는 강력한 수단이다. 딜러에게 이런 파티는 자신감, 매력, 공감 능력, 유머 감각을 요구하는 힘든 자리다. 또한 청소용품이 든 상자들을 집 안팎으로 옮기고 매일 밤 원 우먼 쇼(one-woman show)를 펼치기 위한 상당한 기운도 필요하다.

가정 판매 모델에 통달한 사람에게 이 일은 귀국하는 병사들이 일자리를 얻도록 여성들이 일터를 떠나야 하는 때에 소득을 올릴 수 있는 드문 기회다. 딜러는 파티를 주최하는 데 따른 선물과 전체 매출의 1퍼센트를 받는다. 성공적인 딜러는 다른 딜러들을 모집하고 독려하면서 사업을 키울 수 있다. 그러면 최상단에 자리한 사람들에게 혜택을 안기면서 갈수록 커지는 피라미드 안에서 점차 넓은 영역을 담당할 수 있다.

와이즈는 웨스트필드역으로 들어서는 기차의 창문을 내다보며 절로 미소를 짓는다. 겨우 1년 전만 해도 그녀는 비서로서 힘든 시간을 보내고 있었다. 그녀는 알코올의존증에 빠져서 학대를 일삼던 남편과 이혼한 뒤 자신과 아들을 위해 생계를 이어가려 애썼다. 이제 그녀는 첨단을 달리는 회사에서 승진을 거듭하고 있다. 그녀는 가정 기반 영업이 미래라고 굳게 믿는다. 그 잠재력은 대걸레를 훌쩍 넘어선다. 부분적으로 전시에 이뤄진 기술 혁신 덕분에 실로 새로운 제품들이 사방의 매장 진열대에 등장하고 있다. 노동력을 줄여주는 이 새로운 기기들과 '기적'의 제품들이 지닌 효용을 알려주려면 직접 시범을 보이는 접근법이 필요할 것이다.

와이즈는 기회가 왔음을 생생하게 느낀다. 스탠리는 이 개념으로 금광에 다가서고 있다. 스탠리 안에서 그녀는 두드러진 존재다. 타고난 장사꾼이자 재능 있는 리더, 명민한 소통가인 그녀는 동기와 의욕, 그리고 영리한 인센티브라는 폭발력 강한 조합을 통해 정예 영업팀을 모집하고 훈련시켰다. 브라우니 와이즈는 천생 설교자다. 그녀의 신도는 교외에서 집안일만 하는 데 불만을 품은 전후의 가정주부들이다. 그녀의 설교는 미국식 야망에 대한 예배로 이뤄진다. 오늘의 여행은 명성과 영광으로 향하는 또 하나의 단계일 뿐이다.

와이즈는 어릴 때부터 미래의 자신을 그렸다. 실제로 그녀는 기원의 힘을 진심으로 믿는다. 어떤 것을 간절히 그리면 분명히 실현된다고 생각한다. 지금까지 몇 달 동안 그녀는 자신에게 간부직을 달라고 스탠리의 창업자인 프랭크 스탠리 비버리지(Frank Stanley Beveridge)를 설득하는 자신의 모습을 머릿속에 거듭 그렸다. 그녀의 실적은 탁월하다. 팀원들은 그녀를 좋아한다. 비버리지가 그녀를 본사로 불러들이지 않는 것은 명청한 짓이 될 것이다. 그녀는 스탠리를 비범한 기업으로 만드는 데 필요한 자질을 지녔다.

안타깝게도 비버리지는 마케팅에 있어서는 진보적이지만 다른 부문에 대한 태도는 전형적인 전후 미국 남성들과 다를 바 없다. 와이즈는 컨벤션장에서 그에게 다가가 운을 뗀다. 그러나 비버리지는 그녀의 말을 중간에 끊어버린다. 그는 "시간 낭비하지 마요. 경영직은 여자들이 있을 자리가 아니에요"라고 딱 잘라 말한다.

낙담한 와이즈는 억지 웃음을 보인다. 그녀는 파티 게임과 시연, 그리고 동기부여 강연 등 남은 행사에 참석하는 동안 스탠리의 임원이라는 미래의 비전을 서서히 지워나간다. 디트로이트로 오는 긴 기차 여행에서 그녀는 묵묵히 생각에 잠긴다. 그녀는 어머니와 열 살짜리 아들이 집에서 반겨줄 때에야 그들과 자신에게 엄숙히 맹세한다. 그 맹세는 새로운 목표이자 또 다른 소원, 그녀의 야심과 추진력이 지닌 모든 힘이 뒷받침하는 결심에 대한 것이다.

"그 사람에게 보여주고 말 거야."

여성 소비자들을 설득하고, 자극하고, 매료시키는 일에 대해 와이즈가 스탠리에서 배운 교훈은 그녀를 명성과 영광의 길로 이끌 것이다. 그녀는 단지 자신의 설득력을 발휘할 가치가 있는 제품을 찾기만 하면 된다. 그녀는 아직 모르지만 그 제품은 이미 진열대에 놓여 있다. 크게 주목받지 못하지만 선지자를 기다리는 이 기적의 제품은 바로 타파웨어(Tupperware)다.

▲　▲　▲

와이즈는 텔레비전이 마사 스튜어트나 오프라 윈프리 같은 여성들을 띄우기 오래전에 수많은 미국 여성들에게 유행을 선도하는 인플루언서가 됐다. 그녀는 강력한 여성 롤 모델이 부족하지 않은 환경에서 자랐다. 그녀는 브라우니 매 험프리(Brownie Mae Humphrey)라는 이름으로 1913년 5월 25일에 조지아주의 시골인 뷰퍼드(Buford)에서 태어났다. 그녀의 엄마인 로즈(Rose)는 근처 공장에서 모자를 만들었다. 남부 여성들은 대개 아이가 생기면 일을 그만두던 당시로서는 드문 경우였다.

로즈는 모자 제조공 노조를 만들고 전국을 돌며 노동자들에게 연설을 했다. 그래서 오랫동안 집을 비워야 했다. 배관공인 와이즈의 아버지 제롬(Jerome)은 로즈가 노조 일을 시작한 지 두어 해 뒤에 그녀와 이혼했다. 이후 와이즈는 한 번에 몇 달 동안 애틀랜타 인근에서 드레스를 만드는 일을 하는 이모나 남편이 죽고 나서 혼자 일곱 명의 자식을 키운 활기 넘치는 여성인 할머니 집에서 살기 시작했다. 와이즈는 나중에 할머니에게 자신의 손으로 운명을 결정하겠다는 의지, '적극성의 복음'을 가르친 공로를 돌렸다.

매력, 야심, 재능을 두루 갖춘 와이즈는 공부도 잘했다. 그러나 그녀의 관심은 다른 데 있었다. 바로 글, 그림, 패션, '사람' 같은 것들이었다. 중학교 2학년 때 중퇴한 그녀는 엄마를 따라다니다가 나중에는 노조 집회에서 직접 연설을 하기도 했다. 이런 활동은 흥미로웠지만 위험하기도 했다. 파업 파괴자들은 노조 지도부에 대한 폭력 행사를 주저하지 않았다. 이 경험은 와이즈에게 대규모 군중 앞에서 자신 있게 말하는 법뿐 아니라 여성들을 설득하는 법을 가르쳤다. 결국 노조에 가입하고 지지 활동을 하는 것은 그들의 이익을 위한 일이었다. 그러나 그 혜택은 명확하지 않았다. 그녀는 적절한 방식으로 인센티브를 설명하고 위험을 과소평가해 청중들에게 동기를 부여해야 했다. 사람들이 자신에게 좋은 일을 하도록 설득하는 데는 기술이 필요했다. 와이즈는 이 기술을 금세 터득했다. 밥 킬링(Bob Kealing)은 《타파웨어의 비밀을 벗기다(Tupperware Unsealed)》에서 그녀는 "사람들을 경악하게 만들었다. 그들은 너무나 어린 소녀가 목사처럼 연설하는 것에 놀랐다"라고 썼다.

1936년에 와이즈는 포드 임원으로서 투박한 남성미를 지닌 로버트 와이즈(Robert Wise)를 만났다. 두 사람 사이에는 불꽃이 튀었다. 그들은 그해 말에 결혼해 포드 본사와 가까운 디트로이트에 정착했다. 2년 뒤 와이즈 부부는 아들 제리(Jerry)를 얻었다. 와이즈의 엄마 로즈는 육아를 돕기 위해 디트로이트로 왔다. 안타깝게도 로버트는 술고래에다가 폭력을 행사하며 와이즈를 학대했다. 결국 와이즈는 1941년에 로버트와 이혼했다. 그래도 남편의 성은 계속 유지했다. 그녀는 아들, 엄마와 함께 새 출발을 위해 인근 디어본(Dearborn)으로 이사했다.

와이즈가 급히 돈을 벌어야 하는 상황에 처했을 무렵 마침 진주만 폭격이 있었다. 미국이 전쟁에 돌입하면서 갑자기 노동인구로 여성도 필요하게 됐다. 와이즈는 해군 폭격기 제조사의 비서 일자리를 얻었다. 그녀는 편지를 타이핑하거나 구술을 하지 않을 때는 글을 썼다. 그녀의 글은 처음에는 일기로 시작해 나중에는 기고문으로 발전했다. 그녀는 '히비스커스(Hibiscus)'라는 필명으로 〈디트로이트 뉴스〉지의 상담 칼럼을 쓰기 시작했다. 히비스커스는 와이즈와 달리 가족을 사랑하는 남편과 아름다운 집을 갖고 있었다. 그녀는 칼럼에서 조언을 구하는 독자들을 격려하는 한편 자신의 완벽했던 유년기를 사랑스럽게 회고했다. 와이즈와는 상반되게 그녀는 미시시피의 대농장에서 하인들의 보살핌을 받으며 아무 걱정 없이 자랐다. 와이즈는 '히비스커스'를 현실에서 탈출하는 도구로 삼는 대신 이런 동화 같은 이야기에서 신선한 영감을 얻는 것처럼 보였다. 이 칼럼은 현재 서 있는 자리에서 미래에 대한 희망찬 비전을 설계하는 그녀의 첫 작업이었다.

사실 그녀는 나중에 이런 종류의 창의적 시각화를 희망적 사고

라며 장려했다. 이는 와이즈가 견지한 영업 철학의 핵심으로서 경력을 쌓는 내내 자신과 다른 사람에게 동기를 부여하는 도구가 됐다. 결과적으로 이 모든 희망적 사고는 실제로 기회가 찾아왔을 때 움켜쥘 수 있도록 와이즈를 준비시켰다.

1947년에 와이즈는 여가 시간에 스탠리의 제품을 팔아서 수입을 보충하려고 스탠리 홈 프로덕츠의 영업용 키트를 주문했다. 그녀의 집으로 찾아온 딜러는 홍보용 멘트를 완전히 망치고 말았다. 그 자리에서 그녀는 자신이 더 잘할 수 있다고 판단했다. 영업용 키트에는 대중 연설에 대한 조언이 담겨 있었다. 와이즈는 엄마와 함께한 노조 활동 덕분에 조언이 필요 없었다. 영업은 그녀에게 꼭 맞는 일이었다.

스탠리의 창업자인 프랭크 스탠리 비버리지는 자기 사업을 시작하기 전에 풀러 브러시(Fuller Brush)의 방문 판매원으로 일을 시작했다. 그는 홈 파티 방식으로 사업을 구축한 최초의 사업가였다. 이 모델은 비버리지의 영업맨 중 한 명이 집집마다 물건을 가져가 한 명을 상대로 시연하는 데 싫증을 느껴서 고안한 것이었다. 이 과감한 영업맨은 영업 활동의 효과를 배가하기 위해 홈 파티 형식으로 집단 시연회를 열었다.

또한 그는 뒤이어 무료 제품과 할인을 미끼로 호스트 역할을 할 고객을 모집했다. 호스트는 이웃을 초대해 시연 및 약간의 사교 활동을 한 다음 스탠리 제품으로 청소를 하면서 돈을 쓸어 담았다. 일대일 영업에서 일대다 영업으로 바꾸는 이 간단한 전환은 판매 실적을 크게 늘려주었다. 사회적 압력은 설득을 위한 강력한 지렛대인 것으로 증명됐다. 와이즈는 나중에 영업 지침서에 이렇게 썼다. "구매 욕구는 전염성이 강하다. 이는 검증된 사실이다. 개인별로 판매할 때보다 하나의 '집단으로서' 15명의 여성에게 판매하면 더 많이 팔 수 있다."

비버리지는 새로운 전략의 가치를 확신했다. 그래서 다른 영업 인력들도 같은 전략을 쓰게 만들었다. 그들은 아내를 영업 활동에 끌어들였다. 시간이 지나면서 대부분 여성인 고객들이 점차 딜러가 됐다. 스탠리는 딜러가 자신의 팀을 모집하는 모델을 만들었다. 팀을 많이 모집할수록 큰 폭의 할인을 받았다. 그래서 물품을 구매해 피라미드 아래쪽으로 넘겨서 이득을 취할 수 있었다. 스탠리는 이 방식으로 비용이 많이 드는 관리 구조 없이도 갈수록 넓은 지역을 커버할 수 있었다. 회사의 관점에서 보면 거의 장사가 저절로 되는 셈이었다.

스탠리는 딜러들에게 할인된 판매용 제품뿐 아니라 꾸준한 동기부여와 영업 교육을 제공했다. 와이즈는 "다른 사람들에게 관심을 갖는 습관을 들여라"부터 "만나는 모든 사람을 하늘에서 온 전령처럼 대하라"까지 모든 조언을 스펀지처럼 흡수했다. 1949년 무렵 그녀는 19명의 딜러를 모집해 팀을 꾸렸으며, 자신이 탁월한 리더임을 증명했다. 그녀는 심지어 매주 동기를 부여하는 소식지까지 쓰기 시작했다. 과거에 쓰던 상담 칼럼의 연장선인 이 소식지는 "딜러로서 계속 파티를 열고, 매주 매출을 키우고, 수익을 늘리지 않으면 팀의 부담이 된다" 같은 내용을 담았다.

와이즈는 자신만의 틈새를 찾았음을 알았다. 그녀는 열심히 우수 딜러들을 파악하고 보상하면서 그들의 '영업력'을 칭찬했다. 또한 다른 한편으로는 실적이 부진한 딜러들에게 '야심가'가 되라고 다그쳤다. 그녀는 실적을 올릴 수 있는 일이라면 무엇이든 했다. 그녀에게는 필요한 모든 전문 영역 지식이 있었다. 얼마 전만 해도 딜러였던 그녀는 그들이 어떤 생각을 하고 어디에서 동기를 얻는지 잘 이해했다. 또한 그들이 단지 추가 수입뿐 아니라 능력에 대한 인정을 원한다는 사실을 알았다.

집안일은 지루하기만 한 것이 아니라 배우자와 사회로부터 줄곧 평가절하당했다. 와이즈의 딜러들은 돈이 정말로 필요하든 아니든 목적의식을 느끼고 싶어 했다. 자신이 의미 있는 일을 잘 해냈다는 느낌을 받고 싶어 했다. 와이즈는 그들에게 목적의식을 부여하기 위해 밝은 미래에 대한 비전을 갖도록 줄기차게 도왔다. 그녀는 소식지에서 "자신이 무엇을 원하는지 아는 일의 절반은 그것을 얻기 위해 포기해야 하는 것이 무엇인지 아는 것"이라고 썼다. 그들이 원하는 것이 "새 모피 코트든, 집에 만들 또 다른 방이든, 새 차든" 상관없었다. 더 많은 것을 적극적으로 바라는 것이 중요했다. 이는 와이즈 자신이 결코 멈춘 적이 없는 일이었다.

그러나 이 모든 바람도 비버리지가 때를 맞은 와이즈에게 기회를 주도록 설득하는 데는 충분치 않았다. 그 무렵 와이즈의 팀에 속한 딜러로서 스탠리 제품을 파는 드문 젊은 남성이던 게리 맥도널드(Gary McDonald)가 우연히 한 매장 직원이 타파웨어라는 새로운 플라스틱 용기를 시연하는 모습을 보았다. 각 기능이 공개될 때마다 고객들의 관심이 고조되는 것을 본 맥도널드는 타파웨어가

비즈니스 워

홈 파티 모델에 완벽하게 들어맞을 것이라고 확신했다. 그는 이 뚜껑 달린 플라스틱 용기들을 와이즈에게 보여주고 의견을 구했다. 연례 영업 컨벤션에서 비버리지에게 무시당한 상처가 아직 아물지 않은 와이즈는 새로운 방향을 모색할 준비가 돼 있었다. 타파웨어는 그 방향을 알려줬다.

▲ ▲ ▲

대머리에 거칠고 말수 적은 얼 타파(Earl Tupper)는 열성적인 고객들을 고취할 만한 사람은 아니었다. 대단히 머리 좋은 독학자인 그는 바보짓을 용인하지 않았으며, 신속하고 무조건적인 복종을 하지 않는 직원을 가차 없이 처벌했다. 그래도 그는 플라스틱을 잘 알았으며, 플라스틱은 미래였다.

대공황으로 조경 사업이 망한 뒤 타파는 듀폰의 첨단 플라스틱 사업부에서 연구 개발 일자리를 얻었다. 1년 뒤 그는 듀폰을 떠나 자신의 플라스틱 회사를 세웠다. 그는 밥을 먹거나 공장에 둔 간이 침대에서 잘 때를 제외하고는 하루 22시간씩 일했다. 그 결과 플라스틱을 원료로 일련의 신제품을 개발했다. 전쟁이 시작됐을 때 그는 그 모든 연구를 통해 이득을 볼 수 있는 완벽한 입지에 있었다. 타파 플라스틱(Tupper Plastics)은 방독면부터 지프까지 전쟁 물자에 필요한 플라스틱 부품을 생산하기 시작했다. 30세 초반인 타파는 사실상 하룻밤 사이에 백만장자가 됐다.

그러나 전쟁이 끝난 뒤에는 제품 생산에 필요한 플라스틱 수지를 충분히 구할 수 없었다. 공급업체가 대량으로 보유한 유일한 원료는 알려진 상업적 용도가 없는 미끈거리는 플라스틱 폐기물인 폴리에틸렌이었다. 흥미를 느낀 타파는 폴리에틸렌으로 실험을 시작했다. 마침내 그는 온도와 압력을 정확하게 조합해 내구성과 유연성을 갖춘 고체를 만들어냈다. 이 소재는 시장에 나온 다른 어떤 플라스틱과도 달랐다. 새로운 플라스틱은 냄새가 없고, 안전하며, 레몬주스나 식초 같은 산성 액체에 부식되지 않았다. 그래서 타파는 음식을 저장하기에 이상적임을 깨달았다. 그렇게 해서 타파웨어가 탄생했다.

타파웨어는 다른 기업들로부터 대량 주문을 받으면서 처음부터 기세 좋게 출발했다. 이를테면 카멜을 위해 수만 개의 플라스틱 담배 상자를 만들었다. 그러나 1949년 무렵에는 신선한 접근법이 필요하다는 사실이 명확해졌다. 소매 판매는 지지부진했으며, 삽화를 넣은 우편 주문 카탈로그는 별 효과가 없었다. 밀폐 기능을 가진 플라스틱 용기는 단순한 신제품이 아니라 완전히 새로운 범주에 속하는 것이었다. 그래서 그냥 매장에 진열하는 것으로는 충분치 않았다. 매력 없이 쌓인 통과 뚜껑 들은 고유한 셀링 포인트를 전달하지 못했다. 타파웨어 용기에 수프를 담고 뚜껑을 닫으면 바닥에 떨어뜨려도 쏟아지지 않는다는 사실은 전혀 드러나지 않았다. '트림'으로 용기의 공기를 빼서 진공상태로 만들면 "신선함을 가둘 수 있다"라는 사실도 직관적으로 이해되지 않았다. 사람들은 깡통이나 단지에 음식을 보관하는 데 익숙했다. 폴리에틸렌이 이전의 플라스틱보다 유연성과 탄성이 뛰어나다고 설명하거나, 음식을 신선하게 보관해준다고 약속하는 것으로는 부족했다. 고객들은 타파웨어의 쓸모를 보고 느낄 필요가 있었다.

그러던 차에 타파는 디트로이트 지역에서 수요가 급증하는 것을 인지했다. 브라우니 와이즈와 그녀의 영업팀은 회사에서 바로 타파웨어를 대량으로 구매해 재판매하고 있었다. 홈 파티는 신제품의 혜택을 알리기에 완벽한 자리라는 사실은 이미 검증됐다. 홍보는 가시적이고, 직접적이었다. 와이즈의 영업팀은 스탠리 제품의 경우 일부러 마루에 물을 흘린 다음 닦아냈다. 반면 타파웨어의 경우 용기에 물을 담고 뚜껑을 꽉 닫은 다음 주방 건너편으로 던졌다. 리스크가 상당했지만 용기에서 물이 한 방울도 새지 않으면 큰 보상을 얻을 수 있었다. 와이즈의 타파웨어 파티는 영업 대박으로 이어지는 소규모 마술 쇼였다.

얼 타파가 디트로이트에서 무슨 일이 일어나고 있는지 파악했을 무렵 와이즈는 너무나 많은 타파웨어를 팔아치웠다. 그래서 그녀는 집에서 처리하던 물류 작업을 창고로 옮겨야 했다. 그해에 그녀는 딜러들에게 공급하기 위해 10만 달러를 훌쩍 넘기는 금액의 타파웨어를 주문했다. 오늘날의 가치로 따지면 100만 달러 이상에 해당하는 액수였다. 이정도면 타파 코퍼레이션(Tupper Corporation)이 그냥 무시할 수 없는 수치였다. 와이즈는 전국 최대 규모의 백화점보다 많은 타파웨어를 팔고 있었다.

얼 타파는 비버리지와 달리 여성이 임원 자리에 오르는 것에 전적으로 열린 태도를 갖고 있었다. 그는 그저 자리에 가장 맞는 사람을 원했으며, 와이즈가 적임자라고 믿었다. 그는 회사를 대표하는 직원을 와이즈에게 보내서 제안을 했다. 그는 전국의 홈 파티 딜러들이 자신의 제품을 팔기 시작했다는 사실을 알았다. 문제는 그들을 조직하고 동원할 전문성을 지닌 내부 인력이 없다는 것이었다. 와이즈가 기꺼이 더 큰 새로운 영업 지역을 감독하고 '실제로' 개발할까? 그렇다면 플로리다주 전체를 맡기는 것은 어떨까?

1950년에 와이즈는 어머니와 열한 살 난 제리를 데리고 플로리다 중부의 키시미(Kissimmee)로 이사했다. 그녀는 넓은 매장을 차린 뒤 현지 딜러들을 모집하는 일에 나섰다. 그녀는 제품, 홈 파티 판매 모델, 자신의 영업 철학을 설명하는 지침서를 만들고 매주 딜러들을 교육하기 시작했다. 그녀는 판매 실적에서 기술이 차지하는 역할을 알았다. 그래서 딜러들을 모집하는 데 더 많은 시간을 쓸 수 있었지만 기존 딜러들을 교육하는 데 많은 노력을 기울이는 것이 훨씬 효율적이었다. 그녀는 "잘 훈련된 한 명의 시연자가 샘플과 가격표를 주고 어깨를 두드린 다음 영업 현장에 내보낸 딜러들 두 명 때로는 세 명보다 낫다고 공언할 수 있다"라고 썼다.

현실적으로 와이즈의 진정한 '고객'은 그녀의 팀에 속한 딜러들이었다. 그녀의 비밀 병기는 가르치는 일이든 고무하는 일이든 그들과 소통하는 능력이었다. 이는 그녀가 10대 시절에 노조 집회에서 터득하기 시작했으며, '히비스커스'라는 이름으로 상담 칼럼을 쓰면서 연마한 기술이었다. 성공에 대한 설득력 있는 비전을 자세히 제시하고 그것을 향해 사람들을 이끄는 능력이 와이즈가 가진 진정한 재능이었다. 와이즈의 영업 지침서는 이런 내용으로 시작된다. "이 영업 계획은 다른 주에서 엄청난 수익을 올리며 성공을 거두었다. 여러분이 협조해준다면 우리는 여기서도 같은 성공을 거둘 것이다." 선샤인 스테이트(Sunshine State: 플로리다주의 별칭-옮긴이)는 그들의 것이나 마찬가지였다.

그러나 현실은 그렇지 않았다. 다른 타파웨어 딜러들이 이미 일부 지역을 차지한 상태였다. 또한 타파는 영업 구역에 대한 분쟁을 대신 해결해주겠다고 약속하고도 상황을 정리하지 못했다. 사실 비슷한 문제가 전국에서 불거지고 있었다. 홈 파티 시스템의 강점은 약점이 돼가고 있었다. 타파웨어를 팔면 돈을 벌 수 있다는 사실을 딜러들이 아는 상황에서 명확한 위계의 부재는 격렬한 갈등과 대립으로 이어졌다.

타파는 이 문제를 해결하기 위해 호스티스 부서(Hostess Division)를 만들었다. 그리고 딜러들을 개별 딜러에 이르기까지 지역 매니저, 지부 매니저, 구역 매니저, 팀 매니저로 나누었다. 이 부서는 영업 구역 분쟁을 해결해줄 것으로 보였다. 그러나 와이즈는 결국에 처음 약속받은 플로리다주 전체가 아니라 일부 지역만 맡게 됐다. 그녀는 상황이 어떻게 흘러가는지 파악했기에 그냥 따르기로 결정했다. 과거의 방식으로는 타파웨어나 딜러들 또는 자신을 비롯해 누구도 밝은 미래를 볼 수 없었다. 하향식 접근법에는 잠재력이 있었다.

불행하게도 호스티스 부서를 맡은 사람은 사업을 엉망으로 관리했다. 딜러들이 연말 판매 수수료조차 받지 못해서 와이즈가 대신 줘야 할 지경이었다. 게다가 상품은 늦게 배송되거나 잘못된 지역으로 배송됐다. 결국 와이즈가 신중하게 모집하고 교육한 딜러들이 심한 좌절감에 일을 그만두기 시작했다.

그녀는 1951년 3월에 본사에 전화를 걸어서 얼 타파와 직접 통화하게 해달라고 요구했다. 타파는 전화를 받았다. 어쨌든 와이즈는 전국 최고의 판매책이었다. 그녀는 타파에게 그의 리더십에 대한 자신의 생각을 에누리 없이 전했다. 그녀는 회사가 저지른 수많은 과오를 자세히 지적하면서 즉각적인 지원을 요구했다. 타파는 수화기를 내려놓고 손수 상황을 바로잡는 일에 나섰다. 그는 호스티스 부서의 온갖 문제점을 자신이 해결할 수 없다는 사실을 확인한 뒤 와이즈를 직접 만나야겠다고 판단했다.

다음 달에 타파는 회사의 영업 콘퍼런스에서 와이즈를 만났다. 그 자리에서 와이즈와 다른 최고 경영진은 매장 영업과 쇼룸을 전부 포기하도록 타파를 설득했다. 타파는 향후 홈 파티 방식으로만 제품을 홍보하고 판매하기로 결정했다. 그는 새로 생긴 홈 파티 부서를 이끌 사람으로 새로운 영업 총괄 매니저를 선임했다. 바로 브라우니 와이즈였다. 이로써 그녀는 당시 미국에서 최고 경영직에 오른 소수의 여성 중 한 명이 됐다. 타파는 와이즈가 새로운 영업 조직을 이끄는 데 필요한 역량을 갖추었음을 알았다. 그는 와이즈에게 "당신은 말을 많이 하는데 모두가 당신 말을 들어요"라고 말했다.

타파는 약속한 대로 소매 시장에서 완전히 철수했다. 이제 제품뿐 아니라 회사 그 자체의 미래는 전적으로 와이즈가 이끄는 홈 파티 딜러들의 손에 놓였다. 이 믿음은 올바른 것이었다. 얼마 지나지 않아 판매량이 급증했다. 그해 9월, 이사회는 와이즈를 부사장으로 승진시켰다. 프랭크 스탠리 비버리지는 완전히 틀렸던 것으로 드러났다. 결국 여성도 경영직을 잘 수행할 수 있었다.

와이즈가 어린 시절에 노조 집회에서 웅변을 하며 보낸 시간들은 회사의 대규모 이벤트에서 수백 명, 뒤이어 수천 명의 딜러들을 대상으로 연설을 할 때 큰 도움이 됐다. 타고난 리더인 그녀는 어떤 자리에서도 편안하게 사람들과 어울렸다. 또한 그녀의 직위를 못마땅하게 여기는 남자 임원들과 기꺼이 맞섰다. 그러면서도 여자 딜러들에게는 부드러운 판매 기법과 여성적인 설득을 활용해 타파웨어를 더 많이 팔라고 권유했다. 와이즈는 성장의 열쇠가 가장 성공적인 판매 기법을 파악하고 다듬은 다음 전국의 모든 딜러에게 전파하는 것임을 알았다. 그녀는 전국의 영업 조직을 교육하고 이끄는 힘든 일에 적응하는 와중에도 전체 영업 인력을 단결시키기 위해 소식지를 쓰고, 편집하고, 그릴 시간을 냈다.

와이즈는 타파웨어가 활기차고 경쟁적인 기업 문화를 만드는 데 도움을 주었다. 이는 뒤이어 생긴 모든 영업 중심 기업들에 큰 영향을 끼쳤다. 와이즈의 리더십하에 인센티브는 최고의 중요성을 얻었다. 우수 판매자는 플로리다에 있는 영업 본부에서 해마다 4일 동안 열리는 컨벤션에 초대됐다. 거기서 그들은 동기부여 강연을 듣고 동료 우수 판매자들과 만났다. 와이즈의 '기념제'는 가전제품부터 휴가, 쾌속정에 이르는 상품이 걸린 요란한 게임과 함께 화려하게 치러졌다. 이런 파티와 다른 인센티브를 베푸는 목적은 각 딜러들에게 가정주부와 엄마로서 종일 일하는 와중에도 실적을 늘리기 위해 계속 노력할 좋은 이유를 제공하는 것이었다.

와이즈는 "사람을 키우면, 그들이 사업을 키운다"라고 말했다. 실제로도 그랬다. 1952년 무렵 타파웨어는 걷잡을 수 없는 속도로 성장했다. 와이즈의 연봉은 자신이 벌어들인 최고액인 2만 달러(지금 가치로는 21만 5,000달러)에 이르렀다. 와이즈에게 고마움을 느낀 회사는 심지어 새로운 플로리다 영업 본부 근처에 새 저택까지 사주었다. 타파는 와이즈에게 실적을 개선한 것을 칭찬하는 편지를 썼고, 최선을 다하는 그녀를 깊이 존경했다. 1953년에는 말을 사주기도 했다.

그러나 와이즈의 명성이 제품 자체를 가릴 정도가 되자 두 사람 사이의 관계가 악화됐다. 와이즈는 잡지, 신문, 나중에는 텔레비전에 자주 등장하면서 타파웨어에서 자신의 역할을 넘어서는 명성을 쌓고 있었다. 1954년 4월 17일 그녀는 〈비즈니스위크〉의 표지에 실린 최초의 여성이 됐다. 관련 기사는 타파웨어가 성공을 거둔 대부분의 공로를 타파나 그의 혁신적인 제품이 아니라 그녀의 영업 기술 덕분으로 돌렸다. 타파는 대외적인 관심 밖에 머무는 것을 더 좋아했다. 그러나 그는 타파웨어가 언제나 우선시돼야 한다고 생각했다. 해당 기사가 나간 뒤 그는 와이즈에게 보내는 서신에서 "당신은 훌륭한 임원이지만 그래도 나는 당신이 타파웨어와 같이 찍은 사진들이 좋군요"라고 썼다.

타파는 젠더 역할에 대해 열린 태도를 갖고 있기는 했지만 완고하고 자기중심적인 사람이었다. 그래서 아랫사람이 자신의 실수를 바로잡거나 자기보다 앞서 나가는 것을 좋아하지 않았으며, 불충이라고 보았다. 한편 와이즈는 자신이 타파보다 고객들을 잘 안다고 생각했다. 그래서 타파의 생각이 틀렸다고 판단되면 주저 없이 지적했다. 이를테면 타파가 새로운 제품 라인을 다시 백화점에서 판매하는 것을 고려했을 때 와이즈는 급히 홈 파티 모델을 방어하는 강경한 내용의 편지를 상사에게 보냈다. 그녀는 "일반적인 가정 방문 시연자들은 우리 제품이 그냥 진열만 되는 매장에서는 거의 팔리지 않는다는 것을 깨닫지 못합니다. 우리 제품이 매장에서 판매된다는 사실은 (중략) 홈 파티 플랜으로만 판매된다는 점을 살리는 시연의 효과를 크게 떨어뜨립니다. …… 타파웨어는 반드시 시연을 통해 판매돼야 합니다"라고 썼다.

소매 판매의 위험에 대한 와이즈의 시각이 맞든 아니든 간에 그녀의 직설적인 태도는 전과 달리 타파의 심기를 건드렸다. 이제 그녀는 더 이상 독립적인 유통업자가 아니라 그의 밑에서 일하는 임원이었다. 두 사람은 분노에 찬 편지를 주고받기 시작했다. 나중에는 타파가 와이즈의 전화를 받지 않은 일도 생겼다.

1958년 무렵 와이즈는 진정한 유명 인사이자 인스타그램이 등장하기 오래전에 부상한 인플루언서가 됐다. 그 영향력 덕분에 회사는 1만여 명의 딜러를 거느리고 수백만 개의 판매량을 기록했다. 그러나 타파는 자신이 세운 회사에 대한 애정이 식은 상태였다. 그이유는 아마도 더 이상 회사가 진정한 자기 것으로 느껴지지 않았기 때문일 것이다. 그는 회사를 팔고 싶어 했다. 그러기 위해서는 와이즈를 그녀가 만드는 데 도움을 준 브랜드에서 분리할 필요가 있었다. 그는 경영팀에 "그 여자는 해고야. 내보냈다는 증거를 갖고 와"라고 말했다. 와이즈는 타파 코퍼레이션의 주식을 받은 적이 없었다. 그래서 거의 빈손으로 쫓겨나야 했다. 치열한 법정 다툼도 1년 연봉에 불과한 돈을 안겼을 뿐이었다. 그로부터 얼마 뒤 타파는 1,600만 달러에 회사를 팔았다. 그는 아내와 이혼하고서 중미의 한 섬을 사들였다.

와이즈는 오랫동안 새로운 회사를 여러 개 만들었다. 그러나 명성을 되찾거나 이전과 비슷한 수준의 성공을 거두지 못했다. 대신 그녀는 아들, 그리고 딸들과 함께 조용한 삶을 살았다. 그래도 그녀는 오랜 기간에 걸쳐 자신이 성장에 도움을 준 회사를 지켜보면서 약간의 만족감을 얻었을지도 모른다. 타파 코퍼레이션은 그녀가 개발한 방법론을 활용해 교외에 사는 주부 전도사들로 구성된 영업 조직을 계속 키워나갔고, 그녀의 혁신적인 설득 기법을 통해 고객들의 마음을 샀다. 와이즈는 꿈꾸던 삶을 살았다. 결국에는 그 꿈에서 깨어나야 하기는 했지만 말이다. 그래도 그녀의 아이디어는 수많은 다른 여성들이 꿈꾸던 삶을 살도록 도왔다. 타파웨어는 그 뒤로 100개 이상의 국가에서 판매될 것이었다. 지금도 야심을 품은 딜러들은 전 세계에서 타파웨어 파티를 연다.

가슴과 머리, 그리고 위장을 사로잡는 법
켈로그 콘플레이크

뉴욕시의 타임스 스퀘어는 맨해튼의 브로드웨이와 7번가의 교차로에 있다. '세계의 교차로'로 불리는 이 짧은 구역에는 수많은 광고가 연이어(그리고 꼭대기에서 바닥까지) 줄지어 있다. 광고판, 네온사인, 그리고 이제는 거대하게 빛나는 전광판이 100여 년 동안 거리를 밝혔다. 1904년에 이 광장은 〈뉴욕타임스〉가 남쪽 끝인 브로드웨이와 42번가의 교차로로 옮겼을 때 이를 기념해 이름을 바꿨다. 이후 〈뉴욕타임스〉는 다시 서쪽으로 옮겼지만 타임스 스퀘어는 세계의 눈길을 사로잡을 플랫폼을 찾는 기업이라면 가장 먼저 가야 할 중요한 장소로 남았다. 뉴욕에서 가장 크고 중요한 공연 무대들이 자리한 타임스 스퀘어는 그 자체가 전 세계에서 견줄 곳이 없는 무대다.

1912년에 켈로그 컴퍼니(Kellogg Company)의 CEO인 윌 키스 켈로그(Will Keith Kellogg)는 무대를 찾았다. W. K.로 불리는 그는 올바른 무대의 중요성을 확신했다. 그는 형이자 유명한 건강 전문가인 존 하비 켈로그(John Harvey Kellogg)가 국제 강연계에서 신중한 개인적 브랜딩과 쉼 없는 자기 홍보로 명사가 되는 과정을 옆에서 지켜보았다. 까다로운 형과의 관계를 끊고 형과 같이 개발한 시리얼을 판매할 회사를 만든 윌은 잘 나서지 않는 성격이지만 홍보의 힘을 알고 있었다.

타임스 스퀘어의 북쪽 끝인 48번가는 브로드웨이와 7번가가 교차하는 곳으로서 당대에 가장 눈에 띄는 명소인 메카 빌딩(Mecca Building)이 자리하고 있었다. 이 건물의 전면은 온갖 형태, 크기, 색상의 광고로 항상 도배돼 있었다. 이 건물은 모습이 보이지 않는데도 타임스 스퀘어에서 촬영된 거의 모든 사진과 영화에서 두드러진 역할을 했다. 그러나 결국 2004년에 철거되고 말았다.

오늘 윌은 말 그대로 지금까지 이뤄진 모든 광고들 위에 서려 한다. 5년 동안 건물 옥상 임대 계약을 맺은 그는 세계 최대의 전자 광고판을 만들 셈이다. 연말까지 18명의 작업자가 메카 빌딩 위에 켈로그의 콘플레이크를 위한 80톤짜리 제단을 힘들게 쌓을 것이다. 가로 32미터, 세로 24미터인 4만 달러짜리 광고판은 웃고 있는 소년과 시리얼 상자의 모습을 담을 것이었다. 각각 12미터 높이의 소년과 시리얼 상자 사이에는 윌의 특징적인 빨간색 사인이 들어 갈 것이었다. 모든 제품의 전면을 장식하는 그의 사인은 모든 시리얼 상자에서 신선함과 품질을 보증하는 상징이었다.

소년이 얼굴을 찡그리면 "켈로그의 토스티드 콘플레이크(Toasted Corn Flakes)가 먹고 싶어요"라는 문구가 쓰여졌다. 뒤이어 소년이 웃음을 지으면 "켈로그의 토스티드 콘플레이크를 먹었어요"라는 새로운 문구가 나타났다.

윌은 메카 빌딩 옥상에서 그 섬을 내려다보며 아이러니를 느끼지 않을 수 없었다. 그는 자신이 의사소통을 잘한다고 생각해 본 적이 한 번도 없었다. 말하는 일은 언제나 형의 몫이었다. 형이 우스꽝스럽게 앵무새를 어깨에 얹고 흰색 정장을 입은 채 기자들을 위해 포즈를 취하는 동안 그는 힘든 일을 도맡았다. 그러나 이제는 그의 회사이자 그의 제품이었다. 그는 세상에 그것들을 알리고 싶었다.

▲ ▲ ▲

19세기에 미국에서 육류 생산량이 급증했다. 그와 함께 아침 식사의 양과 영양분도 늘어났다. 부유한 유럽인들은 소박한 죽 한 그릇으로 하루를 시작하지 않았다. 그들은 햄과 소시지부터 훈연한 소 혀 같은 별미까지 모든 것이 차려진 푸짐하고 배부른 성찬을 즐겼다. 미국의 부가 늘면서 아침을 호사스럽게 먹으려는 중산층의 식욕이 강해졌다. 그들은 훈연하고 소금에 절인 고기, 여러 개의 달걀, 수북한 감자튀김을 원했다. 서부를 개척하는 일은 확실히 식욕을 자극했다.

푸짐한 아침 식사가 국가적 관행이 되면서 불가피한 반발이 일어났다. 19세기 중반에 전국에 걸쳐 새로운 신교 종파가 등장했다. 그중에 제칠일안식일예수재림교회(Seventh-Day Adventists)는 소박한 식사 습관의 종교적 의미에 초점을 맞춤으로써 차별성을 드러냈다.

1860년 4월 7일에 미시간주 배틀크리크(Battle Creek)에서 태어난 월 키스 켈로그는 얼마 전에 배틀크리크에 본부를 차린 제칠일안식일예수재림교회 가정에서 자랐다. 재림교회는 토요일마다 안식일을 가져야 한다고 믿었으며, 건강한 삶을 특히 강조했다. 그들의 교리는 엄격한 채식을 주장하는 한편 카페인, 담배, 알코올을 금지했다. 월은 말년에 다소 느슨해지기는 했지만 평생 재림파의 원칙을 고수했다.

빗자루 만드는 일을 하던 월의 아버지는 재림이 임박했다고 믿었기에 교육에 쓸데없이 신경 쓰지 않았다. 월은 "아버지는 내가 학교에 꾸준히 다녀야 한다고 고집하지 않았다"라고 썼다. 선생님들이 월을 과묵하고 '아둔하다'고 본 것도 영향을 끼쳤다. 사실 월은 머리가 똑똑했다. 다만 치아 상태가 나빠서 잘 웃지 않은 데다가 근시여서 칠판을 보거나 친구들의 감정을 해석하기가 어려웠을 뿐이다. 그는 6학년을 마친 뒤 학교를 그만두고 아버지처럼 빗자루를 만들었다. 그러다가 인근 도시인 캘러머주(Kalamazoo)로 통근하면서 부기와 회계, 그리고 다른 비즈니스 관련 기술을 익혔다.

반면 그의 형인 존 하비 켈로그는 너무나 조숙했다. 교회 지도부는 어린 시절부터 그를 신도들 사이에서 두드러진 역할을 맡도록 키웠다. 존은 10대 시절에 재림교회 소식지인 〈헬스 리포머(The Health Reformer)〉를 편집했으며, 종파와 그 관행을 옹호하는 장문의 명쾌한 글들을 썼다. 그는 뒤이어 뉴욕시에 있는 벨뷰 호스피털 메디컬 칼리지(Bellevue Hospital Medical College)에서 의학 학위를 딴 뒤 뛰어난 외과의사가 됐다.

1876년에 존은 고향으로 돌아와 재림교회의 식생활 원칙을 중심으로 만들어진 리조트인 웨스턴 헬스 리폼 인스티튜드(Western Health Reform Institute)의 운영을 맡았다. 종파의 창시자이자 선지자인 엘런 화이트(Ellen White)는 이 규칙들이 신성한 계시로 만들어진 것이라고 말했다. 그녀는 존의 의학적 전문성과 권위가 자신의 종교적 주장에 중요한 과학적 대칭점을 제공할 것임을 알았다. 존의 리더십 아래에 배틀크리크 새니테리엄(Battle Creek Sanitarium)으로 이름을 바꾼 이 리조트는 사람들이 "건강을 유지하는 법을 배우도록" 돕는 혁신적인 접근법으로 세계적인 유명세를 얻었다.

스파이자 호텔, '건강 대학'인 이른바 '샌(San)'은 존의 리더십 아래에서 번영을 구가했다. 환자 수는 한 번에 100명 수준에서 절정기에는 7,000명이 넘을 정도로 늘었다. 샌은 온갖 질병에 시달리는 절박한 환자들부터 휴양을 바라는 부유하고 유명한 사람들까지 모든 사람들이 찾는 곳이 됐다. 하딩(Harding) 대통령, 헨리 포드, 아멜리아 에어하트(Amelia Earhart)를 비롯한 당대의 유명 인사들이 모두 샌에서 시간을 보냈다. 방대한 부지에 흩어진 샌의 건물들에서는 환자들에게 '신체 문화(physical culture)'(운동)부터 마사지, 전기요법까지 모든 것을 제공했다.

궁극적으로 샌의 성공을 이끈 것은 존의 탁월한 의사소통 능력이었다. 그는 환자들을 치료하고 강연을 하는 데 더해 건강한 생활에 대한 수많은 책을 써서 수백만 권을 팔았다. 그의 의학적 주장 중에는 의문스러운 것도 있었다. 이를테면 그는 생식 목적 외에는 섹스를 말렸으며, 식초를 "식품이 아니라 독"이라고 말했다. 그래도 시간이 지나면서 흡연의 위험부터 소화관이 전반적인 건강에 지니는 중요성까지 옳은 것으로 확인된 주장도 많았다. 특히 소화관에 대한 주장은 오늘날 '장내 미생물군'이 주목받는 추세를 앞선 것으로 볼 수 있다.

1880년 무렵에는 더 바빠졌다. 책을 쓰고, 전 세계에서 강연을 하고, 건강 잡지를 발행하고, 운동기구와 다른 '건강' 제품을 판매하는 회사를 운영하고, 환자들을 보다 보면 실제로 샌을 운영할 시간이 거의 없다는 사실이 분명해졌다. 숫기 없고 과묵한 윌은 결혼을 앞두고 집을 장만해야 했다. 그래서 빗자루를 만드는 지루한 일을 하지 않아도 되는 안정된 일자리를 찾고 있었다. 존은 부기를 배운 윌이 샌의 다양한 사업을 관리할 적임자라고 판단했다. 윌은 형의 제안을 받아들였다. 사실 윌은 어린 시절부터 위압적인 형이

시키는 일은 무엇이든 하는 데 익숙해져 있었다. 둘의 관계는 이제 윌이 형을 '닥터 켈로그'로 부르는 지경으로 이어졌다. 윌은 이상적인 '하인(윌은 서글프게 자신을 이렇게 불렀다)'이었다. 그는 1주일에 80시간 이상을 일하면서 끝없는 행정 업무를 수행할 뿐 아니라 방대한 시설을 관리하는 일까지 처리했다.

업무량은 살인적이었다. 그러나 윌을 한계로 밀어붙인 것은 존의 부실한 대우였다. 윌은 나중에 자신이 근본적으로 "아무런 영광도 없이 아주 적은 돈"만을 위해 일했다고 말했다. 존은 대중적 지식인으로서 자신의 브랜드를 세심하게 구축했다. 그는 유명 인사를 만나거나 언론을 상대할 때 흰색 정장만 입었고 어깨에 앵무새를 얹고 다녔다. 반면 그는 결코 동생의 역할을 공식 직함으로 인정하지 않았다. 윌의 일은 샌을 보이지 않게 운영하는 것이었다. 닥터 켈로그는 샌의 드넓은 부지에서 자전거를 타고 진료를 보러 다녔다. 그는 그동안 아이디어가 떠오를 경우에 대비해 윌에게 공책과 펜을 들고 뛰어서 따라오도록 했다. 단적으로 존은 윌을 '농땡이꾼'으로 부르기까지 했다.

존 하비 켈로그는 시대를 훨씬 앞서서 소화기관의 건강을 중시했다. 이른바 '생물학적 삶'을 주창하던 그는 맵고, 짜고, 기름기 많은 음식을 피해야 하며, 달걀과 유제품은 최소한으로 섭취하는 것이 좋다고 믿었다. 당시 미국에서 가장 흔한 질병 중 하나는 '소화장애'였다. 이는 소화불량이나 변비 같은 다른 소화계통의 문제를 통틀어 일컫는 말이었다. 존은 과도한 미국식 식습관 때문에 이런 질병이 흔해졌다고 정확하게 진단했다. 그는 그 요법으로서 환자들에게 저단백, 저지방 식단을 처방했다. 또한 그는 포획한 고릴라를 대상으로 한 연구를 통해 사람도 매일 4, 5번씩 배변을 해야 한다고 믿게 됐다. 그에 따라 샌에서 제공되는 식사는 대단히 싱거울 뿐 아니라 섬유질 함량이 엄청나게 높았다. 게다가 소화관을 깨끗하게 유지하기 위해 관장도 자주 시행됐다.

존은 환자들에게 아침 식사로 마르고 딱딱한 비스킷을 우유나 심지어 물도 없이 제공했다. 그 목적은 침샘을 자극하는 것이었다. 그러나 한 여성이 비스킷을 먹다가 틀니가 부러지는 사고가 일어났다. 이후 존은 실험을 시작했다. 그는 밀가루, 귀리, 옥수숫가루로 반죽을 만들었다. 그다음 전분을 보다 소화하기 쉬운 당분 또는 포도당으로 분해하기 위해 고온으로 구웠다. 그는 이를 '호정화(dextrinization)'라고 불렀다. 그는 빵을 부스러기로 만들고, 그 부스러기를 구워서 첫 인기 제품인 그래뉼라(Granula)를 개발했다. 문제는 같은 이름을 가진 다른 시리얼 제품이 이미 나와 있다는 것이었다. 존은 소송을 피하기 위해 제품명을 '그래놀라(granola)'로 바꾸었다.

그래놀라는 샌에서 제공되는 아침 식사의 표준 메뉴가 됐다. 그 인기나 너무 좋은 나머지 월은 식당 근처에 매장을 만들어서 환자들이 집으로 사 갈 수 있게 했다. 샌의 오너들은 건강식품 판매에 관심이 없었다. 그래서 존과 월은 직접 우편 주문 업체를 차리고 이전 환자들에게 약 450그램당 15센트에 그래놀라를 판매했다. 1889년 무렵 그들은 1주일에 2톤의 그래놀라를 배송했다.

1883년에 존은 테스트용 주방을 만들었다. 그와 그의 아내인 엘라(Ella), 그리고 윌은 거기서 새로운 식품을 실험했다. 세 사람은 곡물과 가공법을 다양한 방식으로 조합해보다가 우연히 또 다른 유망한 제조법을 발견했다. 그들은 물에 끓인 밀가루 반죽을 최대한 얇게 민 뒤 칼로 작은 플레이크(flake)를 떼어 냈다. 그다음 이 플레이크들이 '작은 토스트'가 될 때까지 구웠다. 존은 나중에 꿈에서 플레이크 시리얼을 만드는 최종 과정에 대한 아이디어를 얻었다고 주장했다. 그러나 사실은 생반죽을 밤새 놔뒀다가 발효돼 곰팡이가 생긴 것이 계기였다.

존의 말에 따르면 반죽을 물에 끓이고 납작하게 민 결과 "크고 얇은 플레이크가 됐으며, 각각의 밀알이 하나의 플레이크를 이뤘다". 이 플레이크를 구웠더니 바삭하고 맛있었다. 윌은 이 기쁜 우연을 발판 삼아 가공법을 완벽하게 다듬기 위해 수많은 실험을 실행했다. 또한 그 과정에서 연구 노트에 각 반죽에 대한 내용을 세심하게 기록했다. 나중에 직원들은 윌이 개발 중인 신제품의 샘플 중에서 가장 유망한 것을 가려내는 데 있어서 "정확한 판단력"을 발휘했다고 회고했다.

샌의 환자들은 새로운 식사에 열광했다. 존은 1895년 5월에 시리얼 제조법에 대한 특허를 출원했다. 이때 그는 현명하게도 밀이 아닌 다른 곡물로 만든 플레이크도 특허에 포함되도록 만들었다. 다른 한편으로는 윌이 분명히 개발 과정에 참여했는데도 전형적인 방식대로 동생의 이름을 특허권자에서 빼버렸다. 그해 여름 켈로그 형제는 샌에서 열린 제칠일안식일예수재림교회 행사에서 윌이 '그래노스(Granose)'라고 이름 붙인 밀 플레이크를 선보였다. 이는 그들이 시도한 최초의 진정한 마케팅 활동이었다. 그들이 만든 우편 주문 업체인 새니타스 너트 푸드 컴퍼니(Sanitas Nut Food Company)는 약 280그램인 그래노스 한 상자를 15센트에 판매했다. 그들은 곧 수요를 따라잡기 위해 직원을 늘려야 했다. 생산 첫해에 총 5만 1,400킬로그램이 넘는 그래노스가 판매됐다.

한편 계속 조리법을 실험하던 윌은 마침내 1898년에 밀을 옥수수로 대체했다. 콘플레이크(corn flakes)는 더 많은 인기를 끌었다. 그해에 윌은 생산량을 늘리기 위해 시내의 2층짜리 건물로 공장을 옮겼다. 그는 1주일에 120시간씩 일하면서 새로운 공장을 운영했다. 이 공장은 수요를 충족하기 위해 24시간 가동됐다. 그 와중에도 윌은 샌에서 모든 정규 업무를 수행했으며, 형이 하는 다른 사업까지 운영했다. 그는 콘플레이크가 제칠일안식일예수재림교회 신도와 배틀크리크 새니테리엄의 환자들을 넘어서는 큰 잠재력을 지녔다고 생각했다. 존이 종종 말한 대로 모든 지역의 미국인들은 위에 부담을 주는 기름진 아침 식사로 자신을 병들게 만들고 있었다. 게다가 산업혁명으로 삶의 속도가 빨라지면서 매일 아침 식사를 조리할 여유가 있는 사람들이 줄었다. 그들은 공장이나 사무실로 일하러 가야 했다. 콘플레이크는 수많은 미국인에게 몸에 좋고 편리한 대안이 될 것이었다.

윌은 40세가 지난 뒤에도 여전히 가난했다. 반면 이미 큰돈을 번 존은 새니타스의 사업을 키우려다가 자신의 부 또는 의학적 명성을 위험에 빠뜨릴 생각이 없었다. 존은 나중에 법정에서 이렇게 증언했다. "더욱 민감해진 정서를 건드리거나 상업적 내지 금전적 동기에 따라 행동한다고 생각하게 만들 여지를 주는 어떤 일도 하지 않는 것이 중요하다고 생각했습니다." 윌은 자신이 상업적 내지 금전적 동기에 따라 행동한다고 인정하는 것을 개의치 않았다. 그는 형에게 시리얼을 전국적으로 광고하고 식료품점에서 판매하자고 촉구했다. 그러나 존은 거부했다. 윌은 분개했지만 계속 형 밑에서 일했다.

나중에는 그라노스의 성공에 이끌린 모방 사업가가 배틀크리크로 옮겨 와 자신의 시리얼 생산 회사를 열었다. 샌의 직원들은 켈로그 형제의 제조법을 그들에게 팔거나 심지어 직접 시리얼을 제조하기도 했다. 샌의 환자이던 C. W. 포스트(Post)는 자신이 만든 아침 식사용 시리얼인 그레이프 너츠(Grape-Nuts)를 시장에 내놓아 큰 성공을 거두었다. 그레이프 너츠에는 포도나 견과류가 들어가지 않았다. 단지 존의 그라놀라 제조법에 설탕을 더했을 뿐이었다.

몇 년 전에 포스트는 치료비를 내지 않는 대신 샌의 주방에서 일한 적이 있었다. 존은 윌의 바람과 달리 당시 제조 공정을 숨기지 않았다. 그래서 포스트는 모든 제조법을 익힌 채 샌을 떠났다. 이제 포스툼 시리얼 컴퍼니(Postum Cereal Company)[나중에 제너럴 푸즈(General Foods)가 됨]는 그레이프 너츠뿐 아니라 사실 존이 개발한 곡물 기반 커피 대용 음료인 포스툼을 팔아서 연간 수백만 달러를 벌어들였다. 포스트의 회사는 1888년부터 1905년까지 배틀크리크에서 문을 연 100여 개의 시리얼 회사들 중에서 가장 큰 성공을 거두었다.

그 무렵 윌은 마침내 더 이상 기다리지 않겠다고 결심했다. 존이 이 기회를 잡지 않겠다면 자신이라도 잡을 생각이었다. 윌은 형에게 반감을 품고 있었다. 그래도 그는 배틀크리크 새니테리엄과 존의 다른 사업을 20년 넘게 운영한 덕분에 중요한 경쟁 우위를 얻었음을 깨달았다. 바로 회사 운영의 모든 측면을 잘 안다는 것이었다. 사실 그는 오랫동안 경영학의 최신 사조와 기법을 세심하게 공부했다. 또한 배운 내용을 활용해 회사를 최대한 효율적이고 수익성 있게 운영했다. 아마도 샌의 환자들이 이 46세의 창업자를 믿었던 이유가 거기에 있을 것이다. 그들은 윌이 20만 달러의 종잣돈을 모으도록 도와주었다.

1905년 6월, 윌은 형에게 시리얼에 대한 권리를 사겠다고 제안했다. 존은 동의했다. 당시 그는 다른 회사들을 뒷받침하기 위해 급히 현금이 필요했다. 두 형제는 1906년 1월에 합의서에 서명했다. 윌은 다른 수많은 직책에서 물러난 뒤 2월 19일에 배틀크리크 토스티드 콘플레이크 컴퍼니(Battle Creek Toasted Corn Flake Company)를 창업했다.

초기에 윌은 제품 이름은 여전히 '새니타스 토스티드 콘플레이크'였지만 상자 디자인에 자신의 사인을 추가했다. 그는 수많은 모방 제품들에서 '원조' 콘플레이크를 확실하게 구분하고 싶어 했다. 그 방법은 유명한 켈로그라는 이름과 한데 묶는 것이었다. [당연히 포스트는 콘플레이크가 시장에 나오자마자 바로 베껴서 포스트 토스티즈(Post Toasties)라는 이름으로 팔았다. 그는 또 다른 표절 제품으로 수백만 달러를 더 벌어들였다.] 윌은 또한 자신의 서명을 품질과 신선함을 보증하는 수단으로 보았다. 그는 평생 고객의 신뢰를 매우 진지하게 받아들였다.

이 신뢰는 그의 제품을 배틀크리크, 나아가 전 세계의 대부분 비도 덕적인 수많은 업체들이 만든 모방 제품과 구분하는 데 핵심적인 역할을 했다. 윌은 시리얼 제조와 관련해 갈수록 높은 기준을 세웠 다. 이 기준은 미국에서 태동하는 식품 제조 산업에 큰 영향을 끼 칠 것이었다. 오늘날 켈로그의 친숙한 빨간색 사인은 여전히 거의 모든 제품의 포장에 들어간다.

1907년 여름, 존이 해외에 나가 있는 동안 윌은 또 다른 기회를 잡았다. 배틀크리크 토스티드 콘플레이크 컴퍼니는 켈로그 토스티 드 콘플레이크 컴퍼니가 됐다. 마찬가지로 새니타스 토스티드 콘 플레이크는 켈로그 토스티드 콘플레이크가 됐다. 윌은 존이 귀국 하면 이름을 바꾼 것에 반발할 것임을 알았다. 그래도 그는 소송전 으로 가면 이길 수 있다고 생각했다. (결국 제품과 그 이름을 둘러싸고 두 형제 사이에 벌어진 다툼은 10년 넘게 이어졌으며, 1920년에 윌에게 결정적이기는 했지만 힘들게 싸워 얻은 승리가 돌아갔다.) 어쨌든 이제는 새로운 브랜드 를 광고할 적기였다.

윌은 과거에 샌을 위한 광고와 브로슈어를 제작했다. 그래서 광 고에 대한 약간의 경험을 갖고 있었다. 처음에 그는 오하이오주 데 이턴(Dayton)에서 두어 건의 소규모 광고를 한 다음 외판원들이 무 료 샘플을 들고 집집마다 돌아다니게 했다. 그러나 그는 곧 자신이 너무 작게 생각했다는 사실을 깨달았다. 한 번에 한 도시씩 영업하 는 방식은 켈로그에 맞지 않았다. 윌은 큰 리스크를 감수하고 콘플 레이크를 전국 단위로 띄워야 했다. 켈로그의 토스티드 콘플레이 크는 많은 관심을 빠르게 받아야 했다.

월은 남은 자금으로 전국에 걸쳐 100만 명이 넘는 여성들이 보는 〈레이디스 홈 저널(The Ladies' Home Journal)〉에 전면 광고를 실행하기로 결정했다. 이 정도의 리스크를 감수하려면 세계적인 수준의 캠페인이 필요했다. 그래서 그는 가까운 친구인 아치 쇼(Arch Shaw)의 도움을 구했다. 아치는 명석한 비즈니스 두뇌를 가진 사람으로서 나중에 하버드 경영대학원에서 경영학 분야를 구축하는 데 도움을 주었다. 월과 쇼는 1897년에 처음 만났다. 당시 쇼는 월에게 형의 사업체들을 보다 잘 관리하기 위한 회계 시스템을 팔았다. 두 사람은 곧 친구가 됐다. 월은 회사를 설립한 뒤 오랫동안 쇼에게 조언과 지원을 청했다. 1906년 당시에 월은 쇼에게 대금을 지불할 자금이 부족했다. 그래서 쇼는 대신 회사의 지분을 받았다. 그는 훗날 현명했던 것으로 드러난 이 결정 덕분에 부자가 됐다.

소비자 심리에 통달한 쇼의 캠페인은 사실을 토대로 제품을 홍보했다. 광고는 이렇게 시작됐다. "이 광고는 좋은 광고의 모든 규칙을 어깁니다." 뒤이어 켈로그는 생긴 지 얼마 되지 않은 회사라서 아직 콘플레이크를 대다수 식료품점에서 판매하지 못한다는 설명이 나왔다. 또한 영업 인력이 없어서 동네 식료품점에 시리얼을 비치해달라고 요구하는 모든 사람에게 "한 철 동안 먹을 수 있는 시리얼"을 제공한다는 제안이 이어졌다.

이 캠페인은 성공했다. 거의 하룻밤 사이에 미국의 주부들은 월을 위한 무급 영업 인력이 됐다. 그들은 쿠폰을 식료품점으로 가지고 가서 무료 시리얼을 요구했다. 전국의 식료품점들은 갑작스러운 수요 증가에 대응하기 위해 월의 제품을 들여놓기 시작했다. 켈로그는 사업 첫해 말까지 거의 18만 상자를 팔았다. 윌은 오늘날의 수백만 달러에 해당하는 돈을 빌려서 광고에 썼다. 그러나 그에 따른 인기몰이는 명백히 리스크를 감수할 가치가 있었음을 말해줬다. 광고는 효과가 있었다. 따라서 계속 여세를 몰아갈 필요가 있었다.

윌은 1907년에 뉴욕시에서 "수요일은 '윙크 데이(Wink Day)'"라는 새로운 캠페인을 전개했다. 이 광고는 주부들에게 "식료품점 주인한테 윙크를 하면 무엇이 생기는지 보세요"라고 권했다. 그들이 얻은 것은 무료 켈로그 콘플레이크였다. 그저 수요일에 윙크만 하면 되는 것이었다. 윌은 엄격한 종교적 분위기에서 성장했다. 그럼에도 또는 그렇기 때문에 약간의 저속한 유머가 주의를 끄는 힘을 지닌다는 사실을 알았다. 윌은 "이 광고는 모든 시민의 호기심을 자극할 것"이라고 정확하게 예측했다. 이 캠페인은 뉴욕시에서만 15배의 매출 증가를 불러왔다.

1909년 무렵 켈로그는 하루에 12만 상자의 콘플레이크를 생산했다. 그해에 윌은 시리얼 상자 뒤에 쿠폰을 넣었다. 아이들이 쿠폰을 오려서 우편으로 보내면 화려한 놀이용 책을 받을 수 있었다. 이 수법이 성공하자 윌은 귀찮게 사은품을 발송할 필요 없이 아예 상자에 무료 장난감을 넣기로 결정했다. 사은품용 배지, 반지, 퍼즐, 게임을 만들려면 비용이 들었다. 그러나 사실 부피로 따지면 시리얼보다 제조 비용이 저렴했다. 상자 안에 든 사은품은 아이들을 매료시키는 동시에 이익을 크게 늘려주었다.

마침내 형의 그늘에서 벗어난 윌은 승승장구했다. 그는 비즈니스 리더로서 과감성과 결단력을 발휘했다. 이는 과거에 사람들이 알던 소심한 소년의 모습과 극명하게 대비됐다. 그는 쉼 없이 일하면서 경쟁자들을 앞서는 혁신을 이뤘다. 또한 제조법을 지속적으로 개선해 라이스 크리스피(Rice Krispies) 같은 성공적인 신제품을 개발했다. 그는 오랫동안 샌이 원활하게 돌아가게 만든 체계적인 접근법을 생산뿐 아니라 광고의 규모를 키우는 데에도 적용했다. 광고에 대한 그의 접근법은 언제나 더 많고, 더 크고, 더 나은 것을 추구했다. 그는 광고에 있어서는 비용을 아끼지 않았다. 그래서 사업 첫해부터 줄곧 전국에 걸쳐 수천 개의 광고판을 세웠다.

1912년에 윌은 브로드웨이에 있는 메카 빌딩의 옥상을 5년 동안 임대하는 계약을 맺었다. 그는 이 두드러진 자리에 역대 최대 규모의 전자 광고판을 세웠다. 너비가 30미터가 넘고, 무게가 80톤이나 나가며, 소년의 웃는 얼굴과 윌의 빨간색 사인을 담은 이 광고판은 오늘날의 100만 달러에 해당하는 비용이 들었다. 뒤이어 그는 광고판 자체에 대한 이야기를 하나의 광고 캠페인으로 만들었다. 그해에만 윌은 100만 달러의 광고비를 쏟아부어서 전국의 거의 모든 잡지와 신문에 광고를 내보냈다. 그 결과 1,800만 명에게 광고를 노출할 수 있었다. 당시 켈로그의 광고는 전국 최고의 상업 아티스트가 그린 그림을 담았으며, 인상적인 슬로건으로 유명했다. 또한 신문의 만화란에도 나오는 만화 마스코트를 활용하기도 했다.

1930년 무렵 켈로그는 세계 최대의 아침 식사용 시리얼 제조업체가 됐다. 대공황이 악화되자 윌은 이전의 불황기에 그랬던 것처럼 광고비를 대폭 늘렸다. 덕분에 제품은 잘 팔려 나갔다. 윌은 배틀크리크의 레지던트들이 일자리를 유지할 수 있도록 근무시간을 6시간으로 줄였다. 또한 더 많은 직원들이 급여를 나눠 가지도록 4교대제를 실시했다. 그리고 더 많은 일자리를 창출하기 위해 샌 부지에 약 4만 제곱미터의 공원을 조성하기 시작했다.

1931년 4월 27일, 켈로그 컴퍼니는 창립 25주년을 기념하고 창립자에게 경의를 표하기 위해 배틀크리크에서 기념 행사를 열었다. 펜실베이니아주 상원 의원으로서 행사에 초빙된 제임스 데이비스(James J. Davis)는 이렇게 말했다. "켈로그 컴퍼니는 비즈니스에서 지속적인 성공의 진정한 비밀은 국민의 신체 건강을 개선하는 일에 기여하는 데 있음을 보여주는 가장 빛나는 사례 중 하나입니다." 켈로그 회장인 루이스 브라운(Lewis Brown)은 또 다른 사실을 제시했다. 그는 "켈로그 씨는 초기 자본의 마지막 한 푼까지 신문 광고에 썼습니다. 또한 그로부터 25년 동안 2,500만 달러를 신문광고에 쏟아부었습니다"라고 말했다. 브라운이 보기에 켈로그의 건강과 장수는 이처럼 커뮤니케이션에 상당한 정성을 기울인 덕분이었다. 그는 계속 말을 이어나갔다. "특히 전반적으로 경기가 안 좋을 때 광고비를 늘리는 것이 우리 회사의 정책이었습니다. 적극적으로 노력하면 매출이 늘어난다는 사실을 확인했거든요. 우리는 1907~1908년, 1921년, 그리고 1930년에 최고 매출을 기록했습니다."

실제로 윌은 1906년부터 1939년 사이에 거의 1억 달러(오늘날의 가치로 거의 20억 달러)를 광고에 썼다. 1930년대에 광고비 중 다수가 켈로그 컴퍼니가 개척한 새로운 형태의 광고에 투입되기 시작했다. 그것은 아동용 라디오 프로그램에 대한 후원이었다. 호경기과 불경기를 막론하고 미국 소비자들의 주의를 끌어들이기 위한 윌의 흔들림 없는 투자는 몇 배의 보상을 안겼다. 그 결과 켈로그는 미국의 식품 대기업이 됐다.

월은 비즈니스에서는 공격적이었지만 부나 지위에는 딱히 관심이 없었다. 그는 종교적 신념에 따라 1934년에 재산의 상당 부분인 6,600만 달러어치의 회사 주식을 가지고 켈로그 재단(Kellogg Foundation)을 세웠다. 오늘날의 가치로 따지면 10억 달러에 해당하는 엄청난 금액이었다. 월은 어린 시절에 근시를 안고 살았다. 그러나 성인이 돼서야 그 사실을 알았다. 이는 그의 학업성적이 나빴던 이유 중 하나였다. 또한 그는 치아 관리를 제대로 받지 못해서 대다수 치아를 잃었다. 그가 잘 웃지 않았던 이유가 거기에 있었다. 어린 시절에 외부의 도움을 받았다면 그는 과묵하거나 '아둔하지' 않았을지도 몰랐다. 그래서 켈로그 재단은 무엇보다 아동의 치아 및 눈 관리를 개선하는 데 초점을 맞출 것이었다.

1939년에 월은 직접 회사를 경영하는 대표 자리에서 내려왔다. 그에 따라 1906년 이후 처음으로 일상적인 회사 운영을 남에게 맡기게 됐다. 한편 샌은 경기가 나빠지는 바람에 환자를 확보하는 데 애를 먹다가 결국 매각됐다. 이후 존은 더 작은 시설로 사업체를 옮겼다. 그는 1943년에 동생에게 진심을 담은 7쪽짜리 사과 편지를 썼다. 그러나 끝내 부치지 못한 채 그해 말에 죽고 말았다. 몇 년 뒤 월은 그 편지를 받았다. 그는 형이 죽기 전에 형의 축복을 받았다는 것에 기뻐했다.

1951년에 월은 91세의 나이로 배틀크리크에서 사망했다. 그는 말년에 녹내장으로 시력을 대부분 잃었다. 그가 은퇴기에 즐긴 소일거리 중 하나는 공장 주차장에서 기계가 돌아가는 소리를 듣고 구운 시리얼의 냄새를 맡는 것이었다.

이제 배틀크리크 새니테리엄과 설립자들의 건강 철학은 대부분 잊혔다. 그러나 사람들은 시리얼이 19세기의 건강 관련 유행으로 생겼다는 사실을 모른 채 해마다 1,000억 그릇이 넘는 켈로그 콘플레이크를 먹는다. 사실 존뿐 아니라 월도 현재 대다수 켈로그 컴퍼니의 제품에 과거보다 훨씬 많은 설탕이 들어간다는 사실에 비통해할 것이다. 형의 통제에서 벗어난 월도 감히 그렇게 많은 설탕을 넣을 생각은 하지 못했을 것이다. 슈거 프로스티드 플레이크(Sugar Frosted Flakes)[지금은 그냥 프로스티드 플레이크(Frosted Flakes)]나 슈거 스맥스(Sugar Smacks)[지금은 허니 스맥스(Honey Smacks)] 같은 시리얼은 둘 다 월이 죽은 직후에 출시됐다. 많은 건강 전문가들은 이 제품들이 오늘날의 아동 비만 위기에 기여했다고 생각한다.

근래에 켈로그 컴퍼니는 변화하는 건강 트렌드에 적응하려 애썼다. 이를테면 2017년에 건강에 초점을 맞춘 영양 바로 인기를 끈 알엑스바(RXBAR)를 5억 달러가 넘는 금액에 인수했다. 이 브랜드는 적은 수의 천연 재료를 포장 전면에 표시하는 자부심 어린 방식을 토대로 성공을 거두었다. 이는 고도의 가공을 거치고 탄수화물로 가득한 아침 식사의 인기가 하락하는 추세에 맞서서 켈로그를 떠받쳐주었다. 건강에 좋다는 알엑스바의 주장이 사실로 확인될지는 시간이 말해줄 것이다. 그동안 소비자들은 분명히 켈로그 컴퍼니가 전 세계에 걸쳐 내보내는 세계적인 수준의 광고를 계속 접할 것이다. 해마다 켈로그는 전 세계에서 130억 달러가 넘는 순 매출을 올리고 있다.

▲ ▲ ▲

눈길을 끄는 메시지를 전달해 고객과 직원의 충성도를 구축하는 일은 언제나 입지를 강화해준다. 그러나 어려운 상황에서는 설득력이 가장 큰 차이를 만든다.

지금까지 여러 이야기를 통해 확인했듯이 강력한 의사소통은 모든 조직이 가장 추구하는 속성인 끈기의 핵심 요소다. 다음 분기에 파산한다면 한 분기의 뛰어난 실적은 의미가 없다. 파타고니아, 타파웨어, 켈로그가 어려운 시기를 견딘 이유는 특정한 제품이 성공해서가 아니라 광고, 마케팅, 홍보를 명민하고 끈질기게 활용한 덕분이다. 이 회사들은 좋은 때든 나쁜 때든 결코 말을 멈추지 않았다.

물론 다른 요소들도 지구력에 영향을 끼쳤다. 장거리를 달리려면 기술이 필요하다. 다음 장에서는 어떤 조직은 폭풍을 견디는 반면 다른 조직은 쓰러지는 이유를 살필 것이다.

끈기

9

물이 일정한 형태를 유지하지 않는 것처럼
전쟁에서도 일정하게 유지되는 여건은 없다.
손자, 《손자병법》

모든 기업의 성공은 온갖 외부적 힘에 좌우된다. 유행은 왔다가 간다. 시장은 상승했다가 하락한다. 경기는 활황과 불황을 거친다. 때로는 여건이 너무 좋아서 아무리 부실하게 운영된다 해도 어떤 기업도 망하지 않는다. 리더들은 언제나 통제할 수 없는 외부의 위협에 대응한다. 그러다가 한 세대에 한두 번씩 더 큰 사태가 세계를 휩쓴다. 전쟁, 팬데믹, 정치적 격변은 모든 것을 뒤바꾼다.

그러나 정치적·경제적 변동에 따른 실패가 불가피한 것은 아니다. 세계적으로 잘 운영되는 기업들은 좋은 시기와 나쁜 시기에 성공하기도 하고 실패하기도 한다. 그러나 그들은 종종 거대한 변화의 시기를 견뎌내고 심지어 번성하기도 한다. 코로나 팬데믹 수준의 엄청난 사태가 발생한 와중에도 일부 기업들은 위험을 완화하고 기회를 활용해 살아남는다. 반면 다른 기업들은 그저 질식당할 뿐이다.

끈기 있는 조직과 그 리더들의 특성은 무엇일까? 왜 어떤 기업들은 난관을 딛고 더 강해지는 반면 다른 기업들은 쇠약해질까? 왜 회사가 파도 아래로 침몰하는 동안 그 리더들은 핑계를 대기 바쁠까?

이 장에서는 불경기나 전쟁 또는 리더의 통제를 벗어난 다른 외부 여건에 대응하는 끈기의 속성과 기원에 대한 단서를 살필 것이다. 역사는 최악의 시기에도 할 수 있는 일이 있음을 보여준다.

가진 걸로 달려라
아디다스

아디 다슬러(Adi Dassler)는 첫 직원이자 유일한 직원인 요제프 '제프' 에르하르트(Josef 'Sepp' Erhardt)를 불안하게 지켜본다. 제프는 아디의 어머니가 전에 세탁소로 쓰던 오두막에 설치한 거대한 목재 장치를 기어오르고 있다. 목재 빔으로 짠 토대가 오래된 자전거를 받치고 있다. 자전거 페달은 주워 온 가죽 벨트를 통해 물통에 연결돼 있다. 이 장치는 펠로톤(Peloton) 자전거의 19세기 버전처럼 보이지만 실은 임시변통으로 만든 가죽 밀링(milling: 가죽을 통에 넣고 돌려서 부드럽게 만드는 공정-옮긴이)이다. 젊은 아디에게 산업용 밀링기를 사는 것은 불가능한 일이다. 설령 살 형편이 있다 해도 도시의 전기는 너무 불안정하다. 세계대전 이후 독일은 시민의 기본적인 필요를 충족하는 데도 애를 먹었다.

아디는 밀링 과정을 거쳐 부드럽게 만든 가죽이 없으면 자신이 구상한 운동화를 만들지 '못한다'는 것을 안다. 그는 약간의 임기응변을 통해 문제를 해결할 수 있을지 모른다고 생각한다. 오두막에 설치한 페달로 돌리는 가죽 밀링기는 아디가 설계한 것이다. 뭔가가 부서지거나 제프가 다치면 모든 것은 아디의 탓이다. 그는 '이걸로도 안 되면 방법이 없어'라고 생각한다. 아디가 시작하려는 신발 사업의 명운이 이 자전거에 달려 있다.

제프는 조심스럽게 한쪽 페달에 이어 다른 쪽 페달에 힘을 가한다. 자전거에 남은 하나의 바퀴가 돌아가기 시작한다. 아디의 임시변통 밀링기가 움직이더니 곧 빠른 속도로 회전한다. 제프가 갈수록 빠르게 페달을 밟자 일부는 근처의 전장에 버려진 철모와 수통에서 뜯어낸 가죽 조각들이 앞뒤로 구른다.

이 기막힌 물건이 작동한다!

임기응변으로 또 다른 세계대전을 견딘 뒤 스포츠웨어 대기업인 아디다스를 설립할 아디는 제프에게 계속 페달을 밟으라고 말한다. 가죽들은 통 안을 구르면서 더 부드럽게, 작업하기 좋게 변한다. 곧 성형과 재봉이 가능해질 것이다. 전기 밀링기가 더 낫지만 독일의 결정적인 패배가 남긴 잔해가 사방에 가득한 상황에서는 자전거로 해결해야 한다.

지금 당장은 말이다.

▲ ▲ ▲

헤르초게나우라흐(Herzogenaurach)는 독일 바이에른주 북부에 있는 소도시다. 현재 이 도시는 하나가 아니라 두 개의 스포츠용품 대기업, 아이다스와 푸마의 고향으로 유명하다. 이 두 기업의 라이벌 창립자는 사실 아디 다슬러와 루디 다슬러(Rudi Dassler) 형제다.

1914년, 유럽은 전쟁에 휘말렸다. 다슬러 4형제 중에서 프리츠(Fritz), 그리고 루디로 불리는 루돌프(Rudolf)는 즉시 육군으로 징집돼 전방으로 보내졌다. 대대수 독일인들은 전쟁이 금세 끝날 것이라고 예상했다. 그러나 두 다슬러 형제는 기나긴 4년의 세월을 참호 속에서 보냈다. 전쟁 마지막 해에는 아직 18세가 되지 않은 아돌프(Adolf) 또는 아디도 징집됐다. 세 명이 모두 고향인 헤르초게나우라흐로 돌아올 무렵 그들의 어머니는 세탁소를 닫았다. 사람들은 더 이상 세탁소에 빨래를 맡길 형편이 못 됐다.

전쟁이 끝난 뒤 아디는 베이커리에서 견습 과정을 마쳤다. 그러나 그 모든 노력을 투자한 뒤에도 제빵사가 되지 않기로 결심했다. 그의 관심을 끈 것은 신발이었다. 그는 새로운 아이디어에 온통 마음을 빼앗겼다. 그것은 스포츠 종목의 고유한 필요에 맞춰서 신발을 제작한다는 아이디어였다. 구두공의 아들이자 다양한 스포츠를 즐기는 아디는 이 통찰을 얻고 실행에 옮길 수 있는 고유한 위치에 있었다.

자신의 아이디어를 시험해보고 싶었던 아디는 어머니가 전에 세탁소로 쓰던 오두막에 공방을 차렸다. 처음에 그는 그저 신발을 수리해서 돈을 벌려고 했다. 전후 경제 상황이 어려워서 많은 사람들은 새 신발을 살 형편이 아니었다. 낡은 신발을 수리하는 것은 아디가 쉽게 익힐 수 있는 일이었다. 반면 신발을 만드는 일은 소질을 갖추는 것 이상의 문제였다. 신발을 만들려면 빈곤한 전후 독일에서 쉽게 찾을 수 없는 재료와 장비가 필요했다. 당시는 물가가 걷잡을 수 없이 상승하던 시기였다. 은행에서 대출을 받는 것은 불가능했다.

아디는 안정적인 전력, 적절한 공급업체, 현대적 기계, 돈을 빌릴 은행 등 자신이 갖지 못한 것에서 자신이 가진 것으로 주의를 돌렸다. 그는 전후의 폐허를 살핀 뒤 폐허 자체가 자원이 될 수 있음을 깨달았다. 그는 대담하게 인근의 전장에서 무엇이든 쓸 만한 것을 뒤지기 시작했다. 철모, 주머니, 낙하산은 아디의 새 디자인을 위한 재료가 됐다.

나중에 아디의 아내가 될 케테(Käthe)는 "신발을 개발하는 건 그의 직업이 아니라 취미였어요. 그는 대단히 과학적으로 신발을 개발했어요"라고 말했다. 아디는 홀로 가설 신발 연구소에서 자신이 운동선수일 때 경험한 문제점에 대한 해결책을 고안하고 실험했다. 첫째, 그는 자신이 좋아하는 육상 종목을 위해 신발의 마찰력을 개선하고 싶었다. 그러기 위해서는 대장장이가 필요했다. 그는 어릴 적 친구인 프리츠 젤라인(Fritz Zehlein)에게 신발 밑창에 박을 수 있는 스파이크를 만들어달라고 부탁했다. 신발에 스파이크를 다는 것은 새로운 아이디어가 아니었다. 그러나 아디는 신발 안에 추가한 핵심적인 패딩에 대한 특허를 획득했다.

1890년대에 영국 제조업체로서 나중에 리복을 분사시킨 포스터 앤드 선(Foster & Son)은 최초로 운동화에 스파이크를 달았다. (아디다스는 2005년에 리복을 인수했다.) 아디가 기여한 부분은 각 스포츠의 고유한 필요에 맞춰서 스파이크를 조정하고 디자인을 수정한 것이었다. 아디는 시행착오를 통해, 그리고 다양한 디자인의 스파이크를 만든 프리츠의 도움을 받아서 장거리 육상 선수, 단거리 육상 선수, 멀리뛰기 선수를 위한 신발을 개발했다. 또한 그는 밑창에 쇠징이 박힌 가죽 축구화도 만들었다. (당연히 날카로운 스파이크는 축구장에서 쓸 수 없었다.)

1923년에 아디의 형인 루디는 경찰이 되겠던 계획을 포기하고 아디의 신발 사업에 합류했다. 발명가인 아디는 공방에서 조용히 일한 반면, 말 잘하는 루디는 사업을 일으켰다. 이듬해에 두 형제는 게브뤼더 다슬러(Gebrüder Dassler)라는 이름으로 운동화 회사를 창업했다. 그들은 매출을 올리기 위해 아디가 만든 샘플을 해당 지역에서 늘어나는 스포츠 클럽들로 보냈다. 스포츠와 과학은 바이마르공화국에서 국가적 관심사였다. 아디의 과감하고 실험적인 디자인은 근대성과 재건을 추구하던 국가적 분위기와 잘 맞았다.

1925년 무렵 10여 명의 직원들이 징이 박힌 축구화와 스파이크가 달린 육상화를 통틀어 하루 50켤레의 신발을 생산했다. 시간이 지나면서 게브뤼더 다슬러가 자체의 성장통뿐 아니라 전후의 즉각적인 침체를 견뎌냈다는 사실이 명백해졌다. 세탁소로 쓰던 오두막은 더 이상 공장으로 쓰기에 적합하지 않았다. 이듬해에 두 형제는 기차역 옆에 있는 부지로 공장을 옮겼다. 그들은 또한 새 기계를 설치하고 직원들을 더 고용했다. 생산량은 하루 50켤레에서 100켤레로 늘었다.

스포츠웨어가 비즈니스로서 지닌 한 가지 강점은 가시성이다. 운동선수가 어떤 신발 브랜드를 선택했는지는 결코 영업 비밀이 될 수 없다. 아디는 승자의 발에 자신의 신발을 신기는 것보다 나은 광고는 없다는 사실을 깨달았다. 그러나 그가 개척한 운동선수 후원에 대한 아이디어에는 무료 홍보보다 많은 의미가 있었다. 그는 해당 종목의 필요에 맞춰진 올바른 신발이 기록을 개선한다는 것을 증명하고 싶어 했다. 이를 위한 유일한 방법은 정상급 선수들에게 자신의 신발을 신어보라고 설득하는 것이었다. 최고 수준에서는 아주 사소한 요소로도 승패가 좌우된다. 그의 신발이 몇 초라도 기록을 단축시킨다면 승자를 만들어줄 수 있었다.

아디는 스파이크가 달린 육상화를 1928년 하계 올림픽이 열리는 암스테르담으로 가지고 갔다. 거기서 그는 선구적인 여성 육상선수인 리나 라트케(Lina Radke)를 만났다. 라트케는 육상에 대한 전문 영역 지식에서 직접적인 영감을 얻은 아디의 세심한 디자인에 감탄했다. 그래서 800미터 경주에서 아디의 육상화를 신는 데 동의했다. 그녀는 이 경주에서 우승하면서 독일 최초의 육상 올림픽 금메달을 땄다. 이는 게브뤼더 다슬러의 대성공일 뿐 아니라 전용 신발을 통해 기록을 개선할 수 있다는 아디의 이론에 대한 입증이기도 했다. 라트케가 암스테르담 올림픽에서 세운 세계기록은 1944년까지 깨지지 않았다.

라트케가 아디 다슬러의 육상화를 신고 거둔 성공은 당연히 다른 독일 육상계 인사들의 관심을 끌었다. 아디의 신발에 흥미를 느낀 주요 인사 중 한 명은 요제프 바이처(Josef Waitzer)였다. 바이처는 1912년 스톡홀름 하계 올림픽에서 육상 4개 부문에 출전한 뒤 코치로 전향했다. 그는 1928년까지 육상 훈련에 대한 여러 권의 책을 썼으며, 독일 올림픽 육상팀 수석 코치로 임명됐다.

그는 게브뤼더 다슬러에 대해 알게 된 뒤 공장을 방문하기 위해 헤르초게나우라흐로 갔다. 바이처와 아디는 기록에 대한 공동의 집착을 토대로 금세 친해졌다. 이 우정은 곧 쓸모를 얻었다. 바이처는 회사의 컨설턴트가 돼 세계 무대에서 많은 경험을 쌓은 육상 코치만 제공할 수 있는 중요한 기술적 전문성을 제공했다. 또한 그는 더 많은 독일 육상선수들이 게브뤼더 다슬러 육상화를 신고 대회에 출전하도록 도왔다. 그리고 그때마다 아디에게 디자인 성능에 대한 자세한 피드백을 제공했다. 덕분에 아디는 디자인을 개선할 수 있었다.

아디 다슬러의 아버지는 아들에게 신발 제작의 기본에 대한 탄탄한 토대를 제공했다. 그러나 아디가 자신의 기술을 한 단계 향상하려면 고급 훈련이 필요했다. 그는 1932년에 피르마센스(Pirmasens)에 있는 신발 기술 대학에 입학했다. 피르마센스는 프랑스와 국경을 접한 도시로서 신발 산업으로 유명한 곳이었다. 거기서 그는 강사의 딸인 카타리나 '케테' 마르츠(Katharina 'Käthe' Martz)와 사랑에 빠졌다. 두 사람은 1934년에 결혼했다. 케테는 대담하고 적극적인 성격이었다. 그녀의 이런 성격은 아디의 사업을 여러 번 구원할 것이었다. 훗날 두 사람은 모두 합해 다섯 명의 자녀를 두게 된다.

그동안에 또 다른 거대한 변화가 독일과 유럽을 휩쓸고 있었다. 바로 국가사회주의의 부상이었다. 프리츠, 아디, 루디는 모두 1933년에 나치당에 가입했다. 독일의 신임 수상인 아돌프 히틀러는 아리아계 육상선수들의 우월성을 증명하려는 야심이 있었다. 형제들 중에서 나치당의 이데올로기에 가장 깊이 동조한 것은 루디였다. 그러나 아디도 운동을 통한 경쟁에 대한 히틀러의 집착이 사업에 오로지 도움이 될 것이라고 믿었다. 어차피 합류를 거부하면 회사를 계속 운영하기가 위태로워질 것이었다. 곧 아디는 히틀러 소년단 운동에 속한 스포츠 클럽에 운동화를 공급하고 어린 육상선수들을 지도했다.

1936년에 베를린에서 올림픽이 열렸다. 올림픽은 히틀러 치하의 새로운 독일이 세계 무대에서 힘을 뽐낼 기회였다. 아디와 요제프 바이처의 친분 덕분에 많은 독일 육상선수들은 대회에서 아디의 신발을 신을 것이었다. 그러나 정작 아디는 다른 나라의 육상선수를 주목하고 있었다.

당시 미국 육상선수인 제시 오언스(Jesse Owens)는 이미 국제적인 육상 슈퍼스타였다. 그는 고등학교 시절에 100야드 달리기 세계기록과 동률을 이루었다. 또한 1935년에 열린 빅 텐(Big Ten) 대회에서는 세 개의 세계기록을 갈아치우고 한 개의 세계기록과 동률을 이루었다. 오언스가 게브뤼더 다슬러 신발을 신도록 설득할 수 있다면 국제적으로 브랜드의 명성을 드높일 수 있었다. 물론 흑인 육상선수가 독일산 신발을 신는 것에 대한 히틀러의 의견은 다를지 몰랐다. 그러나 아디는 기꺼이 위험을 감수하기로 했다. 유일한 문제는 아디가 오언스와 친분이 없을 뿐 아니라 영어도 전혀 하지 못한다는 것이었다.

달리 방법을 찾지 못한 아디는 올림픽 선수촌에서 오언스를 찾아내서 무료로 신발을 건네주었다. 가볍고, 나직하고, 여섯 개의 스파이크가 세심하게 배열된 이 신발은 오언스를 감탄하게 만든 것이 분명했다. 어쩌면 신발 수리점에서 일한 적이 있는 오언스의 경험이 아디의 장인 정신을 알아보는 데 도움이 됐을지도 몰랐다. 어느 쪽이든 오언스는 흑인 육상선수에 대한 최초의 후원 대상이 됐다. 그는 아디의 육상화를 신고 100미터 달리기에 나가 금메달을 땄다. 그다음에는 개인 최고 기록을 갱신하면서 독일의 육상 스타인 카를 '루츠' 롱(Carl 'Luz' Long)을 물리쳤다. 결과적으로 오언스는 총 네 개의 금메달을 땄다. 이는 미국의 놀라운 승리였다. 또한 게브뤼더 다슬러의 놀라운 승리이기도 했다.

이 결과가 사업에 끼친 효과는 즉각적이었다. 아디가 예측한 대로 오언스가 신고 올림픽을 정복했다는 사실은 전 세계에 걸쳐서 게브뤼더 다슬러 신발에 대한 거대한 수요를 만들어냈다. 곧 다슬러 형제는 늘어난 수요를 충족하기 위해 두 번째 공장을 열어야 했다. 이 무렵 100여 명의 직원들이 11개 종목의 고유한 필요에 맞춰 아디가 디자인한 운동화를 제작했다. 그러나 다슬러가 오언스의 승리와 연계된 것은 나중에 훨씬 큰 여파를 끼칠 것이었다.

세계대전 이후의 사업 초기는 힘든 시절이었다. 그러나 다슬러 형제가 회사를 세운 뒤 시도한 거의 모든 일은 성공한 것처럼 보였다. 스포츠와 디자인에 집착하는 독일의 분위기는 과학적인 접근법으로 기록 향상을 추구하는 운동화 기업에 이상적이었다. 이제 올림픽에서 일곱 개의 금메달, 다섯 개의 은메달, 다섯 개의 동메달이 게브뤼더 다슬러의 운동화를 신고 뛴 선수들에게 돌아갔다. 게다가 두 개의 세계 신기록과 세 개의 올림픽 신기록도 나왔다. 아디는 자신에게 필요한 모든 증거를 얻었다. 올바른 신발을 신는 것이 중요하다는 사실이 증명됐다.

그러나 올림픽이 끝난 지 몇 년 뒤에 히틀러는 폴란드를 침공하면서 다시 한 번 현상(現狀)을 뒤흔들 세계대전을 일으켰다. 비즈니스 전쟁에서 전쟁보다 파괴적인 것은 없다. 게브뤼더 다슬러는 히틀러의 선전상인 요제프 괴벨스(Joseph Goebbels)가 말한 '총력전'을 버틸 끈기를 지녔을까?

제2차 세계대전 초기에 독일 정부는 게브뤼더 다슬러가 생산량을 줄여서 운영하도록 허용했다. 그 결과 인력과 물자가 제한됐다. 다슬러 형제는 두 번째 공장을 닫았다. 아디에게는 이런 제약이 익숙했다. 그는 어머니의 세탁소 오두막에서 출발할 때도 훨씬 적은 자원으로 임기응변을 발휘했다. 개전 1년 뒤 아디는 라디오 기술자로 징집됐다. 그는 아주 적은 자원으로도 일할 수 있었다. 그러나 그의 부재는 임기응변을 불가능하게 만들었다. 그러다가 아마도 나치당에서 쌓은 인맥 덕분에 아디는 사업 운영에 필수적인 인력으로 분류돼 재빨리 집으로 보내졌다. 뒤이어 독일 육군을 위해 1만여 켤레의 군화를 생산하는 계약이 회사에 주어졌다.

이 행운은 루디를 화나게 만들었다. 그는 형으로서 아디가 회사 운영의 핵심 인력으로 인정받는 것을 못마땅하게 여겼다. 그는 진작부터 비즈니스 측면에 대한 자신의 노력이 평가절하당하고 있다고 느꼈다. 또한 아디는 자신 없이 회사를 운영할 역량이 없다고 생각했다. 루디와 자기 주장이 강한 아디의 아내인 케테가 자주 다툰 것도 도움이 되지 않았다. 결국 두 형제 사이에 긴장이 커져갔고, 좁은 공간에서 같이 지내면서 상황이 더욱 악화됐다. 두 형제와 그들의 가족은 부모와 같이 한 집에서 살았다.

루디가 제1차 세계대전 때 4년이나 참전했는데도 1943년에 다시 징집되면서 긴장이 폭발했다. 그는 아디를 탓했다. 아디가 조기 제대하는 바람에 자신이 대신 징집당한 것이 분명했다. 루디는 폴란드에서 동생에게 다음과 같이 적개심 어린 편지를 썼다. "난 주저 없이 공장 문을 닫게 만들 방법을 찾을 거야. 그러면 너도 어쩔수 없이 리더 역할을 하게 될 것이고, 일급 스포츠맨으로서 총을 드는 일을 하게 되겠지."

루디는 자신이 말한 대로 행동했다. 그는 독일 군부 내의 인맥을 적극적으로 활용해 동생으로부터 공장 운영에 대한 권한을 빼앗으려 들었다. 그해 10월에 나치 정부는 아디에게 무기와 다른 군수물자를 만들도록 강요했다. 아디는 그것이 자신이 없어도 회사가 돌아간다는 것을 증명해 징집당하게 만들려는 형의 수작 때문이라고 의심했다.

다슬러 공장의 재봉사는 곧 미국의 바주카포를 단순하게 모방한 무기로서 연합군 탱크를 파괴하는 데 대단히 효과적인 것으로 드러난 일명 '연통(stovepipe)'에 방폭막과 가늠좌를 용접하는 일을 했다. 연통은 전세를 바꾸기에는 너무 늦게 전장에 투입됐다. 그래도 이 무기의 존재는 1945년 4월에 승자로서 헤르초게나우라흐에 도착한 미군의 관심을 끌었다. 그들은 탱크로 공장을 둘러싸고 폐허로 만들지 논쟁을 벌였다. 그때 케테 다슬러가 용감하게 그들에게 접근했다. 그녀는 강요 때문에 어쩔 수 없이 바주카포를 제조했고, 공장주인 다슬러 형제는 다시 신발을 만들고 싶어 할 뿐이라고 설명했다. 또한 실제로 제시 오언스가 1936년에 신었던 육상화를 두 형제가 만들었다고 덧붙였다.

케테가 용기 있게 나선 덕분에 게브뤼더 다슬러는 살아남았다. 인근 공군 부대에 주둔한 미군 병사들은 곧 게브뤼더 다슬러의 열렬한 고객이 됐다. 그래서 농구화와 야구화를 대량으로 주문했다. 전후에 다슬러의 집에 머물게 된 미군 장교들도 회사가 필요한 물자를 확보하는 데 도움을 주었다. 아디는 구명 뗏목에서 떼어낸 고무와 텐트에서 떼어낸 캔버스 천으로 생산을 재개했다. 미국은 제1차 세계대전 이후에 맺은 베르사유조약(Treaty of Versailles)의 실수를 반복하지 않기 위해 이번에는 독일 경제를 회생시키고 싶어 했다. 그러기 위해서는 게브뤼더 다슬러 같은 기업들이 일어서도록 도와줘야 했다.

아디 다슬러는 전쟁 물자를 재활용해 신발을 만드는 일에 다시 한 번 창의성을 발휘했다. 그러나 아디가 끈기로 넘어서야 할 또 다른 난관이 있었다. 사업은 새로운 형태로라도 계속 이어질 것이었지만 두 형제의 관계는 그렇지 않았다. 다슬러 형제는 나치와 가까운 관계였기 때문에 새로운 정권 아래에서 위태로운 처지에 놓여 있었다. 전후 루디는 포로수용소에 갇혀 있었다. 그는 공장으로 돌아갈 수 있는 허가를 받으려고 애썼다. 그는 아디가 자신을 계속 가둬두려고 적극적으로 노력한다는 망상에 사로잡혔다. 미군 조사관들은 실제로 루디가 게슈타포에 협조했다고 의심했다. 그 부분적인 이유는 루디가 뉘른베르크(Nuremberg) 지부에서 게슈타포를 위해 일했다고 아디가 알려주었기 때문이었다.

물론 루디는 이 사실을 격렬하게 부인했다. 미군은 의심스러운 정황에도 불구하고 수십만 건의 모호한 사건을 다루고 있었다. 그래서 모든 주장과 반론을 검토할 자원이 없었다. 결국 1946년 7월 31일에 안보에 위협이 되지 않는다고 판단된 모든 포로들이 석방

됐다. 거기에는 루디 다슬러도 포함돼 있었다. 그는 꼬박 1년을 미군에게 붙잡혀 있었다.

그동안 아디는 적극적인 나치 동조자로 분류됐다. 그래서 사업체를 보유할 수 없는 신분이 됐다. 그러나 게브뤼더 다슬러의 직원들과 헤르초게나우라흐의 주민들이 그를 옹호하고 나섰다. 인근도시의 유대계 혼혈인 시장은 아디가 자신에게 곧 게슈타포가 체포하러 올 것임을 경고하고 집에 숨겨주었다고 증언했다. 또한 한증인은 "내가 아는 한 그가 중요하게 여긴 유일한 정치는 스포츠뿐이었습니다"라고 말했다. 루디가 귀향하기 전날 아디는 이런 열렬한 변호 덕분에 '추종자'로 재분류됐다. 그 결과 혐의가 가벼워져서처벌이 벌금과 보호관찰에 그쳤다.

루디가 마침내 헤르초게나우라흐의 집으로 돌아왔을 때 두 형제 사이의 불화는 더욱 심해졌다. 루디는 동생이 처벌을 면한 것이 못마땅했다. 그래서 이번에는 비나치화 위원회(denazification committee)에 동생이 공장에서 무기를 만들어야 한다고 적극적으로, 그리고 독단적으로 선동했다고 일러바쳤다. 또한 그는 아디가 공장에서 정치 연설회도 주최했다고 고발했다. 이에 분노한 아디의 아내 케테는 즉각 변호에 나섰다. 그녀는 위원회에 제출한 진술서에서 "공장 내외부에서 이뤄진 연설은 루돌프 다슬러가 주도한 것이며, 이는 모든 공장 직원들이 확인해줄 것입니다"라고 썼다. 케테의 변호와 아디의 편에 선 다른 많은 주민들의 말은 루디의 의심스러운 비난보다 더 많은 힘을 지니고 있었다. 결국 아디는 또 한 번의 재분류를 거쳐서 사실상 모든 혐의를 벗었다.

이제 두 형제 사이의 균열은 돌이킬 수 없는 지경이 됐다. 루돌프 다슬러는 아내와 아이들을 데리고 강 건너편에 마련한 집으로 이사했다. 두 형제는 자산을 나눈 뒤 따로 사업을 하기로 결정했다. 루디는 문을 닫았던 두 번째 공장을 다시 열고 거기서 자신의 신발 회사를 차렸다. 이 회사는 나중에 푸마가 됐다. 게브뤼더 다슬러의 직원 중 3분의 1이 루디를 따라 새 회사로 옮겨 갔다. 나머지는 계속 아디 밑에서 일했다. 아디는 새 회사의 이름을 아디 다슬러를 줄인 아다스(Addas)로 지었다. 그러나 상표를 등록하려다가 아동화 회사가 이미 그 이름을 쓰고 있다는 사실을 알게 됐다. 그래서 아디의 회사는 아디다스가 됐다. 아디는 축구화에 안정성을 강화하기 위해 세 개의 줄을 나란히 넣은 적이 있었다. 이 우아한 디자인 요소는 회사의 트레이드마크가 됐다.

놀랍게도 아디다스와 푸마는 둘 다 국제적인 스포츠웨어 대기업이 됐다. 케테는 아디다스에서 루디를 대신해 아디의 동업자가 됐다. 그녀가 탁월한 능력으로 회사를 운영하는 가운데 아디는 다시 자유롭게 디자인에 전념했다. 이후 그는 테니스, 스키, 권투, 볼링, 펜싱 등 많은 종목을 위한 신발을 개발했다. 그는 평생에 걸쳐 꾸준히 전 세계를 돌며 운동선수들을 만나서 그들이 직면한 특정한 문제점이 무엇인지 논의했다. 그리고 그 문제를 해결하기 위한 혁신적인 방식을 고안했다.

1960년대에 아디다스는 세계 최대의 운동화 제조 회사가 됐다. 아디다스는 16개 공장에서 하루에 2만 2,000켤레의 운동화를 생산했다. 아디는 부와 성공에도 불구하고 계속 새로운 디자인을 창조하는 일에 매달렸다. 그는 언제나 각 스포츠의 고유한 필요에 보다 잘 맞도록 신발을 개선할 방법을 찾았다. 그가 이룬 중요한 혁신으로는 축구화의 나사형 징, 무게를 줄이는 나일론 밑창, 트랙 육상화용 교체형 스파이크가 있다.

루돌프 다슬러는 1975년 12월에 사망했다. 아돌프는 3년 뒤에 형의 뒤를 따라갔다. 두 형제는 결코 화해하지 않았다. 케테는 여러 해 동안 혼자 아디다스를 경영했다. 그러다가 1980년대에 그녀의 아들인 호르스트(Horst)가 경영권을 물려받았다. 케테는 1984년에 사망했다.

끈기는 다시 일어서는 능력과 그러기 위해 필요한 의지와 겸손 같은 복수의 속성을 아우른다. 또한 독창성도 필요하다. 어떤 기업도 아주 오랫동안 완벽한 여건을 누리지 못한다. 리더에게는 부족한 자원으로 위기를 버텨야 할 때가 온다. 이런 경우 임시변통으로 마련할 수 있는 것만 갖고 최대한의 성과를 내야 한다. 가진 것만으로 달려야 한다.

결코 광고를 멈추지 마라
리글리 vs. 불경기

1907년, 윌리엄 리글리 주니어(William Wrigley Jr.)는 감당할 수 없는 일을 저지른 것인지도 몰랐다.

새 광고 캠페인이 실패로 돌아간다면 그것은 제품 때문이 아니었다. 주시 프루트(Juicy Fruit)와 스피어민트(Spearmint) 껌은 시카고

뿐 아니라 갈수록 늘어나는 다른 도시들에서 행인들의 신발 밑창에 붙은 채로 발견되고 있었다. 사람들은 일단 씹어보면 껌을 좋아했다. 껌 씹기, 특히 리글리(Wrigley) 껌 씹기는 새로운 세기의 전반적인 새로운 오락이 됐다. 어떤 사람들은 심지어 담배보다 껌을 선호했다. 신선한 스피어민트, 진짜 과일 추출액, 진짜 설탕, 신선함을 유지하기 위한 밀봉 등 리글리는 품질을 중시했다. 그는 이런 요소들이 미국인의 입을 놓고 경쟁하는 맛없고 냄새나는 대안들로부터 자신의 제품을 돋보이게 해준다고 믿었다.

하지만 리글리는 이미 뉴욕시에서 포스터, 네온사인, 광고판 등을 통해 10만 달러의 광고비를 쏟아부었는데도 효과를 보지 못했다. 그것도 '두 번'이나 그랬다. 리글리는 나중에 그렇게 큰돈이 전국에서 가장 중요한 도시에서 "거의 아무런 파급력을 끼치지 못했다"라고 말했다. 그런데도 그는 세 번째 도전에 나섰다.

리글리는 뉴욕을 얻으면 미국 시장을 얻을 수 있다는 사실을 알았다. 또한 미국에서 성공하면 껌 씹기를 여전히 나쁜 습관으로 보는 대서양 건너편에서도 성공할 가능성이 컸다. 이는 더 큰 잠재적 판돈을 노린 큰 베팅이었다. 빅 애플을 얻으려는 처음 두 번의 시도가 실패로 돌아갔을 때 리글리는 자신에게 의구심을 품었다. 소비자의 심리에 대한 그의 탁월한 직관이 어디서 잘못된 것일까? 카피일까? 그림일까? 배치일까?

어쩌면 거창한 야심을 포기하고 모든 노력을 시카고 지역에 집중할 때인지도 몰랐다. 그렇다면 전국 시장을 비먼스(Beeman's)나 치클릿(Chiclets) 같은 회사들에게 넘겨야 했다. 그의 주요 경쟁자들은 그에게 맞서서 팀을 이뤘다. 그는 이 독점적인 기업 연합에 합류하기를 거부했다. 그는 혼자서 그들 모두를 상대할 수 있다고 생각했다. 이제 그의 야심과 자존심은 그를 거의 파산 상태로 내몰았다.

그러나 시간이 지나면서 리글리는 광고들이 괜찮았다고 판단했다. 그 방면에서 그의 육감은 언제나 뛰어났다. 그는 소비자들이 어떻게 생각하는지 알았다. 단지 그는 난관의 규모를 과소평가했을 뿐이었다. 그동안 모든 곳의 상황이 나빴다. 이제는 뉴욕도 금융 공황의 한복판에 있었다. 주식시장은 자유낙하를 하고 있었다. 예금 인출 사태도 벌어졌다. 기업들은 곳곳에서 파산했다. 리글리는 나라와 마찬가지로 비탈길을 오르고 있을 뿐이었다.

리글리는 젊은 시절에 친구와 같이 큰돈을 벌기 위해 광산업에 나섰다. 그는 서부로 가는 긴 여행길에서 화부가 기차의 화실(火室)에 쉼 없이 석탄을 삽으로 퍼 넣는 모습을 감탄스럽게 지켜보았다. 비탈길을 오를 때는 15초마다 한 삽씩 넣어야 기차를 계속 나아가게 만들 수 있었다. 속도를 잠시라도 늦추면 거대한 철마는 불가피하게 뒤로 밀리기 시작했다.

더 큰 회사들이 무너지는 와중에도 리글리가 버티려면 결코 광고를 멈추지 말아야 했다. 석탄을 퍼 넣는 일을 멈추면 관성으로 나아가는 것이 아니라 다시 뒤로 밀려날 것이었다. 사실 껌은 불경기에 잘 맞는 이상적인 제품이었다. 불안한 사람들은 불안을 다스리기 위해 습관처럼 껌을 씹었다. 문제는 사람들이 스트레스를 받으면 쉽게 한눈을 팔고 산만해진다는 것이었다. 그래서 지금 이 순간 리글리 스피어민트가 얼마나 상쾌하고 저렴한지 거듭 상기시킬 필요가 있었다.

이런 심리적 측면을 차치하더라도 금융 공황 때는 광고 공간이 훨씬 저렴해졌다. 리글리가 들이는 광고비라면 도시 전체를 밝힐 수 있었다.

▲ ▲ ▲

오늘날 사람들은 아마도 눈에 띄는 복고풍의 껌으로, 또는 야구팬이라면 시카고 컵스의 홈구장인 리글리 필드(Wrigley Field)로 리글리라는 이름을 인지할 것이다. 그러나 전성기에 윌리엄 리글리 주니어의 이름은 다른 사람들이 물러설 때 계속 나아간 끈기로 유명했다. 리글리는 힘겨운 성장기에서 살아남았다. 또한 매번 강력한 경쟁자들을 쓰러뜨린 경제적 침체를 두 번이나 버텨냈다. 그는 밀랍이나 수액이 아니라 치클(chicle)로 만든 그의 껌처럼 아무리 씹어도 잘 끊어지지 않았다. 그 부분적인 비결은 광고와 직접 마케팅을 20세기에 맞게 재발명한 것이었다.

리글리는 성공적으로 그의 유산을 토대로 회사를 키운 아들 필립 리글리(Philip K. Wrigley)에게 "사업 여건이 어떻든 절대 광고를 멈추지 마라"라고 말했다. 또한 그는 뛰어난 유연성을 발휘함으로써 살아남았다. 산타클라라 밸리(Santa Clara Valley)가 거기서 설계될 실리콘 칩 때문에 이름이 바뀌기 오래전에 윌리엄 리글리 주니어는 전략적 방향 전환법을 터득했다.

윌리엄 리글리 주니어는 1861년에 필라델피아에 사는 퀘이커 교도의 대가족에서 태어났다. 그는 심한 장난으로 학교에서 쫓겨난 뒤 아버지의 공장에서 일했다. 거기서 그는 하루 10시간씩 리글리스 미네랄 스카우어링 소프(Wrigley's Mineral Scouring Soap)의 원료가 담긴 통을 휘저었다. 이런 일을 하기에는 너무나 활동적인 13세의 리글리는 외판원이 되게 해달라고 간청했다. 놀랍게도 아버지는 그의 부탁을 들어주었다. 리글리는 나이보다 조숙해 보였다. 리글리는 이후 4년 동안 말을 몰고 펜실베이니아, 뉴욕, 뉴잉글랜드 등지를 돌았다. 비누를 사달라고 상인을 설득하는 일은 10대의 리글리에게 대단히 귀중한 설득술의 토대를 제공했다. 설득술은 곧 물건을 파는 기술이었다.

그는 남은 평생 동안 직원들에게 자신이 길에서 배운 교훈을 가르쳤다. 그것은 친절하고, 끈기 있고, 양심적이어야 한다는 것이었다. 또한 항상 다른 사람도 배려할 줄 알아야 했다. 그들도 먹고살아야 하기 때문이었다. 리글리는 결국 필라델피아로 돌아왔지만 계속 아버지의 비누를 팔았다. 그는 23세 때인 1885년에 결혼했다. 그리고 6년 뒤에 아내와 갓 난 딸을 데리고 시카고로 이사해 새로운 사업을 시작했다. 가진 것이라고는 겨우 32달러와 〈뉴욕타임스〉가 쓴 것에 따르면 "배짱과 진취성, 그리고 결코 실망을 안기지 않는 낙천성"뿐이었던 리글리는 큰돈을 벌기 위한 일에 나섰다.

오래 살아남으려면 고객의 행동을 깊이 이해해야 한다. 경기가 어려울 때도 사람들은 여전히 물건이 필요하다. 다만 다른 물건이 다른 방식으로 필요할 뿐이다. 그들이 원하는 물건을 원하는 방식으로 제공하지 못하면 밀려나게 된다. 심리학에서는 다른 사람의 생각, 믿음, 감정이 자신과 어떻게 다른지 추정하는 능력, 다른 사람의 눈으로 세상을 보는 능력을 '마음 이론(theory of mind)'이라고 부른다. 모두가 거기에 뛰어난 것은 아니다. 성공을 거뒀지만 힘든 시기에 실패하는 리더들은 이런 맹점을 가진 경우가 많다. 그들은 상황이 어려울 때 고객의 태도가 바뀌는 양상에 공감하지 못한다. 좋은 시절에는 누구도 막을 수 없었던 그들은 여건이 나빠졌는데도 기존 방식을 고수한다. 그러고는 성공 방정식이 더 이상 통하지 않는 이유가 무엇인지 속절없이 의아해한다.

윌리엄 리글리 주니어는 힘든 성장기가 심어준 담력과 외판원으로 오랜 기간 여행하면서 연마한 탁월한 인간적 본능 덕분에 어려운 시기에도 살아남았다. 그는 언제나 모든 리더들이 매달려야 하는 질문에 골몰했다. 그것은 "사람들이 '지금' 원하는 것은 무엇인가?"였다.

상인들은 마진이 너무 박하다는 이유로 리글리스 미네랄 스카우어링 소프를 들여놓지 않으려 했다. 그래서 리글리는 소매가를 2배인 상자당 10센트로 높이자고 설득했다. 이는 마진을 늘리는 데 도움이 됐다. 그러나 그는 상인들이 판매를 주저하는 데는 박한 마진 외에 다른 이유가 있음을 알았다. 비즈니스에 능한 대도시 상인들도 결국에는 사람이었다. 그리고 "모든 사람은 공짜로 얻게 되는 덤을 좋아했다". 그래서 리글리는 '사은품'을 제공하기로 결정했다. 그것은 그의 비누를 들여놓는 대가로 소매업자들에게 주는 선물이었다. 식료품점 점주들과 다른 상인들은 어떤 마케팅용 수식어를 붙여도 비누는 비누일 뿐, 근본적으로는 다를 것이 없다는 사실을 알았다. 하지만 리글리스 미네랄 스카우어링 소프 한 상자를 매입하면 빨간색 우산을 공짜로 얻을 수 있었다. 물론 싸구려 우산이어서 비를 맞으면 빨간색 염료가 흘러내리기는 했다. 그래도 공짜 우산에서 무엇을 기대하겠는가?

비누는 바뀌지 않았지만 그것을 매입하는 경험은 바뀌었다. 싸구려 우산이 매출에 끼친 영향은 상당했다. 그래서 리글리는 사은품을 제공하는 아이디어에 더 많이 투자했다. 부분적으로 이는 리글리가 아버지의 통제에서 벗어나는 것을 뜻했다. 그는 자신의 사업을 리글리 매뉴팩처링 컴퍼니로부터 분리해 독립적인 도매업자가 됐다. 리글리에게는 특정한 제품이 핵심이었던 적은 한 번도 없었다. 그 제품 상자에 가족의 이름이 새겨져 있다고 해도 마찬가지였다. 그는 어린 시절에 김이 나는 원료통을 저으며 너무 오랜 시간을 보냈다. 그래서 비누에 대해서는 딱히 애정이 없었다. 그에게는 고객이 핵심이었다.

리글리는 매출을 늘리기 위해 소매업자들에게 비누를 팔 수 있게 해주는 여러 사은품을 실험하기 시작했다. 최종적으로 선택된 사은품은 베이킹파우더였다. 1892년 무렵 베이킹파우더는 비누보다 더 많은 인기를 끌게 됐다. 리글리는 기민하게 기어를 바꿔서 비누 대신 베이킹파우더를 팔았다. 그는 이를 통해 자신의 트레이드마크가 될 전략적 유연성을 드러냈다. 이제는 파우더를 팔기 위한 저렴하고 매력적인 사은품이 필요해졌다. 그것은 상인들이 그의 제품으로 아주 조금이라도 기울게 만들 작은 '덤'이어야 했다.

리글리는 덥고 붐비는 가게를 돌아다니며 재고를 확인하고 좀도 둑들을 몰아내는 바쁜 상인의 입장에 자신을 대입했다. 상당히 스트레스를 많이 받는 일 같았다. 그들의 스트레스를 덜어줄 수 있는 것은 무엇일까?

▲ ▲ ▲

인간은 수천 년 동안 입 냄새를 없애거나, 갈증을 달래거나, 각성 효과를 얻거나, 허기를 없애기 위해 껌을 씹었다. 이런 관행은 여러 문명에 걸쳐 독립적으로 생겨났다. 아직 잇자국이 보이는 5,000년 된 자작나무 수지에서 사람의 DNA가 검출됐다. 고대 그리스인들은 유향나무 수지로 만든 껌을 씹었다. 중국 사람들은 인삼 뿌리를 씹었다. 남아시아 사람들은 수천 년 동안 빈랑을 씹었다. 신세계의 일부 지역에 사는 원주민들은 가문비나무 수액을 씹었으며, 일부 유럽 정착민들은 뉴잉글랜드에서 이 관행을 받아들였다.

1840년대에 존 커티스(John Curtis)라는 사람이 메인주에 첫 가문비나무 수액 껌 공장을 세웠다. 이 제품은 인기를 끌었다. 그러나 가문비나무 수액은 문제가 있었다. 일단 익숙해질 필요가 있는 맛이었고, 씹으면 끊어지는 경향이 있었다. 이 문제에 도움이 되는 것이 파라핀 왁스를 추가하는 방법이었다. 그래서 수액에 왁스를 섞은 것이 미국인들이 선택한 껌이 됐다.

리글리는 두어 상자의 껌을 샀다. 껌 씹기는 신경질적인 습관이었고 가게 주인들은 신경질적인 사람들이었기 때문이다. 사은품으로서 껌이 지니는 매력에 대한 그의 본능은 옳은 것으로 드러났다. 실제로 사업이 커지면서 리글리는 이전에 베이킹파우더가 비누를 가린 것처럼 이제는 껌이 베이킹파우더보다 인기가 많아졌다는 사실을 깨달았다. 다시 방향을 전환할 때였다. 리글리는 한 번 더 사은품을 제품으로 삼았다. 고객을 따르는 것이 답이었다.

비누의 경우와 마찬가지로 리글리는 제품 자체에는 비교적 무관심했다. 그의 첫 두 브랜드는 공급업체가 만든 것이었다. 바사르 (Vassar)는 여성용 껌이었고, 로타(Lotta)는 다른 모든 사람을 위한 껌이었다. 리글리는 "껌은 누구나 만들 수 있습니다. 문제는 파는 겁니다"라고 말했다. 리글리가 매달린 관심사는 식품 화학이 아니라 소비자 심리학이었다. 그렇기는 해도 껌은 너무 빨리 맛을 잃었다. 심지어 씹는 동안에 끊어지기도 했다. 리글리는 잠재력이 큰 제품에는 약간 더 주의를 기울일 가치가 있다고 판단했다. 그는 여러 대안을 조사한 뒤 공급업체에 수액과 왁스를 혼합하지 말고 치클을 써보라고 말했다.

중미와 멕시코의 나무에서 얻는 천연 라텍스인 치클은 아즈텍과 마야 사람들에게 인기를 끌었다. 수액보다 오래 씹을 수 있고 맛도 더 좋은 치클은 치클릿 같은 새로운 인기 브랜드 덕분에 서서히 입지를 넓혀갔다. 1893년에 리글리는 오랫동안 남을 두 개의 새로운 치클 껌 브랜드를 선보였다. 바로 주시 프루트와 리글리스 스피어민트였다. 주시 프루트에 들어간 과일 추출액은 맛을 아주 잘 유지했다. 또한 스피어민트는 입 냄새를 없애는 능력이 뛰어났다. 새로운 맛들은 엄청난 인기를 끌었다. 그래서 리글리는 로타와 바사르를 아예 없애버렸다. 제품 측면이 해결된 뒤 주된 문제는 경쟁이었다.

1899년에 6개의 다른 껌 제조사들이 리글리에게 기업 연합에 들어오라고 권했다. 같이 뭉치면 소매업체를 상대로 더 많은 영향력을 발휘할 수 있었고, 가격과 공급량에 대한 통제권도 강화할 수 있었다. 리글리는 이처럼 독점적 지위를 구축하려는 시도에 동조하기를 거부했다. 그 결과 그는 모든 경쟁자와 동시에 전쟁을 벌여야 했다. 그는 살아남으려면 식료품점 점주들의 충성심과 애정이 필요하다는 사실을 알았다. 그들은 어떤 껌을 들여놓고 그것들을 얼마나 눈에 띄게 진열할지 최종적으로 결정하는 사람들이었다. 리글리는 다시 한 번 탁월한 마음 이론 능력을 활용했다. 이제 껌을 판매할 제품으로 결정했다면 새로운 사은품을 제공할 때였다. 리글리는 식료품점 점주들에게 어필하도록 선택된 고급 선물들을 제공하기 시작했다. 저울, 커피 그라인더, 현금 등록기 같은 것들이었다. 이 인센티브는 매출을 증가시켰고, 감정을 잘 드러내지 않는 소매점 점주들이 리글리의 진열 상자를 손님들의 눈에 띄는 곳에 두게 만들었다.

그러나 안타깝게도 껌에 대한 마진이 너무 작아서 리글리는 여전히 적자를 보았다. 그는 적자를 만회하려고 돈을 더 쓰기보다 새로운 접근법을 시도해보기로 결정했다. 이 접근법은 과거 사은품이 그랬던 것처럼 첨단 기법에 속했다. 20세기 초에 첨단 기법은 바로 광고라는 새로운 수단을 활용하는 것이었다.

인간은 고대부터 제품을 광고했다. 파피루스로 만든 포스터가 고대 이집트 건물의 벽을 장식했다. 중국에서는 송 대부터 지역 매장을 광고하는 인쇄본 표지가 사용됐다. 광고는 산업혁명과 함께 진화했다. 상업과 경쟁이 폭증하면서 광고의 수준과 규모도 크게 발전했다. 그 과정에서 심리학적 측면도 갖추게 됐다. 새로운 광고는 설득과 조작의 요소를 점차 많이 받아들였다. 격렬한 경쟁은 기업들이 단지 제품의 긍정적인 속성을 나열하는 정도를 넘어서게 만들었다. 리글리는 이 광고의 기술에 통달할 자질을 갖추고 태어났다.

사은품만으로 껌 시장의 기업 연합을 물리칠 수 없었던 리글리는 시카고 지역의 신문과 매장 유리창을 통해 자신의 껌을 광고하기 시작했다. 화려하고, 간결하고, 기억하기 쉬운 그의 광고는 상큼한 맛으로 담배를 피우지 않게 해줄 뿐 아니라 속쓰림, 더부룩함, 그리고 물론 입 냄새를 없애준다고 약속했다. 이 광고는 쇼핑객들의 눈길을 끌었고, 마침내 이익이 증가하기 시작했다. 광고 전략에 대한 자신감이 커진 리글리는 1902년에 더 큰 베팅을 감행했다. 그는 뉴욕시에만 10만 달러의 광고비를 투입했다. 그러나 속상하게도 별다른 효과가 나타나지 않았다.

그렇게 큰돈을 잃고 나면 많은 기업가들은 아예 사업 확장을 포기했을 것이다. 그러나 리글리는 광고가 효과가 있음을 알았다. 시카고와 다른 곳에서 효과가 있었기 때문이다. 성장의 열쇠는 "빨리, 자주 소비자들에게 말하는 것"이었다. 단지 그는 빅 애플에서 그렇게 하기 위한 과제의 규모를 과소평가했을 뿐이었다. 그래서 재시도에 나선 리글리는 뉴욕시 광고에 추가로 10만 달러를 쏟아부었다. 그러나 이번에도 아무런 변화를 일으키지 못하고 말았다. 그런데도 두 번째 실패는 리글리에게 "이미 쏟아부은 20만 달러를 되찾겠다"라는 의욕을 불어넣었다.

동양에는 '7전 8기'라는 말이 있다. 이것이 끈기의 핵심이다. 리글리는 경험을 통해 광고가 껌 판매에 도움이 된다는 사실을 알았다. 지출 규모가 틀렸거나 포스터에 들어간 문구를 수정할 필요가 있을지는 모른다. 그러나 전략 자체는 타당했다. 그는 그 전략을 포기할 생각이 없었다. 단지 회사를 추스리고 적절한 때를 기다릴 필요가 있을 뿐이었다.

그러다가 1907년에 금융 공황이 덮쳤다.

리글리는 나중에 "모든 것이 엎어지고 모두가 지출을 줄였다. 특히 광고 지출이 많이 줄었다. 나는 전국 단위의 대규모 캠페인을 실행할 적기라고 생각했다"라고 회고했다. 리글리는 25만 달러의 대출금을 들고 뉴욕시로 돌아갔다. 당시 광고 공간에 대한 수요는 그 어느 때보다 낮았다. 그래서 25만 달러로 100만 달러어치의 광고 공간을 살 수 있었다. 리글리 껌을 광고하는 네온사인이 뉴욕 전역에 이어 나중에는 전국에 걸쳐 세워졌다. 불황이 규모를 키워준 광고 홍수는 이번만큼은 껌 시장의 60퍼센트를 차지하기에 충분했다.

리글리는 힘들어하는 소매점 점주들에게 무료 껌 상자를 받을 수 있는 쿠폰을 보냈다. 전에도 그랬지만 '덤'을 싫어하는 사람이 있을까? 소매점 점주들은 무료 껌 상자를 받기 위해 도매업체에게 쿠폰을 발송했다. 이는 도매업체가 소매점 점주들과 관계를 맺을 수 있는 완벽한 기회를 제공했다. 리글리는 외판원으로 일한 경험을 통해 이런 관계가 얼마나 중요한지 알았다.

리글리는 경기가 하락하는 와중에도 회사를 키우기 위해 과감하고도 지속적인 노력을 기울였다. 덕분에 리글리 껌은 전국에서 가장 인기 있는 껌이 됐다. 그 결과 껌 시장의 기업 연합은 완전히 와해됐다. 17만 달러 수준이던 매출은 1910년에 300만 달러까지 늘어났다. 리글리스 스피어민트는 전국에서 가장 많이 팔리는 브랜드가 됐다. 1911년에 리글리는 공급업체를 인수해 자체 생산 능력을 갖추었다. 그가 달성한 규모를 고려하면 수직적 통합이 타당했다. 3년 뒤 리글리스는 더블민트 껌을 선보였다. '두 배의 가치'를 제공하는 이 껌은 "두 배로 강한 페퍼민트 맛에 이중으로 포장돼 언제나 신선하고 깨끗했다".

2차 뉴욕시 광고로 거둔 리글리의 성공은 향후 전략을 결정지었다. 누구라도 맛을 입힌 치클에 포장지를 두를 수 있었다. 껌 같은 충동 구매 품목의 경우 최초 상기 인지도(top-of-mind awareness)가 모든 것이었다. 리글리는 "광고는 기차를 운행하는 것과 같습니다. 그래서 계속 엔진에 석탄을 퍼 넣어야 합니다. 그 일을 멈추면 불이 꺼집니다. 그 뒤에도 기차는 한동안 관성으로 나아갈 것이지만 결국에는 속도가 느려지고 완전히 멈추게 됩니다"라고 말했다. 1915년에 리글리는 이런 사고방식을 논리적 귀결로 이끌었다. 그래서 미국 전화번호부에 기재된 모든 가정에 스피어민트 껌을 네 통씩 배송했다. 모두 150만 통이 넘게 배송됐다. 그는 다른 홍보 활동에도 많은 돈을 들였다. 이를테면 뉴저지에 있는 트렌턴 애틀랜틱시티(Trenton-Atlantic City) 철도를 따라 약 805미터에 걸쳐 117개의 광고판을 연이어 설치했다. 광고는 절대 멈춰서는 안 되는 것이었다.

1919년에 리글리는 회사를 상장시켰다. 그 무렵 윌리엄 리글리 주니어 컴퍼니는 1,200명의 임직원을 거느리고 하루에 4,000만 개의 껌을 생산했다. 리글리의 철학에 따라 해마다 400만 달러가 광고비로 투입됐다. 리글리는 "우리가 보유한 네 개의 공장에서 매일 생산되는 껌을 줄줄이 놓으면 뉴욕에서 갤버스턴(Galveston)을 지나 거의 멕시코만을 가로지를 수 있다고 합니다"라고 말했다. 그 자신도 5,000만 달러로 추정되는 부를 축적했다. 전 세계 사람들이 리글리의 껌을 씹었다. 포장지에는 37개 언어가 인쇄됐다.

리글리는 변덕 심한 대중의 눈길을 끌려면 놀라게 만드는 것이 중요하다는 사실을 줄곧 알고 있었다. 누구도 우편으로 공짜 껌을 받게 될 것이라고 기대하지 않았다. 이런 점이 무료 배포 행사에 현저한 가치를 부여했다. 시카고강 북쪽에 자리 잡은 최초의 대형 빌딩이자 시카고에서 최초로 공조 장치가 설치된 오피스 빌딩으로서 상징적인 20층짜리 리글리 빌딩이 세워질 무렵 리글리는 기자들에게 자신의 생각을 설명했다. 그는 "이 빌딩에서 제 이름을 본 적이 있습니까? 외벽에 스피어민트라는 글자가 붙은 곳이 있습니까? 사람들은 이 건물이 세워지면 제가 멀리서도 보이도록 제 이름을 아주 크게 갖다 붙일 거라고 생각했죠. …… 사실 제 이름을 붙이지 않는 게 더 나은 광고입니다. 사람들이 그 부분에 대해 이야기를 할 것이거든요. 예상치 못한 특이한 일이니까요"라고 말했다.

리글리는 회사가 번성하는 와중에도 페달에서 발을 떼지 않았다. 그는 "사업이 너무 잘돼서 광고가 필요 없는 경우는 없어요. 우리에 대해 한 번도 들어본 적이 없는 아기들이 날마다 태어나고, 우리를 알던 사람들도 계속 상기시키지 않으면 잊어버립니다"라고 말했다.

1925년에 윌리엄 리글리 주니어는 일상적인 운영을 아들인 필립에게 넘기고 야구에 대부분의 신경을 기울였다. 그는 1916년에 껌을 팔아서 번 5만 달러로 시카고 컵스의 소수 지분을 사들였다. 그러다가 1921년에 팀의 대주주가 됐으며, 뒤이어 수백만 달러를 추가로 팀에 투자했다. 리글리는 공장만큼 구장을 정성껏 관리했다. 리글리 구장은 청결 관리가 엄격하기로 유명했다. 그는 심지어 흰 장갑을 끼고 난간을 훑어서 먼지를 확인했다. 또한 그는 껌으로 큰 효과를 본 마케팅 철학을 컵스에도 적용했다. 그래서 라디오 방송국들이 최소한의 중계권료만 내고 경기를 중계하도록 허용했다. 동시에 여러 개의 방송국에서 중계가 돼도 상관없었다. 그 결과 1925년 무렵 컵스 경기는 라디오방송의 고정 레퍼토리가 됐다.

필립이 경영을 맡은 뒤에도 윌리엄 리글리 주니어는 항상 사업에 대한 적극적인 관심을 유지했다. 이 구도는 처음부터 아주 쉽게 굴러갔다. 광란의 1920년대는 껌을 팔기에 좋은 시대였다. 이 10년 동안 매출은 3배로 불어났다. 그러다가 1929년 11월 27일에 블랙 프라이데이와 함께 10년에 걸친 왕성한 성장이 끝났다. 미국 역사상 최악의 주가 폭락이 진행되는 와중인 1929년 10월에 리글리의 사진이 〈타임〉지 표지에 실렸다. 시기는 좋지 않았지만 알고 보면 적절한 일이었다. 껌은 대공황 동안에도 잘 팔릴 정도의 끈기를 증명했다. 1930년에도 순이익은 1,220만 달러에 이르렀다. 이는 이전 성장률과 맞먹는 수준이었다. 리글리는 "사람들은 슬플 때 더 열심히 껌을 씹는다"라고 말했다.

리글리는 여건이 바뀌면 유연하게 적응했고, 상황이 나빠져도 결의를 지켰다. 그가 보여준 끈질긴 생명력은 우연한 행운이 아니었다. 베이킹파우더가 비누를 밀어내자 그는 방향을 전환했다. 껌이 베이킹파우더를 밀어내자 그는 다시 방향을 전환했다. 그동안 그는 결코 사업에 대한 투자를 멈추지 않았다. 1907년의 금융 공황은 리글리의 경쟁자들이 한껏 몸을 움츠리고 폭풍을 견디게 만들었다. 반면 리글리는 25만 달러를 빌려서 모조리 저렴한 광고에 쏟아부으며 뉴욕시를 네온으로 뒤덮었다.

리글리는 모든 것을 신중하게 관리할 자원으로 보았다. 그가 모든 공장과 사무실에 대해 대단히 높은 청결과 정돈의 기준을 고집한 이유가 거기에 있었다. 그는 자신의 사업뿐 아니라 다른 사람들에게도 투자했다. 또한 평생 여러 차례에 걸쳐 그랬듯이 상황이 악화되면 더 깊이 파고들었다. 한 예로 컵스 공동 소유주인 찰스 위그먼(Charles Weeghman)이 재정적 어려움에 부딪힌 적이 있었다. 리글리는 위그먼의 컵스 지분을 담보로 위기를 헤쳐 나갈 자금을 빌려주었다. 1918년 무렵 위그먼은 자신이 운영하는 레스토랑들이 인플루엔자 유행병으로 심한 타격을 입는 바람에 대다수 지분을 담보로 걸고 돈을 빌렸다. 곧 리글리는 팀에 대한 완전한 통제권을 얻었다. 마찬가지로 1931년에 밀과 목화의 가격이 폭락했을 때 리글리는 제품 대금으로 이 작물들을 받겠다고 발표했다. 그는 생존이 "엔진에 석탄을 계속 퍼 넣는" 데 달려 있다는 것을 알았다.

1932년 1월 26일, 윌리엄 리글리 주니어는 70세의 나이로 사망했다. 전 세계의 리글리 공장은 일시적으로 가동을 중단했다. 그의 부고는 그가 생전에 1억 달러를 광고비로 썼다는 놀라운 사실을 부각했다. 오늘날의 가치로는 거의 20억 달러에 이르는 엄청난 액수였다. 정치계 리더, 야구선수, 금융인, 기업인 들의 조의가 쏟아졌다. 〈뉴욕타임스〉에 따르면 리글리는 길고 바쁜 생애에 걸쳐 "야구, 석탄 채굴업, 운송업, 영화 산업, 목장업, 호텔업"에서 진취적인 활동을 펼쳤다. 애리조나주의 초대 주지사인 조지 헌트(George W. P. Hunt)는 그의 죽음이 "국가적 손실"이며, "거의 모든 그의 활동은 선구적인 개발을 수반했다"라고 말했다. 리글리는 그가 사랑한 산타카탈리나섬(Santa Catalina Island)에 만들어진 맞춤형 석관에 묻혔다.

2008년에 세계 최대의 껌 제조사인 윌리엄 리글리 주니어 컴퍼니는 현금 230억 달러에 마스(Mars)에 매각됐다. 현재 이 회사는 미국과 유럽에서 판매되는 껌의 절반을 공급한다. 생각해보면 리글리는 이 껌들을 공짜로 뿌린 적이 있었다.

레벨 업
미국을 정복한 닌텐도

때는 1985년 10월, 미국 연말 쇼핑 시즌의 초입이다. 장소는 연말 쇼핑의 중심지이자 맨해튼의 유명한 장난감 메카인 파오 슈와츠(FAO Schwarz)다. 밖에는 이 매장을 대표하는 빨간색 유니폼의 '장난감' 병정들이 보초를 서고 있다. 그러나 삼엄한 경비에도 불구하고 닌텐도의 정예 요원팀이 매장으로 침투했다. 파오 슈와츠는 다른 거의 모든 미국의 소매업체처럼 닌텐도와 그들의 새로운 게임 콘솔인 닌텐도 엔터테인먼트 시스템(NES)을 막아내려 애썼다. 미국의 게임 시장에서 동전이 떨어져가고 있었기 때문이다.

기존 게임을 본뜬 조잡하고 때로는 플레이조차 불가능한 게임들이 범람하면서 아이들은 한때 시장을 지배하던 아타리(Atari)와 콜레코(Coleco)의 게임 콘솔로부터 등을 돌렸다. 그러나 닌텐도는 소매업체들에게 거절할 수 없는 제안을 했다. 바로 모든 미판매 제품에 대해 전액 환불을 해주겠다는 것이었다. 닌텐도는 심지어 매장 디스플레이를 설치하고 고객을 위한 게임 시연까지 해주겠다고 나섰다. 이 정도면 미국의 게임 산업이 최악의 상황에 몰린 때라고 해도 그냥 지나치기에는 너무 좋은 조건이었다. 어차피 추수감사절에 한정된 계약이었다. NES가 실패하면 크리스마스 때까지 바비 드림 하우스(Barbie Dream House)로 빈 공간을 채우면 될 일이었다.

창고 뒤쪽에서 상자를 여는 닌텐도 오브 아메리카 직원들은 지쳐 있다. 일은 넘치는 데 일손이 부족하다. 그들은 뉴저지주 해컨색(Hackensack)에 있는 지저분하고 쥐가 들끓는 창고에서 종일 일하는 중이다. 그 이유는 뉴욕시에 있는 수백 개의 장난감 매장에서 진행될 NES의 시험 출시를 준비하기 위해서다. 닌텐도는 뉴욕에서 성공하면 전국으로 NES를 출시할 계획이다.

그러나 NES와 이 직원들을 고용한 미국 자회사의 전망은 어둡다. 주초에 그들은 뉴욕의 인기 나이트클럽에서 열린 화려하고 현란한 출시 파티에 모든 것을 쏟아부었다. 저널리스트들이 플레이해볼 수 있는 데모 콘솔이 설치됐고, 콘솔과 함께 제공되는 장난감 로봇의 은박 버전이 곳곳에 놓였으며, 중앙에는 거대한 로봇이 서 있었다. 게다가 심심한 저널리스트들에게는 이기기 힘든 유혹인 오픈 바까지 제공됐지만 참석자가 거의 없었다. 미국 언론이 보기에 비디오게임은 끝장난 상태였다.

이제 파오 슈와츠는 전국에서 가장 도시적이고 세련된 열 살짜리 아이들에게 닌텐도가 제품을 선보일 수 있도록 무려 가로세로 약 4.6미터의 시연 공간을 마련했다. 닌텐도의 광고 매니저인 게일 틸든(Gail Tilden)은 아이들과 어른들이 전시대로 와서 (로봇을 쓰는) 자이로마이트(Gyromite)나 (빛 감지 총을 쓰는) 덕 헌트(Duck Hunt) 같은 게임을 해보는 모습을 유심히 바라본다. 이 모든 게임은 약간의 위장이다. 닌텐도는 화려한 액세서리와 VCR 같은 전면 삽입 디자인을 통해 비디오게임 콘솔과 엔터테인먼트 시스템, 가족용 컴퓨터, 장난감 사이의 경계를 흐릿하게 만들고자 한다. 그래서 게임을 통한 위장은 필요하다.

그러나 틸든은 사람들이 느리고 다루기 어려운 로봇을 조작하려 하는 모습을 보면서 움찔하지 않을 수 없다. 그녀는 '저건 정말 답답할 것 같아'라고 생각한다.

그다지 흥미롭지 않은 로봇에도 불구하고 곧 닌텐도는 미국에서 최초의 판매를 기록한다. 한 남자가 매장으로 들어오더니 데모 게임을 해보지도 않고 콘솔과 함께 시판되는 15종의 게임을 모조리 쓸어 담는다. 닌텐도 직원들은 그 사람이 계산대로 향하는 모습을 유심히 지켜본다. 그리고 그가 매장에서 나간 뒤에야 누군가가 나서서 일본 경쟁사에서 일하는 사람이라는 사실을 밝힌다.

틸든과 동료들은 실망했지만 단념하지 않는다. 그들은 비디오

게임에 아직 기회가 한 판 더 남았다고 미국을 설득하는 일로 돌아간다.

▲ ▲ ▲

지금까지 수십 년 동안 콘솔 제조사들은 가장 진전된 부품들을 가장 작고 날렵한 기기에 쑤셔 넣어서 가정용 게임 시장을 장악하려 들었다. 그들은 게임 라이브러리의 크기와 규모를 통해 기기를 차별화한다. 게임 자체를 제외하고는 근본적으로 바로 게임을 즐길 수 있게 만든 컴퓨터인 콘솔을 차별화할 것이 많지 않기 때문이다. 그 결과 시장을 지배하는 기업들은 인기 게임을 확보하려고 시도한다. 독점 제공을 위해 아예 게임사를 인수해야 한다고 해도 말이다. 이를테면 마이크로소프트는 2020년에 새로운 엑스박스(Xbox) 라인을 뒷받침하기 위해 75억 달러를 들여서 베데스다(Bethesda)의 모회사를 인수했다. 베데스다는 폴아웃(Fallout)과 엘더 스크롤(The Elder Scrolls) 같은 인기 게임 프랜차이즈의 개발사다.

이 모든 경쟁에서 일본의 닌텐도는 특이한 존재다. 닌텐도의 게임기는 첨단 부품을 거의 사용하지 않는다. 그보다는 저렴하고 풍부한 부품을 활용해 낮은 가격을 유지하는 쪽을 선호한다. 그러면 새로운 게이머들도 닌텐도의 플랫폼에 접근할 수 있고, 보다 창의적인 리스크를 감수할 수 있다. 1980년에 요코이 군페이(横井軍平)는 LCD 스크린을 중심으로 혁신적인 소형 게임 앤드 와치(Game & Watch) 기기를 만들었다. 이 기기는 소형 계산기 붐 덕분에 제작 단가가 저렴해졌다. 닌텐도는 업계 최고의 성능을 추구하지 않는다. 대신 게임 방식에 독창성을 적용함으로써 살아남는다.

그들에게 일시적으로 업계 최고의 애니메이션 프레임 재생속도를 달성하는 일은 중요치 않다. 그보다는 화면에 나타나는 적을 향해 쏠 수 있는 총[재퍼(Zapper)]이나 플레이어의 동작을 게임에서 구현해주는 컨트롤러[위(Wii)] 또는 특수 유리 없이 3차원 그래픽을 표현하는 기기(3DS)가 더 중요하다. 닌텐도의 끈기는 다양성을 추구하는 전략에서 기인한다. 닌텐도는 게임 디자인, 플레이 스타일, 마케팅, 그리고 사업의 다른 거의 모든 측면에 지속적으로 새로운 아이디어를 시도한다. 덕분에 대개는 예측하지 못한 상황에서도 성공할 수 있는 좋은 입지를 확보한다.

2020년에 코로나 팬데믹이 발생했을 때 업계 전문가들은 록다운 상황에 처한 수많은 미국인들이 실내에서 시간을 보내기 위해 마이크로소프트의 엑스박스를 살지, 아니면 소니의 플레이스테이션을 살지 궁금해했다. 그런데 거의 모두를 놀라게 만든 일이 일어났다. 새로운 고객층의 대다수를 확보한 것은 닌텐도의 특이한 스위치(Switch) 콘솔이었다. 닌텐도는 하드웨어 판매 기록을 세우면서 보다 성능 좋은 경쟁 콘솔들을 앞질렀다.

스위치는 앞서 나온 위 콘솔처럼 동작 감지 컨트롤러를 갖추었으며, 대형 화면과 모바일 기기 사이를 쉽게 오가며 게임을 즐길 수 있도록 해주었다. 그러나 경쟁 콘솔만큼 성능이 강력하지는 않았다. 또한 최신·최고의 AAA등급 게임이나 초현실적인 전투 게임, 유명 선수들이 나오는 스포츠 게임도 제공하지 않았다. 적어도 경쟁사들이 그런 게임을 출시한 뒤 오랜 시간이 지나기 전까지는 그랬다. 대신 닌텐도는 마리오(Mario), 링크(Link), 동키 콩(Donkey Kong) 같은 상징적인 캐릭터들로 구성된 자체의 독점적이고 화려한 게임 세계를 제공했다. 하드코어 게이머들은 이런 게임들을 비웃을지 몰랐다. 그러나 위기를 맞은 불확실한 시대에 세계적인 유행을 타면서 스위치를 지배적인 위치로 밀어 올린 것은 닌텐도가 개발한 귀엽고 편안한 게임인 '동물의 숲' 최신 시리즈였다.

닌텐도는 오늘날 비디오게임과 동어의가 됐다. 닌텐도가 문을 연 것은 최초의 비디오게임이 나오기 69년 전인 1889년이었다. 닌텐도는 창립 이후 줄곧 전쟁, 시장 붕괴, 팬데믹에 따른 격변기에 가장 큰 성공을 거두었다. 시장의 유행을 맹목적으로 좇기보다 독창성과 실험을 추구하는 일관된 자세는 닌텐도를 세계에서 가장 불경기에 강한 기업 중 하나로 만들었다.

▲ ▲ ▲

일본 교토에서 창립된 닌텐도는 화투라고 불리는 도박용 수제 카드의 제작사로 시작했다. '닌텐도(任天堂)'라는 단어는 종종 '운을 하늘에 맡기다'라는 뜻으로 해석된다. 그러나 창업자인 야마우치 후사지로(山内房治郎)는 일본의 조직 폭력단으로서, 화투로 도박을 하던 야쿠자를 우회적으로 가리킨 것일지도 몰랐다. 어느 쪽이든 야마우치의 본래 의도는 역사 속으로 묻혔다. 닌텐도가 장수 기업이라는 사실을 감안하면 이는 놀라운 일이 아니다. 현대의 대기업

중에서 19세기에 탄생한 기업은 소수에 불과하다.

비즈니스에서 세심한 사업 다각화는 끈기를 만든다. 더 많은 필요에 대응하고 더 많은 고객에게 어필하도록 제품이나 서비스의 영역을 넓히면 한 분야에서 발생한 변동성으로부터 보호받는 데 도움이 된다. 리더는 제품의 잠재력에 대한 육감을 가질 수 있다. 그러나 성공을 예측하거나 새로운 난관을 예상하는 데 있어서 확실한 것은 없다. 사업 다각화는 리스크를 줄이고 우연의 힘을 활용할 수 있다. 소수의 대규모 베팅보다 다수의 소규모 베팅을 우선시하는 것은 타당하다. 특히 엔터테인먼트처럼 새로움에 이끌리는 산업에서는 더욱 그렇다. 이런 분야에서는 소규모 베팅도 큰 당첨금을 안길 잠재력을 지닌다.

1963년에 닌텐도는 상당한 폭의 사업 다각화 캠페인에 나섰다. 새로운 방향을 이끈 사람은 창업자의 증손자인 야마우치 히로시(山內溥)였다. 히로시의 조부이자 닌텐도의 2대 사장인 카네다 세키료(金田積良)는 뇌졸중을 겪은 뒤 히로시에게 대학을 중퇴하고 사업을 물려받으라고 했다. 히로시는 조부의 요청을 수락했다. 그러나 아직 어리고 경영 경험이 없는 탓에 많은 직원들은 그를 못마땅하게 여기며 권위에 도전했다. 곧 히로시는 불만을 품은 직원들의 파업에 직면했다. 그는 특유의 가차 없는 태도를 드러내며 사촌을 비롯해 "그에게 반기를 든 사람을 한 명도 남김없이" 해고해버렸다.

히로시는 구세력의 호감을 살 생각이 없었다. 그는 변화를 일으켜서 닌텐도를 빠른 성장의 길로 올려놓기를 원했다. 화투 시장은 나이 많은 남성 도박꾼들로 한정돼 있었다. 그래서 그는 플라스틱

코팅을 입힌 서양식 카드로 사업을 다각화하고 가족용 오락으로 마케팅했다. 심지어 라이선스를 얻어서 카드 뒷면에 디즈니 캐릭터까지 넣었다. 사업 다각화를 위한 이 첫 번째 노력으로 1년 만에 이익이 거의 2배로 늘었다. 이후 야마우치는 회사를 상장시켰다.

1963년에 닌텐도의 제품을 다각화하려는 야마우치의 시도는 더욱 야심 차게 진행됐다. 그는 당시 세계 최대의 놀이용 카드 제조사인 유나이티드 스테이츠 플레잉 카드 컴퍼니(United States Playing Card Company)의 소박한 사무실과 작은 공장을 방문했다. 그는 설령 닌텐도가 훗날 해당 시장을 장악한다고 해도 전체 부문의 잠재력이 충분치 않다고 판단했다. 그래서 즉석 밥, 볼펜, 택시 서비스, 복사기, 진공청소기, 심지어 일본에서 인기 있는 시간제 호텔인 '러브호텔' 등 일련의 새로운 사업을 선보였다. 닌텐도 엔터테인먼트 시스템의 디자이너인 우에무라 마사유키(上村雅之)는 "그는 전문화에 관심이 없었습니다. 그보다 새로운 트렌드에 관심이 많았습니다"라고 말했다.

야마우치는 효과적인 사업 다각화가 단순한 다양성 이상의 의미를 지닌다는 사실을 곧 깨달았다. 무엇보다 모든 베팅을 아우르는 포괄적인 전략이 있어야 했다. 그는 하나 이상의 바구니에 달걀을 담고 싶다는 욕구 이상의 진정한 계획을 갖고 있지 않았다. 그 결과 닌텐도는 파산 지경에 몰렸다. 야마우치는 사업을 성공적으로 분산하려면 기존의 강점을 활용하는 방향으로 나가야 한다는 사실을 깨달았다. 닌텐도의 최대 강점은 강력하고 폭넓은 유통 체계였다. 닌텐도는 제품을 신속하고도 효율적으로 전국의 백화점과 장난감 매장으로 투입할 수 있었다. 이런 측면에서 장난감과 게임이 사업 다각화와 성장을 위해 집중해야 할 명백한 영역이었다.

1964년에 닌텐도는 래빗 코스터(Rabbit Coaster)라는 최초의 장난감을 출시했다. 이 장난감은 아이들이 작은 구슬로 '경주'를 벌일 수 있는 플라스틱 코스였다. 뒤이어 다른 장난감들도 출시됐다. 이 초기의 노력들은 개선과 정교화를 이끌어낼 만한 성공을 이루었다. 래빗 코스터는 보다 정교한 뉴 래빗 코스터(New Rabbit Coaster)에 이어 우주를 테마로 한 캡틴 울트라 코스터(Captain Ultra Coaster)가 됐다. 뒤이어 야마우치는 카드 인쇄기 관리 담당인 요코이 군페이가 공장에서 자신이 개발한 연장형 목제 갈고리를 만지작거리는 모습을 보았다. 그는 요코이에게 그 갈고리를 그해 크리스마스에 판매할 수 있도록 적절한 플라스틱 장난감으로 개발하라고 지시했다. 그 결과물인 울트라 핸드(Ultra Hand)는 무려 120만 개나 팔렸다. 작은 베팅으로 큰 당첨금을 받은 셈이었다. 야마우치는 뒤이어 요코이를 승진시키고 신규 장난감의 연구 개발을 맡겼다.

야마우치는 일본이 전자 산업에서 빠르게 우위를 차지하는 상황에서 전자식 장난감과 게임이 기회의 땅임을 알았다. 닌텐도는 빛 감지 센서를 갖춘 장난감 총인 빔 건(Beam Gun)을 개발했다. 빔 건은 방 안에서 놀 수 있는 인터랙티브 사격 시뮬레이션으로 발전했다. 닌텐도는 수십억 엔을 들여서 전국의 볼링장을 이른바 레이저 클레이 슈팅 시스템(Laser Clay Shooting System)으로 바꾸었다. 이는 현재 실리콘 밸리가 연상시키는 유형의 전략적 유연성을 드러내는 일이었다. 야마우치는 발명가가 아니었다. 그러나 무엇이든 저렴하고 가용한 것을 활용해 다양한 영역에서 실험한 뒤 가망성이 있는 모든 프로젝트를 추진할 열의를 갖고 있었다.

유연성은 여건이 양호할 때 강점이 되지만 심각한 상황에서 진정한 가치를 보여준다. 레이저 클레이 슈팅 시스템의 인기가 빠르게 높아지고, 사전 주문이 쌓여가며, 전용 공장이 24시간 가동되는 와중에도 야마우치가 통제할 수 없는 요소가 이 게임뿐 아니라 닌텐도 전체의 위협이 됐다. 1973년의 석유파동은 특히 일본에 심한 타격을 입혔다. 결국 레이저 클레이 슈팅 시스템에 대한 거의 모든 주문이 취소됐다. 닌텐도의 이익은 절반으로 줄었다. 야마우치는 나라가 불황으로 접어드는 시점에 갑자기 회사 빚이 50억 엔에 이르는 상황에 처하게 됐다.

야마우치는 강철 같은 의지로 전열을 재정비했다. 닌텐도는 전국에서 생겨나는 오락실을 겨냥해 레이저 클레이 슈팅 시스템을 독립적인 오락기로 바꾸었다. 전기기계식 장치이고 소프트웨어로 만들어지지 않았지만 '미니 레이저 클레이(Mini Laser Clay)' 시스템은 오락기 안에 다양한 사격 게임을 설치할 수 있게 해주었다. 그래서 오락실 주인들이 모든 게임에 대해 비싼 하드웨어를 살 필요가 없었다. 이는 닌텐도에 경쟁 우위를 제공했다. 1970년대 내내 닌텐도는 와일드 건맨(Wild Gunman)이나 덕 헌트 등 이 시스템을 위한 새로운 게임을 출시했다. 그리고 그때마다 '미니 레이저 클레이'에 새 생명을 불어넣었다. 이는 야마우치가 유망한 새로운 사업 모델을 엿보게 해주었다.

1978년에 닌텐도는 레이더 스코프(Radar Scope)라는 새로운 소프트웨어 중심의 오락실용 게임으로 성공을 거두었다. 2년 뒤 야마우치는 사위인 아라카와 미노루(荒川實)에게 닌텐도 오브 아메리카를 만들어서 미국에 레이더 스코프를 보급하는 임무를 맡겼다. 그는 빠르게 성장하는 미국의 오락실 시장에서 큰 잠재력을 보았다. 닌텐도에게 해외시장 진출은 또 다른 형태의 사업 다각화, 장수로 향하는 또 다른 길이 될 수 있었다. 한 나라에서 실패해도 다른 나라에서 성공할 수 있었다. 두 나라에서 사업하는 편이 더 안전했다.

그러나 기술 부문에서는 타이밍이 모든 것이다. 닌텐도의 미국 자회사가 문을 열었을 때 레이더 스코프는 이미 1년이나 묵은 게임이었다. 생산과 운송 문제도 출시를 더욱 지연시켰다. 결국 뒤늦게 3,000대의 오락기가 야심 차게 닌텐도의 창고에 도착했다. 오락실들은 이미 질려버린 또 다른 스페이스 인베이더(Space Invaders) 모방작처럼 보이는 레이더 스코프를 선뜻 사려 하지 않았다. 아라카와는 온갖 수단을 동원한 끝에 겨우 1,000대를 파는 데 성공했다.

아라카와는 곤경에 처해 있었다. 그는 장인을 실망시키고 싶지 않았다. 그러나 남은 레이더 스코프 오락기가 도무지 팔리지 않았다. 다른 방도가 없었던 그는 야마우치에게 미니 레이저 클레이를 구한 전략을 재활용하자고 건의했다. 즉, 오래된 오락기에 새로운 게임을 집어넣자는 것이었다. 야마우치는 아라카와의 책략이 작은 리스크를 감수할 가치가 있다고 판단했다. 그는 이 프로젝트를 회사의 최고 디자이너에게 맡기지 않고 사내 경쟁에 부쳤다. 게임 디자인 경험이 없는 신입 아티스트인 미야모토 시게루(宮本茂)가 레이더 스코프를 대체할 여러 아이디어를 제출했다. 그에 따라 요코이의 감독하에 그에게 프로젝트가 할당됐다.

당시 미야모토는 입사한 지 얼마 되지 않은 상태였다. 그래도 그는 주저하지 않고 회사의 제품 내지 전반적인 게임에 그다지 흥미를 느끼지 못했다고 밝혔다. 그는 하드코어 오락광이라기보다 비틀스 팬에 더 가까웠다. 그는 게임을 만든 적이 한 번도 없었다. 그래도 야마우치는 젊고 창의적인 미야모토가 비전과 명확한 미적 감성을 지녔다고 생각했다. 미야모토는 시장에 새로운 요소를 위한 여지가 있다고 믿었다. 그것은 바로 내러티브였다. 분명한 발단, 전개, 결말로 구성된 이야기를 담은 게임이 필요했다. 미야모토는 만화 같은 악당 대신 분명한 동기를 지녀서 공감할 수 있는 악역을 등장시키고 싶어 했다.

야마우치는 게임에 관심이 없었다. 그에게 게임은 언제나 즉석밥이나 볼펜 같은 하나의 제품일 뿐이었다. 그래도 그는 싫증 난 게임을 서둘러 조금만 바꾸는 것은 같은 바구니에 또 다른 달걀을 넣는 것에 지나지 않는다는 사실을 알았다. 위험해 보이기는 해도 닌텐도 오브 아메리카를 구하기 위해 미야모토 같은 검증되지 않은 이단아를 활용하는 것은 위험을 분산하는 현명한 방법이었다. 미야모토가 성공작을 내놓을지는 모르지만 닌텐도에 '새로운' 것을 제공할 것은 분명했다. 새로움은 닌텐도가 포트폴리오를 확장하는 데 필요한 것이었다. 그에 따라 젊은 게임 디자이너는 얼마든지 완전히 새로운 방향으로 나아갈 수 있었다. 다만 아직 팔리지 않은 레이더 스코프 오락기에 넣을 수 있기만 하면 됐다.

처음에 미야모토는 〈뽀빠이(Popeye)〉 만화에 나오는 캐릭터들을 활용하고 싶어 했다. 그는 올리브(Olive)의 마음을 얻기 위해 뽀빠이와 블루토(Bluto)가 경쟁하는 삼각관계를 담은 게임을 그렸다. 하지만 그러기 위해서는 해당 캐릭터들에 대한 권리를 확보해야 했다. 그래서 미야모토는 세 개의 새로운 캐릭터를 만들어냈다. 바로 화난 원숭이와 그 원숭이에게 붙잡힌 여자 친구, 그리고 그녀를 구하려는 '점프맨(Jumpman)'이었다. 미야모토는 이 원숭이에게 동키 콩이라는 이름을 붙였다. '동키'는 고집을 표현하는 것이었고, '콩'은 1933년에 나온 영화 〈킹콩〉에서 따온 것이었다. 그는 (머리카락을 표현할 필요가 없도록) 점프맨에게 모자를 씌웠고, (소수의 픽셀만 만지면 될 뿐 아니라 입을 표현하려는 모든 시도가 어차피 콧수염처럼 보였기 때문에) 콧수염을 붙여주었다. 서서히 새로운 종류의 게임이 형태를 갖춰갔다.

최종적으로 2만 줄의 동키 콩 코드가 전용 전환 키트에 심어져서 미국으로 보내졌다. 아라카와와 소수의 팀원들은 이례적으로 더운 여름에 미사용 레이더 스코프 오락기에 힘들게 키트를 설치했다. 또한 그들은 오락기의 아트워크도 전부 교체했다. 이 힘든 작업 도중에 콧수염을 기른 건물주인 마리오 시갈리(Mario Segale)가 찾아와 임대료가 밀렸다며 아라카와에게 고함을 쳤다. 팀원들은 마리오 시갈리와 점프맨이 닮았다는 사실을 인지하지 않을 수 없었다. 그래서 캐릭터의 이름을 바꾸었다. 동키 콩은 1981년에 업계 최고의 인기작이 됐다. 또한 점프맨에서 이름을 바꾼 마리오는 닌텐도의 마스코트가 됐다.

오락기 사업은 수익성이 좋았다. 그러나 야마우치는 큰 인기를 끈 아타리 2600과 비슷한 가정용 콘솔을 만들어보기로 결정했다.

경쟁자들은 낙관하고 있었지만 그는 오락실의 인기가 얼마나 오래 갈지 예측할 수 없음을 알았다. 1981년의 어느 날 저녁 늦은 시간에 야마우치는 연구 개발부장 중 한 명인 우에무라 마사유키(上村雅之)에게 전화를 걸었다. 그는 다짜고짜 우에무라에게 불가능해 보이는 개발 임무를 맡겼다. 세 가지 부분으로 구성된 이 임무는 교체형 게임 카트리지를 쓸 수 있고, 1년이 지나도 쓸모없어지지 않는 수준으로 게임을 플레이할 수 있으며, 경쟁 콘솔보다 훨씬 저렴한 콘솔을 개발하는 것이었다. 이는 분산화를 통해 끈기를 얻기 위한 전략이었다.

우에무라는 나중에 이렇게 회고했다. "사장님은 술을 몇 잔 마신 뒤 전화를 자주 했습니다. 그래서 별다른 생각 없이 '알겠습니다, 사장님'이라고 대답하고 전화를 끊었습니다." 그러나 다음 날 아침 야마우치가 맨정신에 우에무라의 자리로 찾아와 "어제 말한 거 추진하고 있나?"라고 물었다. 그제야 우에무라는 사장이 진지하게 말했다는 사실을 깨달았다.

우에무라는 6개월 동안 경쟁 제품을 해체했다. 그는 "시중에 나와 있는 모든 콘솔을 사서 분해한 다음 부품별로 분석했습니다"라고 말했다. 기기를 역공학으로 분석하는 것은 쉬운 일이 아니었다. 그는 이렇게 말했다. "밑에 있는 배선을 보려고 반도체 제조사에 맡겨서 칩을 덮고 있는 플라스틱 커버를 녹였습니다. 그다음에 사진을 찍어서 확대한 뒤 회로를 살폈습니다. 나는 오락실 게임을 개발한 경험이 조금 있었습니다. 그래서 내가 살핀 칩은 새로운 가정용 시스템을 설계하는 데 전혀 도움이 안 된다는 걸 바로 깨달았습

비즈니스
원

니다. …… 너무 구식이었어요."

처음부터 시작하는 것 외에 달리 방도가 없었던 우에무라는 전형적인 닌텐도 방식으로 야마우치가 맡긴 일에 나섰다. 그것은 저렴한 기성 부품을 토대로 혁신을 일으키는 것이었다. 이 접근법은 자재비를 낮춰주었다. 그래서 소비자 가격을 낮추는 한편 자체의 리스크를 보다 감당하기 쉽게 만들어주었다. 닌텐도는 레이저 클레이 시스템의 성공을 통해 질레트가 면도기와 면도날로 얻은 것과 같은 교훈을 얻었다. 만약 이익이 난다면 그것은 콘솔이 아니라 게임에서 날 것이었다.

1983년 7월 15일, 닌텐도는 패밀리 컴퓨터 또는 패미콤(Famicom)을 출시했다. 주로 당시 경쟁 콘솔의 절반도 안 되는 싼 가격 덕분에 닌텐도는 출시 2개월 만에 50만 대를 판매했다. 싼 가격 때문에 이익은 얼마 되지 않았다. 그러나 이는 모두 전략의 일부였다. 1985년 9월에 닌텐도는 패미콤용 '슈퍼 마리오 브로스(Super Mario Bros)'를 출시했다. 이 게임은 오락실용 게임으로 인기를 끈 마리오 브로스의 후속작이었다. 두 게임은 모두 닌텐도 오브 아메리카의 성마른 건물주가 주인공이었다. 당시 성공적인 가정용 게임은 수천 개 단위로 팔렸다. 반면 한 시대를 풍미한 슈퍼 마리오 브로스는 수백만 개씩 팔렸다. 그래서 패미콤 판매에서 잃은 수익을 모두 보전했을 뿐 아니라 스스로의 인기를 통해 더 많은 패미콤이 팔리게 만들었다.

야마우치가 보기에는 지금이 미국 자회사를 활용해 패미콤을 서구에 선보일 적기였다. 이는 통념에 크게 어긋나는 시각이었지만 분산화를 통해 생명력를 얻는다는 그의 접근법을 완벽하게 대변했다. 1983년과 1984년은 미국의 게임 시장이 거의 붕괴된 시기였다. 일본에서는 이를 아타리 쇼크(Atari Shock)라 불렀다. 그러나 현실적으로는 미국 게임 업계 전반이 타격을 입었다. 1985년까지 전체 업계의 추락은 계속됐다. 끝없이 쏟아진 저질 게임과 콘솔은 악영향을 끼쳤다. 미국 아이들은 형편없는 게임에 돈을 낭비하는 데 염증을 느꼈다. 한 12세 소년은 〈뉴욕타임스〉와 가진 인터뷰에서 "이제는 게임들이 정말 지루해요. 전부 다 같아요. 그냥 침략자를 죽이는 것뿐이에요. 재미없어요"라고 말했다.

아타리는 1982년 연말 대목을 잡으려고 6주 만에 서둘러 영화 〈ET〉를 토대로 한 게임을 출시했다. 하지만 이 게임은 플레이가 불가능한 수준이었다. 결국 아타리는 엄청난 양의 미판매 카트리지를 뉴멕시코 사막에 파묻어야 했다. 게임 제조사들은 판매 부진으로 수억 달러의 손실을 입었다. 수천 명이 일자리를 잃었다. 소매업체가 보기에 이는 게임 바람이 끝났음을 뜻했다. 한 소매 체인의 대표가 말한 대로 "게임은 볼 장 다 본 상품"이었다. 마찬가지로 전국에 걸쳐 수백 개의 오락실이 문을 닫았다. 한 오락실 운영자는 〈뉴욕타임스〉와 가진 인터뷰에서 "너무 많은 기계들이 너무 적은 동전을 좇고 있다"라고 말했다.

그러나 닌텐도의 리더는 상황을 달리 보았다. 그는 시장의 붕괴가 곧 혁신이 일어날 준비가 됐다는 의미라고 믿었다. 실로 새로운 아이디어가 필요했다. 이는 닌텐도가 잘 해결하는 종류의 문제였다. 닌텐도는 게이머들이 사격 게임에 싫증이 났을 때 삼각관계에 빠진 원숭이와 배관공의 대결로 성공을 거두었다. 야마우치는 혁신을 시작하려면 패미콤이 높은 기준을 계속 충족해야 한다는 사실을 알았다. 그래야만 아타리의 운명을 피할 수 있었다. 문제는 그러기가 쉽지 않다는 것이었다. 닌텐도는 패미콤용 게임의 개발을 다른 회사들에 의존했다. 이는 소비자들에게 다양하고 탄탄한 게임 라이브러리를 제공하기 위한 것이었다. 이 접근법은 아타리를 망하게 만들었다. 아타리가 외부 개발사에 문호를 개방하자 시장은 곧 최악의 제품들로 넘쳐 났다. 거기에는 쿨에이드 맨(Kool-Aid Man)이나 펩시 인베이더스(Pepsi Invaders) 같은 사실상의 인터액티브 광고도 포함돼 있었다.

야마우치는 이 문제를 방지하기 위해 닌텐도 품질 인증(Nintendo Seal of Quality)이라는 혁신적인 라이선스 프로그램을 만들었다. 패미콤에는 특수 칩이 장착돼 있어서 닌텐도가 인가한 게임만 돌아갔다. 외부 개발사가 패미콤용 게임을 개발하려면 닌텐도의 엄격한 품질 기준을 충족해야 했다. 또한 신규 게임의 수도 1년에 두 개로 제한됐다. 이는 그들이 좋아하든 싫어하든 간에 양보다 질을 우선시한 것이었다.

닌텐도는 게임에 대한 소비자의 신뢰도가 역대 최저인 상황에서 또 다른 과감한 결단을 내렸다. 바로 사실을 드러내는 것이었다. 닌텐도는 경쟁자들과 상반되게 게임 커버에 실제 게임과 같은 그래픽만 사용하기로 결정했다. 당시 닌텐도의 광고 매니저인 게일 틸든은 "이전에 출시된 게임들은 과장된 약속을 했습니다. 소비자들은 전면에 나온 아름다운 판타지 그래픽이나 사람들이 테니스를 치는 사실적인 이미지를 보고 게임을 구매했습니다. 하지만 실제 게임은 구식 게임을 약간 개선한 수준에 불과했죠"라고 회고했다. 닌텐도는 이미 염증을 느끼는 소비자들을 실망시키기보다 구매 시에 기대 수준을 정확하게 맞춰주기로 결정했다.

일본 시장은 충분한 수익성을 제공했다. 그러나 인구가 2배 많고 전 세계에 방대한 문화적 영향력을 끼치는 미국은 한 차원 높은 잠재력을 지니고 있었다. 닌텐도는 미국 대중에게 구애하기 전에 소매업체들의 마음부터 사야 했다. 당시 대다수 소매업체는 집에서 게임을 하는 것이 짧은 유행으로 끝났다고 확신했다. 닌텐도는 이 편견을 비켜 가기 위해 제품의 디자인을 바꾸었다. 일본에서 패미콤은 용도대로 가정용 게임 콘솔 같은 디자인으로 판매됐다. 이 디자인은 여전히 많은 미국 매장의 창고에 쌓여 있는 아타리나 콜레코(Coleco) 콘솔과 너무 비슷했다. 닌텐도가 미국 시장을 공략하려면 언뜻 봐도 다르게 제품을 차별화해야 했다.

닌텐도는 가정용 미디어 기기를 참고했다. 당시 VCR은 미국 거실의 필수품이 돼가고 있었다. 닌텐도는 VCR의 디자인 언어를 빌려서 새로운 형태의 패미콤을 만들었다. 직원들은 새로운 패미콤을 '도시락'이라고 불렀다. 그들은 [이제 '게임 팩(Game Pak)'으로 불리는] 카트리지를 삽입하는 슬롯을 '컨트롤 데크(Control Deck)'로 불리는 기기의 상단에서 전면으로 옮겼다. (틸든은 "'비디오게임'이라는 단어를 아예 사용하지 않았습니다"라고 설명했다). 뒤이어 그들은 패미콤의 장난감 같은 흰색과 빨간색 조합을 보다 차분한 회색과 검은색, 그리고 빨간색 조합으로 대체했다. 둥근 모서리도 뾰족하게 바꾸었다. 그 결과 유쾌한 패미콤은 날렵한 닌텐도 엔터테인먼트 시스템이 됐다.

비즈니스 워

야마우치는 디자인 변경만으로 회의적인 소비자의 마음을 사지 못할 경우에 대비했다. 그는 여러 해결책이 있을 때 하나의 해결책만 시도한 적이 없었다. 닌텐도의 광고는 로봇 오퍼레이팅 버디(Robot Operating Buddy) 또는 R.O.B.를 강조했다. 이 플라스틱 로봇 장난감은 특정 게임에서 이루어지는 명령을 따를 수 있었다. 닌텐도의 바람은 R.O.B.를 통해 닌텐도 엔터테인먼트 시스템을 뉴멕시코 사막에 묻힐 또 다른 과장된 게임 제품이 아니라 트랜스포머나 볼트론(Voltron) 같은 인기 액션 피규어와 비슷한 장난감으로 소매업체들에 인식시키는 것이었다. 그러나 현실적으로 지루할 만큼 느린 로봇과 재미없는 게임들은 아이들의 흥미를 끌지 못하고 곧 단종됐다. 그래도 이 꼼수의 위장 효과는 부인할 수 없었다.

닌텐도는 또한 라이트 건(Light Gun)을 콘솔 박스에 동봉하고 '재퍼'라는 새 이름을 붙였다. 재퍼는 오리지널 빔 건과 같은 방식으로 개발된 제품이었다. 패미콤 설계자인 우에무라는 나중에 "미국은 총을 사랑해요"라고 말했다.

미국의 마음을 사려면 야마우치는 서구에서 패미콤의 성공 가능성을 증명해 의심의 시선을 극복해야 했다. 그는 전국적인 출시에 회사의 명운을 걸기보다 닌텐도 오브 아메리카에 뉴욕시에서 먼저 반응을 테스트해 보라고 말했다. 기존 게임에 질려 있고 냉소적인 빅 애플의 아이들을 사로잡을 수 있다면 전국 어디에서든 통할 것이었다. 문제는 뉴욕시 소매업체들이 다른 모든 곳의 소매업체들과 마찬가지로 게임에 대해 비관적인 시각을 가졌다는 것이었다. 그들은 일본에서 아이들이 최신 패미콤 게임을 사기 위해 매장 밖에서 종종 진을 치고 기다린다는 사실을 개의치 않았다.

다른 방도가 없자 닌텐도 오브 아메리카의 대표인 아라카와 미노루는 아무 리스크 없는 환불 정책을 제시했다. 소매업체는 최대한 많이 판매한 뒤 남는 제품을 전액 환불 받을 수 있었다. 또한 아라카와는 닌텐도가 제품을 진열하고 데모 게임을 시연하는 모든 작업을 하겠다고 제안했다. 소매업체가 져야 할 리스크는 진열 공간을 내주는 것뿐이었다. 이는 불합리할 정도로 관대한 제안이었다. 하지만 그보다 나쁜 제안은 받아들여지지 않을 것이었다.

1985년 10월, 닌텐도는 뉴욕시와 인근 지역에 걸쳐 수백 개 매장에서 NES의 판매를 개시했다. 자회사의 소규모 인력은 상품을 진열하고 시연하느라 종일 일했다. 연말연시가 끝나갈 무렵 재고의 약 절반이 판매됐다. 완전한 성공은 아니었다. 그러나 이 수치는 야마우치가 미국 시장을 계속 공략하게 만들었다. 이미 포화된 시장에서 5만 대의 콘솔을 팔았다는 사실은 그가 줄곧 품었던 생각을 뒷받침했다. 그것은 아이들은 여전히 게임을 사랑한다는 것이었다. 그들은 단지 좋은 게임을 원할 뿐이었다.

이듬해 초에 닌텐도는 판매 지역을 로스앤젤레스, 시카고, 샌프란시스코 같은 타 도시로 넓혔다. 1986년 연말이 되자 판매에 가속도가 붙었다. 닌텐도는 NES에 새 인기작인 슈퍼 마리오 브로스를 번들로 제공하기 시작했다. 이 결정은 판매량을 급증시켰다. 이제는 면도날이 면도기의 판매를 이끌고 있었다. NES(Nintendo Entertainment System)는 곧 경쟁 제품보다 10배나 더 많이 팔렸다. 1987년에는 300만 대가 팔리면서 미국에서 가장 많이 판매된 장난감이 됐다. 새로운 게임 중 하나인 '레전드 오브 젤다(The Legend of Zelda)'는 (슈퍼 마리오 브로스처럼) 번들로 제공되지 않았는데도 100만 개가 팔린 최초의 게임이 됐다.

야마우치 히로시는 50년 넘게 닌텐도의 대표를 역임했다. 그는 임기 동안 아티스트가 가장 중요하다는 사실을 확신하게 됐다. 미야모토 시게루처럼 첫 게임을 디자인하기 전에 기술적 경험이 전혀 없는 아티스트라도 그랬다. 야마우치는 "평범한 사람은 아무리 노력해도 좋은 게임을 개발하지 못합니다. 이 세상에서 소수의 사람만 모두가 원하는 게임을 개발할 수 있습니다. 우리는 그런 사람을 원합니다"라고 말했다. 닌텐도의 특출한 예술적 끈기, 오랜 기간에 걸쳐 일관되게 탁월했던 개발 능력은 또한 분산 전략에서 기인한 것으로 볼 수 있다. 야마우치는 연구 개발부를 세 개 만들고 자원을 넉넉하게 제공했다. 또한 개발부 사이에 경쟁을 붙여서 갈수록 뛰어난 디자인과 엔지니어링, 그리고 순전한 상상력에 따른 성과로 이끌었다.

야마우치는 닌텐도의 키를 잡은 내내 회사의 제품에 개인적인 관심을 가진 적이 없었다. 닌텐도의 제품을 통해 게임의 즐거움을 발견하는 성인들이 늘어나는 와중에도 그는 《손자병법》만큼이나 오래된 중국의 전략 게임인 바둑만 즐겼다. 그는 이 하나의 게임에서 뛰어났다. 〈넥스트 제너레이션(Next Generation)〉지는 그에 대한 소개글에서 "최고 수준의 전술가만이 '검은 띠'에 해당하는 1급을 넘어 단의 경지에 오를 수 있다. 야마우치는 7단이며, 그의 플레이 스타일은 기세가 강하고, 공격적이고, 개방적이고, 수비가 유연하며, 상대의 약점을 쉼 없이 공격하는 것으로 알려져 있다"라고 설명했다. 이 내용에서 닌텐도를 지배적인 기업으로 만든 모든 것을 볼 수 있다.

2002년에 야마우치는 대표직에서 사임했다. 그러나 이후에도 계속 이사회 의장 자리를 맡았다. 그는 2005년에 은퇴했다. 그는 닌텐도 지분으로 일본 최고의 부호 중 한 명이 됐다. 그는 교토에 있는 암 치료 센터에 수십억 엔을 기부했다. 그는 2013년에 85세의 나이로 사망했다.

닌텐도는 오리지널 패미콤부터 지금의 닌텐도 스위치에 이르기까지 거의 50억 개의 게임과 7억 5,000만여 대의 게임기를 판매했다. 마리오, 동키 콩, 젤다 공주, 피카추를 비롯한 수많은 닌텐도의 캐릭터들은 오랜 기간에 걸쳐 국제적인 아이콘이 됐다. 닌텐도는 화투에서 출발해 먼 길을 왔다. 그러나 궁극적으로 그 끈기는 게임을 제작하는 데서 기인한 것이 아니었다. 그보다는 사업 다각화를 위한 창의적 노력, 그리고 게임 디자인과 플레이 스타일, 콘솔 폼 팩터(form factor)에서 어떤 주요 경쟁사도 도전하지 않을 새로운 아이디어에 끊임없이 도박을 거는 창의적 노력에서 기인했다. 업계가 이쪽으로 가면 닌텐도는 저쪽으로 갔다.

야마우치 히로시는 회사의 강점을 거듭 활용해 의미 있으면서도 관리 가능한 리스크를 감수했다. 그리고 이를 통해 실질적인 잠재력을 가진 뭔가를 찾아낸 다음, 시장에서 통하는 제품을 최고 수준의 품질로 제공했다. 끈기를 위해 이보다 나은 방법이 있다면 아직 확인되지 않았다.

▲ ▲ ▲

버진그룹의 창립자 리처드 브랜슨(Richard Branson) 경은 "걷는 법은 규칙을 따라서 익히는 것이 아니다. 해보고 넘어지는 것을 통해 익힌다"라고 썼다. 끈기 있는 기업은 넘어지는 것을 두려워하지 않는다. 사실 그들은 가끔 비틀거리면서 충분한 리스크를 감수하지 않고 있음을 알게 된다. 실패에 대한 두려움은 어떤 실패보다 더 빨리 회사를 죽인다.

힘든 시기에는 본능적으로 몸을 움츠리고 안전하게 플레이하게 된다. 그러나 지금까지 살핀 대로 뛰어난 리더들은 좋을 때나 힘들 때나 계속 베팅을 한다. 그 이유는 그들이 현재의 역경을 헤쳐 나가는 와중에도 계속 한 눈으로는 미래를 주시하기 때문이다. 그들은 최대한 베팅을 작게 줄여서 리스크를 완화한다. 그러나 '결코' 업계의 고난이나 불경기, 심지어 전쟁 같은 어려운 여건 때문에 혁신의 속도를 늦추지는 않는다. 그러다가 베팅이 가망성을 보이면 회사가 가진 모든 것을 투입한다. 그들은 신중과 절약이 자신을 구원하지 않을 것임을 안다. 팔지 못하면 죽음뿐이다.

지름길은 없다. 길을 걷기가 쉬울 때가 아니라 지금 출발하라. 뛰어난 제품을 개발하려면 시간이 걸린다. 나중에 자원이 넉넉할 때 그냥 매입할 수 없다. 수많은 기업들이 일찍 대응했다면 해결했을 문제에 돈을 쏟아붓다가 무너졌다. 회사의 미래를 건설할 적기는 아무리 기다려도 오지 않는다.

결론

정말로 잘 살펴보면 하룻밤 사이에 이뤄진 것처럼 보이는 성공은
대부분 오랜 시간에 걸쳐 이뤄졌다.
스티브 잡스

전투가 벌어지는 와중에는 지휘관조차 누가, 왜 이기고 있는지 확실하게 알지 못할 수 있다. 위대한 프로이센의 군사 전략가 카를 폰 클라우제비츠(Carl von Clausewitz)는 "전쟁은 불확실성의 영역이다. 전쟁에서 이뤄지는 행위들이 기반하는 요소 중 4분의 3은 다소간의 불확실성이라는 안개에 휩싸여 있다"라고 썼다. 그것이 바로 '전쟁의 안개'다. 전투가 진행되는 동안에는 진정한 상태를 가늠하기가 거의 불확실하다. 거기서 교훈을 얻는 것은 말할 것도 없다. 그러나 결국 모든 비즈니스 전쟁은 끝나기 마련이다. 그러면 새로운 평형상태가 만들어진다. 열기는 식고 핵심 플레이어들은 새로운 역할을 맡거나 은퇴한다. 그리고 전투에서 내려진 결정과 실행된 행동, 측정된 효과에 대한 사실이 드러난다. 이제 현명한 리더들은 역사가 된 사실들에서 미래를 위한 유용한 교훈을 발견한다.

포지셔닝 전략부터 지저분한 술책까지 《비즈니스 워》의 각 장은 세 개의 특별한 창업기를 속속들이 다루면서 단일한 주제를 따랐다. 그래도 이 책 전반에 걸쳐 찾을 수 있는 공통점들이 있다. 대단히 폭넓은 관점에서 비즈니스의 역사를 넓게 훑었다는 점을 고려할 때, 승자들이 놀랍도록 비슷한 방식으로 승리했다는 점은 특기할 만하다. 이 책은 여러 산업과 시대에 걸쳐 다양한 성공 사례들을 비교하고 대조할 드문 기회를 제공했다. 우리 자신의 리더십에 대한 이 탐구에서 우리가 배울 수 있는 것은 무엇일까?

　뛰어난 리더들은 약삭빠르다. 그들은 손자가 말한 대로 "모든 전쟁은 속임수에 기반한다"라는 사실을 일찍이 직감으로 안 듯하다. 직감은 놀랍도록 일관된 역할을 한다. 이 책에 담긴 27개의 이야기에서 정식 비즈니스 훈련을 받은 전투원은 드물다. 일부는 릴리언 버넌처럼 부모에게 장부를 결산하거나 치열하게 흥정하는 법을 배웠다. 헨리 포드 같은 다른 사람들은 필요에 따라 그저 자신의 비전을 보다 효율적으로 추구하기 위해 경영에 대한 접근법을 고안했다. 그러나 전장이 캔디든 화장품이든 그들은 탁월한 수준으로 직관을 활용해 핵심적인 결정을 내렸다. 이는 꼭 필요한 일이었다. 대다수는 전자 기타나 컴퓨터를 통한 데이팅 서비스처럼 아무런 지침서가 없는 신기술을 중심으로 사업을 구축하면서 새로운 경지를 열었다. 낯설고 예측할 수 없는 환경에서 정답이 없을 때 결단력 있게 행동할 수 있을 만큼 자신의 직관을 믿는 리더는 뚜렷한 우위를 누린다.

　실패에서 재기하고 배우는 능력은 끈기 있는 리더십의 본질적인 요소다. 무일푼에서 거부가 되고, 아이디어에서 출발해 상장까지 이르는 기업사의 내용과 달리 이 리더들은 각자 수많은 부침을 거쳤다. 그들은 전장에서 거듭 패퇴하면서 겸손을 배웠고 끈기를 발휘했다. 그들은 이기든 지든 언제나 지평선을 바라보며 한 전투에서 다음 전투로 열심히 나아갔다. 손자는 "승리하는 데 시간이 오래 걸리면 무기가 무뎌지고 전의가 식는다"라고 썼다. 지루한 전쟁보다 더 치명적인 것은 없다. 현명한 리더들은 심사숙고하지만 결심이 서면 신속하고 과감한 행동을 중시한다. 이 책에 소개된 리더들은 리스크에 대한 선호, 한 번이 아니라 몇 번이고 하나의 결정에 안전뿐 아니라 명성까지 걸려는 의지를 공유한다. 그것 말고 전쟁에서 이기는 다른 방법은 없다.

뛰어난 비즈니스 리더들은 자신의 비즈니스를 속속들이 안다. 손자는 "적을 알고 자신을 알면 백 번 싸워도 두려워할 필요가 없다"라고 말했다. 물론 그렇다고 해서 그들이 항상 회사의 제품을 좋아하거나 심지어 이용하는 것은 아니다. 올리브 앤 비치는 비행기 조종을 배운 적이 없었다. 야마우치 히로시는 게임을 한 적이 없었다. 그러나 그들은 모두 자신의 회사와 고객, 그리고 경쟁자들에 대해 결코 충족되지 않는 호기심을 품었다.

전문 영역 지식과 경험이 분명히 중요하기는 하지만 허브 켈러허나 루스 핸들러에게 성공을 안긴 것은 무슨 수를 쓰더라도 이기겠다는 단순한 의지일지도 모른다. 토머스 에디슨이 말한 대로 "인생에 실패한 많은 사람들은 그들이 포기했을 때 얼마나 성공에 가까이 갔는지 깨닫지 못한다". 어쩌면 비즈니스 전쟁에서 승리하는 비결은 시각의 '결여'일지도 모른다. 승리자들은 비즈니스를 구축하는 것 말고는 다른 대안을 상상하지 못한다. 대다수 사람들은 결국 포기하고 직업을 구하거나 전문 학위를 추구할 때도 그들은 모두 영구적인 실패의 가능성을 보지 못하는 것 같다. 레이 크록 같은 사람들은 다음 사업 기회를 찾는 일을 멈추지 못했다.

역사는 어떤 승리도 결코 최종적이지 않음을 보여준다. 어떤 비즈니스 전쟁도 진정으로 영원히 이기지는 못한다. 모든 기업이 바랄 수 있는 최선은 휴전이 이뤄진 동안 이익과 생산성의 황금기를 누리는 것이다. 결국에는 새로운 기업이 전장에 들어서고 새로운 전선이 형성된다. 때로는 전장 자체가 변하고 모든 경쟁자는 동시에 다투게 된다. 근본적으로 기업은 머슬카(muscle car)를 만들든(GM), 데이트를 주선하든(범블) 노력과 다른 자원을 돈으로 바꾸는 '과정'이다.

창업자가 회사를 세우는 것은 구식 라디오의 다이얼을 돌려서 원하는 방송을 찾듯이 이 과정을 시장의 주파수에 맞추는 것이다. [라디오를 더 많이 팔기 위해 상업방송을 한다는 아이디어를 떠올린 사람은 토머스 에디슨의 숙적인 조지 웨스팅하우스(George Westinghouse)였다. 1920년 11월 2일에 웨스팅하우스가 만든 KDKA가 최초의 상업방송을 시작했다. KDKA가 조간신문이 배달되기 전에 청취자들에게 하딩(Harding) vs. 콕스(Cox)의 대선 결과를 발표했을 때 세상은 비즈니스 전쟁에 따른 또 다른 대변혁을 겪었다.] 비즈니스를 올바른 주파수에 성공적으로 맞추는 것은 이 책의 모든 장에서 보았듯이 끊임없는 훈련과 창의성을 통한 위업이다.

주파수는 계속 바뀐다. 세상이 바뀌는데 비즈니스를 바꾸지 않으면 전쟁은 끝장난 것이다. 리더가 더 이상 통하지 않는 성공의 방정식을 바꿔야 한다는 충동에 고집스럽게 맞서면 비즈니스는 쇠퇴하거나 아예 망한다. 그동안 다른 사람들은 계속 다이얼을 돌리고 주파수를 맞추며 귀를 기울인다.

우리 사회는 기업가를 숭배한다. 거기에는 타당한 이유가 있다. 기업가 정신은 가부장적 사회에 속한 여성(키란 마줌다르 쇼)부터 새로운 땅에 들어선 이민자(이본 쉬나드) 또는 둘 다에 해당하는 사람(헬레나 루빈스타인)까지 모두에게 열린, 성공에 이르는 길이다. 비즈니스는 불황(리글리)과 전쟁(아디다스)을 견딘다. 기업가는 크고 작은 방식으로 세상을 바꾼다. 그들은 시장을 지배하려고 노력하는 과정에서 우리가 일하고, 놀고, 먹고, 입는 방식을 거의 우연스럽게 바꾼다. 비즈니스는 자연의 힘과 같으며, 그 궁극적 영향력을 측정할 방법은 없다.

현대의 군 지도자들이 여전히 《손자병법》을 보듯이 이 책에 소개된 많은 비즈니스 아이디어는 시간의 시험을 통과했다. 노엘 리는 흔한 제품을 흔하지 않은 것으로 만들었다. 윌리엄 리글리 주니어는 "절대 광고를 멈추지 않았다". 메리 배라는 "더 이상 형편없는 차는 만들지 않았다". 야마우치 히로시는 러브호텔도 만들 만큼 작은 베팅으로 사업 다각화에 나섰다. 그러나 그냥 전략을 모방한다고 해서 성공이 보장되는 것은 아니다.

대단히 뛰어난 비즈니스 리더들의 장기적인 성공은 우리가 종종 알게 되는 것보다 훨씬 많은 단기적인 실패를 수반했다. 전쟁에서 이기려면 전투에서 이겨야 한다. 그러나 또한 전투에서 지더라도 기꺼이 실수를 통해 배울 줄 알아야 한다. 승자들이 하는 일은 계속 조정하고 시도하는 것이다. IBM의 토머스 왓슨이 말한 대로 성공의 비결은 단순하다. 그것은 "2배로 실패하는 것이다. 사람들은 실패를 성공의 적으로 생각한다. 그러나 전혀 그렇지 않다. 실패를 통해 낙담할 수 있지만 거기서 교훈을 얻을 수도 있다. 그러니 앞으로 나서서 실수를 저질러라. 가능한 모든 실수를 저질러라".

기업가들은 끝없이 실험한다. 얼 타파는 수지맞는 비즈니스로 바꿀 수 있는 미끈한 플라스틱 덩어리를 만들 때까지 플라스틱을 가지고 실험했다. 역사 전체에 걸쳐 우리는 성공한 실험에 초점을 맞추는 경향이 있다. 그러나 자세히 살펴보면 기업가들은 계속 방향을 전환했다. 윌리엄 리글리는 비누에서 베이킹파우더를 거쳐 껌으로 나아갔다. 야마우치 히로시는 화투에서 장난감을 거쳐 게임으로 나아갔다. 그들은 상당한 측면에서 다르다. 그러나 성공한 기업가들은 유연성과 의지, 그리고 시장이 다가오기를 기다리기보다 시장을 향해 몸을 굽히는 능력을 공유한다.

▲ ▲ ▲

이전 세기 및 그 이전에 벌어진 대단한 비즈니스 전쟁들을 훑어보는 이 순회 여행이 우리에게 가르쳐주는 것은 무엇일까? 무엇보다 그런 거대한 변화의 시대는 불가피하다. 그런 시대는 각각 도래하는 순간에는 갑작스럽고 놀랍다. 그러나 그만큼 예측 가능한 주기성을 지니기도 한다. 뛰어난 리더들이 이해하고 있듯이 다음 혁신의 파도는 언제나 해안으로 몰려오고 있다. 비즈니스 전쟁은 경쟁자들만 상대하는 것이 아니다. 때로는 전체 환경이 당신을 쓰러뜨리려고 공모하는 것처럼 보인다. 지금까지 거듭 확인한 대로 폭넓은 격변은 시금석과 같다. 잔잔한 바다에서는 거의 모든 기업이 계속 순항할 수 있다. 활기찬 시장은 부진한 성장, 부실한 경영, 흐릿한 비전을 숨긴다. 반면 거대한 정치적·경제적 변동은 낙오자들을 휩쓸어 간다. 허울은 벗겨지고 각 비즈니스의 타당성에 대한 진실이 드러난다. 토대가 약한 기업들은 흔들리고 무너진다. 반대로 탁월한 가치를 효율적으로 제공하는 기업들은 최악의 시기에도 번성한다.

그 차이는 리더십에서 나온다. 뛰어난 리더들은 불황이나 전쟁, 팬데믹처럼 경쟁자들의 땅을 뒤덮는 혼란을 헤치고 나아간다. 그들의 회사는 고갈된 상태가 아니라 변화된 상태, 심지어 활기찬 상태로 먹구름에서 빠져나온다. 올리브 앤 비치가 출산을 앞두고 병원에서 이사회를 주재한 일을 생각해보라. 당시 남편은 혼수상태에 빠져 있었고, 제2차 세계대전이 유럽을 뒤흔들고 있었다. 비치 에어크래프트는 자신을 돌보지 않는 단호한 그녀의 리더십 덕분에 전시의 필요에 맞춰 변화했고, 평화가 찾아왔을 때 다시 변화했다. 우리 모두는 이런 겸손과 결단의 조합, 자존심을 버리고 시대의 요구를 충족하려는 의지를 갖도록 노력해야 한다. 결국 이것이 비즈니스 전쟁에서 이기는 진정한 병법이다.

감사의 글

우리는 〈비즈니스 워〉 팟캐스트를 진행하면서 거의 모든 산업에 걸쳐 40여 가지의 전쟁을 다뤘다. 멀게는 130년 전에 벌어진 허스트(Hearst)와 퓰리처(Pulitzer)의 신문 전쟁, 가깝게는 세계적인 코로나19 팬데믹이 발생한 상황에서 아마존과 월마트가 벌인 경쟁이 거기에 포함됐다. 많은 사람들의 노력이 없었다면 팟캐스트뿐 아니라 이 책도 나오지 못했을 것이다.

먼저 이 책을 쓰는 동안 통찰, 제안, 지원을 제공한 원더리(Wondery) 사람들에게 깊이 감사드린다. 가장 중요하게는 원더리의 창립자이자 CEO이며, 〈비즈니스 워〉의 기획자인 헤르난 로페즈(Hernan Lopez)에게 감사드리고 싶다. 그는 3년 전에 이 이야기들을 세상 과 나눌 놀라운 기회를 내게 주었다. 역대 최고의 기업가들에 대해 배우는 일은 무척 즐거웠다. 그러나 그중 한 명인 헤르난이 뛰어난 '팟캐스팅의 명가'를 만드는 과정에서 같이 일하게 된 것은 엄청난 특혜였다. 팟캐스트 산업, 같은 업계에서 일하는 사람들, 흡인력 있는 스토리텔링 기술에 대한 그의 열정은 나뿐만 아니라 다른 많은 사람들에게 자극을 주었다. 또한 나는 이 책에 담긴 이야기와 교훈 들을 아우르는 틀로서 손자의 《손자병법》을 활용하자는 아이디어를 제시한 것에 대해서도 그에게 감사드린다.

원더리의 최고 운영 책임자인 젠 사전트(Jen Sargent), 최고 콘텐츠 책임자인 마셜 루이(Marshall Lewy), 현행 시리즈 담당 부사장인 제니 로우어 베크먼(Jenny Lower Beckman)에게도 특별한 감사 인사를 전한다. 그들은 이 책에 나온 이야기들을 편집하고 구성하기 위해 오랜 시간 일했다.

〈비즈니스 워〉 팟캐스트 제작 팀이 아니었다면 이 책은 나오지 못했을 것이다. 나는 〈비즈니스 워〉의 에피소드들에서 영감을 얻었다. 선임 프로듀서 (유능한 '진행자 조련사'이자 오랜 공모자) 카렌 로우(Karen Lowe), 프로듀서 에밀리 프로스트(Emily Frost), 사운드 디자이너 카일 랜달(Kyle Randall)에게 감사드린다. 그들의 기술과 수완은 매주 나의 목소리를 돋보이게 해주었으며, 한결같은 그들의 유머 덕분에 항상 즐겁게 일할 수 있었다.

〈비즈니스 워〉의 작가들은 이름 없는 영웅들이다. 그들의 엄청난 조사와 스토리텔링 능력은 우리가 청취자들을 월가부터 과거의 서부까지 모든 곳으로 순간 이동시킬 수 있게 해주었다. 우리의 작가 MVP인 트리스탄 도노반(Tristan Donovan)과 에이제이 베임(A. J. Baime), 바버라 보가예프(Barbara Bogaev), 피터 길스트랩(Peter Gilstrap), 조셉 귄토(Joseph Guinto), 데이드 헤이즈(Dade Hayes), 앤디 허먼(Andy Hermann), 엘리자베스 케이(Elizabeth Kaye), 지나 키팅(Gina Keating), 케빈 메이니(Kevin Maney), 조셉 멘(Joseph Menn), 마이클 캐니언 메이어(Michael Canyon Meyer), 제프 펄먼(Jeff Pearlman), 애덤 페넌버그(Adam Penenberg), 오스틴 레이클리스(Austen Rachlis), 나탈리 로버메드(Natalie Robehmed), 매튜 셰어(Matthew Shaer), 리드 터커(Reed Tucker)에게 특별히 감사드린다.

명민하고 신중한 편집을 해준 하퍼콜린스(HarperCollins)의 편집자 홀리스 하임바우크(Hollis Heimbouch)와 이 책을 엮는 데 귀중한 도움을 준 데이비드 몰다워(David Moldawer)에게 감사드린다. 당신들이 없었다면 이 책을 펴내지 못했을 것이라고 말해도 지나치지 않다. UTA의 원더리 팀인 제러미 짐머(Jeremy Zimmer), 피터 베네덱(Peter Benedeck), 오렌 로젠바움(Oren Rosenbaum), 제드 베이커(Jed Baker), 켈런 알버스톤(Kellen Alberstone)에게 감사드린다. 그리고 특히 이 책에 대한 구상을 실현하도록 도와준 앨버트 리(Albert Lee), 필라 퀸(Pilar Queen), 메러디스 밀러(Meredith Miller)에게 감사드린다.

나의 아름답고 재능 있는 아내이자 평생의 동반자인 에밀리(Emily)에게 특별히 고마움을 전한다. 그녀는 앞서 언급한 로우 씨와 함께 공모해 내가 '새로운 비즈니스 팟캐스트'를 시도하도록 만들었다. 또한 애티커스(Atticus)와 매그놀리아(Magnolia)에게도 고마움을 전한다. 그들은 내가 수많은 밤 동안 그들을 재우기 위해 더 나은 스토리텔러가 되도록 북돋았다. 그들은 만족시키기 힘든 청중들이다.

끝으로 우리를 그들의 삶으로 받아들여준 전 세계의 청취자들, 그리고 우리에게 너무나 많은 교훈을 선사한 일선에서 활동하는 전 세계의 기업가들, 임원들, 직원들을 비롯한 비즈니스 전사들에게 깊은 감사를 전한다.

《비즈니스 워》에 담긴 이야기들은 책과 잡지 소개 기사부터 언론에 소개된 당대의 일화들, 전투원 자신의 말 등 폭넓은 출처에서 나왔다. 기업가들과 그들에 대한 글을 쓰는 사람들은 그들을 신화화하려는 경향이 있다. 우리는 〈비즈니스 워〉 팟캐스트를 제작할 때와 마찬가지로 팩트를 다양한 각도에서 검증하는 데 최선을 다했다. 그래서 최대한 진실과 우리가 거기서 얻는 교훈에 가까이 다가가려고 노력했다.

보다 자세한 내용을 알고 싶어 하는 독자들을 위해 각 장의 핵심 출처를 아래에 싣는다. 책에서는 이 엄청난 기업가들의 충돌에서 우리가 배울 수 있는 교훈의 겉만 핥았을 뿐이다.

헨리 포드의 큰 그림: 모델 T

American National Biography. "Ford, Henry (1863-1947), Automobile Manufacturer." 2020년 8월 27일 접속. https://www.anb.org/view/10.1093/anb/9780198606697.001.0001/anb-9780198606697-e-1000578;jsessionid=7220FF993F3F7259A3F74DC6B8264E6E.

"Henry Ford Test-Drives His 'Quadricycle.'" History.com. 2020년 8월 27일 접속. https://www.history.com/this-day-in-history/henry-ford-test-drives-his-quadricycle.

Ford, Henry. *My Life and Work*. 킨들. Digireads.com Publishing, 2009. https://smile.amazon.com/gp/product/B00306KYVQ?psc=1.

Goldstone, Lawrence. *Drive! Henry Ford, George Selden, and the Race to Invent the Auto Age*. 킨들. New York: Ballantine(2016). https://smile.amazon.com/Drive-Henry-George-Selden-Invent/dp/0553394185.

Snow, Richard F. *I Invented the Modern Age: The Rise of Henry Ford*. 킨들. New York: Scribner(2013).

드림 하우스 만들기: 바비와 마텔

"Barbie | History & Facts." 출처: *Encyclopaedia Britannica*. 2020년 8월 28일 접속. https://www.britannica.com/topic/Barbie.

Bellis, Mary. "Biography of Ruth Handler, Inventor of Barbie Dolls." ThoughtCo., 2020. 1. 28. 2020년 8월 28일 접속. https://www.thoughtco.com/history-of-barbie-dolls-1991344.

Gerber, Robin. *Barbie and Ruth: The Story of the World's Most Famous Doll and the Woman Who Created Her*. New York: Harper(2010).

Handler, Ruth, and Jacqueline Shannon. *Dream Doll: The Ruth Handler Story*. Stamford, CT: Longmeadow Press(1994).

Johnson, Judy M. "The History of Paper Dolls," Original Paper Doll Artists Guild, 1999. 2005년 10월 업데이트. https://www.opdag.com/history.html.

Rios, Patricia Garcia. "They Made America." *Gamblers*. PBS, 2004. https://www.pbs.org/wgbh/theymadeamerica/filmmore/s3_pt.html.

"Ruth Mosko Handler | American Businesswoman." 출처: *Encyclopaedia Britannica*. 2020년 8월 28일 접속. https://www.britannica.com/biography/Ruth-Mosko-Handler.

"Ruth Mosko Handler," Jewish Women's Archive. 2020년 8월 29일 접속. https://jwa.org/encyclopedia/article/handler-ruth-mosko.

"Who Made America? | Innovators | Ruth Handler." PBS. 2020년 8월 28일 접속. https://www.pbs.org/wgbh/theymadeamerica/whomade/handler_hi.html.

Winters, Claire. "Ruth Handler and Her Barbie Refashioned Toy Industry." *Investor's Business Daily*, 2016. 9. 23. https://www.investors.com/news/management/leaders-and-success/ruth-handler-and-her-barbie-refashioned-mattel-and-the-toy-industry/.

Woo, Elaine. "Barbie Doll Creator Ruth Handler Dies." *Washington Post*, 2002. 4. 29. https://www.washingtonpost.com/archive/local/2002/04/29/barbie-doll-creator-ruth-handler-dies/76bfe4ad-d4aa-431f-9c45-16b9b33046fd/.

연체료: 블록버스터 vs. 넷플릭스

Baine, Wallace. "The Untold Netflix Origin Story of Santa Cruz." Good Times, 2019. 11. 19. https://goodtimes.sc/cover-stories/netflix-origin-story/.

Castillo, Michelle. "Reed Hastings' Story about the Founding of Netflix Has Changed Several Times." CNBC, 2017. 5. 23. https://www.cnbc.com/2017/05/23/netflix-ceo-reed-hastings-on-how-the-company-was-born.html.

Dash, Eric, and Geraldine Fabrikant. "Payout Is Set by Blockbuster to Viacom." *New York Times*, 2004. 6. 19. https://www.nytimes.com/2004/06/19/

business/payout-is-set-by-blockbuster-to-viacom.html.

Dowd, Maureen. "Reed Hastings Had Us All Staying Home Before We Had To." *New York Times*, 2020. 9. 4. https://www.nytimes.com/2020/09/04/style/reed-hastings-netflix-interview.html.

Gallo, Carmine. "Netflix's Co-Founder Reveals One Essential Skill Entrepreneurs Must Build to Motivate Teams." *Forbes*, 2019. 12. 12. https://www.Forbes.com/sites/carminegallo/2019/12/12/netflixs-co-founder-reveals-one-essential-skill-entrepreneurs-must-build-to-motivate-teams/.

Keating, Gina. *Netflixed: The Epic Battle for America's Eyeballs*. New York: Portfolio/Penguin(2013).

Levin, Sam. "Netflix Co-Founder: 'Blockbuster Laughed at Us. . . Now There's One Left.'" *Guardian*, 2019. 9. 14. http://www.theguardian.com/media/2019/sep/14/netflix-marc-randolph-founder-blockbuster.

McFadden, Christopher. "The Fascinating History of Netflix." *Interesting Engineering*, 2020. 7. 4. https://interestingengineering.com/the-fascinating-history-of-netflix.

Randolph, Marc. *That Will Never Work: The Birth of Netflix and the Amazing Life of an Idea*. 킨들. New York: Little, Brown(2019).

Schorn, Daniel. "The Brain Behind Netflix." CBS News, 2006. 12. 1. https://www.cbsnews.com/news/the-brain-behind-netflix/.

Sperling, Nicole. "Long Before 'Netflix and Chill,' He Was the Netflix C.E.O." *New York Times*, 2019. 9. 15. https://www.nytimes.com/2019/09/15/business/media/netflix-chief-executive-reed-hastings-marc-randolph.html.

피드백 고리: 깁슨 vs. 펜더

Port, Ian S. *The Birth of Loud: Leo Fender, Les Paul, and the GuitarPioneering Rivalry That Shaped Rock 'n' Roll*. New York: Scribner(2019).

Tolinski, Brad, and Alan Di Perna. *Play It Loud: An Epic History of the Style, Sound, and Revolution of the Electric Guitar*. 킨들. New York: Doubleday, 2016.

오른쪽으로 밀기: 범블 vs. 틴더

Alter, Charlotte. "Whitney Wolfe Wants to Beat Tinder at Its Own Game." *Time*, 2015. 5. 15. https://time.com/3851583/bumble-whitney-wolfe/.

Bennett, Jessica. "With Her Dating App, Women Are in Control." *New York Times*, 2017. 3. 18. https://www.nytimes.com/2017/03/18/fashion/bumble-feminist-dating-app-whitney-wolfe.html.

Crook, Jordan. "Burned." TechCrunch (블로그), 2014. 7. 9. https://social.techcrunch.com/2014/07/09/whitney-wolfe-vs-tinder/.

Ellis-Petersen, Hannah. "WLTM Bumble-A Dating App Where Women Call the Shots." *Guardian*, 2015. 4. 12. https://www.theguardian.com/technology/2015/apr/12/bumble-dating-app-women-call-shots-whitney-wolfe.

Ensor, Josie. "Tinder Co-Founder Whitney Wolfe: 'The Word "Feminist" Seemed to Put Guys Off, but Now I Realise, Who Cares?'" *Telegraph*, 2015. 5. 23. https://www.telegraph.co.uk/women/womens-business/11616130/Tinder-co-founder-Whitney-Wolfe-The-word-feminist-seemed-to-put-guys-off-but-now-I-realise-who-cares.html.

FitzSimons, Amanda. "Whitney Wolfe Helped Women Score Dates. Now She Wants to Get Them Their Dream Job." *Elle*, 2017. 12. https://www.elle.com/culture/tech/a13121013/bumble-app-december-2017/.

Gross, Elana Lyn. "Bumble Launched a New Initiative to Support a Cause Whenever a Woman Makes the First Move." *Forbes*, 2019. 5. 10. https://www.Forbes.com/sites/elanagross/2019/05/10/bumble-moves-making-impact/.

Hicks, Marie. "Computer Love: Replicating Social Order through Early Computer Dating Systems." *Ada: A Journal of Gender, New Media, and Technology*, no. 10 (2016. 10. 31). https://adanewmedia.org/2016/10/issue10-hicks/.

Hirschfeld, Hilary. "SMU Senior Whitney Wolfe Launches Second Business, Clothing Line Tender Heart." The Daily Campus (블로그), 2010. 11. 3. https://www.smudailycampus.com/news/smu-senior-whitney-wolfe-launches-second-business-clothing-line-tender-heart.

Kosoff, Maya. "The 30 Most Important Women Under 30 in Tech." *Business Insider*, 2014. 9. 16. https://www.businessinsider.com/30-most-important-women-under-30-in-tech-2014-2014-8.

Langley, Edwina. "Whitney Wolfe: The Woman Who Took Tinder to Court-and Came Back Fighting." Grazia, 2016. 8. 3. https://graziadaily.co.uk/life/real-life/whitney-wolfe-tinder-bumble/.

Langmuir, Molly. "Meet ELLE's 2016 Women in Tech." *Elle*, 2016. 5. 13. https://www.elle.com/culture/tech/a35725/women-in-tech-2016/.

Lunden, Ingrid. "Andrey Andreev Sells Stake in Bumble Owner to Blackstone,

Whitney Wolfe Herd Now CEO of $3B Dating Apps Business." TechCrunch (블로그), 2019. 11. 8. https://social.techcrunch.com/2019/11/08/badoos-andrey-andreev-sells-his-stake-in-bumble-to-blackstone-valuing-the-dating-app-at-3b/.

Macon, Alexandra. "Bumble Founder Whitney Wolfe's Whirlwind Wedding Was a True Celebration of Southern Italy." *Vogue*, 2017. 10. 5. https://www.Vogue.com/article/bumble-founder-whitney-wolfe-michael-herd-positano-wedding.

Maheshwari, Sapna, and Michelle Broder Van Dyke. "Former Executive Suing Tinder for Sexual Harassment Drops Her Case." *BuzzFeed News*, 2014. 7. 1. https://www.buzzfeednews.com/article/sapna/tinder-sued-for-sexual-harassment.

O'Connor, Clare. "Billion-Dollar Bumble: How Whitney Wolfe Herd Built America's Fastest-Growing Dating App." *Forbes*, 2017. 12. 12. https://www.Forbes.com/sites/clareoconnor/2017/11/14/billion-dollar-bumble-how-whitney-wolfe-herd-built-americas-fastest-growing-dating-app/.

Perez, Sarah. "Bumble Is Taking Match Group to Court, Says It's Pursuing an IPO." TechCrunch (블로그), 2018. 9. 24. https://social.techcrunch.com/2018/09/24/bumble-serves-countersuit-to-match-group-says-its-pursuing-an-ipo/.

Raz, Guy. "Bumble: Whitney Wolfe. How I Built This with Guy Raz." *How I Built This with Guy Raz*, 2017. 10. 16. 2020년 5월 6일 접속. https://www.npr.org/2017/11/29/557437086/bumble-whitney-wolfe.

Sarkeesian, Anita. "Whitney Wolfe Herd: The World's 100 Most Influential People." *Time*, 2018. https://time.com/collection/most-influential-people-2018/5217594/whitney-wolfe-herd/.

Shah, Vikas S. "A Conversation with Bumble Founder & CEO, Whitney Wolfe Herd." Thought Economics, 2019. 7. 2. https://thoughteconomics.com/whitney-wolfe-herd/.

Slater, Dan. "The Social Network: The Prequel." *GQ*, 2011. 1. 28. https://www.gq.com/story/social-network-prequel-online-dating

Tait, Amelia. "Swipe Right for Equality: How Bumble Is Taking On Sexism." *Wired UK*, 2017. 8. 30. https://www.wired.co.uk/article/bumble-whitney-wolfe-sexism-tinder-app.

Tepper, Fitz. "Bumble Launches BFF, a Feature to Find New Friends." TechCrunch(블로그), 2016. 3. 4. https://social.techcrunch.com/2016/03/04/

bumble-launches-bff-a-feature-to-find-new-friends/.

Valby, Karen. "Bumble's CEO Takes Aim at LinkedIn." *Fast Company*, 2017. 8. 28. https://www.fastcompany.com/40456526/bumbles-ceo-takes-aim-at-linkedin.

Witt, Emily. "Love Me Tinder." *GQ*, 2014. 2. 11. https://www.gq.com/story/tinder-online-dating-sex-app.

Yang, Melissah. "Sean Rad Is Out as Tinder CEO." *Los Angeles Business Journal*, 2014. 11. 4. https://labusinessjournal.com/news/2014/nov/04/sean-rad-out-tinder-ceo/.

_____. "Tinder Co-Founder Resigns, but CEO to Stay On." *Los Angeles Business Journal*, 2014. 9. 9. https://labusinessjournal.com/news/2014/sep/09/tinder-co-founder-resigns-ceo-stay/.

전자두뇌: IBM vs. 유니백

Alfred, Randy. "Nov. 4, 1952: Univac Gets Election Right, but CBS Balks." *Wired*, 2008. 11. 4. https://www.wired.com/2010/11/1104cbs-tv-univac-election/.

Engineering and Technology History Wiki. "UNIVAC and the 1952 Presidential Election-Engineering and Technology History Wiki," 2012. 11. https://ethw.org/UNIVAC_and_the_1952_Presidential_Election.

Henn, Steve. "The Night a Computer Predicted the Next President." *All Tech Considered*, NPR.org 2012. 10. 31. 2020년 2월 25일 접속. https://www.npr.org/sections/alltechconsidered/2012/10/31/163951263/the-night-a-computer-predicted-the-next-president.

"The Night a UNIVAC Computer Predicted The Next President: NOV. 4, 1952." New York: CBS News(1952). https://www.youtube.com/watch?v=nHov1Atrjzk.

Pelkey, James. "The Entrance of IBM-1952." History of Computer Communications, 2007. http://www.historyofcomputercommunications.info/supporting-documents/a.3-the-entrance-of-ibm-1952.html.

Rios, Patricia Garcia. "They Made America." *Gamblers*. PBS, 2004. https://www.pbs.org/wgbh/theymadeamerica/filmmore/s3_pt.html.

Satell, Greg. "Take a Long Look at IBM and You'll Understand the Importance of Focus." *Forbes*, 2016. 1. 10. https://www.Forbes.com/sites/gregsatell/2016/01/10/take-a-long-look-at-ibm-and-youll-understand-the-importance-of-focus/.

Watson, Thomas J., Jr. "The Greatest Capitalist in History." *Fortune*, 1987. 8. 31. https://archive.fortune.com/magazines/fortune/fortune_archive/1987/08/31/69488/index.htm.

Watson, Thomas J., Jr., and Peter Petre. *Father, Son & Co.: My Life at IBM and Beyond*. 킨들. New York: Bantam Books(2000).

뒤엉킨 웹 엮어내기: 모자이크 만들기, 넷스케이프 vs. 마이크로소프트

Berners-Lee, Tim. "A Brief History of the Web." 2020년 3월 2일 접속. https://www.w3.org/DesignIssues/TimBook-old/History.html.

_____. "The WorldWideWeb Browser." 2020년 3월 1일 접속. https://www.w3.org/People/Berners-Lee/WorldWideWeb.html.

Bort, Julie. "Marc Andreessen Gets All the Credit for Inventing the Browser but This Is the Guy Who Did 'All the Hard Programming.'" *Business Insider*, 2014. 5. 13. https://www.businessinsider.in/marc-andreessen-gets-all-the-credit-for-inventing-the-browser-but-this-is-the-guy-who-did-all-the-hard-programming/articleshow/35044058.cms.

Campbell, W. Joseph. "Microsoft Warns Netscape in Prelude to the 'Browser War' of 1995-98." The 1995 Blog (블로그), 2015. 6. 20. https://1995blog.com/2015/06/20/microsoft-warns-netscape-in-prelude-to-the-browser-war-of-1995-98/.

_____. "The 'Netscape Moment,' 20 Years On." The 1995 Blog (블로그), 2015. 8. 2. https://1995blog.com/2015/08/02/the-netscape-moment-20-years-on/.

Crockford on JavaScript. Volume 1: The Early Years, 2011. 2011. 9. 10. https://www.youtube.com/watch?v=JxAXlJEmNMg.

Gates, Bill. "The Internet Tidal Wave." *Wired*, 1995. 5. 26. https://www.wired.com/2010/05/0526bill-gates-internet-memo/.

History-Computer. "Mosaic Browser-History of the NCSA Mosaic Internet Web Browser." 2020년 3월 3일 접속. https://history-computer.com/Internet/Conquering/Mosaic.html.

Kleinrock, Leonard. "Opinion: 50 Years Ago, I Helped Invent the Internet. How Did It Go So Wrong?" *Los Angeles Times*, 2019. 10. 29. https://www.latimes.com/opinion/story/2019-10-29/internet-50th-anniversary-ucla-kleinrock.

Lacy, Sarah. "Risky Business-Interview with Marc Andreessen." Startups.com, 2018. 10. 28. https://www.startups.com/library/expert-advice/marc-andreessen.

Lashinsky, Adam. "Remembering Netscape: The Birth of the Web." *Fortune*, 2005. 7. 25. https://money.cnn.com/magazines/fortune/fortune_archive/2005/07/25/8266639/.

Lee, Timothy B. "The Internet, Explained." *Vox*, 2014. 6. 16. https://www.vox.com/2014/6/16/18076282/the-internet.

Markoff, John. "A Free and Simple Computer Link." *New York Times*, 1993. 12. 8. https://www.nytimes.com/1993/12/08/business/business-technology-a-free-and-simple-computer-link.html.

McCullough, Brian. *How the Internet Happened: From Netscape to the iPhone*. 킨들. New York: Liveright(2018).

Weber, Marc. "Happy 25th Birthday to the World Wide Web!" Computer History Museum, 2014. 3. 11. https://computerhistory.org/blog/happy-25th-birthday-to-the-world-wide-web/.

Wilson, Brian. "Browser History: Mosaic." Index DOT Html/Css, 2005 1996. http://www.blooberry.com/indexdot/history/mosaic.htm.

Zuckerman, Laurence. "With Internet Cachet, Not Profit, a New Stock Is Wall St.'s Darling." *New York Times*, 1995. 8. 10. https://www.nytimes.com/1995/08/10/us/with-internet-cachet-not-profit-a-new-stock-is-wall-st-s-darling.html.

비법 소스: 레이 크록 vs. 맥도날드

Herman, Mario L. "A Brief History of Franchising." Mario L. Herman, The Franchisee's Lawyer. 2020년 3월 26일 접속. https://www.franchise-law.com/franchise-law-overview/a-brief-history-of-franchising.shtml.

Kroc, Ray. *Grinding It Out: The Making of McDonald's*. 킨들. Chicago: St. Martin's Griffin(2016).

Libava, Joel. "The History of Franchising as We Know It." Bplans Blog, 2013. 12. 17. https://articles.bplans.com/the-history-of-franchising-as-we-know-it/.

Maister, David. "Strategy Means Saying 'No.'" DavidMaister.com, 2006. https://davidmaister.com/articles/strategy-means-saying-no/.

Pipes, Kerry. "History of Franchising: Franchising in the 1800's." Franchising.com. 2020년 9월 14일 접속. https://www.franchising.com/franchiseguide/the_history_of_franchising_part_one.html.

_____. "History of Franchising: Franchising in the Modern Age." Franchising.com. 2020년 3월 26일 접속. https://www.franchising.com/guides/history_of_franchising_part_two.html.

Seid, Michael. "The History of Franchising." The Balance Small Business, 2019. 6. 25. https://www.thebalancesmb.com/the-history-of-franchising-1350455.

Shane, Scott A. *From Ice Cream to the Internet: Using Franchising to Drive the Growth and Profits of Your Company*. Upper Saddle River, NJ: Pearson/Prentice Hall(2005). https://www.informit.com/articles/article.aspx?p=360649&seqNum=2.

호주머니 쟁탈전: 아이폰 vs. 블랙베리

Appolonia, Alexandra. "How BlackBerry Went from Controlling the Smartphone Market to a Phone of the Past." *Business Insider*, 2019. 11. 21. https://www.businessinsider.com/blackberry-smartphone-rise-fall-mobile-failure-innovate-2019-11.

Avery, Simon. "Two Universes: Apple vs. RIM." *Globe and Mail*, 2009. 8. 19. https://www.theglobeandmail.com/technology/globe-on-technology/two-universes-apple-vs-rim/article788996/.

Bond, Allison. "Why Do Doctors Still Use Pagers?" Slate, 2016. 2. 12. https://slate.com/technology/2016/02/why-do-doctors-still-use-pagers.html.

Breen, Christopher. "Remembering Macworld Expo: Why We Went to the Greatest Trade Show on Earth." Macworld, 2014. 10. 14. https://www.macworld.com/article/2833713/remembering-macworld-expo.html.

Dalrymple, Jim. "Apple vs. RIM: Who Sells More Smartphones?" The Loop, 2011. 4. 25. https://www.loopinsight.com/2011/04/25/apple-vs-rim-who-sells-more-smartphones/.

Haslam, Karen. "iPhone vs. BlackBerry: Is Apple's Battle with RIM Won?" Channel Daily News (블로그), 2012. 4. 2. https://channeldailynews.com/news/iphone-vs-blackberry-is-apples-battle-with-rim-won/13001.

Isaacson, Walter. *Steve Jobs*. 킨들. New York: Simon & Schuster(2011).

Jobs, Steve. "*Steve Jobs* iPhone 2007 Presentation, 2007." Singju Post, 2014. 7. 4. https://singjupost.com/steve-jobs-iphone-2007-presentation-full-transcript/.

Levy, Carmi. "RIM vs. Apple: Now It's Personal." *Toronto Star*, 2010. 10. 22. https://www.thestar.com/business/2010/10/22/rim_vs_apple_now_its_personal.html.

Looper, Christian de. "This Was BlackBerry's Reaction When the First iPhone Came Out." *Tech Times*, 2015. 5. 26. https://www.techtimes.com/articles/

55370/20150526/reaction-blackberry-when-first-iphone-came-out.htm.

Marlow, Iain. "In Motion: Jim Balsillie's Life after RIM." *Globe and Mail*, 2013. 2. 14. https://www.theglobeandmail.com/globe-investor/in-motion-jim-balsillies-life-after-rim/article8709333/.

McNish, Jacquie, and Sean Silcoff. *Losing the Signal: The Untold Story Behind the Extraordinary Rise and Spectacular Fall of BlackBerry.* 킨들. New York: Flatiron Books(2015).

Megna, Michelle. "RIM CEO: 'We're Not Taking Our Foot off the Gas.'" InternetNews.com, 2009. 6. 19. http://www.internetnews.com/mobility/article.php/3826041.

_____. "RIM vs. Apple: Can RIM Stay Strong?" Datamation, 2009. 10. 26. https://www.datamation.com/mowi/article.php/3845461/RIM-vs-Apple-Can-RIM-Stay-Strong.htm.

Olson, Parmy. "BlackBerry's Famous Last Words at 2007 iPhone Launch: 'We'll Be Fine.'" *Forbes*, 2015. 5. 26. https://www.Forbes.com/sites/parmyolson/2015/05/26/blackberry-iphone-book/.

Pogue, David. "No Keyboard? And You Call This a BlackBerry?" *New York Times*, 2008. 11. 26. https://www.nytimes.com/2008/11/27/technology/personaltech/27pogue.html.

Schonfeld, Erick. "Apple vs. RIM: Study Shows iPhone More Reliable than Blackberry." Seeking Alpha, 2008. 11. 7. https://seekingalpha.com/article/104779-apple-vs-rim-study-shows-iphone-more-reliable-than-blackberry.

Segan, Sascha. "The Evolution of the BlackBerry, from 957 to Z10." PCMag.com, 2013. 1. 28. https://www.pcmag.com/news/the-evolution-of-the-blackberry-from-957-to-z10.

Silver, Curtis. "Great Geek Debates: iPhone vs. Blackberry." *Wired*, 2009. 8. 11. https://www.wired.com/2009/08/great-geek-debates-iphone-vs-blackberry/.

Woyke, Elizabeth. "A Brief History of the BlackBerry." *Forbes*, 2009. 8. 17. https://www.Forbes.com/2009/08/17/rim-apple-sweeny-intelligent-technology-blackberry.html.

승리의 양조법: 바이오콘

Agnihotri, Aastha. "Behind This Successful Woman Is a Man-Kiran Mazumdar-

Shaw Reveals How Her Husband Helped Grow Biocon." CNBC TV18, 2019. 12. 26. https://www.cnbctv18.com/entrepreneurship/behind-this-successful-woman-is-a-man-kiran-mazumdar-shaw-reveals-how-her-husband-helped-grow-biocon-3835671.htm.

Armstrong, Lance. "Kiran Mazumdar-Shaw." *Time*, 2010. 4. 29. http://content.time.com/time/specials/packages/article/0,28804,1984685_1984949_1985233,00.html.

Hashmi, Sameer. "'They Were Not Comfortable about Hiring a Woman.'" BBC News, 2018. 9. 24. https://www.bbc.com/news/business-45547352.

Mazumdar-Shaw, Kiran. "Delivering Affordable Innovation through Scientific Excellence." Kiran Mazumdar Shaw: My Thoughts and Expressions (블로그), 2017. 4. 19. https://kiranmazumdarshaw.blogspot.com/2017/04/delivering-affordable-innovation.html.

――――. "From Brewing to Biologics: Kiran Mazumdar-Shaw in Conversation with Catherine Jewell, Communications Division, WIPO." Kiran Mazumdar-Shaw (블로그), 2018. 5. 8. https://kiranshaw.blog/2018/05/08/from-brewing-to-biologics-kiran-mazumdar-shaw-in-conversation-with-catherine-jewell-communications-division-wipo/.

――――. "The Giving Pledge Letter by Kiran Mazumdar-Shaw Displayed at the Smithsonian National Museum of American History." Kiran MazumdarShaw (블로그), 2019. 12. 23. https://kiranshaw.blog/2019/12/23/the-giving-pledge-letter-by-kiran-mazumdar-shaw-displayed-at-the-smithsonian-national-museum-of-american-history/.

――――. "India Can Deliver Affordable Innovation to the World: Kiran." *Economic Times*, 2009. 1. 2. https://economictimes.indiatimes.com/india-can-deliver-affordable-innovation-to-the-world-kiran-mazumdar-shaw/articleshow/3924777.cms.

――――. "Leveraging Affordable Innovation to Tackle India's Healthcare Challenge." *IIMB Management Review* 30, no. 1 (2018. 3. 1): 37-50. https://doi.org/10.1016/j.iimb.2017.11.003.

Morrow, Thomas, and Linda Hull Felcone. "Defining the Difference: What Makes Biologics Unique." *Biotechnology Healthcare* 1, no. 4 (2004. 9): 24-29.

Singh, Seema. *Mythbreaker: Kiran Mazumdar-Shaw and the Story of Indian Biotech*. 킨들. Collins Business India (2016).

Weidmann, Bhavana. "Healthcare Innovation: An Interview with Dr. Kiran Mazumdar-Shaw." Scitable by Nature Education, 2014. 1. 4. https://www.

nature.com/scitable/blog/the-success-code/healthcare_innovation_an_interview_with/.

"What Are 'Biologics'? Questions and Answers." FDA, 2018. 2. 6. https://www.fda.gov/about-fda/center-biologics-evaluation-and-research-cber/what-are-biologics-questions-and-answers.

공중 장악: 비치 에어크래프트 vs. 맞바람

Farney, Dennis. *The Barnstormer and the Lady: Aviation Legends Walter and Olive Ann Beech.* 킨들. Wichita, KS: Rockhill Books(2011).

Hess, Susan. "Olive Ann and Walter H. Beech: Partners in Aviation." Special Collections and University Archives-Wichita State University Libraries. 2020년 4월 4일 접속. http://specialcollections.wichita.edu/exhibits/beech/exhibita.html.

National Aeronautic Association. "Wright Bros. 1980-1989 Recipients." 2020년 4월 4일 접속. https://naa.aero/awards/awards-and-trophies/wright-brothers-memorial-trophy/wright-bros-1980-1989-winners.

National Aviation Hall of Fame. "Beech, Olive." 2020년 4월 6일 접속. https://www.nationalaviation.org/our-enshrinees/beech-olive/.

Onkst, David H. "The Major Trophy Races of the Golden Age of Air Racing." U.S. Centennial of Flight Commission. 2020년 4월 4일 접속. https://www.centennialofflight.net/essay/Explorers_Record_Setters_and_Daredevils/trophies/EX10.htm.

Stanwick, Dave. "Olive Ann Beech: Queen of the Aircraft Industry." Archbridge Institute (블로그), 2018. 5. 15. https://www.archbridgeinstitute.org/2018/05/15/olive-ann-beech-queen-of-the-aircraft-industry/.

Swopes, Brian R. "5 September 1949." This Day in Aviation, 2020. 9. 5. https://www.thisdayinaviation.com/tag/bill-odom/.

라이트(Lite)를 켜라: 앤하이저부시 vs. 밀러

Backer, Bill. *The Care and Feeding of Ideas.* New York: Times Books, 1993.

Brooks, Erik. "Born in Chicago, Raised in Milwaukee: A New Look at the Origins of Miller Lite." Molson Coors Beer & Beyond, 2018. 10. 8. https://www.molsoncoorsblog.com/features/born-chicago-raised-milwaukee-new-look-origins-miller-lite.

Day, Sherri. "John A. Murphy, 72, Creator of Brands at Miller Brewing." *New York Times*, 2002. 6. 19. https://www.nytimes.com/2002/06/19/business/john-a-murphy-72-creator-of-brands-at-miller-brewing.html.

Knoedelseder, William. *Bitter Brew: The Rise and Fall of Anheuser-Busch and America's Kings of Beer*. 킨들. New York: Harper Business(2014).

Rosenthal, Phil. "The Ad That Made Schlitz Infamous." *Chicago Tribune*, 2008. 4. 6. https://www.chicagotribune.com/news/ct-xpm-2008-04-06-0804040774-story.html.

패스트 패션: H&M vs. 자라

Benson, Beth Rodgers. "The Magnificent Architectural Restorations of Retailer Zara." Curbed, 2013. 1. 10. https://www.curbed.com/2013/1/10/10287018/the-magnificent-architectural-restorations-of-retailer-zara.

Blakemore, Erin. "The Gibson Girls: The Kardashians of the Early 1900s." *Mental Floss*, 2014. 9. 17. https://www.mentalfloss.com/article/58591/gibson-girls-kardashians-early-1900s.

Bulo, Kate. "The Gibson Girl: The Turn of the Century's 'Ideal' Woman, Independent and Feminine." Vintage News (블로그), 2018. 3. 1. https://www.thevintagenews.com/2018/03/01/gibson-girl/.

Frayer, Lauren. "The Reclusive Spanish Billionaire Behind Zara's Fast Fashion Empire." NPR.org, *All Things Considered*, 2013. 3. 12. 2020년 4월 14일 접속. https://www.npr.org/2013/03/12/173461375/the-recluse-spanish-billionaire-behind-zaras-fast-fashion-empire.

Funding Universe. "Industria de Diseño Textil S.A. History." 2020년 4월 14일 접속. http://www.fundinguniverse.com/company-histories/industria-de-dise%C3%B1o-textil-s-a-history/.

Hanbury, Mary. "Karl Lagerfeld Once Worked with H&M to Make Fashion More Approachable, but He Said He Was Ultimately Let Down by the Giant Retailer." *Business Insider*, 2019. 2. 19. https://www.businessinsider.com/karl-lagerfeld-hm-collaboration-letdown-2019-2.

H&M Group. "The History of H&M Group." 2020년 4월 13일 접속. https://hmgroup.com/about-us/history/the-00_s.html.

Hansen, Suzy. "How Zara Grew into the World's Largest Fashion Retailer." *New York Times Magazine*, 2012. 11. 9. https://www.nytimes.com/2012/11/11/magazine/how-zara-grew-into-the-worlds-largest-fashion-retailer.html.

Heller, Susanna. "Here's What H&M Actually Stands For." Insider, 2017. 6. 19. https://www.insider.com/hm-name-meaning-2017-6.

Inditex. "Our Story." 2020년 4월 10일 접속. https://www.inditex.com/about-us/our-story.

Kohan, Shelley E. "Why Zara Wins, H&M Loses in Fast Fashion." Robin Report, 2018. 5. 6. https://www.therobinreport.com/why-zara-wins-hm-loses-in-fast-fashion/.

"Lagerfeld's High Street Split." British Vogue, 2004. 11. 18. https://www.Vogue.co.uk/article/lagerfelds-high-street-split.

Marci, Kayla. "H&M and Zara: The Differences between the Two Successful Brands." Edited, 2019. 4. 21. https://edited.com/resources/zara-vs-hm-whos-in-the-global-lead/.

Mau, Dhani. "Zara Defeats Louboutin in Trademark Case, Does This Open the Door for More Red Sole Imitators?" Fashionista, 2012. 6. 11. https://fashionista.com/2012/06/zara-defeats-louboutin-in-trademark-case-does-this-open-the-door-for-more-red-sole-imitators.

Ng, Trini. "Covid-19 Casualties: H&M, Gap, Zara and Other Famous Fashion Brands Are Closing Their Physical Stores Worldwide." AsiaOne, 2020. 7. 15. https://www.asiaone.com/lifestyle/covid-19-casualties-hm-gap-zara-and-other-famous-fashion-brands-are-closing-their.

Parietti, Melissa. "H&M vs. Zara vs. Uniqlo: What's the Difference?" Investopedia, 2019. 6. 25. https://www.investopedia.com/articles/markets/120215/hm-vs-zara-vs-uniqlo-comparing-business-models.asp.

Perry, Patsy. "The Environmental Costs of Fast Fashion." Independent, 2018. 1. 7. http://www.independent.co.uk/life-style/fashion/environment-costs-fast-fashion-pollution-waste-sustainability-a8139386.html.

Roll, Martin. "The Secret of Zara's Success: A Culture of Customer CoCreation." Martin Roll (블로그), 2019. 12. 17. https://martinroll.com/resources/articles/strategy/the-secret-of-zaras-success-a-culture-of-customer-co-creation/.

Schiro, Anne-Marie. "Fashion; Two New Stores That Cruise Fashion's Fast Lane." New York Times, 1989. 12. 31, National edition. https://www.nytimes.com/1989/12/31/style/fashion-two-new-stores-that-cruise-fashion-s-fast-lane.html.

Trebay, Guy. "Off-the-Rack Lagerfeld, at H&M." New York Times, 2004. 6. 22. https://www.nytimes.com/2004/06/22/fashion/offtherack-lagerfeld-at-hm.html.

Tyler, Jessica. "We Visited H&M and Zara to See Which Was a Better FastFashion Store, and the Winner Was Clear for a Key Reason." *Business Insider*, 2018. 6. 15. https://www.businessinsider.com/hm-zara-compared-photos-details-2018-5.

WWD. "Truly Fast Fashion: H&M's Lagerfeld Line Sells Out in Hours." 2004. 11. 15. https://wwd.com/fashion-news/fashion-features/truly-fast-fashion-h-m-8217-s-lagerfeld-line-sells-out-in-hours-593089/.

거인 깨우기: 메리 배라와 제너럴 모터스

Ann, Carrie. "Leadership Lessons from GM CEO-Mary Barra." *Industry Leaders Magazine*, 2019. 7. 27. https://www.industryleadersmagazine.com/leadership-lessons-from-gm-ceo-mary-barra/.

Bunkley, Nick, and Bill Vlasic. "G.M. Names New Leader for Global Development." *New York Times*, 2011. 1. 20. https://www.nytimes.com/2011/01/21/business/21auto.html.

Burden, Melissa. "GM CEO Barra Joins Stanford University Board." *Detroit News*, 2015. 7. 15. https://www.detroitnews.com/story/business/autos/general-motors/2015/07/15/gm-ceo-barra-joins-stanford-university-board/30181281/.

Colby, Laura. *Road to Power: How GM's Mary Barra Shattered the Glass Ceiling*. 킨들. Hoboken, NJ: Wiley(2015). 2021년 4월 11일 접속.

Colvin, Geoff. "How CEO Mary Barra Is Using the Ignition-Switch Scandal to Change GM's Culture." *Fortune*, 2015. 9. 18. https://fortune.com/2015/09/18/mary-barra-gm-culture/.

Editorial Board. "GM Reverses Openness Pledge: Our View." *USA Today*, 2014. 7. 23. https://www.usatoday.com/story/opinion/2014/07/23/gm-ignition-senate-mary-barra-editorials-debates/13068081/.

Feloni, Richard. "GM CEO Mary Barra Said the Recall Crisis of 2014 Forever Changed Her Leadership Style." *Business Insider*, 2018. 11. 14. https://www.businessinsider.com/gm-mary-barra-recall-crisis-leadership-style-2018-11.

Ferris, Robert. "GM to Halt Production at Several Plants, Cut More than 14,000 Jobs." CNBC, 2018. 11. 26. https://www.cnbc.com/2018/11/26/gm-unallocating-several-plants-in-2019-to-take-3-billion-to-3point8-billion-charge-in-future-quarters.html.

General Motors. "Mary T. Barra." https://www.gm.com/content/public/us/en/gm/

home/our-company/leadership/mary-t-barra.html.

Kervinen, Elina, and Aleksi Teivainen. "New CEO of Automotive Icon Is of Finnish Descent." *Helsinki Times*, 2013. 12. 13. https://www.helsinkitimes.fi/business/8707-new-ceo-of-automotive-icon-is-of-finnish-descent.html.

New York Times editors. "Mary Barra, G.M.'s New Chief, Speaking Her Mind." *New York Times*, 2013. 12. 10. https://www.nytimes.com/2013/12/11/business/mary-barra-gms-new-chief-speaking-her-mind.html.

"Rebuilding a Giant: Mary Barra, CEO, General Motors." New Corner, 2015. 6. 5. http://www.new-corner.com/rebuilding-a-giant-mary-barra-ceo-general-motors/.

Rosen, Bob. "Leadership Journeys-Mary Barra." IEDP Developing Leaders, 2014. 1. 1. https://www.iedp.com/articles/leadership-journeys-mary-barra/.

Ross, Christopher. "A Day in the Life of GM CEO Mary Barra." *Wall Street Journal Magazine*, 2016. 4. 25. https://www.wsj.com/articles/a-day-in-the-life-of-gm-ceo-mary-barra-1461601044.

Ruiz, Rebecca R., and Danielle Ivory. "Documents Show General Motors Kept Silent on Fatal Crashes." *New York Times*, 2014. 7. 15. https://www.nytimes.com/2014/07/16/business/documents-show-general-motors-kept-silent-on-fatal-crashes.html.

Trop, Jaclyn. "Changing of the Guard in a Traditionally Male Industry." *New York Times*, 2013. 12. 10. https://www.nytimes.com/2013/12/11/business/changing-of-the-guard-in-a-traditionally-male-industry.html.

Vlasic, Bill. "G.M. Acquires Strobe, Start-Up Focused on Driverless Technology." *New York Times*, 2017. 10. 9. https://www.nytimes.com/2017/10/09/business/general-motors-driverless.html.

──────. "New G.M. Chief Is Company Woman, Born to It." *New York Times*, 2013. 12. 10. https://www.nytimes.com/2013/12/11/business/gm-names-first-female-chief-executive.html.

헤드폰 없는 황제: 비츠 바이 드레 vs. 몬스터 케이블

Barrett, Paul. "Beatrayed by Dre?" *Bloomberg Businessweek*, 2015. 6. 22. https://www.bloomberg.com/news/features/2015-06-22/beatrayed-by-dre-.

Biddle, Sam. "Beat by Dre: The Exclusive Inside Story of How Monster Lost the World." Gizmodo (블로그), 2013. 2. 7. https://gizmodo.com/beat-by-dre-the-exclusive-inside-story-of-how-monster-5981823.

D'Onfro, Jillian. "Here's an Interview with the CEO Who Missed Out on the $3.2 Billion Apple-Beats Deal." *Business Insider*, 2014. 5. 11. https://www. businessinsider.com/monster-misses-in-apple-beats-acquisition-2014-5.

Eglash, Joanne. "Head Monster Is Mad About Music." *Cal Poly*, 2005.

Evangelista, Benny. "'Head Monster's' Winning Ways / Engineer Spins HighEnd Cable Wire Idea into Industry-Leading Company." *San Francisco Chronicle*, 2004. 11. 8. https://www.sfgate.com/bayarea/article/Head-Monster-s-winning-ways-Engineer-spins-2637224.php.

Farquhar, Peter. "How Kevin Lee Got On with Winning Life after Leaving Beats before It Was Sold to Apple for $3.3 Billion." *Business Insider Australia*, 2015. 7. 1. https://www.businessinsider.com.au/how-kevin-lee-got-on-with-winning-life-after-leaving-beats-before-it-was-sold-to-apple-for-3-3-billion-2015-7.

Guttenberg, Steve. "Monster Cable." Sound & Vision, 2012. 7. 3. https://www. soundandvision.com/content/monster-cable.

Hirahara, Naomi. *Distinguished Asian American Business Leaders*. Westport, CT: Greenwood(2003).

Kessler, Michelle. "Is Monster Cable Worth It?" *USA Today*, 2005. 1. 16. https:// usatoday30.usatoday.com/money/industries/technology/2005-01-16-monster-sidebar_x.htm.

_____. "Monster Move Puts Name on Marquee." *USA Today*, 2005. 1. 16. http:// usatoday30.usatoday.com/money/industries/technology/2005-01-16-monster-usat_x.htm.

"Monster CEO: Beats 'Duped' Me." *USA Today*, 2015. 1. 7. 2020년 5월 1일 접속. https://www.youtube.com/watch?v=b_h_S3uf4Yw.

Russell, Melia. "A Monster Fall: How the Company behind Beats Lost Its Way." *San Francisco Chronicle*, 2018. 10. 5. https://www.sfchronicle.com/business/article/A-Monster-fall-How-the-company-behind-Beats-lost-13283411. php.

Stevens, Cindy Loffler. "Monster's Noel Lee-Down to the Cable." It Is Innovation, 2010. 11. 1. https://web.archive.org/web/20130928151817/http://www.ce.org/i3/VisionArchiveList/VisionArchive/2010/November/Monster%E2%80%99s-Noel-Lee%E2%80%94Down-to-the-Cable.aspx.

Wilkinson, Scott. "Monster Founder Noel Lee Gets Geeky About Cables." Secrets of Home Theater and High Fidelity, 2012. 10. 12. https://web.archive.org/web/20130403064901/http://www.hometheaterhifi.com/video-coverage/

video-coverage/onster-founder-noel-lee-gets-geeky-about-cables.html.

허점을 꿰뚫는 비행: 사우스웨스트 항공 vs. 모든 항공사

Economy, Peter. "17 Powerfully Inspiring Quotes from Southwest Airlines Founder Herb Kelleher." Inc.com, 2019. 1. 4. https://www.inc.com/peter-economy/17-powerfully-inspiring-quotes-from-southwest-airlines-founder-herb-kelleher.html.

_____. "Southwest Airlines Bans Peanuts (but Your Trained Service Miniature Horse Is OK)." Inc.com, 2018. 8. 24. https://www.inc.com/peter-economy/southwest-airlines-bans-peanuts-but-your-trained-service-miniature-horse-is-ok.html.

Freiberg, Kevin, and Jackie Freiberg. *Nuts! Southwest Airlines' Crazy Recipe for Business and Personal Success*. New York: Broadway Books(1998).

Guinto, Joseph. "Southwest Airlines' CEO Gary C. Kelly Sets the Carrier's New Course." *D Magazine*, 2007. 12. 2020년 5월 21일 접속. https://www.dmagazine.com/publications/d-ceo/2007/december/southwest-airlines-ceo-gary-c-kelly-sets-the-carriers-new-course/.

_____. "Southwest Airlines Co-Founder Rollin King Dies, Also Has Many Regrets." *D Magazine*, 2014. 6. 27. https://www.dmagazine.com/frontburner/2014/06/southwest-airlines-co-founder-rollin-king-dies-also-has-many-regrets/.

Labich, Kenneth. "Is Herb Kelleher America's Best CEO?" *Fortune*, 1994. 5. 2. https://money.cnn.com/magazines/fortune/fortune_archive/1994/05/02/79246/index.htm.

Maxon, Terry. "Southwest Airlines Co-Founder Rollin King Passes Away." *Dallas Morning News*, 2014. 6. 27. https://www.dallasnews.com/business/airlines/2014/06/27/southwest-airlines-co-founder-rollin-king-passes-away/.

McLeod, Lisa Earle. "How P&G, Southwest, and Google Learned to Sell with Noble Purpose." *Fast Company*, 2012. 11. 29. https://www.fastcompany.com/3003452/how-pg-southwest-and-google-learned-sell-noble-purpose.

Moskowitz, P. E. "Original Disruptor Southwest Airlines Survives on Ruthless Business Savvy." Skift, 2018. 9. 5. https://skift.com/2018/09/05/original-disruptor-southwest-airlines-survives-on-ruthless-business-savvy/.

Rifkin, Glenn. "Herb Kelleher, Whose Southwest Airlines Reshaped the Industry, Dies at 87." *New York Times*, 2019. 1. 3. https://www.nytimes.com/2019/01/03/obituaries/herb-kelleher-whose-southwest-airlines-reshaped-the-industry-dies-at-87.html.

"Voices of San Antonio: Herb Kelleher." 2018. https://www.youtube.com/watch?v=7b9BBa_X5aI&t=8m19s.

Wang, Christine. "The Effect of a Low Cost Carrier in the Airline Industry." Thesis, Northwestern University, 2005. 6. 6. https://mmss.wcas.northwestern.edu/thesis/articles/get/548/Wang2005.pdf.

Welles, Edward O. "Captain Marvel: How Southwest's Herb Kelleher Keeps Loyalty Sky High." Inc.com, 1992. 1. 1. https://www.inc.com/magazine/19920101/3870.html.

맹렬한 쇼핑: 릴리언 버넌 카탈로그

Mehnert, Ute. "Lillian Vernon." Immigrant Entrepreneurship: GermanAmerican Business Biographies, 1720 to the Present, 2011. 6. 8. http://www.immigrantentrepreneurship.org/entry.php?rec=72.

Neistat, Casey, and Van Neistat. "Monogram: The Lillian Vernon Story." 2003. https://www.youtube.com/watch?v=bNRIVJFFpbY.

Povich, Lynn. "Lillian Vernon, Creator of a Bustling Catalog Business, Dies at 88." *New York Times*, 2015. 12. 14. https://www.nytimes.com/2015/12/15/business/lillian-vernon-creator-of-a-bustling-catalog-business-dies-at-88.html.

Vernon, Lillian. "Branding: The Power of Personality." Kauffman Entrepreneurs, 2001. 10. 8. https://www.entrepreneurship.org/articles/2001/10/branding-the-power-of-personality.

_____. *An Eye for Winners: How I Built One of America's Greatest Direct Mail Businesses*. New York: Harper Business(1996).

하늘을 향한 경주: 크라이슬러 빌딩 vs. 월스트리트 40번지

Bascomb, Neal. *Higher: A Historic Race to the Sky and the Making of a City*. 킨들. New York: Broadway Books(2003).

"Building Activity on Lexington Av." *New York Times*, 1928. 3. 4.

Cuozzo, Steve. "Inside the Chrysler Building's Storied Past-and Uncertain

Future." *New York Post*, 2019. 3. 8. https://nypost.com/2019/03/07/inside-the-chrysler-buildings-storied-past-and-uncertain-future/.

Maher, James. "The Chrysler Building History and Photography." James Maher Photography (블로그), 2016. 3. 4. https://www.jamesmaherphotography.com/new-york-historical-articles/chrysler-building/.

Spellen, Suzanne. "Walkabout: William H. Reynolds." Brownstoner (블로그), 2010. 4. 29. https://www.brownstoner.com/brooklyn-life/walkabout-trump/.

아름다움에 대한 게임: 헬레나 루빈스타인

Bennett, James. "Helena Rubinstein." Cosmetics and Skin. 2020년 7월 28일 접속. https://cosmeticsandskin.com/companies/helena-rubinstein.php.

Fabe, Maxene. *Beauty Millionaire: The Life of Helena Rubinstein*. New York: Crowell(12).

Kenny, Brian. "How Helena Rubinstein Used Tall Tales to Turn Cosmetics into a Luxury Brand." *Cold Call*, 2019. 3. 14. 2020년 7월 25일 접속. http://hbswk.hbs.edu/item/how-helena-rubinstein-used-tall-tales-to-turn-cosmetics-into-a-luxury-brand.

O'Higgins, Patrick. *Madame: An Intimate Biography of Helena Rubinstein*. 1판. New York: Viking Press(1971).

Rubinstein, Helena. *My Life for Beauty*. Sydney: Bodley Head(1965).

건포도를 둘러싼 혈투: 선 메이드 vs. 건포도 마피아

Bromwich, Jonah Engel. "The Raisin Situation." *New York Times*, 2019. 4. 27. https://www.nytimes.com/2019/04/27/style/sun-maid-raisin-industry.html.

Woeste, Victoria Saker. "How Growing Raisins Became Highly Dangerous Work." *Washington Post*, 2019. 5. 17. https://www.washingtonpost.com/outlook/2019/05/17/how-growing-raisins-became-highly-dangerous-work/.

참된 신도 만들기: 파타고니아

Balch, Oliver. "Patagonia Founder Yvon` Chouinard: 'Denying Climate Change Is Evil.'" *Guardian*, 2019. 5. 10. https://www.theguardian.com/world/2019/may/10/yvon-chouinard-patagonia-founder-denying-climate-change-is-evil.

Chouinard, Yvon. *Let My People Go Surfing: The Education of a Reluctant*

Businessman. 킨들. New York: Penguin Books(2016).

_____. "A Letter from Our Founder, Yvon Chouinard." 1% for the Planet, 2020. 4. 22. https://www.onepercentfortheplanet.org/stories/a-letter-from-yvon-chouinard.

Sierra Club. "Sierra Club Announces 2018 Award Winners." 2018. 10. 1. https://www.sierraclub.org/press-releases/2018/10/sierra-club-announces-2018-award-winners.

파티를 통한 판매: 브라우니 와이즈 vs. 타파웨어

"Brownie Wise." PBS American Experience. 2020년 7월 6일 접속. https://www.pbs.org/wgbh/americanexperience/features/tupperware-wise/.

Doll, Jen. "How a Single Mom Created a Plastic Food-Storage Empire." *Mental Floss*, 2017. 6. 6. https://www.mentalfloss.com/article/59687/how-single-mom-created-plastic-food-storage-empire.

Kealing, Bob. *Life of the Party: The Remarkable Story of How Brownie Wise Built, and Lost, a Tupperware Party Empire*. 킨들. New York: Crown Archetype(2016).

_____. *Tupperware Unsealed: The Inside Story of Brownie Wise, Earl Tupper, and the Home Party Pioneers*. Gainesville: University Press of Florida(2008).

"Success and Money." PBS American Experience. 2020년 7월 6일 접속. https://www.pbs.org/wgbh/americanexperience/features/tupperware-success/.

"Tupperware Unsealed: The Story of Brownie Wise." 2008. https://www.youtube.com/watch?v=KfqkUGNVHlw.

"Women, Wishes, and Wonder." PBS American Experience. 2020년 7월 6일 접속. https://www.pbs.org/wgbh/americanexperience/features/tupperware-wishes/.

가슴과 머리, 그리고 위장을 사로잡는 법: 켈로그 콘플레이크

Cavendish, Richard. "The Battle of the Cornflakes." History Today, 2006. 2. https://www.historytoday.com/archive/battle-cornflakes.

Folsom, Burton W. "Will Kellogg: King of Corn Flakes." Foundation for Economic Education (블로그), 1998. 4. 1. https://fee.org/articles/will-kellogg-king-of-corn-flakes/.

"A Historical Overview." Kellogg's. 2020년 7월 19일 접속. http://www.

kellogghistory.com/history.html.

Markel, Howard. *The Kelloggs: The Battling Brothers of Battle Creek*. 킨들. New York: Pantheon Books(2017).

_____. "The Secret Ingredient in Kellogg's Corn Flakes Is Seventh-Day Adventism." *Smithsonian Magazine*, 2017. 7. 28. https://www.smithsonianmag. com/history/secret-ingredient-kelloggs-corn-flakes-seventh-day-adventism-180964247/.

Pruitt, Sarah. "How an Accidental Invention Changed What Americans Eat for Breakfast." History, 2019. 8. 2. https://www.history.com/news/cereal-breakfast-origins-kellogg.

"W. K. Kellogg Is Honored; Senator Davis Praises Battle Creek Manufacturer on Anniversary." *New York Times*, 1931. 4. 28.

가진 걸로 달려라: 아디다스

Adi & Käthe Dassler Memorial Foundation. "Chronicle and Biography of Adi Dassler & Käthe Dassler." 2020년 6월 16일 접속. https://www.adidassler.org/en/life-and-work/chronicle.

Bracken, Haley. "Was Jesse Owens Snubbed by Adolf Hitler at the Berlin Olympics?" *Encyclopaedia Britannica*. 2020년 6월 15일 접속. https://www. britannica.com/story/was-jesse-owens-snubbed-by-adolf-hitler-at-the-berlin-olympics.

Inside Athletics Shop. "History of Athletics Spikes." 2020년 6월 14일 접속. https:// spikes.insideathletics.com.au/history-of-athletics-spikes/.

Mental Itch. "The History of Running Shoes." 2020년 6월 17일 접속. https:// mentalitch.com/the-history-of-running-shoes/.

Smit, Barbara. *Sneaker Wars: The Enemy Brothers Who Founded Adidas and Puma and the Family Feud That Forever Changed the Business of Sports*. New York: Ecco(2008).

결코 광고를 멈추지 마라: 리글리 vs. 불경기

Bales, Jack. "Wrigley Jr. & Veeck Sr." WrigleyIvy.com (블로그), 2013. 3. 23. http:// wrigleyivy.com/wrigley-jr-veeck-sr/.

Castle, George, and David Fletcher. "William Wrigley Jr." Society for American Baseball Research. 2020년 6월 10일 접속. https://sabr.org/node/27463.

"The Chewing Gum Trust." *New York Times*, 1889. 5. 1.

Clayman, Andrew. "Wm. Wrigley Jr. Company, Est. 1891." Made in Chicago Museum. 2020년 6월 10일 접속. https://www.madeinchicagomuseum.com/single-post/wrigley/.

Mannering, Mitchell. "The Sign of the Spear: The Story of William Wrigley, Who Made Spearmint Gum Famous." *National Magazine*, 1912.

Mathews, Jennifer P. *Chicle: The Chewing Gum of the Americas, from the Ancient Maya to William Wrigley*. Tucson: University of Arizona Press(2009).

McKinney, Megan. "The Wrigleys of Wrigley City." *Classic Chicago Magazine*, 2017. 8. 27. https://www.classicchicagomagazine.com/the-wrigleys-of-wrigley-city/.

Nix, Elizabeth. "Chew on This: The History of Gum." History, 2015. 2. 13. https://www.history.com/news/chew-on-this-the-history-of-gum.

"William Wrigley Dies at Age of 70." *New York Times*. 1932. 1. 27. https://nyti.ms/2ZCmCMQ

레벨 업: 미국을 정복한 닌텐도

Alt, Matt. "The Designer of the NES Dishes the Dirt on Nintendo's Early Days." Kotaku (블로그), 2020. 7. 7. 2020년 8월 22일 접속. https://kotaku.com/the-designer-of-the-nes-dishes-the-dirt-on-nintendos-ea-1844296906.

Ashcraft, Brian. "'Nintendo' Probably Doesn't Mean What You Think It Does." Kotaku (블로그), 2017. 8. 3. https://kotaku.com/nintendo-probably-doesnt-mean-what-you-think-it-does-5649625.

_____. "The Nintendo They've Tried to Forget: Gambling, Gangsters, and Love Hotels." Kotaku (블로그), 2011. 3. 22. https://kotaku.com/the-nintendo-theyve-tried-to-forget-gambling-gangster-5784314.

Cifaldi, Frank. "In Their Words: Remembering the Launch of the Nintendo Entertainment System." IGN (블로그), 2015. 10. 19. https://www.ign.com/articles/2015/10/19/in-their-words-remembering-the-launch-of-the-nintendo-entertainment-system.

_____. "Sad But True: We Can't Prove When Super Mario Bros. Came Out." Gamasutra (블로그), 2012. 3. 28. https://www.gamasutra.com/view/feature/167392/sad_but_true_we_cant_prove_when_.php.

Kleinfield, N. R. "Video Games Industry Comes down to Earth." *New York Times*, 1983. 10. 17. https://www.nytimes.com/1983/10/17/business/video-gamesindustry-comes-down-to-earth.html.

Kohler, Chris. "Oct. 18, 1985: Nintendo Entertainment System Launches." *Wired*, 2010. 10. 18. https://www.wired.com/2010/10/1018nintendo-nes-launches/.

———. "Sept. 23, 1889: Success Is in the Cards for Nintendo." *Wired*, 2010. 9. 23. https://www.wired.com/2010/09/0923nintendo-founded/.

"Mario Myths with Mr Miyamoto." Nintendo UK, 2015. https://www.youtube. com/watch?v=uu2DnTd3dEo.

Nintendo Co., Ltd. "Company History." 2020년 6월 19일 접속. https://www. nintendo.co.jp/corporate/en/history/index.html.

Nintendo of Europe GmbH. "Nintendo History." 2020년 6월 19일 접속. https://www.nintendo.co.uk/Corporate/Nintendo-History/Nintendo- History-625945.html.

O'Kane, Sean. "7 Things I Learned from the Designer of the NES." The Verge (블로그), 2015. 10. 18. https://www.theverge.com/2015/10/18/9554885/nintendo- entertainment-system-famicom-history-masayuki-uemura.

Oxford, Nadia. "Ten Facts about the Great Video Game Crash of '83." IGN (블로그), 2011. 9. 21. https://www.ign.com/articles/2011/09/21/ten-facts-about-the- great-video-game-crash-of-83.

Park, Gene. "Mario Makers Reflect on 35 Years and the Evolution of Gaming's Most Iconic Jump." *Washington Post*, 2020. 9. 14. https://www. washingtonpost.com/video-games/2020/09/14/mario-nintendo-creators- miyamoto-koizumi-tezuka-motokura/.

Picard, Martin. "The Foundation of Geemu: A Brief History of Early Japanese Video Games." *Game Studies* 13, no. 2 (2013. 12). http://gamestudies. org/1302/articles/picard.

Pollack, Andrew. "Gunpei Yokoi, Chief Designer of Game Boy, Is Dead at 56." *New York Times*, 1997. 10. 9. https://www.nytimes.com/1997/10/09/ business/gunpei-yokoi-chief-designer-of-game-boy-is-dead-at-56.html.

———. "Seeking a Turnaround with Souped-Up Machines and a Few New Games." *New York Times*, 1996. 8. 26. https://www.nytimes.com/1996/08/26/ business/seeking-a-turnaround-with-souped-up-machines-and-a-few- new-games.html.

Ryan, Jeff. *Super Mario: How Nintendo Conquered America*. 킨들. New York: Portfolio/Penguin(2011).

Sheff, David. *Game Over: How Nintendo Conquered the World*. 킨들. New York: Vintage(1994).

비즈니스 승부사의 결정적 순간
비즈니스 워

제1판 1쇄 인쇄 | 2021년 9월 14일
제1판 1쇄 발행 | 2021년 9월 24일

지은이 | 데이비드 브라운
옮긴이 | 김태훈
펴낸이 | 유근석
펴낸곳 | 한국경제신문 한경BP
책임편집 | 이혜영
교정교열 | 한지연
저작권 | 백상아
홍보 | 서은실 · 이여진 · 박도현
마케팅 | 배한일 · 김규형
디자인 | 지소영
본문디자인 | 디자인 현

주소 | 서울특별시 중구 청파로 463
기획출판팀 | 02-3604-590, 584
영업마케팅팀 | 02-3604-595, 583   FAX | 02-3604-599
H | http://bp.hankyung.com   E | bp@hankyung.com
F | www.facebook.com/hankyungbp
등록 | 제 2-315(1967. 5. 15)

ISBN 978-89-475-4750-5   03320